ULF DIEDERICHS

Das Große Kölner
Weihnachtsbuch

Für Jetti

ULF DIEDERICHS

Das Große Kölner Weihnachts Buch

FESTTAGSBRÄUCHE UND FAMILIENLEBEN
IM WANDEL DER ZEIT

WIENAND VERLAG

Die Deutsche Bibliothek – CIP-Einheitsaufnahme

Diederichs, Ulf:
Das Große Kölner Weihnachtsbuch : Festtagsbräuche und
Familienleben im Wandel der Zeit / Ulf Diederichs. – Köln :
Wienand, 1993
  ISBN 3-87909-302-4

Lektorat: Stefan Pohl
Redaktion: Sabine Opitz
Gestaltung: Studio Vogel
Gesamtherstellung: Druck- & Verlagshaus Wienand
ISBN 3-87909-302-4

INHALT

Vorwort 9

Zur Einstimmung 11
    Weihnachten in Köln – was ist daran so Besonderes? 12
    Köln, Bahnhofsvorplatz 14
    Die Kunde von Bethlehem. Von Heinrich Böll 16

DER WEIHNACHTLICHE FESTTAGSZYKLUS

Kölsche Kalendarien 20

Es ist für uns eine Zeit angekommen... 22
    Andreas, der erste der Adventsheiligen 25
    Den Kölner Kindern gewogen: die heilige Barbara 26
    Nikolaus, der Hellige Mann 28
    Unser Nikläschen. Von Matthias Zender 34
    De Hötte sin widder do! 35
    Weggemänner, Klauskerle, Moppe, Spekulatjes 40
    Die dämonische Lucia 43
    Der fuule Thommes 44
    Ein Bäumchen muß her 46
    Schlaachdach 49

Ich steh an deiner Krippen hier... 52
    Das Kindlein wiegen 53
    Krippe, Kreppche, Krippchens Gang 56
    Der Christbaum wird angezündet 60
    Weihnachtsbäume. Von Alfons Paquet 62
    Ne Chreßbaum lööch uus fäner Zick. Von Peter Kintgen 67
    Wer bringt denn nun die Gaben? 69
    En d'r Chreßmett 73
    Geschichten um die drei heiligen Messen 75
    Der Festtagsschmaus 77

»Wie war zu Cölln es doch vordem...« 80
    Die Kölner Heinzelmännchen als Weihnachtsgeister 80
    Wilde Zeit der Zwölften 85
    Losen ums Wetter und ums Glück 89

E glöcksillig Neujohr... 91
    Die drei Tage nach dem Fest 91
    Der Stäfes als letzter Arbeitstag. Von Matthias Zender 94
    Silvester- und Neujahrsbräuche 95
    Am Ende der Weihnachtswoche: das Fest der Maria 101

Die heiligen drei König' mit ihrem Stern... 104
    Rund um den Dreikönigentag 106
    Die Kölner Stadtpatrone in Legende und Anrufung 109
    Dreikönigenlieder 112
    Zu Lichtmeß, wenn man den Blasius jagt 115

WEIHNACHTEN IN STADT UND LAND –
STREIFZÜGE DURCH DIE GESCHICHTE

Weihnachten – Wendepunkt des Jahres 118
    Götter, Kulte und Mysterien 119

Von Reinald von Dassel bis Meister Eckhart 122
    Was die ›Cronica van der hilligen stat Coellen‹ berichtet 122
    Die Bildgeschichte der Heiligen Drei Könige. Nach Johannes von Hildesheim 125
    Wie die Könige das Stadtleben veränderten. Von Franz Kreuter 130
    Die Wundergeschichten des Caesarius von Heisterbach 132
    Die Weihnachtszaubereien des Albertus Magnus 133
    Weihnachtspredigten deutscher Mystiker. Von Johannes Tauler und Meister Eckhart 136

Das Jahrhundert des Hermann Weinsberg 140
    Ratsherrenwirtschaft 142
    Wie Joseph dem Weihnachtskind ein Müslein kochte
    und sie einander in der Kirche schlugen 144
    O Heiland, reiß die Himmel auf 145

Franzosenzeit und Preußenherrschaft 147
    Kölner Festtags-Reigen um 1810. Von Ernst Weyden 149
    Benebelt am Dreikönigentag. Von Anton Wilhelm von Zuccalmaglio 153
    Familie von Groote führt die Weihnachtsbescherung ein 154
    Weihnachten im Jugendfürsorgeheim – anno 1824 156
    Wie ich zur Elfuhrmesse die Orgel spielte. Von Johann Wilhelm Wolf 158
    Der Weihnachtsmarkt anno 1837 oder Ordnung muß sein 163
    Früher am St. Nikolaustag. Von Hermann Becker 164
    Das Haushaltsbuch der Emma Pfeifer 166

Und seht ihr die Armut mit bleichem Gesicht 167
Christbescherung im fernen Rom. Von Sulpiz Boisserée.. 169
So ist das Leben! Ein Brief von Georg Weerth 170
Weihnachten. Von Robert Blum 172
Der Student Reichensperger erinnert sich 175
Adolf Kolping und der Gesellenverein 177

Gründerjahre, Kindheit um 1900 180
Franz Stollwerck oder Unternehmerphantasie rund um den Tannenbaum 181
Der Spielzeug-Feldhaus 186
Süßer die Kassen nie klingeln… 188
Weihnachten der Werkleute auf Haus Nyland. Texte von Jakob Kneip,
Josef Winckler, Heinrich Lersch 190
Die Schlacht von Gravelotte. Von Otto Brües 198
Weihnachten im alten Sauerland. Von Hans Cordes 200
Eifeler Familienweihnacht. Von Matthias Zender 203

Zwischen Kaiserreich und Republik 204
Quer durch Kölner Weihnachtsstuben. Texte von Peter Fröhlich,
Annemarie Berg, Helma Cardauns 204
Das Lichterfest Chanukka. Von Arthur Joseph 209
Weihnachten im Feld 212
Die Jungfrau haut das Jesuskind 215

Die dunklen Jahre 216
Adenauers Weihnachtsfest in Maria Laach 216
Zu Haus und nicht zu Hause. Aus Briefen von Irmgard Keun 220
Das Neujahrsfest meiner Jugend. Von Edith Stein 222
Nikolaus im Krieg. Texte von Josef Schmitz, Heinz Küpper 225
Eine Bombenbescherung. Von Emil Barth 229
Aus dem Tagebuch eines Stadtpfarrers. Von Robert Grosche 231
Woher es kam, daß die Kölner ›fringsen‹ gingen 232

Im Zeichen des Wandels 235
Gespräch über Weihnachten 235
In dieser Stadt werden viele Weihnachten gefeiert 238

Literatur 242
Quellen 243
Bildnachweis 248

Die Heiligen Drei Könige huldigen dem Jesuskind.
Holzschnitt 1476.

VORWORT

Kölnische Weihnacht ist die pure Vielfalt. Sie betrifft – und betraf immer schon – Menschen unterschiedlicher Religionen und Konfessionen, Menschen verschiedener Länder und Kulturen, Menschen aller Sozialschichten, aller Altersstufen. Diese Vielfalt sucht das vorliegende Buch sichtbar und auch überschaubar zu machen, indem es in zwei Richtungen vorgeht. Zunächst folgt es dem weihnachtlichen Festtagszyklus, wie ihn die christlichen Kirchen vorgeben und der Volksbrauch ihn gestaltet hat; es beginnt also mit dem ersten Advent und hört bei Mariä Lichtmeß auf. Anschließend unternimmt es Streifzüge durch acht Etappen Kölner Geschichte und Gegenwart, berücksichtigt dabei auch stärker das Umland, zu dem die Stadt in reger wechselseitiger Beziehung steht.

Bei alldem habe ich mich von Ernst Weyden leiten lassen, dem ersten Sammler kölnischer Geschichte in Geschichten. »Mein Zweck war der«, so führt er 1826 in sein Erstlingswerk ein, »ein unterhaltsames Lesebuch, besonders für den Cölner, zu schreiben.«

Einen weiteren Impuls verdanke ich Heinrich Böll. Ihm hatte ich zu Weihnachten 1969 die damals gerade erschienenen ›Rheinland-Sagen‹ geschickt, und er schrieb zurück, die Texte bewiesen ihm einmal mehr, »wie sehr sich hier Legende, weltliche Historie und Kirchengeschichte übereinanderlegen«. Dieses Geflecht ein wenig zu entwirren erschien mir reizvoll. Eine breitere Materialsuche war dabei unerläßlich.

Wie zu allen Zeiten in Köln Weihnachten gefeiert wurde, warum das so war und welche Entwicklungen sich ergaben, will dieses Buch zeigen. Es trägt viele, auch weniger bekannte Quellen zusammen und verschmäht dabei nichts. Erinnerungen von Literaten und Politikern können ebenso aufschlußreich sein wie kulturgeschichtliche Skizzen. Berichte vom Wandel der Bräuche und Gepflogenheiten lassen sich durch mundartliche Krätzcher und Verzällcher belegen – und auch würzen. Chroniken, Kirchendokumente, Ratsverordnungen und familiäre Haushaltsbücher fördern manchmal Erstaunliches zutage. Als nicht minder ergiebig erweisen sich Zeitungsanzeigen und einzelne Firmengeschichten.

Bei meinen Recherchen konnte ich mich vor allem auf Joseph Klerschs Arbeiten stützen. Klersch hatte bis 1958 das Amt für kölnisches Volkstum im Stadtmuseum inne, und seine Stoffkenntnis, seine sachliche Sorgfalt setzen einen hohen Maßstab.

Für mancherlei Rat und Hilfe danke ich Uta Biedermann und Birgit Nowarra (Arbeitsstelle Kölner Autoren in der Zentralbibliothek), Dr. J. A. Cervelló-Margalef (Diözesanbibliothek), Prof. Dr. H. L. Cox (Volkskundliches Seminar der Universität Bonn), Günter Dahmen (Sammlung Faßbender im Kölnischen Stadtmuseum), Pater Dr. Willehad P. Eckert (Dominikanerkloster Düsseldorf), Dr. Manfred Grooten (Historisches Archiv der

Stadt Köln), Dr. Werne Neite (Bibliothekar des Kölnischen Stadtmuseums a. D.), Sabine Opitz und Stefan Pohl (Wienand Verlag), Dr. Monika Richartz (Germania Judaica), Dr. Gérard Schmidt, Dr. Wolfgang Schmitz (Universitätsbibliothek Köln), Dr. Max-Leo Schwering.

Herrn Prof. Dr. Matthias Zender, dem Nestor der rheinischen Volkskunde, danke ich für die Erlaubnis, Ausschnitte aus seiner noch ungedruckten Autobiographie zu veröffentlichen, und dem Verleger Michael Wienand für den Anstoß zu diesem Buch.

Ulf Diederichs

Zur Einstimmung

WEIHNACHTEN IN KÖLN –
WAS IST DARAN SO BESONDERES?

Weihnachten in seiner heutigen Tradition, vor allem als das zentrale Familienfest, als Schenkfest unter dem leuchtenden Tannenbaum, ist relativ jung; es hat sich erst um 1800 herausgebildet.

An der Stadt Köln, einer der ältesten Städte Deutschlands, älter noch als das Fest von Christi Geburt, lassen sich die Entwicklungen dieses ›Festes der Feste‹ und seine vielfältigen kirchlichen, brauchtums- und wirtschaftsgeschichtlichen Traditionen ablesen. Sie beziehen sich teils auf die Stadt allein, teils auf das Erzbistum Köln. Deswegen sind auch Eifel und Bergisches Land, niederrheinisches Gebiet und im Süden das Siebengebirge einbezogen.

Schaut man aber genauer auf das, was ›kölnische Art‹ ausmacht, dann geht es nicht nur um die weithin bestimmenden katholischen Traditionen, sondern auch um protestantische, um jüdische, um christlich-orthodoxe. »Unsere ersten Kölner«, so hieß es im Winter 1992/93 auf einem Spruchband an der Fassade des Römisch-Germanischen Museums, »kamen auch aus Ägypten, Algerien, Belgien, Bulgarien, England, Frankreich, Griechenland, Italien, ehem. Jugoslawien, Libanon, Niederlande, Österreich, Spanien, Türkei«. Und sie alle, ob zur Römerzeit schon zugezogen, oder als die legendären Pimocken (Bauarbeiter aus Piemont), oder erst mit der jüngsten ›Gastarbeiterwelle‹, feiern auf irgendeine Weise Weihnachten, zumindest aber zur Jahreswende ein ›Fest des Lichts‹.

So war es schon vor 1600 Jahren, als sich der 25. Dezember – ein von mehreren Kulten beanspruchter Tag – als Fest der Geburt Christi im Römischen Reich etablierte. Die erste überlieferte Weihnachtspredigt aus dem Jahre 386 nach Christi zeigt, wie neu das Fest damals noch war: »Viel wird über den heutigen Festtag allerorten gesprochen, indem die einen ihm vorwerfen, daß er jung und erst jetzt eingeführt sei, die anderen zur Verteidigung sagen, daß er alt und ursprünglich ist.«

Ein Nebeneinander gallischer, germanischer, ägyptischer und persischer Kulte – in Köln vor allem der Mithraskult – war in den ersten Jahrhunderten nach Christi Geburt gang und gäbe: Sie alle feierten das mittwinterliche Fest der Sonnenwende, den ›Sol Invictus‹. Wie schwer es da die römische Kirche hatte, all diese Mysterien und Kulte zurückzudämmen und deren Sonnenfest aufzusaugen durch die triumphale Feier der Geburt Christi als der neuen ›unbesiegbaren Sonne‹, wird an zwei Daten deutlich.

Der letzte Heidentempel in Köln, verknüpft mit Opfergaben, magischen Riten und viel Speis und Trank, »daß sie sich den Magen bis zum Erbrechen vollschlugen«, wurde erst um 520 niedergebrannt; der hl. Gallus soll persönlich das Feuer gelegt haben. Und der zweite namentlich bekannte Bischof Kölns, Euphrates, leugnete standhaft die Wesensgleichheit Christi mit Gottvater – was seine Laiengemeinde dermaßen gegen ihn aufbrachte, daß man seinetwegen eine Synode einberief und er der Irrlehre und Gotteslästerei überführt wurde; das war am 12. Mai 346.

In einer Zeit, wo Legende und Kirchengeschichte nicht scharf voneinander zu trennen sind, bewegen wir uns noch um 700: Damals errichtete Plektrudis innerhalb der Stadtmauern Kölns ein Mädchenstift zu Ehren der Mutter Maria; die Stiftskirche St. Maria im Kapitol wird zur Kölner Geburtskirche, die darunterliegende Krypta zur Geburtshöhle, zum ›Bethlehem in Köln‹. Folgerichtig ist dort auch, während der Christnacht, die erste ›Station‹ des Erzbischofs; er zelebriert dort die erste der drei Weihnachtsmessen. Kölns erster Bischof, Maternus, war einer der drei Bischöfe der Provinz Gallien. Nach den Gepflogenheiten der gallischen Kirche wurde noch Anfang des 10. Jahrhunderts das Epiphanienfest mit ›Vigil und Oktav‹ gefeiert, also den Vorabend schon und danach acht Tage lang; seit dem Zweiten Vatikanischen Konzil entfiel die Oktav, und damit hat sich die Bedeutung erheblich gemindert.

Für den größten Weihnachts-Coup, der sich denken läßt, war wiederum ein Erzbischof verantwortlich. Reinald von Dassel ließ die Gebeine der ›Dreikünninge‹ 1164 von Mailand nach Köln überführen. Damit sicherte er Deutschlands gekrönten Herrschern ein Unterpfand ihrer Königswürde, nämlich von der Herrschaft Christi her. Damit sicherte er auch den Kölner Erzbischöfen ein Unterpfand ihrer weltlichen Macht und Bedeutung. Daß die Patrone der Pilger und Kaufleute nun auch zu Stadtpatronen wurden, bewirkte einen immensen Aufschwung des Fernhandels, einen unablässigen Strom von Pilgern und Reisenden aus aller Herren Länder. Wirtschaftlich und kulturell, auch in Kirchenbau und Sakralkunst, brachte dies die Stadt weit nach vorn.

Aber nicht nur der Dreikönigskult läßt sich hier wie sonst nirgends studieren, sondern auch mit dem Nikolauskult zeigen sich Kirche und Köln eng verbunden. Was in einem ersten Anlauf die Byzantinerin Theophanu, Witwe Kaiser Ottos II., noch nicht schaffte, nämlich über die Benediktinerabtei St. Pantaleon den Kult ihres Volksheiligen auch am Rhein zu verankern, das geschah später mühelos über Lothringen und Flandern, wo der Schutzpatron der Schiffer und Kaufleute bereits in hohem Ansehen stand. Sichtbarer Ausdruck der Kölner Nikolausverehrung sind die Gewölbefresken in St. Maria Lyskirchen, gemalt um 1270; dort hat auch, sozusagen als Mitpatronin, die berühmte ›Schiffermadonna‹ ihren Platz. Bald sind es die deutschen Mystiker, Meister Eckhart vor allem und seine Schüler Seuse und Tauler, die mit Köln in engere Beziehung treten. Sie waren es, die der deutschen Sprache schöpferische Kraft verliehen – lange vor Luther.

Wie sehr selbst die Ratssitzungen mit Weihnachten zusammenhängen oder was es mit dem Hausbrauch des ›Kindleinwiegens‹ auf sich hat, erfahren wir aus einer einzigartigen Alltagschronik des 16. Jahrhunderts, dem Buch Weinsberg.

Mit der Franzosenzeit, 1794 bis 1814, nähern wir uns den weihnachtlichen ›Sittenbildern‹, wie sie der erste Kölner Volkskundler, Ernst Weyden, aufs anschaulichste wiedergibt. Die Reichsstadt, in der städtische und bäuerliche Traditionen noch nah beieinanderlagen, wird nun unter preußischem Regiment der Rheinprovinz einverleibt. Seit 1821 ist der Kölner Erzbischof für die gesamte Provinz, die den Norden und Westen Preußens umfaßt, zuständig: Köln wächst heran zur katholischen Metropole, nimmt andererseits auch protestantische Lebenshaltung in sich auf.

Und auch weiterhin, in romantischen, in revolutionären wie in patriotischen Zeiten, wird deutsche Weihnachtsgeschichte an dieser Stadt ablesbar. Köln erweist sich zur Gründerzeit als Vorreiter der Weihnachtsindustrie (Stollwerck), in den 20er Jahren als ein Zentrum der Krippenbewegung – schon damals waren Kölner Krippenfahrten beliebt –, während der Nazizeit als Ort der Bedrängten (Konrad Adenauer, Irmgard Keun, Edith Stein), dann als multiethnische, multireligiöse Metropole im Nachkriegsdeutschland und nicht zuletzt, nach 1968, als ein Experimentierfeld für neue, offenere Formen der Festbegehung.

Unser Thema ›Weihnachten in Köln‹ ist daher zu einem guten Teil verbunden mit kölnischer Stadtgeschichte, mit rheinischer Mentalitätsgeschichte – und mit Menschen, die viel zu erzählen haben.

KÖLN, BAHNHOFSVORPLATZ

Als ich in den Ort gestiegen war, mußte ich mich zuerst darauf besinnen, daß der 24ste war, ein Sonntag, 4. Advent und der Abend mit Geschenken, etwas Zurückgezogenes, die Geschäfte haben zu, sie sind erloschen, keine Dekorationen leuchten, jedenfalls die meisten nicht, es hat einen langen stillen Nachmittag in Köln gegeben, mit etwas dünnem wäßrigem Schnee, 1964, und ich sehe diese dünnen, wäßrigen Schneeflocken um die karge Ecke am Vorplatz des Domes treiben und über den Bahnhofsvorplatz, und ein graues bleiches Licht war da, durch das wir zum Bahnhof gegangen sind, warum eigentlich? Zeitungen kaufen? R. lag in der Wohnung, in seinem Wäschekorb, der bezogen war, rotes kariertes Leinen, und ein Verdeck, mit geriffeltem Saum. – Als wir zurückkamen, gegen 6 Uhr, brannte das Weihnachtshuhn schwarz kohlig im Topf, und die Wohnung war voll Rauch.«

Das schrieb Rolf Dieter Brinkmann fern von seiner Vaterstadt Köln im süditalienischen Bergnest Olevano-Romano nieder, Heiligabend 1972. Wie ihn hat auch andere der Platz zwischen Bahnhof und Dom, zwischen Hohenzollernbrücke, Deichmannhaus und Andreaskloster beschäftigt: seine so besondere Atmosphäre, wenn am 24sten das ewige Kommen und Gehen verebbt, die knallbunte Geschäftigkeit nachläßt und sich Leere ausbreitet, oft auch Nässe, und darüber ein seltsam diffuses Licht.

»Zwar fiel dieses graue Licht durch die Glasfront auch in die Bahnhofshalle, auch drang der grau und schwarz geschachtelte Dom in den Bahnhof ein, aber die Nässe war hier wenigstens nicht zu spüren. Überhaupt der Bahnhof: die Enklave, der Sperrbezirk, hier kam jeder an oder fuhr jeder ab, und das Entscheidende war nicht, wozu ankommen oder warum abfahren, sondern das Ankommen oder Abfahren selbst…« (Peter Faecke, 1967).

Für den Fotografen Heinz Held waren dieser Ort und diese Zeit fast magisch miteinander verbunden. »Ich verbrachte die Heilige Nacht von Berufs wegen auf dem Hauptbahnhof«, läßt er einen der Sprecher im Funk-Feature ›Warum ich in Köln lebe‹ sagen, das 1975 gesendet wurde.

»Die fahlen Lampen auf den Bahnsteigen streuten fade Lichtkegel aus. Tauben flogen durch sie hindurch, irgendwohin in die Finsternis. Freunde der Eisenbahn reichten dem Personal ankommender Züge kleine Packen mit Zigaretten und Gebäck an die Maschinen. Im Wartesaal beköstigten wohltätige Frauen heimatlose Männer. In einer Ecke hörte ein Einsamer, den Kopf zum Transistor in der Rocktasche geneigt, Weihnachtslieder. Unterm Christbaum in der Halle spielten mohammedanische Türken mit einem Papierknäuel mühsam Fußball. In diese Welt schimmerten aber auch die von Scheinwerfern angestrahlten Spitzbögen und Turmfialen des Doms, und die gläserne Front des Bahnhofs facettierte die mit Licht aus der Dunkelheit geschnittenen Linien. Um Mitternacht läuteten die Glocken der Kirche. Aus den Straßen strömten Leute. Zu Fuß oder mit dem Wagen. Das Längs- und die Seitenschiffe füllten sich mehr und mehr, bis man eng aneinander gedrängt vor dem Goldenen Schrein mit den Gebeinen der Heiligen Drei Könige stand. Die Orgel brauste. Der Domchor sang, und der Priester vor dem Altar verkündete die Botschaft von der Hoffnung. – In den ersten Morgenstunden des 25. Dezembers ging ich am Rheinufer entlang nach Hause. Der Strom gurgelte und schmatzte, strudelte und schwappte auf an den Pontons der Anlegebrücke, wie damals im Jahre 1947 und wie seit aller Ewigkeit.«

Mehrmals hat Vilma Sturm ihr Bahnhoferlebnis beschrieben, zuletzt 1981 in ›Barfuß auf Asphalt‹. »Am Heiligen Abend gingen wir in den Bahnhof. Während in den christlichen und unchristlichen Wohnzimmern das sentimentale Konsumspektakel noch im vollen Gange war, zogen wir mit Gitarren, Flöten und Schlagzeug über den Eigelstein. Eine milde Nacht, gnädig den Unbehausten und Fremdlingen. Zahlreich waren sie unterwegs, manche schon ein bißchen angetrunken. Sie betrachteten die Reste in den Auslagen, was übrig geblieben war vom großen Ausverkauf, der Millionen von Gratifikationen und dreizehnten Monatsgehältern geschluckt hatte, dem göttlichen Kind zur Feier. Sie standen, Hände in den Hosentaschen, schwatzend an den Ecken, schlenderten kreuz und quer über die Fahrbahn, die von Autos leer war um diese Stunde des Verzehrs von Spekulatius, Zimtsternen und Marzipankartoffeln bei Kerzenschein. Hier war man um etliche Stufen näher an der Originalszene (falls Lukas sie annähernd richtig getroffen haben sollte): schäbige Straßen voll schäbiger Leute, für die dieser Abend wie jeder andere war, ein Abend in der Fremde, von ihm war auch weiter nichts zu erwarten.

Im Bahnhof stellten wir uns zu dem großen Tannenbaum in der Halle, machten einen Kreis und fingen an zu singen – noch etwas zaghaft, nicht ahnend, wie das wohl ankommen würde, und ob wir am Ende nicht Spott und Hohn davontrugen von diesen Randbewohnern des bürgerlichen Archipels, die mit der ›gnadenbringenden Weihnachtszeit‹ nicht viel am Hut hatten. Aber es gefiel ihnen offenbar. Einige summten sogar mit, wiegten sich im Rhythmus des ›Kumbayah, my Lord!‹ und schlugen in die Hände bei ›He's got the whole world in his hands‹.«

Drehkreuz Hauptbahnhof. Schon bald nach der Währungsreform 1948 boomte es an Weihnachten, besonders hier, wo Untergrund, Parterre und Himmel so nah beieinander liegen. Heinrich Bölls Erzählung ›Krippenfeier‹, 1952 veröffentlicht, kennt sich in all den Etagen aus: »Die großen Lampen brannten schon, als er dort ankam; sie bildeten einen Lichtschirm, der parallel zum Himmel stand und die Dunkelheit wie ein Gewölbe erscheinen ließ. Der große Tannenbaum in der Bahnhofshalle tropfte von Nässe, und von den kerzenförmigen Glühbirnen hingen ein paar schief, und einige schienen defekt zu sein. Die Halle war fast leer. (…) Plötzlich setzte im großen Lautsprecher die Musik ein: Beethoven, Neunte Symphonie; sie erfüllte für einen Augenblick fortissimo die Halle, dann schien jemand am Knopf zu drehen, und die Musik wurde sehr leise.

Unten, wo die Telefonzellen sind, war es muffig und lichtlos. Benz kam an dem gläsernen Café vorüber, in dem Leute hockten, um lustlos Salat, Butterbrote und Wurst zu essen. Er ging weiter. Die beiden Telefonzellen waren besetzt, und er drehte sich herum und wartete: oben schimmerten die lichtgefüllten Röhren in der Reihe von Kaufläden: Zigarettenkisten und Blumen, Zeitschriften und Parfümflaschen standen in diesem quälenden bläulichen Licht, und über einem großen weiß-gelben Transparent, das ein Verhütungsmittel anpries, schwebte ein lächelnder Sperrholzengel, silbern bemalt, der den Stern von Bethlehem gegen das blaugekachelte Gewölbe der Halle hielt. Irgendwo rechts, nicht weit von ihm entfernt, hatte eine religiöse Handlung ihren Kasten aufgehängt. Krippenfiguren schienen auf dem rötlichen Samt des Kastens zu tanzen, flankiert von harfespielenden Engeln, deren Rücken man benutzt hatte, um Spruchbänder aufzustellen, die an lackierten Holzstäben befestigt waren: ›Gloria in excelsis Deo‹ und ›Friede den Menschen auf Erden‹ stand über den starren Engellocken.«

Drehen wir das Rad der Zeit um dreieinhalb Jahrhunderte zurück. Unweit des heutigen Bahnhofsvorplatzes, »in der Trankgasse im Erzengel Gabriel«, wurde 1649 der Lyrikband eines 14 Jahre zuvor verstorbenen Jesuiten »jetzo nach Vieler Wunsch und langem Anhalten zum erstenmal in Druck verfertigt«: Friedrich Spees ›Trutznachtigal‹. In diesem Buch eines der größten Kölner Autoren findet sich ›Ein kurz poetisch Christgesang, vom Ochs und Eselein bei der Krippen‹, und die ersten Verse klingen, als sei der Dichter um den Dom gegangen:

> »Der Wind auf leeren Straßen
> Streckt aus die Flügel sein:
> Streicht hin gar scharf ohn' Maßen,
> Zu Bethle'ms Krippen ein.«

DIE KUNDE VON BETHLEHEM
Von Heinrich Böll

Die Tür war keine richtige Tür: sie war lose aus Brettern zusammengenagelt, und eine Drahtschlaufe, die über einen Nagel gezogen war, hielt sie am Pfosten fest. Der Mann blieb stehen und wartete: ›Es ist doch eine Schande‹, dachte er, ›daß eine Frau hier ihr Kind kriegen muß.‹ Er nahm die Drahtschlaufe vorsichtig vom Nagel, stieß die Tür auf und erschrak: er sah das Kind im Stroh liegen, die sehr junge Mutter hockte daneben, lächelte das Kind an… hinten an der Wand stand einer, den der Mann nicht richtig anzusehen wagte: das könnte einer von denen sein, die die Hirten für Engel gehalten hatten. Der dort an der Wand lehnte, hatte einen mausgrauen Kittel an und hielt in beiden Händen Blumen: schlanke, gelbliche Lilien waren es. Der Mann spürte die Furcht in sich aufkommen und dachte: ›Vielleicht stimmen doch die tollen Dinge, die die Hirten in der Stadt erzählt haben.‹

Die junge Frau blickte jetzt auf, sah ihn freundlich und fragend an, und der junge Mann sagte leise: ›Wohnt hier der Tischler?‹ Die junge Frau schüttelte den Kopf: ›Tischler ist er nicht – er ist Zimmermann.‹ – ›Das macht ja nichts‹, sagte der Mann, ›eine Tür wird er ja reparieren können, wenn er Werkzeug mithat.‹ – ›Er hat Werkzeug mit‹, sagte Maria, ›und Türen reparieren kann er. Das hat er in Nazareth auch gemacht.‹

Sie waren also wirklich aus Nazareth.

Der mit den Blumen in der Hand sah jetzt den Mann an und sagte: ›Du brauchst dich nicht zu fürchten.‹ Seine Stimme klang so schön, daß der Mann wieder erschrak, aber er blickte auf: der Mausgraue sah sehr freundlich, aber auch traurig aus.

›Er meint Joseph‹, sagte die junge Frau, ›ich will ihn wecken. Soll er die Tür reparieren?‹ – ›Ja, in der Herberge zum Roten Mann, nur den Falz ein bißchen aushobeln und das Futter nachsehen. Die Tür klemmt so. Ich warte draußen, wenn du ihn holen willst.‹ – ›Du kannst ruhig hier warten‹, sagte die junge Frau. ›Nein, ich will lieber draußen warten.‹ Er sah flüchtig zu dem Mausgrauen hinüber, der ihm lächend zunickte, ging dann rückwärts hinaus und schloß die Tür vorsichtig, indem er die Drahtschlaufe über den Nagel zog. Männer mit Blumen waren ihm immer komisch vorgekommen.

Als Joseph mit der Werkzeugkiste herauskam, nahm er ihn beim Arm und sagte: ›Komm, wir müssen links herum.‹ Sie gingen links herum, und jetzt fand der Mann endlich den Mut, das zu sagen, was er der jungen Frau schon hatte sagen wollen, aber er hatte sich gefürchtet, weil der mit den Blumen dabeistand. ›Die Hirten‹, sagte er, ›erzählen ja tolle Dinge über euch in der Stadt.‹ Aber Joseph antwortete nicht darauf, sondern sagte: ›Hoffentlich habt ihr wenigstens ein Stecheisen da, an meinem ist mir der Griff abgebrochen. Sind es mehrere Türen?‹ – ›Eine‹, sagte der Mann, ›und ein Stecheisen haben wir. Es ist sehr dringend mit der Tür. Wir bekommen Einquartierung.‹ ›Einquartierung? Jetzt? Es sind doch keine Manöver?‹ – ›Nein, Manöver sind nicht, aber es kommt eine ganze Kompanie Soldaten nach Bethlehem. Und bei uns‹, sagte er stolz, ›bei uns soll der Hauptmann wohnen. Die Hirten…‹, aber er unterbrach sich, blieb stehen, und auch Joseph blieb stehen. An der Straßenecke stand der Mausgraue, er hatte den ganzen Arm voller Blumen, weiße Lilien, und verteilte sie an kleine Kinder, die gerade laufen konnten: es kamen immer mehr Kinder, und Mütter kamen mit solchen, die noch nicht laufen konnten, und der Mann, der Joseph geholt hatte, erschrak sehr, denn der Mausgraue weinte: die Stimme, die Augen hatten ihn schon erschreckt, aber seine Tränen waren noch schrecklicher: er berührte die Münder der Kinder, ihre Stirn mit seiner Hand, küßte ihre kleinen, schmutzigen Hände und gab jedem von ihnen eine Lilie.

›Ich habe dich gesucht‹, sagte Joseph zu dem Mausgrauen, ›eben, während ich schlief, habe ich geträumt…‹ – ›Ich weiß‹, sagte der Mausgraue, ›wir müssen sofort weg.‹ Er wartete noch einen Augenblick, bis ein ganz kleines, schmutziges Mädchen an ihn herangekommen war. ›Soll ich die Tür für diesen Hauptmann nicht mehr reparieren?‹ – ›Nein, wir müssen gleich weg.‹ Er wandte sich von den Kindern ab, nahm Joseph beim

Arm, und Joseph sagte zu dem Mann, der ihn geholt hatte: ›Tut mir leid, ich glaube, es geht nicht.‹ – ›Oh, laß nur‹, sagte der Mann. Er sah den beiden nach, die zum Stall zurückgingen, blickte dann in die Straße, in der die Kinder lachend mit ihren großen weißen Lilien herumliefen. Da hörte er das Getrappel von Pferdehufen hinter sich, wandte sich um und sah die Kompanie, die von der Landstraße aus in die Stadt einritt. ›Ich werde wieder ausgeschimpft werden‹, dachte er, ›weil die Tür nicht repariert ist.‹ Die Kinder standen am Straßenrand und winkten den Soldaten mit den Blumen zu. So ritten die Soldaten durch ein Spalier weißer Lilien in Bethlehem ein, und der Mann, der Joseph geholt hatte, dachte: ›Ich glaube, die Hirten haben recht mit allem, was sie erzählt haben…‹«

Diese 1954 niedergeschriebene Weihnachtsgeschichte ist in Heinrich Bölls Werk die einzige, die auf das biblische Geschehen unmittelbar eingeht, wie es das Lukas-Evangelium schildert: den Bethlehemitischen Kindermord.
Aber Böll historisiert nicht, malt auch nicht den frommen Bilderbogen aus. Was geschieht, wird sehr verhalten erzählt. Die Symbole sind genau gesetzt: der halb erst erkennbare Engel mit den Verkündigungsblumen in Händen, dazu das Stichwort: »Du brauchst dich nicht zu fürchten«; die Lilie, die er den Kleinen, wissend und trauernd, in die Hand gibt: das Sinnbild der Unschuldigen Kinder. Joseph, der Zimmermann, wird bei seinem Handwerk genommen, darin kannte sich Böll, dank seines Vaters, der Schreinermeister und Holzbildhauer war, genau aus. Die Einquartierung einer Kompanie Soldaten: Wir wissen bald, es sind die Soldaten, die Herodes geschickt hat. Die Hirten: vermutlich die Instanz der Armen, der Unbeirrten, der in ihren Berichten Wahrhaftigen.
Fremde Einquartierung, Notbehelfe, Spalier der Zujubler, jähe Ernüchterung… Unversehens spüren wir, das Geschehene liegt nicht so weit ab, spüren hier deutsche Zustände und Befindlichkeiten nach 1945. Bölls Engel ist eine dichterische Metapher. Das macht auch sein erster Roman ›Der Engel schwieg‹ deutlich, der vor kurzem erst aus dem Nachlaß veröffentlicht wurde. Darin heißt es:
»Hans stockte, als er die große Vorhalle erreichte, die voll Licht war: links stand der lächelnde Engel, der ihn damals in der Nacht begrüßt hatte. Hans blieb stehen: die Figur schien ihm zu winken oder von der Seite zuzulächeln, und er wandte sich ihr langsam zu: aber die starren Augen blickten an ihm vorbei, und die vergoldete Lilie rührte sich nicht, nur das Lächeln schien an ihn gewandt, und er lächelte leise zurück; jetzt erst, wo die Figur im vollen Licht stand, sah er, daß das Lächeln des Engels ein schmerzliches Lächeln war.«
Ein Mausgrauer mit Tränen der Trauer, ein lächelnder Sperrholzengel, eine gestürzte Gipsfigur: Das sind auch Metaphern einer vom Krieg heimgekehrten, schmerzvoll ernüchterten Generation. Aber ›Die Kunde von Bethlehem‹ läßt sich auch ohne diesen Hintergrund verstehen. In der Kunst des Erzählens ist alles aufgehoben.

Der
weihnachtliche
Festtags
Zyklus

KÖLSCHE KALENDARIEN

Warum beginnt das Kirchenjahr, in diesem Fall beider christlicher Konfessionen, mit dem ersten Adventssonntag, warum zum Beispiel nicht mit Ostern? »Das hatten wir schon mal«, sagen die, die sich mit der Geschichte der Erzdiözese Köln auskennen, »und wir waren in Deutschland die einzigen, die das neue Kirchenjahr, das noch identisch mit dem Kalenderjahr war, am Karsamstag begannen, und zwar mit dem Anzünden der Osterkerze. Das ist für uns das Symbol der Auferstehung Christi und daher ein Zeichen, daß mit der Vigilie von Ostern, also Ostersamstag, das Jahr anfängt. Januar, Februar, die gehörten ins alte Jahr. So haben wir auch unsere Urkunden datiert.«

»Das muß aber schon eine Weile her sein.«

»Stimmt, 1310 haben wir das drangegeben. In dem Jahr hat nämlich unser Erzbischof Heinrich von Virneburg ein Provinzialkonzil einberufen, das war die berühmte ›Kölner Synode‹. Und die hat festgelegt, daß ab sofort der 25. Dezember, also das Fest von Christi Geburt, der Jahresanfang sein sollte.«

»War das so eine Art Spruch von oben?«

»Nein, eher hat man damals festgeschrieben, was schon eine Zeitlang so Usus war, wenigstens bei Geschäftsleuten und Notaren. Die haben das neue Jahr mit Weihnachten beginnen lassen. Also haben die von der Stadt sich auch gleich daran gehalten: die erste Sitzung des neuen Rats hat man auf die Weihnachtsfeiertage gelegt.«

»Aber irgendwann kam es doch zu Silvester und Neujahr und der ganzen Knallerei?«

»Also, den Neujahrstag 1. Januar hat man im Reich erst sehr viel später eingerichtet, so um die Mitte des 16. Jahrhunderts. Manche Kölner hatten Probleme damit, das wissen wir aus dem Tagebuch des Ratsherren Hermann Weinsberg. Als Jurist – und auch als Chronist – hielt er es anfangs mit dem Reich und feierte mit Familie und Freunden an Silvester den Neujahrsabend. Nach fünf Jahren Ratstätigkeit entschied er sich für die alte kölnische Art: ›denn man schreibt das Jahr von der Geburt Christi an, nicht von seiner Beschneidung‹. Das hat er 1570 notiert.«

»Also blieb er dabei?«

»Privat und auch als Ratsherr schon, aber er hat noch zwanzig Jahre damit gerungen. 1591 vertraut er am ›hilligen Christtag‹ seinem Tagebuch an, daß doch ›viele irren und zweifeln‹, ob man das Jahr nun mit dem Christtag oder mit dem 1. Januar anfangen sollte. – Offiziell war die Sache allerdings längst entschieden.«

»Wie das?«

»Nun, mit der Gregorianischen Kalenderreform im Jahr 1582. Sie hat den 1. Januar ein für allemal zum Jahresbeginn bestimmt.«

»Und die Kölner hielten sich natürlich daran?«

»Aber nur auf kölsche Art. Erst mußte eine päpstliche Gesandtschaft den Rat auffordern, endlich den neuen Kalender anzunehmen. Das war im Mai 1583. Dann machte im September der Kaiser nochmals Druck. Daraufhin handelte der Rat, und um der neuen Zählung willen ließ er in jenem Jahr die Tage vom 3. bis 12. November einfach entfallen. Doch der Christtag, der war ihm als Neujahrsbeginn heilig, an dem hielt er fest.«

»Wie lange konnte sich denn die Stadt Köln diese Extrawurst leisten«?

»Oh, das ging schon eine Weile. Der Rat hat seinen besonderen ›stylus Camerae‹ (Gepflogenheiten der Kammer) während der ersten Hälfte des 17. Jahrhunderts noch praktiziert. Seine offiziellen Neujahrswünsche gegenüber dem Erzbischof und dem päpstlichen Nuntius hatte er natürlich zum 1. Januar vorzubringen. Und als die Franzosen, damals noch als Verbündete, ihn 1758 zwangen, von seiner Gepflogenheit abzugehen, da nahm er sie nach dem Siebenjährigen Krieg flugs wieder auf. Erst die Französische Revolution machte der alten Zählung auch in Köln ein Ende.«

»Gibt es auch hinsichtlich anderer Festdaten einen spezifisch kölnischen Kalender?«

»Nur für die Anfänge, und damit für bestimmte, hier gewachsene Traditionen. So kann man sich anhand der Aufzeichnungen bestimmter Kirchen und Klöster ein ziemlich genaues Bild verschaffen, welche der uns bekannten Heiligen beispielsweise schon im 10. Jahrhundert gefeiert wurden und welche erst später.«

»Ist das denn noch tausend Jahre später interessant für uns?«

»Wenn man sich für Weihnachten in Köln interessiert, schon. Daß Erzbischof Bruno zum Beispiel ausgerechnet in der Christnacht – in seiner Sprache »in solemni nocte natalis Domini« – das Cäcilienstift gegründet hat, und zwar anno 962, ist ein wichtiger Beleg für die damals schon hohe Bedeutung des Christigeburtsfestes. Denn ursprünglich stand die Taufe Christi, also das Fest der Erscheinung des Herrn (Epiphania, 6. Januar) im Mittelpunkt der Feier. Auf Epiphania richtete sich übrigens ganz früher auch der Advent aus.«

»Wie, auch die Adventszeit ist dehnbar?«

»Alles ist im Fluß, das wußte schon Heraklit. Und was es mit dem Advent auf sich hat, das ist noch mal ein Kapitel für sich.«

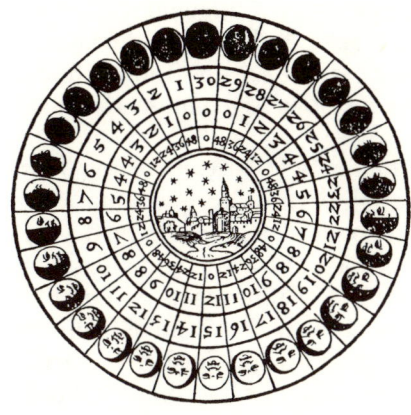

ES IST FÜR UNS EINE ZEIT ANGEKOMMEN...

Adventszeit, die ›Herankunft Christi‹, das sind für uns die drei bis vier Wochen vor Heiligabend, verbunden mit dem Adventskranz, dessen vier Lichter nacheinander, immer an Sonntagen, angezündet werden; verbunden auch mit dem Adventskalender und seinen 24 Türchen, mit den drei ›verkaufsoffenen‹ Samstagen und mit den ›St. Nikolaus-Promotions‹.

Das war vor 1500 Jahren ganz anders. Sogenannte ›Adventsheilige‹ (St. Barbara, St. Nikolaus, St. Lucia und so weiter) gab es noch nicht. Der Advent als eine Zeit der Vorbereitung bezog sich weniger auf Christi Geburt als auf seine in und mit der Taufe geoffenbarte Göttlichkeit, und das heißt: auf den Epiphanientag.

Der 6. Januar galt als das winterliche Hochfest. Die adventliche Vorbereitungszeit, als eine Zeit der Besinnung, der Buße und des Fastens, dauerte volle acht Wochen. Selbst in Bethlehem, in der Geburtsgrotte, feierte man nicht am 25. Dezember, sondern am 6. Januar. Für die römische Provinz ›Gallien‹, an deren Ostgrenze Köln lag, ist das Epiphanienfest erstmals im Jahr 360 belegt. Noch hatte sich nicht herumgesprochen, daß die ›Anbetung der Weisen‹ mit dem Tag der Erscheinung des Herrn zusammenhing. Die Ikonographie der Heiligen Drei Könige und damit auch die Feier des Dreikönigentages setzt um einiges später ein.

Zu dieser Zeit war es auch keineswegs der hl. Nikolaus, der dem Adventsbeginn Gestalt verlieh, auch wenn der Tod des Bischofs von Myra für den 6. Dezember 343 bezeugt ist. Es war vielmehr der hl. Martin, und der war im richtigen Leben der Bischof von Tours gewesen. Schon bald nach seinem Tod am 11. November 397 wurde er im ganzen fränkischen Reich verehrt. Seine besondere Beziehung zu Köln ist schon bei Lebzeiten erwiesen. Er war nämlich mit Bischof Severin, allgemein ›Zinter Vring‹ genannt, eng befreundet. Auf wunderbare Weise sei seine Todesstunde dem Kölner Freund mitgeteilt worden, berichtet der Geschichtsschreiber Gregor von Tours – und als Ort dieser Vision machte man tatsächlich um das Jahr 1000 das sogenannte Martinsfeld aus. Ganz genau weiß es der Kölner Volksmund:

»Zint Vring hatt en Prozession ob de 11. November engefoht (eingeführt). Ov et ne Dank für de Summer ov ne Bittgangk vörm Winter wor, dat weiß m'r nit. Hä trok (zog) met singe kölsche Lück rund, dät bedden un prädigen un d'r Sägen gevve ob alle Plaatze, wo Märtyrer sturfen un vereht wooten. Wie se no do kumme, wo jitz Zint Martin (Groß St. Martin) zick Johrhunderte steiht, do hören se ne wunderbare Gesang, ne Jubel vun dausende Stemme. Der kom vun bovven, als wann alle Himmelsgeister vör d'r Himmelspooz gestande hätten. D'r Bischoff un alle Geislige un Prozessionslück sinneerten un reeten, wat dat Wunder wahl ze bedüggen hatt un ov dat nor Köllen aangingk.

*Der Adventskalender wurde Anfang der zwanziger Jahre eingeführt
und ist seither ein beliebtes Geschenk.*

Noh drei Däg wor et klor: En *der* Stond wor der große Bischoff Martin vun Tours en Frankreich gestorve. Ob ner Reis hatt in d'r Herrgott en Candes avberofe, un wat em Himmel gon un flege kunnt, dat trok d'm Zint Määten en ner Prozession ob d'r Milchstroß (bovven Stäänestroß genannt) entgägen met Leder un Kääze. – Kein Wunder, dat d'm Zint Määten dann anderthalv hundert Kirchen em rhingsche Land geweiht wooten.«
Es spricht einiges dafür, und das Verzällcher spricht es ebenfalls an, daß das Martinsfest ursprünglich ein Herbstfest gewesen ist; die arbeitsreiche Erntezeit war zu Ende, die Winterzeit stand bevor. Nun fing das Schlachten an, und der neue Wein wurde gezapft – ein altes Bonner Martinsliedchen singt davon:

> »Mertensovend machen de Wiwer de Würsch,
> On wann se Wing em Keller hann,
> Dann drinke se wann se dürsch…«

Die strenge Adventszeit nahm gnädigerweise erst mit dem auf den Martinstag folgenden Sonntag ihren Anfang. Dreimaliges Fasten pro Woche sei ab dem Fest des hl. Martin allgemeine Christenpflicht, ordnete schon Bischof Perpetuus von Tours (gest. 480) an; ein Jahrhundert später wurde dieses Dekret durch das Konzil zu Macon bestätigt. Es liegt kein Widerspruch darin, daß der Vorabend von St. Martin während des Mittelalters, bis

zu den Zeiten des Kölner Ratsherren Hermann Weinsberg, der davon 1553 erzählt, unter Schmausen, Trinken, Singen und mit ausgelassener Fröhlichkeit gefeiert wurde; schließlich ist auch Karneval oder ›Fastnacht‹ der Vorbeginn der österlichen Fastenzeit.
In einem alten Martinslied vom Niederrhein heißt es:

> »Sint Märten,
> Äppel on Peären sint geäten,
> Boketskok (Buchweizenkuchen) on Eierekok
> Det dem ärme Sint Märte got«.

Dies ist ein Martinsliedchen der Leute vom Land. Für sie vor allem war der hl. Martin der Schutzpatron: für die Bauern, Pächter, Hirten, Knechte und Mägde. Seinem Ehrentag sah man im übrigen nicht nur mit Freude entgegen, war er doch als Zahl- und Zinstag bestimmt. Häufig lief an diesem Tag das Pachtjahr ab, und der Pachtzins wurde fällig; so war Martinstag gelegentlich auch der Tag des Gesindewechsels.
Seine Bedeutung als Adventsbeginn hat er allerdings schon früh wieder eingebüßt. Die liturgische Form des Adventsgottesdienstes, wie sie Papst Gregor um 600 festgelegt hatte, sah zunächst fünf Sonntage vor, hingeordnet auf das Fest von Christi Geburt, also nicht mehr auf Epiphania. Seit dem 9./10. Jahrhundert waren es dann vier Adventssonntage. Geraume Zeit sah man im 25. Dezember den Beginn des neuen Jahres, insofern hatte er die Funktion des 6. Januar als kirchliches ›Groß Neujahr‹ übernommen.
Den ›geistlichen Advent‹ wollte auch das berühmte 1263–88 verfaßte Werk des Dominikaners Jacobus de Voragine einüben, die ›Legenda aurea‹, auch ›Legende der Heiligen‹ genannt. Sie legt dem Advent einen vierfachen Sinn zugrunde:
»Es sind vier Wochen des Advents, die bezeichnen die vier Zukünfte unseres Herrn: die erste, daß er zu uns in die Menschheit gekommen ist, die andere, daß er mit Gnaden in der Menschen Herz gekommen, die dritte, daß er zu uns gekommen ist in den Tod, die vierte, daß er wiederkommen wird zum Jüngsten Gericht. Die letzte Woche des Advents wird selten geendet, zum Zeichen, daß die Glorie kein Ende hat…«
Auf weniger spekulative Weise, sondern eher Volkes Brauch zugewandt, beschreibt Sebastian Franck, ein Zeitgenosse Luthers, die Adventszeit: »Daß Advent drei Wochen vor dem neuen Jahr oder dem Geburtstag Christi ist, soll Petrus aufgesetzt haben, daß man sich darin auf die Ankunft Christi bereiten soll. An diesen drei Donnerstagen ist an vielen Orten der Brauch, daß die Kinder in der Stadt herumgehen und an den Häusern anklopfen.« Von diesen Donnerstagen, regional auch Klöpfles- oder Rauhnächte genannt, weiß er an anderer Stelle seines ›Zeytbuches‹ (1534) zu berichten: »Drei Donnerstage vor Weihnacht klopfen die Maidlein und Knaben von Haus zu Haus an den Türen an, die Zukunft der Geburt des Herrn verkündigend und ein glückseliges Jahr den Bewohnern wünschend. Danach empfangen sie von den Hausinsassen Äpfel, Birnen, Nüsse und auch Pfennige zum Lohn.«
Diese Adventsübung ist uns völlig fremd geworden, und auch, daß in Köln früher einmal das Verbot galt, während dieser Zeit Ehen zu schließen; selbst ein allgemeines Tanzverbot bestand hier, wie Joseph Klersch ermittelt hat, noch bis ins 18. Jahrhundert.
Andererseits sind uns heute, so seltsam dies klingen mag, die 370 Jahre alten ›Catholi-

schen Kirchengesäng / auff die fürnembste Fest des gantzen Jahrs / wie man dieselbe zu Cölln / und anderstwo bey allen Christlichen Catholischen Lehren pflegt zu singen‹ erstaunlich nahe und vertraut. Die Lieder dieser berühmten Sammlung dienen auch jetzt noch zur Einstimmung in das Fest der Feste.

Der Adventskranz dagegen ist erwiesenermaßen ein evangelischer und zudem ein sehr junger Brauch, erstmals um 1890 nachgewiesen bei Adventsfeiern im Betsaal des ›Rauhen Hauses‹ in Hamburg. Dort wurde auf einen Deckenleuchter, der für 28 Lichter eingerichtet war, Tag für Tag eine Kerze gesteckt und angezündet; für die Samstage nahm man größere Kerzen als werktags.

Erst nach 1920 setzte sich auch im Rheinland – gefördert von den Blumengeschäften – der Brauch durch, an der Decke des Schulzimmers, des Vereinslokals oder in der guten Stube einen Adventskranz aufzuhängen und an jedem der vier Sonntage die entsprechende Anzahl Kerzen anzubringen und abzubrennen.

ANDREAS, DER ERSTE DER ADVENTSHEILIGEN

Der erstberufene Apostel, ranghöchster hinter Petrus und Paulus, zudem erfolgreicher Bischof und Missionar in vielen Balkanländern, ist nie so recht populär geworden. Martinstag und Nikolaustag waren und sind weitaus beliebter als der Andreastag, der 30. November. Welche Bedeutung er dennoch für die mittelalterliche Kirche besaß, beweist der älteste Kölner Festkalender, eine Pergament-Handschrift aus dem 10. Jahrhundert, die als Codex Nr. 86 in der Dombibliothek aufbewahrt wird. Ihm zufolge markieren drei hohe Feste, allesamt ausgezeichnet durch Vigilie (Nachtfeier vor dem Fest) und Oktave (acht Tage andauernde Festlichkeiten), den Weihnachtszyklus. Es sind die Feste des St. Andreas, der Geburt Christi und der Epiphanie.

Die historische Wertschätzung des hl. Andreas hängt mit der Festlegung des ersten Advents auf den 1. Dezember zusammen. Im 8. Jahrhundert wurde dieser Tag zum Anfang des Kirchenjahres bestimmt – damals noch identisch mit dem Beginn des Kalenderjahres. Etliche Jahrhunderte lang kam dem Andreastag als Vorabend der Jahreswende – vergleichbar mit Silvester – und als dem Tag der Einstimmung auf das Kommen des Herrn eine besondere Bedeutung zu.

Vor allem der Volksglaube bemächtigte sich der Andreasnacht. Sie war für das ›Losen‹ gut beziehungsweise für die Zukunftsvorhersage, sowohl was Partnerbeziehungen betraf als auch das Wetter des kommenden Jahres, denn davon war alles wirtschaftliche Wohl und Wehe abhängig.

Durch ›Andreeßen‹ konnte ein Mädchen, das dreimal sieben Jahre hinter sich hatte und für das es langsam Zeit wurde, an einen Mann kommen. An der Sieg und im Siebengebirge soll es noch im 19. Jahrhundert so gewesen sein. Wenn sich dort eine Juffer (Jungfrau) in der Andreasnacht ins Bett legte, hatte sie die Worte zu sprechen:

>>Helliger, goder Andreß,
Wenn de för mich ne Mann heß,
Zeeg mir in em Droom die Naach,
Besser schecks de'n glich bei Daach.
Rich udder ärm, breed udder schmal,
Ganz egal, nur breng mer 'n bal«!

Spätestens seit der Adventsbeginn – und damit auch der Beginn des Kirchenjahres – auf den ersten von vier Sonntagen vor dem 25. Dezember gelegt worden war, hatte St. Andreas als Adventsheiliger ausgedient. Die meisten Bräuche, die einst mit ihm verbunden waren, haben sich auf die späteren >Lostage< verlagert: auf die Lucianacht, die Thomasnacht, die Christnacht, die Silvesternacht.

Am längsten im Bewußtsein gehalten hat sich das Andreaskreuz, Attribut und Emblem des Heiligen. Es besteht aus zwei schräggestellten Balken und soll auf seinen Märtyrertod am Kreuz hinweisen. Als Verkehrsschild warnt es den Autofahrer vor einem Bahnübergang. Für frühere Geheimgesellschaften wie die Rosenkreuzer hatte es noch eine zentrale, geheimnishafte Bedeutung. Daß sich mit dem Andreaskreuz gut zaubern läßt, wußte der Barockdichter Friedrich von Logau: »Wann St. Andreas-Abend kümt, pflegt jeder, der sich will beweiben, / Auch die, die sich bemannen will, ein hitziges Gebet zu treiben.«

In Köln kennt man den Heiligen seit der Zeit des Erzbischofs Bruno als Patron der Andreaskirche in der Komödienstraße – von wo er zu seinem Bruder Petrus, dem Patron des Kölner Doms, hinübergrüßt.

DEN KÖLNER KINDERN GEWOGEN:
DIE HEILIGE BARBARA

Der Barbaratag, 4. Dezember, erscheint schon früh zusammen mit dem Nikolaustag, nämlich im Festkalender von St. Kunibert aus dem Jahr 1239. Bis heute ist >Zint Bärbel< in der Domstadt mehr verehrt als in anderen Städten. Sie ist die Vorhut und in gewisser Weise auch Partnerin von St. Nikolaus, vor allem, wenn es um das Spenden von Süßigkeiten geht.

>>Kringele, Möndcher, Stäne un Hätzcher,
Schukladeferke met Marzipanstätzcher.
De Hauptsaach kütt noch, schriev et deer op:
Spennknöpp (blus zwei Penning der Knopp).

Ich han ming Stivvele op Huglanz puleet,
Well hoffe, dat de Dos Wichs sich renteet.
Gott messe, un vergeß uns blus nit!
Et größ dich dankbar ding brav Jüppche Schmidt.«

Diesen Wunschzettel an >Leev hellige Barbara< schrieb Lis Böhle. Werden die in der

Nacht vorher aufgestellten Schuhe, die unbedingt blank geputzt sein müssen, einmal nicht so lecker gefüllt, gibt es Zoff:

>»Barbara, wat beß do schlääch,
Uußerdäm och unjerääch.
Jestere stallt ich bletzeblank
Doch ming Schohn he op de Bank;
Wie ich hück han nohjesinn,
Hatt ich bloß ene Klütten dren.
Barbara, do deis meer leid,
nenns do dat Jeräächtichkeit?
No, ich muß zwor enjeston,
Dat ich et nit selvs jedon;
Denn – sach selvs, wor dat nit nett? –
He ming jode Schohn die hät
Meer mi Schwester blankjeputz
för paar Jrosche un ene Butz…«

Heribert Klar, der dies reimte, spricht vielen Kindern aus der Seele:

>»Jetz eß meer nor eins nit klor:
Woherr woß dat Oos dat nor?«

Barbara als kölsche Kamellespenderin ist schon für das Jahr 1500 bezeugt. Damals verteilten die Kanoniker des St.-Ursula-Stifts am Vorabend von St. Barbara eine gewisse ›cremia de sucro‹ an die Chorschwestern, dazu kleine Kerzen und Brezeln.

Die Heilige war außerdem für ramponierte und zerblötschte Puppen zuständig, die sie in der Barbaranacht einsammelte. Heil und schön lagen sie dann wieder unterm Tannenbaum. Franz Peter Kürten entdeckte in der Eifel ein Gedicht dazu:

>»De hellige Barbara wor hee,
Die got un leev Zint Bärbel!
Die hollt dis Naach wie alle Johrsch
Ne decke, decke Ärvel
Ärmsellige Poppekengerche,
Die Büle han un Blötsche,
Die blenk sin un ken Hoor mih han,
Ken Ärme, Been un Kleedche;
Die allemole hollt se fott!
No heesch et bedde, senge
För e gesonk, fruh Widdersin
Met üre Poppekenger!«

Der alte Brauch, am Barbaratag kleine Obstzweige, vor allem Kirschbaumzweige, in ein Gefäß mit Wasser zu stellen, damit sie zu Weihnachten blühen, scheint eine mehr zufällige Verknüpfung mit der Heiligen. Ursprünglich schnitt man die Zweige schon am Tag des Viehabtriebs Mitte November und stellte sie in den Stall oder in die damals noch kalte Stube. Je mehr sie geheizt wurde, desto schneller trieben die Zweige; so verlegte man das Zweigeschneiden auf St. Barbara oder auf St. Lucia. Blühten die Knospen zum Christfest auf, gingen Wünsche in Erfüllung; blieben sie dürr, bedeutete dies Unglück.

Die hl. Barbara wird bei bestimmten Berufen oder in bestimmten Lebenslagen besonders verehrt. Das hängt mit der Heiligenlegende zusammen. In Nikodemia wurde Barbara als Tochter eines heidnischen reichen Fürsten geboren. Ihr Vater wollte die schöne Jungfrau von fremdem Einfluß fernhalten und sperrte sie in ein Turmzimmer. Als er eines Tages verreist war, ließ sie ein dreigeteiltes Fenster hineinbauen und ritzte an den Rand einer Marmorschale vier Kreuzchen. Der Vater stellte sie später zur Rede und erfuhr: das dreigeteilte Fenster habe sie zu Ehren der Heiligen Dreifaltigkeit anbringen lassen und die Kreuzchen zum Gedenken an den Kreuzestod Christi; außerdem sei sie selbst Christin geworden. Da schleppte ihr Vater sie vor den Richter, ließ sie, weil sie von ihrem Glauben nicht lassen wollte, gräßlich foltern und schlug ihr »mit eigener Hand das Haupt ab«, worauf ihn ein wildes Feuer verbrannte.

Ikonographisch gehören zur hl. Barbara vor allem der dreifenstrige Turm, gelegentlich ein Kelch oder eine Hostie. Auch Spekulatius-Gebäck zeigt sie mit dem Turm. Sie ist nicht nur die Patronin für Sterbende; als Nothelferin steht sie auch Büchsenmachern, Feuerwehrleuten, Turmwächtern, Glockengießern und überhaupt allen Berufen zur Seite, die mit Feuer und Sprengstoffen in Verbindung stehen, nicht zuletzt den Artilleristen. Ab der preußischen Zeit war der Barbaratag für die zahlreichen Kölner Artillerieeinheiten »nächst Kaisers Geburtstag der höchste Feiertag«, der, nach Joseph Klersch, »ohne Dienst festlich begangen wurde«. Schutzherrin war sie auch für die Bergleute, nicht nur wegen der Sprengladungen, sondern auch wegen des Totenhemds, das die Knappen dem Volksmund nach immer anhaben. Zwar galt das nicht so recht für den Tagebau und die ›Rheinbraun‹, doch nach 1945 brachten die aus Schlesien vertriebenen Bergleute eine neue Art der Barbaraverehrung ins Rheinland und damit auch nach Köln.

NIKOLAUS, DER HELLIGE MANN

Kein Adventsheiliger ist bei jung und alt so populär, kein Tag so reich an Einkehr- und Umzugsbräuchen, an Backrezepten und an allgemeinem Rummel wie der 6. Dezember – und der Abend zuvor.

Damit der heilige Mann nicht stolperte und anstieß, wenn er kam, hieß es in allen Straßen und Gassen: »De Husgang schön gefäg, un alles us dem Wäg.« Wenn es dann abends soweit war, warnte ihn der Hausvater, der durchs halbgeöffnete Fenster spähte: »Leeve hellige Nikelos, fal nit op der düstere Stroß.« Oft prasselte als Antwort eine Ladung Nüsse herein.

Und wieviel Namen der Nikolaus hatte! Helliger Mann und Zinter Klaus war mehr für die Kölner Region üblich, Zinter Klos für den Niederrhein, Sinter Klaas für Flandern-Brabant. Nikelos und Pelznikel, aber auch Boozenikel und Stapklos galt für die ganze ehemalige Rheinprovinz, Klas Bur oder Bulleklas für Westfalen. Ein altes niederrheinisches ›Niclaslied‹ geht so:

>Sinter Klos, hellige Man,
Breng die kleene Kender wat,
Loat die groote loope,
Die könne sech selvs wat koope.«

Die größeren Kinder aber, die ›Fetze un Rabaue‹, machen sich über ihn lustig:

>Hellige Mann,
Schrapp de Pann,
Schrapp de Pief,
Morge kriß de en al Wiev.«

>Hellige Mann em Dom
Häß kein Strümp un Schohn.
Häß kein Pief Tuback,
Beß 'ne ärme Sack!«

Bevor er sich zeigt, fordern ihn die ›Lotterbove‹ heraus:

>Hellige Zinter Klos,
Maach de Botz mer moß,
Mach mer se nit zo eng,
Söns schlon ich dich en de Zäng,
Maach mer se nit zo wick,
Söns schlon ich dich in de Sigg.«

St. Nikolaus als Kinderpatron. Links das legendäre
Pökelfaß mit den drei auferweckten Schülern.
Holzschnitt von 1488.

29

In vielen Liedern steckt geschichtliches Brauchtum, so zum Beispiel die flandrische Sitte, daß St. Nikolaus seine Gaben durch den Kamin rutschen läßt oder sie im Ofen versteckt:

> »Hellige Mann,
> Komm eran!
> Setz dich ob de bövversch te Pann!
> Kick ens am Kamin erenn,
> Kanns de mich hee onge sin?
> Kuckuck!«

Nikolausbrauchtum und -darstellung lassen sich besser verstehen, wenn man der Biographie des Heiligen, seinem Kult und den vielen mit ihm verbundenen Legenden nachspürt. Zu seiner Gestalt haben zwei historische Personen, die in der Provinz Lykien geistliche Ämter bekleideten, erheblich beigetragen: Bischof Nikolaus von Myra, der im frühen 4. Jahrhundert wirkte, und Abt Nikolaus von Sion, der 564 als Bischof von Pinara starb. Die Nikolausverehrung setzte im 6. Jahrhundert ein, zunächst hauptsächlich in Myra, dann im gesamten Byzantinischen Reich; Kultzentrum wurde Konstantinopel. Über Süditalien, damals byzantinisch, gelangte sein Kult nach Rom und, noch vor der Jahrtausendwende, ins kirchliche Köln.

Einen zweiten, eher profanen Schub für den abendländischen Nikolauskult bedeutete das Jahr 1087, als die Gebeine des Heiligen aus Lykien, wo man sie ausgegraben, nach Bari überführt wurden. Nun etablierte sich Nikolaus als Schutzpatron der Schiffer und Kaufleute, eroberte Nordfrankreich und Flandern, wo er so volkstümlich wurde wie kein anderer Heiliger. Über den Niederrhein schwappte die neue Welle der Verehrung bis nach Köln.

Den alten Schifferkult bezeugt die am Rheinufer gelegene Kirche St. Maria Lyskirchen, und gleich in zweifacher Weise. In der südlichen Chorkapelle sind acht Szenen aus der Nikolauslegende dargestellt – eine Gewölbemalerei, die seit 1270, trotz mancherlei ›Not und Gefahr‹, Bestand hat. Die ›Schiffermadonna‹ im nördlichen Seitenschiff, eine der schönsten Marienskulpturen in Köln, war früher außen am Chor angebracht, wo die ankommenden Rheinschiffer sie begrüßt haben.

Ein mächtiges Standbild des hl. Nikolaus wurde um 1780 auf der Ostseite des Bayenturms aufgestellt, von wo es weithin über den Rhein blickte; seit 1956 ist der brottragende Heilige, angetan mit der Mitra und dem Bischofsstab, auf die Hafenmole versetzt worden und damit vorgerückt.

Will man solche bildlichen Attribute besser verstehen, muß man sich an die Nikolauslegenden halten. Eine ganz berühmte handelt davon, wie er Unwetter, die ein Schiff bedrohen, beruhigt – oder auch, wie er Schiffbrüchige aus Seenot rettet. Eine zweite berichtet, wie er als Bischof seinen hungernden Leuten für Jahre hinaus Korn verschafft, indem er fremde Schiffer dazu bringt, von ihrer Ladung jeweils 100 Maß Weizen abzugeben, was dennoch ihre Ladung nicht mindert. In diesem Fall wird der Heilige mit zwei oder drei Laiben Brot dargestellt.

In einer dritten Legende rettet er drei zur Prostitution bestimmte Jungfrauen, deren verarmter Vater keinen anderen Ausweg weiß, wie er an Geld kommen soll. Nikolaus wirft des Nachts nach und nach Goldklumpen in die Schlafkammer, bis der finanzielle Druck aufhört und die Mädchen sich ehrbar verheiraten können. Hierfür steht Nikolaus mit den drei Kugeln.

Eine vierte Legende hat mit dem Juden – oder auch Zöllner – zu tun, der das Bild des Heiligen zum Aufpasser über sein Hab und Gut macht. Als Diebe alles stehlen und ihm nichts als das Bild lassen, verprügelt er dieses, schlägt aber damit den Heiligen selbst. Ein weiteres Wunder wird vollbracht: Die Diebe werden rechtschaffene Leute und der Jude ein Christ.

Die bekannteste Legende – nicht nur in Köln – handelt von den auferweckten Schülern. Drei wandernde Scholaren waren in einem Gasthof zur Nacht eingekehrt. Die Wirtsleute witterten Geld, erschlugen sie, und weil der Wirt auch Metzger war, pökelte er sie ein. Eines Tages kehrt der Heilige ein, verlangt nach Fleisch, was man ihm verweigert. Zum Beweis, daß sie doch davon im Hause haben, führt er die Wirtsleute vor das Salzfaß mit dem Pökelfleisch, erweckt die Schüler zum Leben und bekehrt das Ehepaar. Diese Geschichte ist gemeint, wenn St. Nikolaus mit zwei oder drei Schülern im Faß dargestellt ist.

Aus der Schülerlegende entwickelte sich das Patronat des Heiligen über Kinder und Lernende. Dabei war es für die Erziehungsinstanzen – Kirche, Lehrer, Eltern – nur nützlich, St. Nikolaus auch zu pädagogischen Zwecken einzusetzen. Fleiß und Gehorsam mußten belohnt, Faulheit und Liederlichkeit dagegen bestraft werden. Solcher Brauch ging von den Kloster- und Stiftsschulen aus. Wie reglementierend er wirkte, macht ein Bericht des Wiener Prediger-Poeten Abraham a Santa Clara deutlich: St. Nikolaustag um 1700.

»Es ist eine uralte Gewohnheit, daß heutigen Tages der Nicola einkehrt; er kommt aber eine Nacht vorher, die Kinder zu prüfen und zu examinieren, ob sie auch durch ihre Herren Lehrmeister, Hofmeister, Schulmeister, Rechenmeister, Sprachmeister und andere Informations-Räte wohl unterwiesen sind: im Buchstabieren, Silbenteilen, Lesen und Schreiben, im Rechnen, in Sprachen etc. So fragt der Nicola: Wie sich die Kinder das ganze Jahr hindurch verhalten haben? Ob sie gern beten? Den Eltern und Präzeptoren gehorsam sind? Ob zum Exempel der Hanserl und der Paul nicht zu faul? Ob der Franzerl und Ignazerl kein schlimmes Frazerl? Ob der Michel und der Six vielleicht gelernet nix? Ob die Kätherl gern bei dem Räderl? Ob die Sabindl gern bei der Spindl? Ob die Liserl und Thereserl nicht etwa zwei junge Eserl? Dies alles fragt der Nicola.«

Nach dem Kalendarium der alten Universität zu Köln gehörte St. Nikolaus zu den höheren Feiertagen, an denen der Betrieb ganz ruhte. Auch den Nachmittag zuvor fanden keine Vorlesungen mehr statt; in den Bursen und Konvikten ging es dafür hoch her.

In der Verbindung von Scholaren- und Jungfrauenlegende wurde der hl. Nikolaus zum Bescherer. Meist kam er auf einem Schimmel geritten, weshalb ihm auch Heu oder Hafer und Wasser hingestellt wurde, oder die aufgestellten Schuhe wurden mit Heu gefüllt. Dem Nikolaus rechtzeitig einen Wunschzettel zu schreiben war meistens nützlich. Aber wohin damit? Die verwegeneren Pänz kletterten im alten, unvollendeten Dom auf ein Beichtgestühl im südlichen Chor, robbten dann zur Nikolausfigur mit dem Pökelfaß und warfen das Zettelchen dort hinein. Es heißt auch, daß der Heilige seinen Wunderschlüssel, mit dem er jede Tür aufmachen kann, genau in diesem Büttchen verwahrt.

Hat sich nun die in Köln seit jeher so beliebte Nikolausbescherung im Lauf der Jahrhunderte sehr verändert? Vor vierhundert Jahren trägt der Ratsherr Hermann Weinsberg unter der Überschrift ›St. Nikolaus unsere Neffchen beschert‹ in seine Chronik ein: »Anno 1594, den 5. Dezember vigilia Nicolai (am Vorabend von St. Nikolaus), setzten die Kinder meines Neffen Gottschalk, die beide Schüler sind, ihre Schuhe bei mir in (Haus) Cronenberg oben vor mein Stübchen. Ihre Schuhe stellten sie gleichfalls in Weinsberg auf, und St. Niklas bescherte sie an beiden Orten – Kuchen, Zuckerzeug, Äpfel, Geld und Göbbelcher (schmalgewundenes Weizengebäck mit Tonpfeifchen). Und wie sie am Morgen von St. Nikolaus fröhlich auch zu mir kamen und nach den Schuhen schauten, auch Geld darin fanden, da sagt Neffchen Gottschalk, der der ältere ist, über acht Jahre, zum jüngeren sechsjährigen: ›Peter, laß mir das Geld, was willst du damit anfangen? Ich will's dir verwahren.‹ Darauf sagte Peter: ›Das will ich nicht tun; meine Mutter soll es mir gut verwahren.‹« So realistisch ging das also schon vor vierhundert Jahren zu. In ›Kölsche Kinder‹ gibt Wilhelm Hoßdorf 1950 ein neuzeitliches Stimmungsbild:

> »Der eeschte Schnei litt op de Kalle,
> Zerrt de Lantäne wie en Kapp.
> Kratsch! – eß do nit en Noß gefalle?
> Klung do e Schellche op der Trapp?
>
> ›Sag, Mutter, kütt hä hück geredde?
> Ov dat der Hell'ge Mann ald wor?
> Dann dun ich och das Leedche bedde,
> Ich kann et noch vum vör'ge Johr!‹
>
> ›Mamm, muß ich mer der Hals noch wäsche?
> Hans Muff ald raselt met der Kett!
> Weiß dä, dat ich dem Nies dät steche
> dat dude Müsche en et Bett?‹
>
> Stell! stell – et bembsch! – Kamelle flege,
> Ne Appel tirvelt unger't Schaaf!
> En deefe Stemm klingk en dä Säge:
> ›Ehr Kinder, wodt ehr dann och brav?‹…«

Die Geschenke sind im Grunde noch die gleichen wie zu Weinsbergs Zeiten: Kamelle, Äpfel, Nüsse, Süßgebäck. Doch die Gestalt des kettenrasselnden Hans Muff kommt in unserem Krätzcher stärker ins Spiel. Da der ›Hellige Mann‹ seinem Wesen nach mild und gütig ist, braucht es einen Widerpart, einen Schreckensmann. Ehemals waren Hans Muff und auch die hl. Barbara lediglich Begleiter des Nikolaus. Die Gestalt der Barbara ist nicht mehr präsent, und Hans Muff hat sich zum Ersatzteufel gemausert, was auch dramaturgische Vorteile hat. Doch die alten Einschüchterungsrituale funktionieren heute, ausgangs des 20. Jahrhunderts, nicht mehr. »Ehr Kinder, wodt ehr dann och brav?« ist mehr oder weniger ein ironisches Zitat geworden.

Die Erinnerung an den Kölner Volksheiligen hält eine kulturgeschichtliche Sammlung lebendig, die die Schauspieler Ernst Pilick und Friedrich Biesenbach im Lauf ihrer gemeinsamen Auftritte zur Nikolauszeit (seit 1949) aufgebaut haben: das Nikolaus-von-Myra-Archiv.

*Rute und Sack, Knecht
Ruprecht und Nikolaus
in einer Person.
Diese Zeichnung von
1881 zeigt noch das
pädagogische Ritual von
Bestrafung und
Belohnung.*

UNSER NIKLÄSCHEN
Von Matthias Zender

*Hölzerne Nikolausfigur aus Brauweiler
bei Köln. 14. Jh.*

Spätestens seit Mitte November begannen die Eltern für gewöhnlich ihre Kinder zu ermahnen, brav und gehorsam zu sein und fleißig zu beten, damit Zahl und Qualität der Geschenke den Wünschen entspräche. Meinen Eltern bin ich noch heute dankbar, daß sie den Gebetseifer nicht übersteigerten. Zwei, höchstens drei Vaterunser wurden dem ohnehin langen Abendgebet zugefügt. Um so mehr wurde im Ernst und im Scherz vom Nikläschen gesprochen. Das Abendrot verriet den Backofen des emsigen Kinderbischofs. Die Karre, hieß es, sei im Schnee steckengeblieben. Oder er sei, als er bei Verdun durch die Front fahren wollte, umgekommen.

Bei den meisten Familien im Dorf Niederweis (bei Bitburg) öffnete sich plötzlich die Tür, und die Geschenke wurden ins Wohnzimmer, in den Hausflur oder auch in die Küche geschoben, geschüttet, selten nachts hingestellt. In solchen Fällen war die Verkleidung denkbar einfach, doch typisch: Für kurze Zeit war der Nikolaus zu sehen, als alter Mann in zerlumpten Kleidern, mit zerzaustem Bart. Für diese widersinnige Kleidung eines Bischofs gab es keine Begründung.

Bei uns war die ganze Feier frei von Absonderlichkeiten. Selbstverständlich erschienen an dem Abend Onkel und Tante von der Mühle. Dem Esel des Nikläschen hatten wir eine Kurbel voll Speis (zerkleinerte Runkelrüben mit Spreu und Hafer vermischt) draußen auf den Viehwassertrog gestellt. Alle waren in der Stube; nur von Zeit zu Zeit mußte der Vater nach der Brennerei schauen. Auf ein Klingeln vor dem Haus öffnete der

Onkel, der mit hochgelegten Beinen auf einer Wandbank saß, das Fenster, und eine spitzenbekleidete Hand reichte ein Geschenk nach dem anderen herein. Kleidungsstücke, Schulsachen, Spielzeug, Süßigkeiten, Äpfel und Nüsse und einen beachtlichen Weckmann. Die Sachen nahm der Onkel mit unerschütterlicher Miene von dem hohen Herrn draußen in Empfang. Auf geheimnisvolle Weise wußten die Eltern, wer was erhielt. Allerdings war schon vor meinem Schuleintritt – durch zufällige Bemerkungen von Erwachsenen – das Bild des Geschenkbringers als hl. Nikolaus sehr durchlöchert.

Im Herbst 1913 hieß es plötzlich: ›Falls ihr sehr folgsam seid und ordentlich betet, wird das Nikläschen diesmal persönlich in unserem Haus erscheinen.‹ Die Nachricht erschütterte mich nicht im geringsten. Mir war klar, wir werden unseren Vater in Gehrock und Zylinder erleben, eingehüllt in einen großen weißen Schleier und mit einem großen künstlichen Bart angetan, er wird seine geliebte vergoldete Uhrkette tragen und mit ganz tiefer Stimme sprechen.

Der Augenblick naht – mein Vater saß mit uns im Zimmer –, und herein trat eine große schmale Gestalt, in einen fußlangen weißen Mantel mit Goldbesatz gehüllt, einen goldenen Bischofsstab in der Hand und eine Mitra auf dem Haupt, die den Mann nur noch größer machte. Diesen Mann sehen und durch die Türe hinter dem Ofen in die dunkle Stubenkammer zu verschwinden war für unseren Bruder Gustav das Werk eines Augenblicks, und er war auch nicht mehr hervorzulocken. Der Nikläschen war von zwei Begleitern flankiert, die schwer geladen hatten und auch so eine Andeutung von Rute in der Hand hielten. Rasch war mir klar, daß einer der Begleiter unser Knecht und guter Freund Robert aus Irrel war. Nachdem nun die beiden alle Geschenke abgeladen, verabschiedete sich der Nikolaus mit den Worten: »Nächstes Jahr komme ich wieder.«

Doch ein Jahr drauf trug der Nikolaus – ein Eleve aus der Burg – an anderer Stelle die preußische Uniform, und noch ein Jahr später war er von einer tückischen Krankheit getroffen, die ihm den Tod brachte.

DE HÖTTE SIN WIDDER DO!

Früher war der Nikolausmarkt, der dann bald zum Weihnachtsmarkt erweitert und umfunktioniert wurde, überhaupt die Attraktion in der Stadt – bei jung und alt, bei Stadtbürgern wie für Menschen vom Land. Kein Wunder, daß rührige Leute ihn wieder zum Leben erwecken wollen:

»Wat uns Ale en der Jugendzick om Aldemaat un Heumaat bes en et Johr 1885 su vill Freud gemaht hät«, schreibt ›Carola‹ in der Vereinszeitschrift Alt-Köln e.V., »dat eß för uns Jungen un Mädcher vörrig Johr om Nümaat widder opgestande: de Hötte. Och dis Johr han se sich e paar Woche vör Chreßdach om Nümaat widder etableet, eets e paar un dann immer mih Bude met Leckersch, Tuback, Woosch, Spillsache, Äppel un Nüß, Schützele, Seif, Mötze, Appelzine, Kiddele, Schuckelad, Bötzger un wat mer söns bruch un

35

sich op Chreßdach schenk. Vörrig Johr wor noch kein räächte Odenung en dä Hötte, ävver dat wor dis Johr ald vill besser…«

Und nächstes Jahr soll der Neumarkt noch attraktiver werden, Budenzauber wie in alten Zeiten. Oder ist gar nicht von heute die Rede? In der Tat, der Freudenausbruch von ›Carola‹: ›De Hötte sin widder do!‹ bezieht sich auf das Jahr 1923: tiefste Inflationszeit. Und entsprechend ärmlich ging damals alles zu, kein Vergleich mit dem ›Chreßmaat‹ der Gründerjahre. So war dem Versuch, ihn in den 20er Jahren wieder aufleben zu lassen, kein Erfolg zuteil. Erst hat man es auf dem Neumarkt probiert, später wieder auf dem Heumarkt – alles umsonst.

Chreßmaat en Kölle. Es wird gemaggelt und gefeiert.

Drehen wir das Rad der Geschichte noch weiter zurück, lassen wir es einrasten bei 1820. Die Reichsstadt Köln war preußisch geworden, und die Regierung der Rheinprovinz lag in Koblenz. Auf dem Altermarkt hatte sich, mehr oder weniger von selbst, ein ›Nicolaimarkt‹ gebildet. Jede Menge Buden hielten Mürbegebäck und Süßigkeiten feil, Spielzeug und auch ›nötzliche Saache‹, praktisch alles, was zu Nikolaus geschenkt wurde – und das war damals der Hauptgeschenktag. Dieser Markt, als ›de Hötte‹ (die Buden) getauft und rasch populär, wurde von der Stadtverwaltung zwar geduldet, vom Oberpräsidium der Rheinprovinz als Jahrmarkt jedoch nicht anerkannt. Aber der Nicolaimarkt entwickelte eine eigene Dynamik. Zum einen wurden die Waren immer reichhaltiger und qualitativ besser, zum anderen lockte der Markt auch auswärtige Anbieter herbei; dazu kam, daß man ihn unbedingt bis Jahresende verlängern wollte, so wie die traditionellen Weihnachtsmärkte in Berlin oder Nürnberg. Tatsächlich verlängerte man ›de Hötte‹ ab 1830 bis zum 1. Januar, und parallel dazu entwickelte sich in Köln der Brauch, an St. Nikolaus und zum Christfest die Kinder und sich zu beschenken. Als ganzmonatiger ›Krammarkt‹ wurde er in die amtlichen Verzeichnisse aufgenommen, aber die offizielle Genehmigung stand noch aus. Bis 1837 zogen sich die Verhandlungen zwischen der Stadt und der preußischen Regierung hin. Schließlich stach das Argument, gerade auf Grund der vielen Zugewanderten, zumal preußischen Militärs, Beamten, evangelischen Kaufleuten, sei es in Köln mittlerweile üblich, die Kinder auch zu Weihnachten zu be-

›De Hötte‹ auf dem Neumarkt. Anfang der zwanziger Jahre.

scheren; deshalb müsse es – so die Forderung – beim Weihnachtsmarkt bleiben.
Ob der Brauchtumswandel vor allem auf protestantische Einflüsse zurückging, kann man bezweifeln. Einiges spricht dafür, daß Handel und Wirtschaft die treibenden Kräfte waren, wie etwa aus der Entwicklung der Firma Stollwerck hervorgeht. Tatsache ist, daß in den alten Kölner Familien die Bescherung am Nikolaustag lange Zeit die Hauptbescherung blieb.
Das wurde erst nach 1870 anders, und wie hinreißend ›de Hötte‹ damals war, erzählt uns Laurenz Kiesgen:
»Der ganze Heumarkt, größer als heute, stand in vier-, fünffacher Reihe mit Buden besetzt, die an Kinderherrlichkeiten vom Peitschlein und Rößlein bis zum hohen, stolzen

Schaukelpferd, Riesenball, Melodien summenden ›Hüldopp‹ (Brummkreisel), Wagen mit Geschirr, Musikinstrumenten aller Art, kurz rein alles zum Verkauf boten. Ein Gang ›en de Hötte‹ war unerläßlich für groß und klein, und wenn man den damals so engen Durchschlupf Filzengraben-Malzmühle passiert hatte, dann summten und brummten einem schon die Töne des Markttrubels entgegen, schlug der leckere Duft der Moppen, Printen und frischen Waffeln der schnuppernden Nase zu, und im glitzernden Schein der vielen Lampen, von Spiegelwerk vertausendfacht, glaubte sich der Schmitzen Hein in einen wahren Himmel versetzt. Christbäume wurden auf der hinteren Marktseite, gegen den Alten Markt zu, feilgeboten, und auf diesem Platz fand sich denn auch all das zusammen, was eigentlich nicht so recht ›en de Hötte‹ paßte: der türkische Honig verkaufende ›Türk‹, der Kaufmann mit den Wunschfedern, ›en Aapetheater‹ und die schauerlich zum schleichenden Ton des Örgelchens singenden Aussteller der Mordgeschichte: ›In der Stadt Toulong da wohnte / ein Kaufmann, der Spondini hieß, / seine Frau ihm die Liebe nicht lohnte…‹, und irgendein Fetz wußte grölend einen Reim mit ›Bies‹, konnte aber Heins Schauer nicht scheuchen.«

Doch eines Tages paßten ›de Hötte‹ nicht mehr in die städtische Bau- und Verkehrsplanung. Den Höttemännern wurde das Verkaufen durch Abgaben und Verordnungen zunehmend erschwert, und auf Ratsbeschluß vom 19. Februar 1885 wurde der Weihnachtsmarkt mit dem Silvestertag selbigen Jahres abgeschafft. Voller Ingrimm dichtete Fritz Imhoff 1886 eine Art Schwanengesang, ›De Hötte‹, darin hieß es:

> »Bescheide däte mer uns' Dosin friste,
> Selvs quält' uns nit de Handelskammerwahl,
> Verkaufte nor noh faßgesatzte Liste
> Der allerfingste Krom en großer Zahl:
> Kamelle, Piefe, bleche Pött un Moppe,
> Och Hunnigkoche met Marseiller Seif,
> Un Fraulücks-Häubcher, Döppe, Lockepoppe,
> Hanswööschger en nem goldlackete Reif.
>
> Wat hät de Hootvoleh (Hautevolee) jitz zo erwade,
> Die doch uns' beste Kundschaff immer wor?
> Däm ganze Haufe staatsgemahter Lade
> Wood nor durch uns der Standpunk gründlich klor.
> Die sollte dankbar sin und gar nit wödig,
> Denn alles Neue han mer engefoht;
> Die han – wat mäht se hück su staats un stödig –
> Vun uns doch alles lantsam avgelo't.«

Es ist ja auch nicht von der Hand zu weisen, daß ›de Hötte‹ zu ihrer Zeit bahnbrechend waren, geradezu Pionierleistungen erbracht haben: im Hinblick auf weihnachtliches Schenken, auf immer buntere und schönere Sachen und auf das grüne Tannenbäumchen mit dem Kram drumherum. Und dann die kinderselige Stimmung…

Hundert Jahre später rappelt sich der Weihnachtsmarkt auf dem Alter- und Neumarkt wieder auf. Eine Brücke vom alten zum neuen Weihnachtsmarkt schlägt ›dat Schmölzje von der Kölsch-Akademie, Gaby Amm, met dem Rümche‹

Chreßmaat en Kölle

»Om Chreßmaat, en dä helle Leechter,
Do leuch de Freud en de Geseechter.
Et trick ganz fing e lecker Düffge
Vun Mandelkääne durch et Lüffge.

Om Chreßmaat süht mer Mütter krose.
De Pänz durch Budegässger rose.
Vum Rothuus tönt ne kölsche Klang.
Schön brängk ne Kinderchor Gesang.

Om Chreßmaat muckelt sich e Größge
Wärm en de Doch un käuf e Blösge
Kuschteie, die dobei gehöre.
Ne gode Glöhwing kütt zo Ehre.

Om Chreßmaat muß der Vatter bleche
Un eß met Büggele am käche,
Denn all dä Krom för an der Baum
Schlepp hä hück heim un zällt en kaum.

Om Chreßmaat fingk e blotjung Pärche
Et Levve kößlich wie em Märche.
Seht do: dä Poosch gitt singem Nützge
Su medden em Gemölsch e Bützge.

Om Chreßmaat eß mi Hätz am singe!
Wo künnt mer söns die Kölsche finge,
Die all hück wie de Kinder wäde?
Et eß de schönste Zick op Äde!«

*Mürbebäcker mit Weihnachtsgebäck
auf dem Chreßmaat der Vorkriegszeit.*

WEGGEMÄNNER, KLAUSKERLE,
MOPPE, SPEKULATJES

Sobald ›de Hötte‹ aufgebaut waren, erscholl auf dem Altermarkt der Ruf: »Lecker, lecker: Spekulatius und Moppen, / alles ist hier zu verkloppen.« Da gab es Weckmänner, Printenmänner, Helijemännskäälcher, Kölner Moppen (Kugeln aus Honigkuchenteig), Spekulatius- und Marzipanbischöfe, dazu Pferd und Esel mit dem Helligen Mann, Hirschböcke, Weckhasen und vieles mehr. Das alles wurde für den Nikolaustag geformt, gebacken und feilgehalten und danach kurzerhand zu Weihnachtsgebäck erklärt.

»Das alte Herkommen – nämlich am St. Nikolaustag die Gaben zu verteilen – lebte später in den Figuren des Weihnachtsgebäcks fort. Unter ihnen waren St. Nikolaus als ›Heiliger Mann‹ aus Pfefferkuchenteig und St. Barbara mit dem Turm als ›Heilige Frau‹ aus Spekulatius die beliebtesten.« So hat es der Bonner Paul Kaufmann bei seinen Kölner Großeltern um 1880 erlebt. Solche Köstlichkeiten galten auf dem Land damals noch als enormer Luxus. »Wenn einige ›Zockerplätzchen‹ neben dem ›Hi'erzbock‹ und Weckmännchen auf dem Weihnachtsteller lagen, so war das eine Kostbarkeit«, stellt der Brauchtumsforscher Otto Kaufmann für das Oberbergische fest.

Stadt und Land unterschieden sich in der Hinsicht sehr, man braucht sich nur die Anzeigen der Kölner Tageszeitungen daraufhin anzusehen. Schon 1845 empfiehlt Konditor Clement, Unter Goldschmied 22, innerhalb seiner Weihnachtsausstellung sowohl ›Liqeurs, Bonbons, Marzipan und Dessert‹ wie auch ›Speculatius und Aachener Printen‹.

Wie es zu dem Nikolaus- und später auch Weihnachtsgebäck kam, darüber sind viele Theorien im Umlauf. Über die Pfeffernüsse klärt uns eine niederrheinische Legende auf. Der hl. Nikolaus sei einmal in Düren vom Esel gestiegen, um in einer Kapelle zu beten. Danach fand er den Esel nicht mehr vor. Er ließ nach ihm in der Rur fischen, aber erst als die Fischer in Hörner tuteten, damit es wie Eselsgeschrei klänge, fand sich das Grautier wieder ein. Ein Schwarm Kinder hatte sich an ihn gehängt, und wie der Esel so am Laufen war, ließ er immer mal wieder Köttelchen fallen. Die haben sich, sobald sie den Boden berührten, in eine Art Lebkuchen verwandelt. Und so werden die rheinischen Kinder alljährlich zum Nikolaustag mit Pfeffernüssen und Moppen beschenkt, die in ihrer Form an den Kot des Esels erinnern.

›Wein und Weck‹, das war auch für die Kölner Studenten eine brauchbare Formel, wenn sie am 25. Dezember abends in ihrer Burse feierten; anderntags ruhte der gesamte Universitätsbetrieb, man konnte sich also an beiden gütlich tun und überdies an den Gaben des Herbstes, an Birnen, Äpfeln und Nüssen. Dagegen brauchte der ›Spikulazius‹, von den Niederlanden und Belgien her kommend, in Köln einige Zeit, um sich durchzusetzen. Das Heftchen »Köln, wie es ißt – und trinkt« aus dem Jahr 1844 weiß schon von »allerhand Speckulatius«, womit St. Nikolaus und die hl. Barbara über Nacht die Schüsseln

Weihnachtsmänner aus Printen.
Der große ist mit Mandeln verziert, auf den
beiden kleineren sind Glanzbilder,
sogenannte Oblaten, befestigt.

und Teller der Kinder füllen. So richtig populär wurde Spekulatius aber erst in dem Maße, wie der Zuckerverbrauch mächtig anstieg. Das war nach 1860. Dank einer einfachen Formel – »ein Teil Butter, zwei Teile Zucker, vier Teile Weizenmehl« –, vor allem aber dank seines Wohlgeschmacks wurde der Spekulatius nun volkstümlich. Das bekannte Kochbuch der Henriette Davidis empfahl bereits in der 6. Auflage 1868 Rezepte für ›Speculaci‹, die man an den Weihnachtsbaum hängen sollte.

Hingen die flämischen Teigwaren (Speculaties, Spekulatjes) ursprünglich nur mit St. Nikolaus zusammen, so wurden sie in Deutschland vorwiegend zu Weihnachten gebacken. Daß der niederländische Backbrauch mit der Verehrung des überaus beliebten Volksheiligen zusammenhing, dessen war man sich hierzulande bewußt; und so bemühten sich namhafte Forscher, den Begriff Spekulatius von ›speculator/episcopus‹ abzuleiten, also vom Bischof, der nach den Kindern ›spingst‹. Leider übersahen sie, wie einfach das flämische Wort zusammengesetzt ist, nämlich aus ›spek‹ (Zuckerwerk) und ›Klaas‹ (verkürzt aus Nikolaus).

Länger als der Spekulatius ist die Printe als ›Öcher Prente‹ im Rheinland eingebürgert, aber auch sie soll erst nach 1830 die Grenze bei Aachen überschritten haben. Der Name ›Prente‹ kam auf, als das Gebäck in den Niederlanden noch in Holzmodeln geformt wurde; ›prenten‹ heißt zu deutsch ›drucken‹. Die normale Printe, heute figurlos, war also damals ein echtes ›Gebildbrot‹. Doch dann wurde die Zutat Rohrzuckersirup durch Rübenzuckersirup ersetzt, und der angerührte Teig konnte die Form nicht mehr halten. Alle alten Modeln mußten weggeworfen werden.

Zwar waren Name und auch Zuschnitt der Printen um 1830 neu, doch ein Mürbteiggebäck mit der Bezeichnung ›Pfefferkuchen‹, ›Lebkuchen‹ oder ›geschnittene Plätz‹ ist schon im 16. Jahrhundert bekannt.

›Weggemänner‹ mit weißer Tonpfeife unterm Arm, die Augen aus Korinthen, kennt man auch im Westfälischen; in einzelnen Gegenden kommen sie auch als ›Stutenkärle‹ daher; sie gehören zum Schenkbrauch am 6. Dezember unbedingt dazu. In Krefeld kennt man die ›Klasmänneke‹. Für Kinder aus jüdischem Haus gab es das ›Hanekemänneke‹ (abgeleitet aus ›Chanukka-Männchen‹), damit sie an dem süßen Brauch teilhatten. Anders als die genormten Aachener Printen blieb der ›Weggemann‹ ein Gebildbrot: die Figur im Bischofshabit, somit als St. Nikolaus kenntlich und auf dem ausgelegten Teller sehr willkommen.

Zum altherkömmlich geformten Gebäck gehörten im Rheinland auch immer Tiere. Der ›Hiezebock‹ oder Hirschhorn, ein von Hand rohgeformtes Backwerk aus Mürbeteig, durfte im Oberbergischen auf keinem Weihnachtsteller fehlen; auch der sogenannte Kölner Spekulatius zeigte einen gehörnten Hirsch. Gerade den Hirsch brachte man mit vorchristlichen Kultfesten in Verbindung, vor allem als das dem neuen Jahr dargebrachte Opfertier. Hierbei geschieht die Ablösung des blutigen Tieropfers durch die Teigform, behaupteten einige Volkskundler. Ob das wohl dem fröhlichen Esser zu vermitteln war?

DIE DÄMONISCHE LUCIA

Schabernack in der Luciennacht. Holzstich 1863.

Nach dem Julianischen Kalender war der der hl. Lucia gewidmete 13. Dezember (Luciae virginis maertyr) ein besonderer Tag, nämlich der kürzeste von allen. Seit Cäsar, also praktisch seit der Gründung Kölns, galt er als Tag der Wintersonnenwende. Erst 1582, mit der Kalenderreform Papst Gregors XIII., rückte die Sonnenwende auf den 21. Dezember vor. Aber im Volksglauben hielt sich hartnäckig die alte Bedeutung: »Luzei gitt d'r Sonn ne Däu«, oder im Niederrheinischen: »Sente Luzei es et Korte van den Daach vörbei, Drie Könnenge lenge se ännen Haaneschrei.«

Daß man in Köln diesen Tag besonders feierte, ist schon für das 10. Jahrhundert belegt. Der Rat der Stadt, der am Althergebrachten ohnehin gerne festhielt, pflegte St. Lucien morgens mit einem feierlichen Hochamt zu beginnen; wer kam, erhielt eine Weinspende. Die Nonnen des am Filzengraben gelegenen Lucienklosters gedachten vielleicht der schönen Augen der Syrakuserin, die sie sich ausriß, um sie dem heidnischen Freier auf einer Schale zu präsentieren – darum wird sie ja besonders bei Augenleiden angerufen. Und das Jungfrauenstift St. Ursula gedachte an diesem Tag gewiß ihrer Keuschheit, die bis in den Märtyrertod reichte.

Um die hl. Lucia rankt sich eine weitere Legende, wonach sie ihrer schwerkranken Mutter durch inbrünstige Gebete Heilung verschafft haben soll. Aber auch sie vermag die Volkstümlichkeit der Heiligen nicht hinreichend zu erklären. Die Wurzeln dafür liegen im Kalendarischen.

»Teufel und Gespenster ingemein werden am Tage oder Feste Luciae häufig verspüret«, schrieb der Blocksberg-Historiker Johannes Praetorius 1668 und artikulierte damit den Volksglauben, wonach am vermeintlich kürzesten Tag des Jahres Gutes wie Böses zum Vorschein kommen. So liegt es nahe, einen vorchristlichen Kultbestand zu vermuten, den die Kirche mit der Zuweisung des 13. Dezembers an die hl. Lucia vereinnahmen wollte und der in vielen mit ihrem Festtag verbundenen Relikten nachwirkt. Als ›Lutzelfrau‹, ›Pudelmutter‹, ›Buzenluz‹ tritt sie in dämonischer Gestalt auf, freilich mehr in Regionen südlich der Donau. Hier zeigt sich ihr Name Lucia, ›die Glänzende‹, in sein Gegenteil verkehrt: Aus der Lichtfigur wird die dunkle, schreckensvolle Dämonin.

Zu einem besonderen Lucienbrauch gab eine Legende von der Flucht der Heiligen Familie nach Ägypten Anlaß. Die drei begegneten einem Bauern, der gerade seinen Weizen bestellte. Er versprach, ihnen zu helfen, und alsbald war um ihn ein wogendes Weizenfeld. Als die Häscher nun kamen und ihn fragten, ob er sie nicht habe vorbeiziehen sehen, da antwortete er: »Ja, wie ich den Weizen da eingesät habe, kamen sie hier vorbei.« Die Häscher glaubten nun, das sei Monate her, und nahmen einen anderen Weg.

Diese Legende vom ›Weizenwunder‹ wird sowohl im Französischen wie im Irischen, im Italienischen wie im Serbischen erzählt; doch vor allem den Burgenländern ist der Brauch des Lucienweizens geläufig. Diese am 13. Dezember aufgestellte Tellersaat kommt am Heiligen Abend unter den Christbaum. Mitten in den sprießenden Weizen wird eine brennende Kerze gestellt.

DER FUULE THOMMES

Der hl. Thomas stirbt den Märtyrertod.
Holzschnitt 15. Jh.

Ebenfalls seit tausend Jahren wird in Köln der Thomastag gefeiert. Er gilt dem Apostel, den der Kreuzestod Christi so erschütterte, daß er an dessen Auferstehung nicht glauben mochte. Als Christus seinen Jüngern acht Tage später erschien, griff er die zweifelnden Worte des Thomas auf: »Reiche deinen Finger, und siehe meine Hände, reiche deine Hand, und lege sie in meine Seite, und sei nicht ungläubig, sondern gläubig.« Am 21. Dezember »steiht de Sonn om üngersche Trett«. Von dem Tag an bis Dreikönig hängt der Bauer in und um Köln den Dreschflegel an den Balken, denn der sollte die himmlischen Vorboten, denen St. Thomas die Himmelspooz aufschließt, nicht erschrecken. Der Thomastag wurde allerdings erst 1582, mit der Einführung des Gregorianischen Kalenders, zum Tag der Wintersonnenwende. Dem ›ungläubigen Thomas‹ mußten nun Beine gemacht werden:

> »Zink Thommes, däu de Sonn eröm!
> Die muß hück öm de Krömm eröm!
> Du stehs als Irschter dran,
> Pack an!«

Derjenige, der die längste Nacht des Jahres am meisten ausnutzt, also als letzter ins Wohnzimmer kommt, das Klassenzimmer betritt oder zur Arbeit erscheint, wird mit dem Ruf ›verschlofe Thommes‹ oder bloß ›du Thommes‹ begrüßt. Oder man neckt in so:

> »Fuule Thommes, fuule Thommes,
> Wie es et dir dann?
> Decke Backe, decke Oge
> Un en Schnut wie en Pann!
> Ja, d'r Desch es ald leddig,
> Kick do nit lang hin!
> Ävver gangk ens ans Finster,
> De Sonn well dich sin!«

In Iserlohn wird ihm ein Strohkreuz aufgesetzt, werden ihm beim Frühstück statt der üblichen Gerichte Heu und Häckerlinge aufgetischt. Und in Solingen hat man dem ›fuulen Thommes‹ unter den Schleifern das Arbeitszeug versteckt, das er dann wieder einlösen mußte. Früher galt der Thomastag, wie St. Andreas und Silvester, als ein ›Lostag‹, an dem man Zukünftiges losen und erforschen konnte, oft eingeschränkt auf die Frage, ob man mit dem Zukünftigen das große Los ziehen werde. Da hatten sich die Mädchen nachts vor ihr Bett zu stellen und, so in Thüringen, einen ›Sankt Thoma‹-Spruch aufzusagen; um sich selber hübsch zu machen, brauchten sie bloß abends das Waschwasser vor die Tür zu stellen und sich früh damit zu reinigen.

Amtlich wird der Aberglauben in einem Landgebot des Herzogs Maximilian von Bayern, datiert vom 12. Februar 1611: »Nicht weniger ist auf diejenigen acht zu geben, die an St. Andreas, St. Thomas und der Heiligen Christnacht oder anderen dergleichen Nächten schädliche superstitiones, als da sind abergläubische sträfliche Worte oder Werke, gebrauchen, um verborgene heimliche und künftige Dinge – ihres Standes, ihrer Verheiratung und andershalben – zu erfahren, ob sie nicht solches in des bösen Geists Namen tun und verrichten…«

Im Bayrischen Wald erschien ›Thomma mit 'n Hamma‹, anderswo der eiserne, haarige, blutige Thomas. Hier wird der Heilige in den Unhold verkehrt, nicht anders als die schlimme Lucie, die dämonische Kehrseite der hl. Lucia.

In der Kaufmannsstadt Nürnberg hat man den Thomastag praktischerweise auf den letzten Sonntag vor Weihnachten verlegt, an ihm waren alle Geschäfte geöffnet, vor allem der Christkindlmarkt, und nicht ohne Grund hieß er ›Goldener Sonntag‹ – so wie noch jetzt allgemein der verkaufsoffene Samstag vor dem letzten Advent ›der goldene‹ heißt.

EIN BÄUMCHEN MUSS HER

So selbstverständlich, wie heute der Tannenbaum – lichtergeschmückt und mit allerlei schönem Behang aus der Familientradition – im Mittelpunkt der häuslichen Weihnachtsfeier steht, war das im letzten Jahrhundert keineswegs.
Noch Anfang der 80er Jahre konnte man auf dem Kölner Weihnachtsmarkt lange danach suchen. Peter Kintgen erinnert sich:
»Ganz am Engk vum Chreßmaat stund ene Mann, dä e paar Dotzend Chreßbäum zo verkaufen hatt. Jo, Chreßbäum, die woren domolz he noch ärg selde. Nor en winnige Famillie dät su 'ne Lechterbaum lööchte un schinge. Ich hatt ald ens drop aangespillt bei mingem Krestian und gesaht: Su ene Baum, behange mit bunte ›Koralle‹ un selvere Kette, Krestian, dat wör och jet för uns Kinder. Die Freud! – Ävver hä ging nit drop en, hä helt sich stief un meint nor: Chreßbäum, Billa, dat eß jet för dat riche Volk! Meer hann doch uns schön Kreppche, wat ich met de Kinder selvs geknuv hann!«
Das wurde in den 90er Jahren anders. Die Forstwirtschaft hatte sich auf den immer stärkeren Baumbedarf eingestellt; so bot etwa die Oberförsterei St. Avold in der Kölner Volkszeitung vom 6. Dezember 1895 nicht weniger als 20 000 Bäume an, zeitgemäß per Bahnanlieferung. Überall in der Stadt entstanden Verkaufsplätze, denn in diesem Fall mußte die sperrige Ware möglichst nah an die noch unmotorisierte Kundschaft herangebracht werden.
Auf dem Land, wo man die Tannen und Fichten ganz nah hat, ging das natürlich anders zu. Was uns der rheinische Dichter Stefan Andres über die ›Moselweihnacht‹ erzählt, könnte sich auch bei Münstereifel oder Gummersbach abgespielt haben. Außer im Backen bestand die Festvorbereitung der Familie Andres im Hausputz, im Beichtgang und im Besorgen eines Christbaumes.
»Dieses Bäumchen durfte, wiewohl es die Familie wie alle ordentlichen Leute im Dorf mit dem Siebenten Gebot sehr genau nahmen, nicht gekauft werden. Es gab ja den Gemeindewald – aber natürlich auch den Waldhüter! Aber dem Waldhüter um 50 Pfennig eine Fichte abzukaufen, das, so glaube ich heute, hätte die Leute und den Waldhüter an der Spitze zum Lachen gereizt. Nein, den Christbaum ging man sich selber holen, doch mußte man zusehen, nicht an Ort und Stelle ertappt zu werden.
Einmal erbot ich mich – ich mochte damals zehn Jahre alt sein –, das Christbäumchen zu besorgen. Alle lachten über meinen Vorschlag, und eine meiner Schwestern prophezeite mir sogar, daß ich entweder ohne Bäumchen oder mit einem Protokoll nach Hause käme. Mein Ehrgeiz war geweckt. Ich steckte mir das Krummeß unter die Jacke, ging zuerst zur Beichte, und dann stieg ich langsam den Berg hinan zum nahen Wald. Der Schnee lag in jenem Jahr sehr hoch. Nach einigem Wandern stieß ich auf eine Spur. Sie mußte von einem Mann herrühren, denn ich konnte mit meinen Jungensfüßen schön hineintreten. Es ging sich leichter, und ich war bald im Gemeindewald. Suchend blickte ich umher,

Der Kauf eines Weihnachtsbaumes war am Ende des 19. Jahrhunderts noch eine Angelegenheit der feineren Leute.

lauschte, ob niemand in der Nähe sei, ernannte eine Fichte feierlich zum Christbaum, fällte sie, und schon wollte ich sie auf die Schulter legen, als ich eine Stimme dicht neben mir hörte: ›Na – Jüngelchen, dann komme mal her – wie heißt du denn!‹«

Gehen wir ein Jahrhundert hinter diese Kindheit zurück, stoßen wir auf den ersten rheinischen Beleg für einen lichtergeschmückten Christbaum. Marie Helene von Kügelgen schreibt Ende 1804 von ihrer Familienweihnacht in Rhens, südlich von Koblenz: »Ich machte einen hohen Fichtenbaum mit tausend kleinen Lichterchen, der ganz voll Reinetten (Königsäpfel) und anderer schöner Sachen hing. Ein solcher Baum ist hier eine neue Erscheinung. Alt und jung lief zusammen.«

Selbst zwanzig Jahre später war der Christbaum in Köln noch ganz unbekannt. Vielleicht spielte dabei auch eine Rolle, daß die Fichte, die nach Einführung der preußischen Verwaltung im Rheinland (ab 1815) angebaut wurde, zunächst als ›preußischer Baum‹ galt und noch wenig Sympathien besaß.

Baumpioniere waren vor allem die Gutsituierten, die Weltläufigen, die ›Leute von Stand‹. Schon die junge Annette von Droste-Hülshoff spielte um 1810 mit ihrer Schwester Jenny unter einem Tannenbaum, auf Schloß Hülshoff im Münsterland. Und auf dem Wandsbecker Schloß in Hamburg war es Matthias Claudius, der mit Freunden 1796 um den geschmückten Weihnachtsbaum stand. Beide Szenen sind bildlich verewigt.

Für Berlin liefert uns E. T. A. Hoffmann in ›Nußknacker und Mäusekönig‹ (1816) das allererste Porträt einer familiären Weihnachtsfeier »bei Medizinalrats«. Gerade in der Millionenstadt Berlin wurde später die ›Perchamide‹ beliebt, die als Christbaum für Arme alljährlich zu Tausenden verkauft wurde: Drahtgestelle, mit Kieferngrün umwickelt, und darüber bunter Flitterkram gehängt.

In Köln kam der ›Chreßbaum‹ um 1870 zu einer ersten Breitenwirkung. Dafür gab es mehrere Gründe: Zum einen fiel der Zubehörindustrie immer wieder Neues ein – Lichthalter, Lametta, bunte Glaskugeln, schließlich auch drehbare Baumständer mit eingebauter Spieldose –, zum anderen verbilligten sich die Standardartikel in dieser Zeit spürbar. Dazu kommt, daß dem Lichterbaum eine allgemein-gesellige Bedeutung zuwuchs. Schon seit 1851 veranstaltete der Kölner Ball-Verein weihnachtliche Tanztees; Christbaum-Verlosungen bei den Tanzveranstaltungen wurden geradezu Mode; und die Vereine, ob evangelisch geprägt oder, wie das Kolpinghaus, erzkatholisch, machten Baum und Krippe zum Mittelpunkt ihrer Weihnachtsfeiern.

Die Marktnische ›Weihnachten für Singles‹ hat der Wirt Josef Hensler als erster genutzt. In der Kölnischen Zeitung annonciert er am 24. Dezember 1859: »Um den jungen Leuten Kölns, welche nicht Gelegenheit haben, das Weihnachtsfest in der Familie zu feiern, einigermaßen Ersatz zu bieten, habe ich einen Riesen-Weihnachtsbaum in meinem Lokal aufgestellt und lade ein verehrtes Publikum ergebenst ein, heute abends bei mir seine Weihnachts-Bescherung in Empfang zu nehmen.«

Einen nicht unwesentlichen Schub erhielt die Verbreitung des Weihnachtsbaumes durch den Krieg 1870/71 und das neue ›Deutsche-Reichs-Gefühl‹. Am Heiligabend des Kriegswinters 1870 waren auf Befehl der führenden protestantischen Militärs Weihnachtsbäume an die Lazarette, Standquartiere und Unterstände nahe der französischen Front geliefert worden. Sie sollten jedem Soldaten ein Stück ›deutsche Heimat‹ vermitteln.

Nicht genug damit. Das populärste Familienblatt, die ›Gartenlaube‹, startete im November 1870 eine Kollekte aller deutschen Schüler zugunsten der elsaß-lothringischen Kinder, der Kriegswaisen, der vaterlosen Kinder zu Hause – auch hier nach der Parole: ›Ein Bäumchen muß her.‹

So sentimental sahen die Kölner das Bäumchen nicht, das machen gerade die Mundarterzähler herzerfrischend deutlich. Tatsache war, daß für die ärmeren Leute in der Stadt der Christbaum nach wie vor unerschwinglich war. Auch im Umland, ob in der Eifel oder im Bergischen, dauerte es lange, bis der Christbaum Allgemeingut wurde. Hier war die Kirche noch stärker bestimmend, und für sie kam das Christfest auch ohne Bescherung und ohne Tannenbaum aus.

Als ›Trendsetter‹ erwiesen sich einmal mehr die örtlichen Honoratioren, also Adel, Kaufleute, Großbauern. Weitere Initiativen gingen von Lehrern, Wirten und Vereinen aus. Auch zugezogene Familien, zumal wenn sie protestantisch waren, halfen bei der Verbreitung des Weihnachtsbaumes mit.

Der Bedarf zog die Produktion nach sich, in diesem Fall die Anpflanzung ganzer Fichtenschonungen. So hat der oberbergische Brauchtumsforscher Otto Kaufmann nachgewiesen, daß die Fichte erst mit der systematischen Anpflanzung seit 1870 als Christbaum akzeptiert wurde. Vorher behalf man sich mit der ›Fechte‹, die aber eine Kiefer war, und mit der rotbeerigen Stechpalme, beides waren aber teure Anschaffungen.

Lange vor der neuen Baumsitte muß es im Oberbergischen merkwürdige ›brennende Bäume‹ gegeben haben. Das waren gerade gewachsene, armdicke Birkenstämmchen von 2,50 Meter Länge, die man drei bis vier Wochen vor Weihnachten schlug, dann entsaftete, zerfaserte, zu Stöcken drehte und im Backofen des Bäckers trocknen ließ. Mit brennenden Birkenfackeln trat man dann den Weg zur nächtlichen Christmette an. Das Licht leuchte in der Finsternis!

SCHLAACHDACH

In den Tagen vor Weihnachten fand früher in beinahe jeder kölnischen Familie eine Hausschlachtung statt. Das ging so lange, wie der ländliche Charakter der Stadt gewahrt blieb, also bis in die preußische Zeit hinein. Jeder Bürger, der etwas auf sich hielt und dem es an nichts ›mankeete‹, hielt sich ein Schwein. Und das mußte nun, unter den Händen des ›Firkestechers‹, der von Haus zu Haus zog, verbluten.

Das Hohelied vom Schweineschlachten ist durch Franz Ferdinand Wallraf überliefert; der war nicht nur Kunstsammler und Kanonikus der Stiftskirchen St. Maria im Kapitol und St. Aposteln, sondern auch ein Mundartdichter von Rang. Außerdem wußte er von zu Hause, wie das Schlachten ablief. Sein Vater hatte eine Schneiderei am Steinweg 14, der Großvater Petrus betrieb die Brauerei ›Zum Salzrümpchen‹. Wallraf war daher mit allen kölschen Wassern gewaschen.

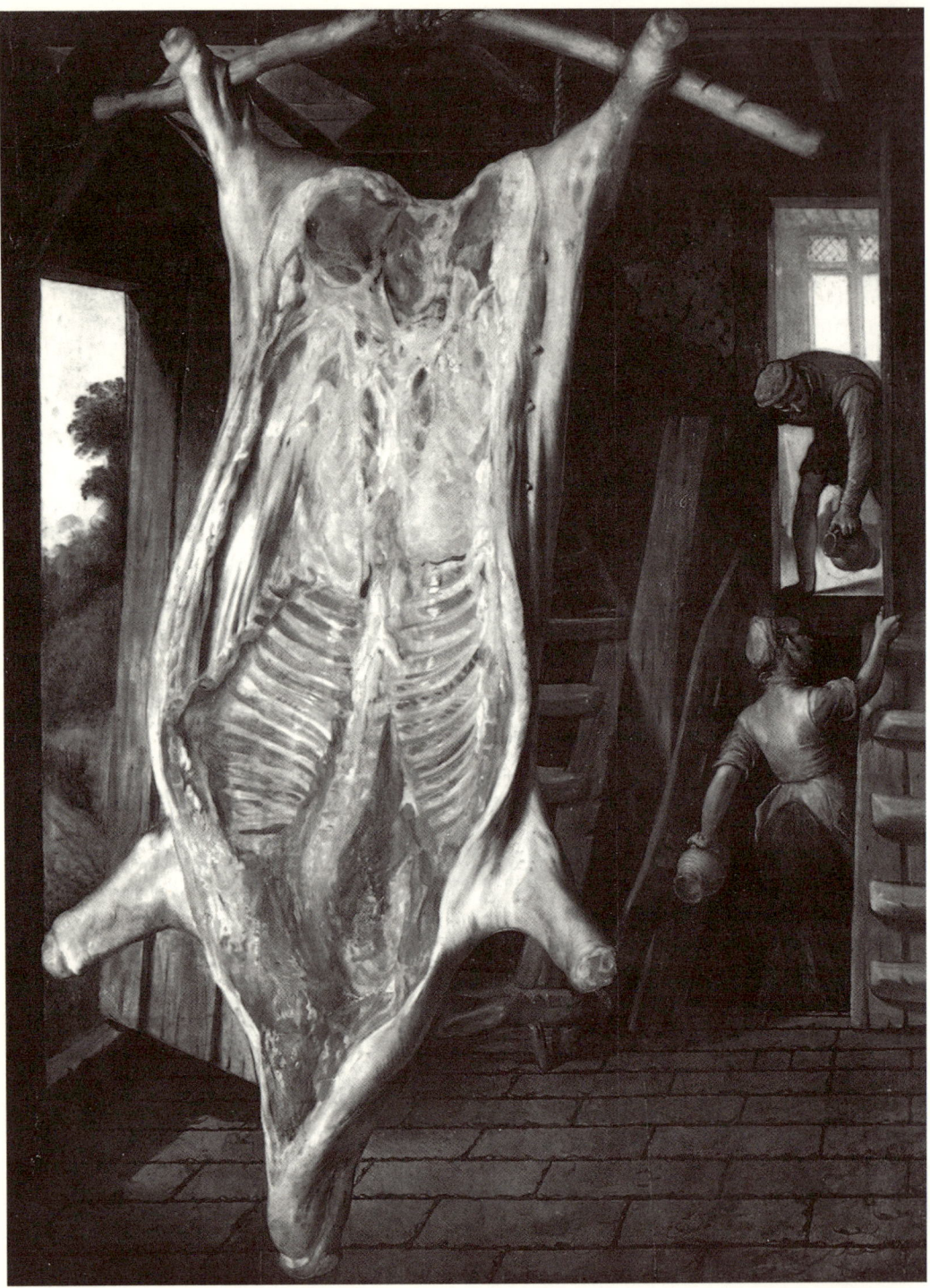

»Un wor no dat Deerche geschrapp un geschlaach,
Dat Gebött un su alles en Odnung gebraach,
Dann gingke de Nohbersche met ehr erenn
Un wohsche de Därm un schrappte de Penn.«

In dieser reichsstädtischen Idylle ›Das Schweineschlachten‹ (1813) sind es die ›Fründinne‹ und ›Nohbersche‹, die sich bei der ›Mafrau‹ (Hausfrau) einfinden, erst zu einem Schwätzchen, doch sobald der Firkestecher seine Arbeit beendet hatte, packten sie selbst mit an. Die erste frische Wurst, die sogenannte Korwurst, wird den versammelten Frauen zum ›Kore‹ herumgereicht. Die Besitzerin des geschlachteten Firkens versäumt es auch nicht, eine Kanne jungen Weins zu spendieren.

Bei Wallraf erfahren wir auch, wie es nach dem ›Kore‹ weiterging. Die gastliche Wirtin gab den Blicken der neugierigen und neuigkeitslüsternen Nachbarinnen ihr Allerheiligstes preis, das Schlafgemach mit dem gewaltigen, eher sechsschläfrigen Ehebett, mit den seidenen Kleidern und der neuen Korsettage der Mafrau; auch die neue gesteifte Halskrause des Ehegatten ließ sich begutachten. Vom Schlachten war nun nicht mehr die Rede, dafür wurde so mancher Heiratsplan auf diesen Zusammenkünften geschmiedet, und sogar manche Ratsbesetzung soll sich diesem Weiberrat verdanken.

War die Stunde des Aufbruchs nicht mehr hinauszuschieben, stand auch schon ein Bote mit der Handlaterne bereit, um ihr heimzuleuchten, so fand die hilfsbereite Nachbarin einen vollgepackten ›Henkemann‹ vor. Mit ›Woschbröö‹, Blut- und Leberwurst und einem Stück Speck zog sie ab. Natürlich holte sich die fürsorgliche Mafrau auch ihrerseits den Henkemann gefüllt nach Hause, denn sie kannte bestimmt den alten Kölner Spruch: »Dä wirf en Woosch no ner Sick Speck«.

Nach anderen Berichten findet die Geselligkeit erst anderntags statt, wenn Fleischbütten und ›Räuches‹ (Räucherkammer) voller Vorräte stehen; Nachbarn, Verwandte und Bekannte werden dann zum ›Koorwooschprobeere‹ gebeten. Die Korwurst gehört auch zum traditionellen Frühimbiß nach der Christmette, oft in der Verbindung ›Duttes un Koorwoosch‹, das ist Blutwurst ohne Speck, mit Buchweizenmehl vermengt.

Auf dem Land war das Schlachten nicht solch ein Volksvergnügen. Zwar mußte an Weihnachten auch ein Schwein dran glauben, das Fleisch wurde jedoch zur Hälfte und mehr verkauft. Immerhin blieb noch viel zurück. »Med er schmeerijen Mul üwwert Heck sin« – mit fetttriefendem Mund über der unteren Türlade stehn –, das war im Oberbergischen an Weihnachten das Höchste.

Flämisches Schlachtfest.
Gemälde von Joachim
Beuckelaer aus dem Jahr 1593.

51

ICH STEH AN DEINER KRIPPEN HIER...

Krippendarstellung auf der Holztür von Maria im Kapitol.

Das gemeinsame Singen verbindet die Adventszeit mit Weihnachten als dem eigentlichen Hochfest innerhalb des Festzyklus. Meist sind es sehr alte Weihnachtslieder, die heute gesungen werden, nicht wenige davon rheinischer Herkunft. So steht ›Es ist ein Ros entsprungen‹ im Speyerer Gesangbuch von 1599, und das zweisprachige Krippenlied in ›In dulci jubilo‹ neben vielen anderen bekannten im Kölner Gesangbuch von 1623.

Dagegen fand das im 20. Jahrhundert so übermächtige ›Stille Nacht, heilige Nacht‹, am Weihnachtsabend 1818 im Salzburgischen ›geboren‹ und von Tiroler Sängern weit in die Welt hinausgetragen, nur zögerlich Eingang in rheinische Weihnachtsstuben. Der eigene Fundus an Liedern genügte, zumal man sich hier, spätestens seit die Preußen regieren, auch so manches Protestantenlied angewöhnt hatte, von Martin Luther bis Paul Gerhardt und Georg Weissel (›Macht hoch die Tür‹). Der Bonner Germanist Karl Simrock machte drei Epochen ausfindig – das Liedgut der älteren Kirche, das evangelische Kirchenlied, das Weihnachtslied neuerer Dichter – und teilte seine ›Deutschen Weihnachtslieder‹ (1859) entsprechend in drei Kapitel.

An der Hauskrippe sang man gern das Lied des Hirten ›Als ich bei meinen Schafen wacht‹; das ist vor bald vierhundert Jahren dem Dichter Friedrich Spee von Langenfeld als Echo-Lied eingefallen. Auf Kopfschütteln stieß dagegen Hoffmann von Fallerslebens relativ neues Lied ›Morgen kommt der Weihnachtsmann‹ (1835), denn es war hier doch das Christkindchen, welches die Gaben brachte. Und dann hieß es auch noch: »Krippenspiel mit Schaf und Stier« – was sollte das denn? Daß der geplagte Dichter einen Reim auf ›Schmusetier‹ finden mußte, genügt nicht als Entschuldigung.

DAS KINDLEIN WIEGEN

Spätgotische Christkindwiege, Köln um 1350.
Sie wird heute im Schnütgen-Museum aufbewahrt.

Einer der frühesten und schönsten Weihnachtsbräuche entwickelte sich aus dem kirchlichen Mysterienspiel, bekam neue Impulse durch die deutsche Mystik, war beiden christlichen Konfessionen gemeinsam, und selbst heute findet er, obwohl als Volksbrauch untergegangen, noch in vielen Weihnachtsliedern Ausdruck: das Wiegen des Christkindes.

In Köln stand dieser Brauch im Mittelpunkt der häuslichen Weihnachtsfeier, auch wenn er zunächst eine Gepflogenheit nach dem Gottesdienst, zumeist im Anschluß an die Christmette, war. Ein Geistlicher trug die kleine Wiege mit dem Jesuskind, das Rund des Kirchenschiffs feierlich umschreitend, und setzte sie dann auf den Altar, wo sie zu Liedern sanft geschaukelt wurde. In diesen Kirchenbrauch waren die Kinder einbezogen, das beschreibt schon Johannes Boemus 1520 auf Latein, und sein Zeitgenosse Sebastian Franck hat es 1531 auf Deutsch in sein ›Zeytbuch‹ aufgenommen:

»Zu Weihnachten begehen sie (die Deutschen) die Kindheit Christi so: Sie setzen eine Wiege auf den Altar, in die ein geschnitztes Kind gelegt ist, diese wiegt eine große Menge der Stadtkinder. Sie springen und tanzen ums Kind in einem Kreis, wobei die Alten zusehen, und singen viele seltsame Liedlein von dem neugeborn Kindlein.« Der Text dieser Lieder war teils lateinisch, teils deutsch, in den Wechselgesängen auch zweisprachig.

> »Kommt her, ihr Kinder, singet fein,
> Nun wiegen wiegen wir dem allerliebsten Jesulein…
> Das neugeborne Kindelein,
> Nun wiegen wiegen wir
> Das liegt in einem Krippelein…«

Dieses Lied, aufgenommen in die Kölner Liedsammlung von 1623, gibt den schwingenden Rhythmus hörbar wieder. Es ist weniger bekannt als die heute noch vielgesungenen ›In dulci jubilo, nun singet und seid froh‹ und ›O Jesulein zart, das Bettlein ist hart‹, die sich ebenfalls in diesem Gesangbuch finden, oder jenes ›Laßt uns das Kindlein wiegen, das Herz zum Kripplein biegen‹, das im Kölner Gesangbuch von A. Quentel (1619) zu finden ist. Selbst in dem alten Zwiegesang zwischen Maria und Joseph »Joseph, lieber Joseph mein, hilf mir wiegen mein Kindelein…« und der Antwort »Gerne, liebe Muhme mein! Ich helf dir wiegen dein Kindelein…« zeigt sich der Brauch deutlich, nur agiert hier das heilige Paar. Die verwandschaftliche Anrede macht verschämt deutlich, daß sie in keinem Eheverhältnis stehen, dafür aber beide aus Davids Geschlecht stammen.

Martin Luther gab seinem bekannten Lied ›Vom Himmel hoch, da komm' ich her‹ die Überschrift: ›Ein Kinderlied auf die Weihnachten vom Kindelein Jesu‹. In einer Strophe ist vom ›Susaninne‹ die Rede, ein Kosewort beim Wiegen des Kindes. Im Schlafliedchen ›Suse, liebe Ninne (still, liebes Püppchen), was raschelt im Stroh‹ kehrt es wieder, ist in der uns bekannten Form »Suse, liebe Suse…« allerdings kaum mehr zu erkennen.

Ein Kirchenbrauch, der so sehr ins Gemüt ging wie das ›Kindleinwiegen‹, brachte viel Zulauf und lebhaften Rummel. Katholiken und Lutheraner waren gleichermaßen dafür, die Wiege aus der Kirche zu entfernen. Dafür hielt sie dann in den Häusern Einzug, und das Wiegen und das Singen gehörten auch hier untrennbar zusammen. Wenn wir die Familienchronik des Ratsherren Hermann Weinsberg verallgemeinern dürfen, dann war dies ein Kölner Hausbrauch, und er bezog sich nicht auf die Christnacht allein, sondern auf die ganze Woche zwischen Weihnachten und Neujahr.

»Haben das Kindchen ziemlich die heiligen Tage gewiegt, denn wir sind alle Tage beieinander gewesen, dann hier dann da, und haben gesungen«, notiert Weinsberg Ende 1560, und im nächsten Jahr noch detaillierter: »Den 26. Dezember sind wir in der Bottengasse bei Schwager Johann Hasselborn fröhlich gewesen und haben das Kindchen gewieget, den 27. Dezember sind wir bei Geergen Volckwin unserm Eidam vor St. Mattheis fröhlich gewesen.« Zum Kindleinwiegen kam man also zueinander auf Verwandtenbesuch, es war keine verinnerlichte Haltung, sondern Ausdruck weihnachtlicher Geselligkeit. Eine besondere Bedeutung bekam es für Weinsberg auch dadurch, daß es mit der Zäsur des Jahres zusammenfiel. »Anno 1581 den 25. Dezember, auf den heiligen Christtag und auf Sonntag gefallen, ist uns das neue Jahr angefangen. Das Christfest haben ich, mein Bruder und seine Frau, meine Schwester Sibilla und auch andere dabei, in St. Jakob gehalten; und am Abend haben wir im Haus Weinsberg unter uns das Kindchen gewieget, haben gesungen und sind mit Jesulein fröhlich gewesen.«

Eine solche Familienweihnacht, wie sie Weinsberg wiederholt schildert, hielt sich in Köln wohl bis ins 18. Jahrhundert, zumal der hier sehr aktive Jesuitenorden ältere Gepflogenheiten duldete, sofern sie seinen seelsorgerischen Absichten entgegenkam. Auch in Nonnenklöstern, wo es lange schon Brauch war, hielt man das Kindleinwiegen hoch in Ehren, so im Stift Maria im Kapitol. Es ist zu vermuten, daß die kostbaren spätgotischen Krippenwiegen, die sich heute im Schnütgen-Museum befinden, aus Nonnenbesitz stammen.

Auf dem Land scheint der Wiegebrauch gelegentlich wieder in die Kirchen Eingang gefunden zu haben. Jedenfalls wird berichtet, daß um 1800 am Niederrhein folgende Weihnachtssitte bestand: »Zu Ende der Vesper erscheinen alle kleinen Kinder in der Kirche, stellen ihre mitgebrachten kleinen Wiegen auf den Rand eines vom Küster in die Kirche gestellten Tisches, und sie wiegen und singen fast unaufhörlich:

> Puer natus in Israel,
> Wer das Kindchen wiegen will,
> Der wiege schnell.
> Sankt Joseph ist der beste Mann,
> Der das Kindchen wiegen kann.
> Hejo te, hejo te,
> Ex Maria virgine.«

Um die gleiche Zeit, im Jahre 1803, meldet der Kölner Christoph Winters sein neues Stockpuppentheater als ›Krippenspiel‹ an: Das ›Kreppe-Hännesche‹ ist geboren, und im Volksmund wird ›et Kreppche‹ gleichbedeutend mit dem Puppenspiel.

Zwei Ausdrücke hatten noch bis Anfang dieses Jahrhunderts lokale Bedeutung: »das Jesuskindchen fallen lassen« und »et Kindche weed geweeg«. Der erste bezieht sich auf die Gepflogenheit des Organisten an St. Katharina in Blankenberg an der Sieg, während der Christmette die Gemeinde in eine wiegende Bewegung einzustimmen. Adam Wrede hat dazu ausgeführt: »Am Schluß des Gottesdienstes harrten alle aus, bis die drei Teile mit ihren Wiederholungen noch einmal gespielt und so das ›Jesuskindchen gewiegt‹ worden war. Schlich sich ein Fehler beim Spiele ein, so nannte man dies ›das Jesuskindchen fallen lassen‹.« Mit dem Tod des Organisten Peter Joseph Litterscheid, der früher einmal an der Pfarrschule St. Gereon unterrichtet hatte, kam der Blankenberger Brauch 1903 zum Erliegen. – Die andere, durchaus damit verwandte Redensart rührt vom frei paraphrasierenden Orgelspiel während der zweiten und dritten Weihnachtsmesse her, ein nach Joseph Klersch spezifisch Kölner Brauch, wie er bis zum Ersten Weltkrieg gang und gäbe war. Johannes Strung an St. Aposteln und Karl Sattler an St. Maria im Kapitol seien die letzten Meister in der Kindchenwiegekunst gewesen.

In der Tradition der Krippenspiele steht ein jährliches Weihnachtsmärchen auch heute noch fest im Spielplan des Hänneschen-Theaters.

KRIPPE, KREPPCHE, KRIPPCHENS GANG

Krippe kann in Köln vielerlei sein: Ein weihnachtliches Bildwerk zum Beispiel, wie es als Geburtsszene an dem tausendjährigen Holzportal von St. Maria im Kapitol zu sehen ist. Es kann auch ein besonderes ›Krippenrelief‹ wie das in St. Ursula sein, das eine Zeitlang über dem Schrein des Hochaltars angebracht war, dort als ›Zweitkrippe‹ diente und auch heute allweihnachtlich einen besonderen Platz erhält. Damit nähern wir uns der fest terminierten Weihnachtskrippe, die eine lange Tradition hat.

In die Mitte des Kirchenschiffs gestellt und »von einem wächsernen Gefolge umgeben«, sind Kirchenkrippen in Köln seit 1568/69 bezeugt. Gegenüber den Christgeburt- und Dreikönigsspielen, die ehedem die Weihnachtsliturgie begleiteten, bildeten sie »gefrorenes Theater«. Unter jesuitischer Regie bekam die Weihnachtskrippe eine den Festzyklus verbildlichende und versinnlichende Funktion, sie wurde Teil der Festliturgie und des Kirchenbrauchs.

Prächtige Barockkrippen, auf Schaugerüsten beiderseits des Hauptaltars oder darüber, für die Gläubigen jedenfalls gut sichtbar angebracht, dienten aufs schönste der Volksmissionierung. Sie lockten selbst Protestanten und Kalvinisten, sonst den Krippen abhold, in Scharen herbei. Die Wirkung war präzis kalkuliert, wie sich dem 1619 in Köln erschienenen ›Paradisus puerorum‹ des Jesuiten Philipp de Berlaymont entnehmen läßt: »Das Ganze sei so geschickt arrangiert, daß das Frömmigkeitsgefühl der Betrachter aufs lebhafteste erregt werde. Sie glaubten, dem wunderbaren Ereignis selbst beizuwohnen, mit eigenen Augen das Wimmern des Kindes und himmlische Musik zu hören, mit eigenen Händen die Windeln zu betasten…«

Aufklärung und Französische Revolution machten der Kirchenkrippe, deren Ära zweihundert Jahre gedauert hatte, ein Ende; behördliche Verbote und auch solche der Kirchenoberen sorgten dafür. Statt dessen blühte der familiäre Krippenbrauch auf.

Ganz anders verlief die Entwicklung beispielsweise in Neapel, dort steigerten sich Kirchen- und Hauskrippenbrauch gegenseitig. »Es sind die Krippchen (presepe), die man zu Weihnachten in allen Kirchen sieht«, äußerte sich Goethe höchst angetan, ihre Szenerie sogar sei »bis auf die flachen Hausdächer gestiegen; dort wird ein leichtes hüttenartiges Gerüst erbaut, mit immergrünen Bäumen und Sträuchern aufgeschmückt. Die Mutter Gottes, das Kind und die sämtlichen Umstehenden und Umschwebenden kostbar aufgeputzt, auf welche Garderobe das Haus große Summen verwendet.« Einen Hauch von Neapel findet der Kölner Krippengänger heute in Nippes, in der Pfarrkirche St. Hildegard in der Au.

Doch zurück zu den deutschen Kirchen der Aufklärungszeit. Das weihnachtliche Mysterienspiel hatte dort ebensowenig eine Bleibe mehr, es ging unter. Dafür griffen profane Puppenbühnen den biblischen Stoff auf, ein niederländisches ›driekronenspel‹ machte im 17. Jahrhundert den Anfang. Krippenspiele wurden nun mittels Marionetten

Papierkrippe zum Aufklappen, um 1910.

aufgeführt, und das ›Kripplein‹ in Aachen etwa muß 1774 über hundert große bewegliche Figuren verfügt haben. Doch kam es dort bald zu einem Verbot durch den Rat der Stadt. Der hatte beanstandet, »was unter dem verdeckten Namen von Christ-Krippen, Fasten- und Bitterleiden alles an Marionettenstückchen und derlei Lustspielen mittels allerhand unziemlicher und unzulässiger, auch gar ärgerlicher Vorstellungen öffentlich aufgeführt wird…«

Von hier bis zum Kölner ›Hänneschen‹ (1803) war es nur noch ein kurzer Sprung, freilich auch der Sprung in eine gelassenere und urbanere Lebensart. Kaum hatte sich das ›Kreppche-Hännesche‹ etabliert, erzählte Ernst Weyden davon, dichtete Matthias Joseph DeNoël, seines Zeichens Stadtrat und Kirchmeister von St. Maria im Kapitol:

> »Zewielen moß mer auch Thronen dren laache,
> Wann't Hännesche widder sing Krätzcher dät maache:
> Dann hoot mer nu allerhand spassige Tön!
> Nä, zumma zummarum, dat Kreppche wor schön.«

Da es auf den Krippenbühnen öfters drunter und drüber ging, kommt ein neues Wort auf: ›e raech Kreppche‹ – bei Ernst Weyden das Synonym für eine ziemlich wüste Wirtschaft.

1854 kam die Familie Millowitsch mit ihrem Stockpuppentheater nach Bonn zu Gast. Man gab ›Die drei Weisen aus dem Morgenland‹, und Millowitsch suggerierte den Lesern der Bonner Zeitung, mit eben diesem Stück sei das »erste Krippchen im Jahre 1802 in Köln« entstanden. Die Heiligen Drei Könige waren überhaupt sehr ›in‹. Die Spätromantik hatte sie neu entdeckt, hatte sie in Liedern und Gedichten besungen; auch der nun mächtig rege Dombauverein sorgte für ihre Popularität. Indirekt führte diese Königsbegeisterung zu einer neuen Krippen-Andächtigkeit. Zwei Daten stehen für diese Entwicklung: 1860 wurde der Minoritenkirche eine neue Krippe geschenkt, von »frommen Frauen«, wie es hieß. Im Geiste Vater Kolpings warb der katholische Gesellenverein 1874 für den Besuch der im Vereinshaus aufgebauten Weihnachtskrippe.

Gespeist wird die Krippe nun von dreierlei Milieus: der katholischen Kirche, den katholischen Männervereinen, den katholischen Haushaltungen. Dies geschieht im Namen einer mehr und mehr rigiden Moralität, die das Erhabene, allzeit Gültige als Maßstab setzt. In einigem Widerspruch dazu steht die künstlerisch eher anspruchslose Fertigung der Krippenfiguren. Meistens sind sie nun aus Gips. Die gleiche Industrie, die sich zu dieser Zeit des Christbaumzubehörs bemächtigt, sorgt auch für eine serielle Krippenausstattung. Weihnachten wird jetzt flächendeckend betrieben, Wiederverwendbarkeit ist garantiert, die Produktpalette erweitert sich ständig.

Gegenbewegungen bleiben nicht aus. Von Hand gearbeitete ›Qualitätskrippen‹ gewinnen an Boden. Die von Maria Laach ausgehende Liturgische Bewegung führt zu strengen, schlichten ›Symbolkrippen‹. Die rheinischen Krippenvereinigungen, nach dem Ersten Weltkrieg entstanden, schließen sich unter dem Eindruck der ›Jahrtausend-Ausstellung der Rheinlande‹ 1925 in Köln zusammen. Unmittelbar darauf kommt es zur ersten Kölner ›Krippenwanderschau‹. Auch bei den Familien wird der weihnachtliche ›Krippchens Gang‹ populär.

Noch trifft man keine der Kirchenkrippen an, die heute auf den vom Verkehrsamt organisierten Krippenfahrten per Bus angesteuert werden. Doch bald sollte die Krippenkunst in Köln einen ersten Höhepunkt erreichen: Hermann Inhetvin gestaltet sie in St. Michael (1928), Lita Martens in der Deutzer Heribert-Kirche (1930), Hermann Paul Simon im Dom (1931/32), Lambert Schmithausen in St. Gereon (1932).

Nach dem Zweiten Weltkrieg gewinnt die Landesgemeinschaft rheinisch-westfälischer Krippenfreunde immer mehr Zulauf, das Krippengeschehen selbst gerät in ständige Bewegung. Kirchenumbauten, außerdem Kriegsverluste machen neue Konzeptionen notwendig, auch verbinden sich biblisches Geschehen, Stadtgeschichte und erlebte Gegenwart zu einem neuen Krippenreichtum. Dies läßt sich anhand der Krippen von St. Ägidius in Porz-Wahn (1963) und St. Maria Lyskirchen (1982/83) studieren, in ganz anderer Weise auch an der von St. Remigius in Sürth (1982) und der ganz neuen Krippe im Dom (1991).

Über achtzig ›Kölner Weihnachtskrippen‹ beschreibt das Standardwerk von Max-Leo Schwering und Markus Walz. Die 14 bedeutendsten, darunter die zwei allerneuesten, werden im farbigen Kunstdruckteil dieses Buches einzeln gewürdigt.

Prägekarte mit dem Krippengeschehen von 1909.

DER CHRISTBAUM WIRD ANGEZÜNDET

Ein noch kerzenloser Weihnachtsbaum, um 1825.
Kupferstich von Vincenz R. Grüner.

Weihnachten fängt für viele Familien erst richtig an, wenn Heiligabend am Baum die Kerzen angezündet werden. Für traditionsbewußte Kölner ist dies der Christbaum, für andere der Weihnachtsbaum. Der mit dem Schmücken des Baumes und dem Anzünden der Lichter verbundene familiäre Ritus setzt sich in weiteren Handlungen fort: Lieder werden gesungen, Geschenke ausgepackt, es wird gemeinsam gegessen. Ob und wann zur Kirche gegangen wird und was nach dem Abendessen weiter geschieht, bleibt der spezifischen Familientradition oder auch individuellen Eingebungen überlassen.

Im Rheinland war das früher anders. Bis Mitte des 19. Jahrhunderts spielte der Heilige Abend kirchlich und familiär eine untergeordnete Rolle, allenfalls bei protestantischen Familien stand er schon im Mittelpunkt des Christigeburtsfestes. ›Kristnacht‹ hieß im Kölner Volksmund seit jeher: der Tag von Christi Geburt, also der 25. Dezember. Der Besuch der nächtlichen Christmette markierte den Festbeginn. Aus der ›Kristnacht‹ wurde dann mundartlich zweierlei, einmal die ›Chreßnaach‹ zwischen Heiligem Abend und Feiertagsmorgen, mit der Christmette als festlichem Höhepunkt; und zum anderen der ›Chreßdaach‹, der sich auf die Zeit zwischen dem Morgen und dem Abend des 25. Dezembers bezog.

Das Baumanzünden, die Kinderbescherung und auch das gemeinsame Mahl kamen erst nach der Christmette – doch dann, am frühen Morgen, war es soweit: »In aller Frühe sahen die auf knisterndem Schnee aus der Kirche Heimkehrenden schon von weitem aus allen Häusern die Lichterbäume strahlen«, erinnert sich die Bergisch Gladbacherin Maria Zanders. Wenn beim Hinweg schon ein brennendes Bäumchen zu sehen war, konnte man fast sicher sein, daß da eine evangelische Familie wohnte.

Nach und nach ist die Kinderbescherung und damit auch das Anzünden des Christbaums auf den Heiligen Abend vorgerückt. Diese Terminverschiebung wurde zumeist mit der Rücksichtnahme auf die Kinder begründet, die in den Stunden vor dem Gang zur Christmette vor Erwartung und Aufregung oft nicht schlafen konnten. Sicher hat aber auch das Bedürfnis eine Rolle gespielt – erst in der Stadt, weitaus später auf dem Land –, das Weihnachtsfest zeitlich zu verlängern, um mehr Raum zu bekommen für den ungestörten Ablauf einer Feier im Familienkreis. Das Lichteranzünden, das früher erst nach der Christmette geschehen durfte, wird in jüngster Zeit gelegentlich noch vor den Heiligen Abend gelegt, in Übereinstimmung mit der allgemeinen vorweihnachtlichen Glitzerwelt. Manche Familien stellen schon in der Adventszeit einen elektrisch beleuchteten Baum ans Fenster, auf den Balkon oder in den Vorgarten.

Wie feierlich das Baumanzünden erlebt und individuell reflektiert wird, lassen die folgenden Berichte von Alfons Paquet und Peter Kintgen erkennen. Sie sind frei von jenem Baumpathos, wie es beispielsweise den einflußreichen Bonner Volkskundler und Sagendichter Karl Simrock überfiel. Seine ›Deutschen Weihnachtslieder‹ (1859), die er als ›Festgabe‹ verstand, ließ er gleich mit einem Eigengewächs, einer mythischen Metapher, beginnen:

> »Es ragte der schimmernde Weihnachtsbaum,
> Wie ein Leuchtturm hoch in des Himmels Raum:
> Alle Schiffe liefen bei seinem Schein
> In der Wünsche friedlichen Hafen ein…«

Offenbar inspiriert von der spätrömischen Vorstellung des ›Sol Invictus‹ (der unbesiegbaren Sonne), feierte der Germanist das Ereignis: »Ist es doch, als sollte das neugeborene Licht, vom Weihnachtsbaum in tausend Kerzen zurückgestrahlt, die öde Nacht des Winters erhellen.«

Ganze Generationen haben sich an solchen hehren Empfindungen gelabt. So mühelos sie sich gedanklich emporschwangen, so mühevoll gestaltete sich für sie die Praxis des Baumanzündens. Noch war die Verbindung zwischen immergrünem Baum und Kerzenlicht ziemlich jung; es bedurfte einiger Umwege, ja auch Verstiegenheiten, um zu der Technik vorzustoßen, die wir heute als selbstverständlich ansehen.

Zunächst wurden Tannenäste an verschiedenen Stammstellen ausgeholzt, um lichterbesteckte Querstangen einzupflocken. Dann hatte man Holzreifen als Kerzenträger rings um den Baum befestigt oder ihn mit Lichterpyramiden umstellt. In einer zweiten technischen Phase wurden Wachsstöcke um die Äste gewunden, die natürlich tropften, oder es wurden kleine Öllämpchen an die Zweige gehängt oder Kerzen mit Stecknadeln befestigt. Auf dem Land halfen sich die Leute gelegentlich damit, aufgequollene Haselnüsse an die Zweige zu klemmen und diese dann als Halter für ihre selbstgezogenen Kerzen zu benutzen. Zur rettenden Erfindung wurden schließlich die Lichthalter, für die die Firma Feldhaus als erste in Anzeigen warb, 1854 in Köln, vier Jahre später dann in Bonn. So konnte denn auch Karl Simrock gefahrlos von einem ›schimmernden Weihnachtsbaum‹ sprechen: Die neuen Lichthalter hatten dies ermöglicht.

Eine weitere epochale Innovation war die elektrische Christbaumbeleuchtung, Hand in Hand mit der Entwicklung der Glühbirnentechnik. So bot man schon 1901 in Bonn »verbesserte elektrische Christbaumkerzen« an. Eine getarnte Annonce in der Kölnischen Volkszeitung vom 4. Dezember 1928 brachte die Sache auf den Punkt. Unter der besorgten Überschrift ›Wieso steigt die Statistik der Christbaumbrände?‹ wurde die Frage aller Fragen erörtert:

»Warum wird nicht in elektrisch eingerichteten Wohnungen allgemein auch der Christbaum mit elektrischen Kerzen versehen? – Weil die Wachskerzen in ihrer eigentümlichen Farbe und Form und ihrem besonderen Lichtschein doch untrennbar von Weihnacht und Weihnachtsstimmung sind. – Ganz gewiß würde ein mit gewöhnlichen elektrischen Glühlampen noch so verschwenderisch besteckter Baum auch niemals in der besonderen Wirkung dem alten traditionellen Weihnachtsbaum gleichkommen. Aber die moderne Glühlampentechnik hat heute Weihnachtskerzen geschaffen, die in Farbe und Form und Lichtwirkung vollkommen den Wachskerzen gleich sind. Alle Überlieferungs- und Pietätswerte des Weihnachtsbaums sind in dem mit elektrischen Osram-Weihnachtsbaum-Kerzen beleuchteten Baum aufs liebevollste gewahrt…«

Hier unterscheiden sich die Lichter und die Anschauungen bis heute.

WEIHNACHTSBÄUME
Von Alfons Paquet

Wie streng haben wir als Kinder über die Weihnachtsbäume der besten Nachbarn gesprochen, und es war doch selbstverständlich, daß sich die Bäume der andern schon im Behang, wenn nicht auch im Wuchs, von dem eigenen unterschieden. Man kennt an der Art des Schmückens die ganze Familie. Daheim das gemütliche Bäumchen mit seinem dichten Schmuck und dem Honigduft, dort die langweiligen weißen Kerzen, die dürren Ketten von Stroh, die papierenen Sterne mit den Sprüchen! Wenn es Jahrgänge der besten Äpfel und Trauben gibt, warum sollte es nicht auch Jahrgänge der schönsten Weihnachtsbäume geben? Feuchte Sommer haben sicherlich ihren Einfluß auf das Aussehen, die stramme spröde Frische der Tannen und Fichten. Der Förster mit seinen Gehilfen kennt die guten und die schlechteren Lagen in der Schonung und am Waldrand, er schickt die Bäumchen, nach Qualitäten sortiert, zur Stadt, wo von den ersten Dezembertagen ab der mit Stricken eingezäunte, mit Reisig bestreute Teil des Weihnachtsmarktes ein von Phantasien umspieltes Stück der Straße bildet. Mütter bleiben stehen und treffen in unberechenbaren Überlegungen ihre Wahl, alte Männer mit finstergrünen Besen unterm Arm verschwinden um die Ecke. Rotnäsige Buben fahren Bäume auf dem Schlitten fort. Handlanger schleppen knisternde Büsche zum Lastwagen. Und zu Hause die Ungeduld der Kinder, die Geheimnistuerei der Eltern und der ewig unlösbare, gläubig-ungläubige Streit um das Christkind! Dann die listige Umständlichkeit der Vorbereitungen, wenn in der Nacht vor dem Heiligabend der Backduft aus der Küche zieht und aus dem Spalt des verschlossenen Wohnzimmers der Lichtschein bricht und ein vorsichtiges Hämmern mitten in der Nacht und verdächtiges Rücken der Kommode die Kinder selig erschreckt.

Wer nun in seinen Rückblick schon die Anfangserlebnisse der jüngeren Generation einschließt, der überblickt neben der Jahresreihe der eigenen Kindheit vielleicht auch ein wenig die Kindheit des Mädchens, das später die Braut und die Frau wurde. Er überblickt also zwei Häuser mit ihren Gewohnheiten und Traditionen. Viele Dinge waren da einander erstaunlich ähnlich und doch unendlich verschieden. Hier waren es immer die kleinen Bäumchen mit ihrem behäbigen Schmuck von bunten Glaskugeln und echten Äpfelchen, dazu die Überraschungen, die bald in glitzernden Schmetterlingen, bald in kleinen Zuckerbrezeln oder gar in einem Kranz von Würstchen bestanden, und gleich darunter die hölzernen Schäfchen im Moos. Und dort war es der feierliche, große Baum, fast ohne Schmuck, außer den 16 hohen Kerzen und ein paar vergoldeten Nüssen, und im Efeu-Dickicht das leuchtende Transparent mit den hermelinbesetzten blauen und roten Mänteln, den Kronen und Pfauenfedern der Heiligen Drei Könige. Diese Form ist geblieben, auch als das Puppenhaus mit den jährlich erneuerten Tapeten und Vorhängen verschwunden war. Das Transparent behauptete seinen Platz. Und wo einst die Spielsachen der Kinder lagen, die jetzt Onkels und Tanten sind, dort glänzt jetzt einsam und entzückend die Spieluhr, eingebaut in die jahrhundertealte silberne Zuckerdose; ihr silbernes Stimmchen zirpt unverdrossen die Walzer und Militärmärsche aus der Zeit Friedrich Wilhelms IV. Im eigenen Hause geht nicht anders der Fluß der lebendigen Entwicklung weiter; die Mutter liebt nun einmal die ausgewachsenen, bis zur Decke reichenden Bäume, von der Vaterseite her kommt die Buntheit und der Wechsel, von beiden Seiten ist ein glitzerndes, wenn auch spärliches Erbe von älterem Christbaumschmuck vorhanden, ein paar unpraktische Kerzenhalter, deren rostige Klammern an den ölglatten Tannenzweigen schwer anzubringen sind. Zu den rotbackigen Äpfeln, den vergoldeten Nüssen und dem Marzipan kommt der kleine weiße Hirsch und der gläserne winzige Vogelkäfig. Das wächserne, rosenfarbene, trompeteblasende Engelchen mit den Flügeln aus Glasgespinst auf der einen Seite hängt dem sorgfältig bewahrten, schon fast glanzlos gewordenen silbernen Fischchen an seinem roten Faden gegenüber.

Kinder sind erwachsene Menschen geworden, sie können nicht mehr alle unter demselben Weihnachtsbaum versammelt sein und die Geschichte aus der schweren, schwarzgoldenen, nur selten geöffneten Familienbibel vorlesen hören. Man merkt es aber, daß auch die erwachsenen Kinder noch an den Weihnachtsbaum bestimmte stillschweigende

Hölzerner Weihnachtsbaum mit Kerzen, um 1820. Nürnberger Bilderbogen.

Anforderungen stellen. Neuerungen sind nicht erlaubt. Es braucht nicht alles wie im vorigen Jahr zu sein, aber es soll doch sein wie früher. Darum müssen die braungelben Honigkerzen mit List schon lang vorher beschafft werden, die gedrechselten, billigeren mag man sich allenfalls zu Silvester erlauben oder zu Dreikönig, ›wenn der Baum zum dritten Male brennt‹. Jedes Jahr muß der Christbaumschmuck um ein paar Zusätze vermehrt werden, das versteht sich von selbst, die kleinen alten Spielereien werden nun schon durch die Jahrzehnte mitgetragen, erstaunlich, wie langsam dieses Erbe schließlich verschwindet. Dazu auch die mündlichen Überlieferungen, die immer noch einmal erzählt werden, bald farbiger, bald matter. Da ist der von Onkel Fritz und Tante Grete hinterlassene Zettel, der in krausen, blassen Schriftzügen die Worte trägt ›von Wilhelm für Auguste‹. Er stammt, heißt es, von einer Weihnachtsbescherung im Berliner Schloß und ist vom alten Kaiser geschrieben, der jedes Jahr seinen Hausgenossen im großen Saal bescherte und sich manchmal einen Schabernack daraus machte, kurz vor dem feierlichen Augenblick die Zettel zu vertauschen.

Zettel jedenfalls spielten früher eine bedeutende Rolle. Die Zahl der Familienangehörigen und der Dienstboten war groß, der Untergrund der Geschenke war für jeden derselbe Teller mit den Zimtsternen, den Springerlein, dem Anisgebäck, dem Buttergebacknen in seinen immer wiederkehrenden Modellen, die mit dem Blech kunstvoll ausgestochen und mit Zuckerkörnchen bestreut waren. Dazu die Äpfel, Nüsse, Apfelsinen und Marzipansachen, und darüber erst die widerspenstigen und kostspieligeren Aufbauten, die Hosenträger, Blusenstoffe, Parfümflaschen, Schlittschuhe, Bücher, Krawatten, Tassen, Laubsägeschachteln und Brummkreisel.

Das erste Weihnachtsbäumchen für unseren neugegründeten Haushalt hatten wir samt anderen festlich eingekauften Sachen ein paar Großstadtbuben zum Nachhausebringen anvertraut, sie gingen verloren. Wir sahen sie niemals wieder. Wir mußten, enttäuscht und beinah im Glauben an die Weltordnung erschüttert, das alles zum zweiten Male einkaufen. Es war kein leichtes Opfer. Aber als dann das Bäumchen im Schimmer der Kerzen dastand und seinen gezackten, reizenden Schatten an die Decke warf, da betrachteten wir den Verlust als eine Spende an die Götter, die uns denn auch in den folgenden Jahren die reinsten Freuden gegönnt haben, den Kindern das begeisterte Spiel, den Älteren jedesmal aufs neue den ganzen Ablauf des Festes, von den Verhandlungen auf dem Weihnachtsmarkt an bis zum Hinauskehren der letzten dürren Tannennadeln aus der Stube.

›Unser‹ Weihnachtsbaum ist nie zu einem elektrisch strahlenden, von Lametta überfluteten Ungeheuer geworden. Und auch nie zu dem einsamen und gespenstischen Ding, das mit kaum gebrauchten Stearinkerzen, bedeckt mit Asbestwatte, in greises Engelshaar gehüllt, auf peinlich weißer Tischdecke in der Mitte eines ungeheizten Zimmers steht. Dort ragt es wie eine eisige Fontäne über ein paar mit Zuckerguß bedeckten, ungenießbaren Pfefferkuchen, die beschneiten Erdschollen gleichen, um schon am zweiten Feiertag so sang- und klanglos zu verschwinden, wie es kam.

Aber auch diese Kerzen brannten einmal, wenigstens einen Augenblick fiel ihr Schimmer durch die Vorhänge des Fensters im dritten Stock auf die Straße. Und wenn da auch das Fest nur eine ganz flüchtige Berührung der Menschen war, es begann nicht minder in der tief winterlichen Frühdämmerung des Nachmittags, während die Glocken vom Dom über der Stadt erklangen wie eine einzige dröhnende Baßsaite. Auf der Straße befanden sich noch Kinder, vielleicht noch beim Austragen von Weihnachtspaketen, vielleicht auf dem Nachhauseweg aus der Kirche. Auf einmal sahen sie es, und sie begannen nun entzückt die Punkte des leichtverschleierten Sternhimmels in den Fenstern zu zählen – da und dort diese verstreuten, unwiderstehlichen Zeichen einer allen gemeinsamen Illumination.«

Zu Alfons Paquet nur soviel: Er war gebürtiger Wiesbadener, fühlte sich aber zeitlebens dem Niederrhein und besonders der Stadt Köln verbunden, für die er als Kulturberater jahrzehntelang tätig war. Seit 1910 bereiste er für die ›Frankfurter Zeitung‹ Ostasien und Rußland und berichtete 1941 als erster Journalist über die Ausgrabungen des Köl-

Christtag 1829. Federzeichnung von Emil Ludwig Grimm.

ner Dionysos-Mosaiks. Auch sein Essay ›Weihnachtsbäume‹, hier leicht gekürzt wiedergegeben, erschien 1939 zuerst in der ›Frankfurter Zeitung‹.

Der um 13 Jahre jüngere Kölner Volksschullehrer und Mundartdichter Peter Kintgen brachte kurz zuvor sein bekanntestes Buch heraus, ›Uns Levensleed en Dur und Moll‹. Von seiner Lindenthaler Kindheit und dem legendären Schuhmachermeister Kaspar Kringel hat er schon damals erzählt. Daraus wurde dann die nun folgende Geschichte.

NE CHRESSBAUM LÖÖCH UUS FÄNER ZICK
Von Peter Kintgen

Dozemol, wie ich de ehzte Schladerpotz drog, wor su 'ne Chreßbaum he zo Land noch en Rarität. För su 'ne Leechterbaum lööchte ze sinn, dät mer ald gän ne Wäg maache. Em Meddelpunk stund die Chreßdäg (och en d'r Familje) domols et Kreppche, wat d'r Vatter v'leich selvs geknuv un fisternöllt hatt.

En unser Nohberschaff wonte d'r ale Schohmächermeister Kaspar Kringel. En Original un e Schenie. Dä Mann mahten jedes Johr ne staatse Chreßbaum. Ehr Kinder hadden de Kringels fröh verloore; dröm wollten se ander Lück – kleine un große – met ehrem Chreßbaum en Freud maache, vill Fäntscher un Weechter en dä Dag ens glöcklich sin. Dat kleine Gevölks, ärm ov rich, uus d'r nöhkste Nohberschaff wor op d'r eeschte Feerdag gägen fünnef Uhr engelade. Zick Johre wor dat esu Uses.

Dat moht d'r blasse Neid dämm Mann losse: et wor ene wunderschöne Chreßbaum! Behange met Kette uus buntem Papeer, Engelcher un Paradisvügelcher flochen dodurch; golde Fähncher däten stellches ruusche, un selver Nöß, ov bunte Koralle bletzten un flimmerten em Schin vun ungezalte gäle Wahskäze. Vill vun dämm Schmuck hadden d'r ale Kringel selvs gemaht ›em Chreßkingkche singer Werkstatt‹. Ich hann zickdämm vill, vill Chreßbäum gesin, ävver keine Baum mih von dämm esu jet Heimeliges uusging, su 'ne Zauber, we vum ale Kringel singem Leechterbaum!

Dat wor ävver noch net alles, wat hatte dann och e klein' Thiater gebaut un Poppe d'rzo gemaht. Marionette woren et. Die hadden d'r Kringel en jung Johre, op d'r Walz, en München kenne geliert. Dä Mechanismus von dä Bühn un vun dänne Poppe un Deercher, dä funksioneete we geschme't.

Su kom dann d'r Ovend vum eeschte Chreßdag eraan. Klock fünnef mahten de Frau Kringel die schwer eiche Huusdöhr op, un en Dotzend Kinder drängelten sich en de got Stuvv. Do stundten se noo all: Hein, Marieche un et Plünn, d'r Britzen-Böll, et Drautche un d'r Tünn,… öm dä ›Wunderbaum‹. Se säten nor immer widder: ›Ah!‹ – ›Ooh we schön!‹ – ›Nää, die Praach!‹ Mallich fung immer widder jet Neu's en dämm Kunterbunt, ›noch jet Schöneres‹. Die Kinderauge däten strohle, die Bäckelcher woren am glöhe, un die Züngelcher gingken voll Verlange üvver de Leppe. – Meddsen en dämm Kinderkupp: üvverglöcklich d'r ale Kringel.

No 'ner Wiel gingke höösch en et Nevvenzemmer un drihten do hinger der Bühn de Spilluhr op. We Pälcher komen die selverige Töncher: ›Ihr Kinderlein kommet …‹

Die Verbindungsdöhr gingk op, un die Kinder däten der Enladung folge un stundten gespannt vör dämm kleine Thiater. D'r blaue Vörhang dät sich deile, dat Kreppespill fing aan: Mer sohch Maria und Josef op d'r Reis, wee se kein Ungerkunf krägten; dann dat Hellige Paar met Ohs und Eßel öm et ärmsillige Kreppche. Engele komen vun bovven erav und brahten Het un Schöfcher die fruh Bottschaff. Bes dann zogoderletz de Drei-

67

»Das alles gehört mir.« Fotokarte aus dem Jahre 1928.

künnige vum Herodes us nohm Stall kome un dat Kingkche aabedde däten. – Die Kinder woren ganz fott, dat Spill hadden se all en d'r Bann geschlage. Alles wor stomm un stell.

Bes dann meteins uus d'r got Stuvv leise de Zither klung: ›Der Christbaum ist der schönste Baum‹, un e Quartettche (veer ›große‹ Kinder) d'rzo sung. Bal stundten die Kinder widder allemolde am Chreßbaum. Et ein un andere säte e Gedechge op, un zogoderletz sung, wat singe kunnt: ›O, du fröhliche, o, du selige, gnadenbringende Weihnachtszeit…‹

›D'r Minsch‹, su sät sich de Frau Meistersch, ›hätt nit nor en Siel, d'r Liev well och jet hann.‹ Jedes Weech un jede Fant kräg vun ehr en Blos met Leckergots en de Hand gedröck met Printe, Äppel, Nöß un Spekelatius. Üvverglöcklich schrömten dat Völkche heim. – ›Sibbe‹ schlog et op Zint Stephan, un feerlich däten de Klocke d'r zweite Feerdag, d'r Patroziniumsdag, enlügge – dozemol: em ale Lindendhal.«

An anderer Stelle erzählt Peter Kintgen, wie Meister Kringel seinen ›Wunderbaum‹ nach festem Plan zugänglich macht: Am Heiligen Abend ist er für die Nachbarskinder da, am ersten Feiertag gehört er der Familie, am zweiten kommen ›die anderen‹, und an Dreikönigen dürfen Halbwaisen den Baum plündern. Kölner Kindheit vor 1900…

WER BRINGT DENN NUN DIE GABEN?

Irgendwann nach 1820 ist das Christkind im Rheinland noch einmal zur Welt gekommen. Es lag nun nicht mehr als Neugeborenes in einer Krippe, sondern wandelte in einem weißen Ärmelhemd oder im langen weißen Kleid einher, in der einen Hand ein Körbchen mit Früchten und Backwerk, in der anderen einen Zweig oder eine Birkenrute. Vor allem, es war kein Knabe mehr, sondern ein aufblühendes Mädchen.

Kein Zweifel, da wollte jemand den Nikolaus als Gabenbringer ablösen, indem er all das auf sich vereinte, was Knecht Ruprecht, St. Nikolaus und St. Martin für Kinder so anziehend machte. Wenn diese neue Lichtgestalt nicht vom Himmel herniederschwebte, kam sie auf einem Schimmel oder einem Esel geritten, und die Kinder legten, wie sie das vom Vorabend des Nikolaustages gewohnt waren, bald auch am Chreßovend Wasser und Heu vors Haus.

Das Christkind war überhaupt die Erfindung, um das Schenken an Weihnachten auch in katholischen Gegenden populär zu machen. Soeben hatte sich der Kölner Nicolai-Markt zum ›Chreßmaat‹, zum ganzmonatigen Weihnachtsmarkt, ausgeweitet. Da kam ›et Chreßkingche‹ als neuer Leitstern gerade recht.

Seine Gestalt war weihnachtlichen Umzugsbräuchen entliehen, wie sie in anderen Gegenden verbreitet waren, zum Beispiel im Hunsrück oder westfälischen Minden. Dort versprach das umherziehende Christkind den gutartigen Kindern eine Weihnachtsgabe,

Ein Engel bringt den Baum und das Licht, der Weihnachtsmann die Gaben. Holzstich 1873.

und die ungebärdigen ließ es Gehorsam geloben; wenn die sich nicht darauf einließen, rief es seinen Gefährten, den wilden Klas, herbei.

Die neue Idee bestand darin, das Christkind aus solchen ländlichen Umzügen herauszulösen und seine engelhaften Züge stärker zu betonen. So wurde es ein ideales Motiv für Poesie und Genrebilder. Als eine ›himmlische Erscheinung‹ konnte das Christkind nicht mehr selber einkehren; dafür schickte es in der Christnacht seine Engelchen aus, die besorgten die Zustellung der Geschenke. Auf diese Weise wurde erreicht, daß das Geschenkgeheimnis gewahrt blieb – und damit ein Mysterium der Weihnacht.

Aus der Darstellung von Christi Geburt, als eine Art ›lebendes Bild‹ in den Himmel versetzt, entwickelt sich die Phantasie, wie man sich denn das Christkind vorzustellen habe. So läßt Guido Görres, der Sohn des bekannten rheinischen Publizisten Josef v. Görres, das himmlische Kind noch immer auf Marias Schoß sitzen:

> »Es blicket hernieder auf Meere und Land
> Und alle Gedanken, die sind ihm bekannt.
> Es blickt in die Herzen der Kinder hinein,
> Nur gute und fromme erfreuen's allein.
> Und Früchte und Blumen und Spiel und Gewand,
> Die wirft es herunter mit freundlicher Hand.
>
> Ein Rütlein, ein kleines, das zieret ihn auch
> Zur heilsamen Warnung nach christlichem Brauch.
> Und wenn euch der Baum mit den Äpfeln anlacht,
> Gedenket des Kindes, das euch sie gebracht.«

Emil Ludwig Grimm, der wie seine berühmten Brüder Jacob und Wilhelm aus protestantischem Hause kam, hat dazu eine Bildumrahmung geschaffen: Maria und das spendende Kind schweben über einem Weihnachtsbaum.

Beides nun, das Christkind als Gabenspender und der Weihnachtsbaum, hat 1835, als Görres' ›Festkalender in Bildern und Liedern‹ erschien, auf rheinische Kinder wohl eher überraschend gewirkt. Denn ihre Weihnachtsphantasie kreiste noch immer um den ›Hel-

70

Das Christkind in engelhafter Gestalt, mit dem Heiligenschein und Tannenzweig. Zusammen mit dem Weihnachtsmann
tritt es als Gabenbringer auf. Zeichnung 1908.

ligen Mann‹. Im vielfältigen Brauchtum der Stadt Köln blieb der handfeste Heilige unangefochten, und daß es nun auch ›ein Christkindchen‹ gab, was weihnachtliche Geschenke für jung und alt bedeutete, war eher eine geflügelte Redensart und keineswegs ein neuer Einkehrbrauch.

Den Älteren gefiel es allerdings nicht, daß ›et Chreßkingche‹ schon abends, vor der Christmette, kommen sollte. In einem vergnüglichen Verzällcher, das den ›Chreßovend‹ 1875 heraufbeschwört, macht Wilhelm Schneider-Clauß den allmählichen Brauchtumswandel deutlich:

»›Wie ich durch de Mathiasstroß kom, wör ich binoh ens de Trapp erob lore gegange.‹ – ›Chreßovend?!‹ rief verwundert der Sekretär. ›No jo – ich ha’ mer doch och beim Schallenberg mingen Oranjebetter geschlupp, eh ich heeherr ben kumme.‹ – ›Dat eß jet an-

Die erste Weihnachtsmann-Darstellung stammt von Moritz von Schwind aus dem Jahre 1841.

dersch, Vatter. Ävver Stammdesch ob Helligen Ovend??‹ – ›Do meins ob *Chreß*ovend, Gottfrid; su sage winnigstens meer al Kölsche. Ävver Ehr schingt jo hee ärg modern gewode ze sin! Muß ich ärmen ale Mann durch de düsteren Ovend allein ob de Bischärung gedötz kumme, anstatt dat ob got al kölsche Aat dat jung Gesööms do einem am Chreßmorge de Feerdäg anwünsche un der Großvatter nettchens heimholle kütt.‹ …«

Es geht dann weiter damit, daß der Sekretär den Vater begütigen will und ihn bittet, sich an diesem wunderbaren Tag doch nicht aufzuregen – und der Alte zurückgibt: Wie, wunderbarer Tag, das ist einwandfrei erst morgen, jedenfalls für mich und alle gut katholischen Kölner. Die Pointe ist, daß das Christkind doch an der Haustür klingelt und der Vater, Arm in Arm mit dem Sekretär, vondannen zieht.

Ein Wunschzettel oder auch ein Kummerbriefchen ließ sich dem Christkind freilich leichter schreiben als dem Weihnachtsmann. Und wenn man nicht wußte, wohin damit, konnte man es in den Dom bringen und einem ›Schweizer‹ oder einem Domherrn übergeben, denn das Christkind wohnte ja dort: in der ›Goldenen Kammer‹.

Wann, wie und wo etablierte sich nun die Gegenfigur, der Weihnachtsmann? Moritz von Schwind zeichnete ihn 1847 als erster für den ›Münchener Bilderbogen‹: Pelzrock und Stiefel entlieh Schwind dem Knecht Ruprecht, der wallende Bart glich sich den populären Gottvater-Vorstellungen an. Schon ein Jahr darauf gab August Kreling dem Schwindschen ›Herrn Winter‹ den entscheidenden Dreh. Sein Weihnachtsmann reichte nebst Baum reichlich Geschenke.

Der Schwindsche Prototyp wirkte international weiter, so verlieh er dem französischen ›Père Noël‹ bestimmte Züge, so schmückte er den Umschlag zu ›Peters Jul‹, dem bekanntesten Weihnachtsbuch der Dänen. Auch auf die Lyrikproduktion wirkte er befruchtend. Hier hatte Hoffmann von Fallersleben bereits 1835 mit seinem ›Lied vom Weihnachtsmann‹ den Startschuß gegeben.

Als deutsche Volkskundler 1932 herausfinden wollten: »Wer bringt am Heiligen Abend nach Meinung der kleinen Kinder die Geschenke?«, gab es eine klare Antwort. Im Rheinland wie in Hessen, Baden, Württemberg und Bayern war dies das Christkind, in den anderen Ländern der Weihnachtsmann. In Mittel- und Ostdeutschland waren regional auch ›Heiliger Christ‹, ›das Kind Jesus‹ und ›Knecht Ruprecht‹ die Gabenbringer.

Seither hat sich in Deutschland einiges geändert, wohl auch unter dem Einfluß der Schokoladenindustrie, die auf den ›Hohlraumkörper‹ Weihnachtsmann setzt. Er scheint mehr nach Westen und Süden vorgerückt, vor allem in die Städte. Auch beschränkt sich der ›Glaube‹ ans Christkind und an den Weihnachtsmann auf immer jüngere Kinder. Doch noch tragen wir in uns irgendwie eine Vorstellung vom Glück, wie es Franz Peter Kürten bedichtet hat:

> »Et Chreßkenk! Dat hät et!
> Söns wör ömesöns
> Dat Wönschen un Schrieve
> Un leeve Gedöns.«

EN D'R CHRESSMETT

Wer nit ens en Chreßnaach su metgemaht hät, met däm Döff vun Printe un Spekulatius un Danne, un met däm Knestere un Ruusche, met däm sich noch das Summe vum Wasserkessel vermenge deit, dä hät vil versümp. Dat dät ich spöre, wie ich en d'r Köch stund un wade moot un spingse dät, stell un glöcksillig.

Endlich kom dann dä Vatter, groß un breit en de Scholdere, wie dat jo bei Zemmerlück luuter eß, un frogte: ›Beßte su wick?‹ Ehr hätt mie Vatter sin müsse, wie hä su stund en singem decke dunkelbloe Mantel met nem schwatze sammete Krage drop, un met nem

73

stieve Bibi, unger däm gries Hoore eruslore däte. Ehr wört dann genau su stolz drop gewäs wie ich, un ehr wört ohne e beß'che Angs met im durch Naach un Schnei gange. Bevör meer uns op de Wäg mahte, trok hä noch ens flöck an singer Pief, un de Mutter moot sage: ›Wenn dat su wigger geit, kutt ehr bestemp noch ze spät.‹ Dann wore meer drusse.

Vör der Döör dät es fisele, un die Stroß wor wieß wie en große Spreit. Wenn mer drop trot, dät es quikse, un mer kunnt wahaftig och ald de Bahn drop schlage. Dö Mond leeß sich kaum blecke. Av un zo jöckten hä hinger ner Wolk erus, un mer meint, hä dät schenge: ›Wat eß dat dann för en Bisterei, kei Minsch lort mih no meer.‹ Hä dät meer richtig jet leid met singem dröve Leech un singer blasse Klör, un ich hätt im gän gesaht: ›Beß still, ich lore jo op dich.‹ Mie Vatter meint: ›Maach beim Odeme dä Mungk zo un treck de Kapp üvver de Ohre, datste dich nit verkäls.‹ Ävver meer wor et ganit kalt, avgesin vun minger Nas, die luuter jet dröppe dät. Bes zum Klüsterche hatte meer bal zwanzig Minutte ze gon. Söns wor meer dat luuter su wick vörgekomme, hück log meer nix dran, weil doch alles su geheimnisvoll un schön wor. Mänchmol dät et ganz fing fisele, un dann kome op eimol widder ganz decke Flocke. Ich heelt ming frei Hand op – ein hatt ich bei mingem Vatter en d'r Manteltäsch – leet die Flocke drop falle un leckte se av.

Un dann wore meer dren, en däm finge, wärme Klüsterche, en däm alles blänke un leuchte un knestere dät, dat meer wahaftig jeden Augenbleck meine kunnt: Jitz kütt et Chreßkingche un setz sich meddsen op dä Altar met all dä Kääze un Blome, un ich hatt sugar ald ein Plaatz usgesok, wo et sich hinsetze kunnt, ohne sich de Flögele zo verbrenne, ov en Blom ömzewerfe. Muß ich noch sage, dat ich met mingem Vatter op de Orgel gon durf? Soll ich verzälle, wat en der Chreßmett alles passeert eß? Ich künnt et nit, weil et jo vil zu vil ze sin un ze höre gov.

Wie dä Pastur met dä Messejunge dann lantsam op dä Altar anging, fing dat Örgelche leis an ze spille. Un dann dät et quiddele un fleute un jubeleere, dat ich spo't, jitz kumme die Engele wahaftig en de Kirch ze flege. Nor drei Männer däten en der Mess singe, un dovun kunnt et mie Vatter natörlich am beste. Weil alles op Lating wor – dat kunt ich üvverhaup nit ligge –, han ich mih unger die Orgel gelort, wö dä Mann, dä dran soß, op zwei Bredder tredde dät, die luuter op un av gingke. Ja, und dann muß ich wal engeschlofe sin; denn ich sohch eesch widder jet, wie mie Vatter mich leich röddele dät un säht: ›Maach schön e Krützche; meer wolle heim gon.‹

Un dann kom dä Heimweg. Dat wor d'r jet! Et hatt opgeho't zu schneie, un am Himmel blänkten ganz vil Stäne vör däm Mond, dä jitz fruh un hell schinge dät un löstig vörbeitrok. Die Dächer woren all wieß, se hatten dunkle Rebbe, wie mer dat op ner Appeltaat sin kan, dä Schnei log foßhuh, un mer hätt sich su zerpöle künne. Ävver doran daach ich jitz winniger, ich daach mih dran, wat morge fröh sin wööd, wenn et Chreßkingche dogewäß wor un meer secher ne Färvkaste met nem Molboch, un am Engk sugar noch en Damplokomotiv jebraht hatt, die richtig laufe kunnt. Un eesch dä Teller Leckersch! En minger Freud dät ich mingem Vatter höösch dä Finger, dä ich grad gepack hatt, dröcke, un ich summte ganz stell en mich erenn: ›Stille Nacht, Heilige Nacht!‹«

Leider konnte der Autor, der als kleiner Junge nachts seinen Vater, den Zimmermann, zur Messe im Karmeliterkloster begleiten durfte, nicht ausfindig gemacht werden.

GESCHICHTEN UM DIE DREI HEILIGEN MESSEN

Mittelalterlicher Einblattdruck aus der Albertina, Wien.

In ihrer Darstellung der Bischöfe und Erzbischöfe von Köln berichten Friedrich E. von Mehring und Ludwig Reischert 1844 von einem alten Christnachtbrauch, von dem keiner zu sagen weiß, wann er aufgekommen ist. Fest steht, daß schon unter Papst Gregor I. im 6. Jahrhundert die Liturgie der ›drei heiligen Messen‹ entwickelt war, deren Texte von den Motiven des Lichtes ausgehen; der Papst selbst las diese Messen in der Nacht zum 25. Dezember in drei verschiedenen Kirchen Roms. Die kölnische Kurie hielt sich ihrerseits, wie auch sonst, an die römischen Riten.

Der Hergang wird wie folgt geschildert: Alljährlich am Christfest machte der Erzbischof nach Art der römischen Stationen seine Runde in den vorzüglichsten Kirchen der Stadt. In der Christnacht war er bei der im Dom abgesungenen Mette bis zum neunten Responsorium (Wechselgesang) zugegen, wonach er eine Sänfte bestieg und in Begleitung aller Vornehmen des Domstiftes zu der Kirche St. Marien (Maria im Kapitol) hingetragen wurde. Hier angelangt, zelebrierte er singend die erste Messe und erteilte nach dem Agnus Dei der Äbtissin sowie den Chorfräulein das heilige Abendmahl.

Nach der Messe ließ ihm die Äbtissin ein weißes Maultier vorführen. Von der Dechantin erhielt er ein Paar weiße Handschuhe, von der Pröbstin einen seidenen Beutel mit drei Gulden, von der Schatzmeisterin eine Kerze im Wert von drei Talenten und eine Stola. Der Erzbischof bestieg nun das weiße Maultier und ritt nach St. Cäcilien, wo er die zweite Messe zelebrierte. Dort teilte er gleichfalls die Kommunion aus und erhielt von der Äbtissin ein weißes Pferd, auf dem er zum Dom zurückritt. Dort las er dann in Anwesenheit des ganzen Kapitels die dritte Messe.

In den Statuten des Cäcilienstiftes ist die Bereitstellung des Schimmels für das 14. Jahrhundert verbürgt. Einer Prozession ›up kristnacht‹ wird noch 1463 Erwähnung getan. Im Festkalender von Cäcilien 1645 wird zwar die zweite Station (›statio episcopalis in secunda missa Dominici natalis‹) aufgeführt, doch in den Statuten von Maria im Kapitol aus dem gleichen Jahrhundert ist der Ritt des Erzbischofs nicht mehr erwähnt.

An den alten Kölner Kirchenbrauch, wonach der Erzbischof in der Christnacht die drei Messen jeweils in einer anderen Kirche las und ihm zur Fahrt dorthin jedesmal ein anderes Reittier beziehungsweise ›Fahrzeug‹ zur Verfügung stand, knüpft die Sage vom fremden Domherrn an. Franz Peter Kürten hat sie aufgezeichnet, und kurzgefaßt lautet sie so:

In der Christnacht des Jahres 1271 ereignete sich im Dom zu Köln etwas Seltsames. An den Stufen eines Seitenaltars erschien plötzlich ein unbekannter Geistlicher und zelebrierte die heilige Messe. Niemand hatte den Herrn zuvor in die Sakristei gehen, sich ankleiden und wieder herauskommen sehen. Nach dem heiligen Amt durchschritt er die ersten Reihen der Beter und blieb seither verschwunden. Erst ein Jahr später klärte sich das Ereignis auf. Als den fremden Geistlichen erkannte man den Halberstädter Kanonikus Johannes Saxonicus, wegen seiner Gelehrsamkeit und Zaubermacht allenthalben ebenso geachtet wie gefürchtet.

Luthers Schüler und Widersacher Johann Agricola ergänzt die Sage durch folgenden Bericht: Jener Johann Teutsch – so der deutsche Name – sei ungeachtet seiner einfachen Herkunft zum Kanonikus ernannt worden, weil er der redegewandteste und in allen Dingen beschlagenste Geistliche in und um Halberstadt war. Seiner Pflicht, am Christfest die drei Messen zu lesen, sei Johann Teutsch in ungewöhnlicher Weise nachgekommen. In jener Christnacht sei er auf seinem Geisterpferd von Halberstadt, wo er die erste Messe gelesen, nach Mainz geritten und nach der dort zelebrierten zweiten Messe gleich nach Köln, wo er im Dom die letzte Messe las. Wenig später habe ein Blitz ihn erschlagen und von seinem Geisterpferde gestürzt.

Eine geradezu mythische Geschichte um die heiligen drei Messen findet sich bei Ernst Weyden in der ersten Kölner Sagensammlung. Sie hat die schlichte Überschrift ›Die Landstraße von Cöln nach Zülpich‹ und ist versehen mit einem Hinweis auf mündliche Tradition (›aus dem Munde eines Bauern‹). In den heute gebräuchlichen Sagensammlungen findet sich die Geschichte als ›Der weiße Hirsch‹ wieder.

»Et wohr ens domols en ahler Zick, dat op enen hellige Chreßdag der Här (der Geistliche) en Zint Pitters-Kirch en Zölch (Zülpich) am Elter (Altar) stund, öm sing drei hellige Messe zo lese. Hä fung ävver, dat hä kein Hostie hatt un alsu och kein Meß dun kunnt. No wor ävver och grad zo där Zick en ganz Zölch kein Hostie opzodrieve, un de Lück hätten och gän, do et enen hellige Chreßdag wor, en hellige Meß gehoot. Dä Här fing drop an zo bedde, un do kom durch ei Mirakel Goddes ene wießen Heez (Hirsch) gelaufe, dä hatt en Hostie unger der Zung, do noch got un drüch wor, un reckte (reichte) se dem Här, dä no auch am Elter zurääch kumme kunnt. Dä Heez wor schnorstracks vun Kölle gelaufe durch de Vill (Ville-Vorgebirge) bes noh Zölch, un singe Weg eß noch hückiges Dag de Zölcher Landstroß.«

An dem Hirsch nun scheiden sich die Geister. Die ihn christlich ausdeuten, verweisen auf Psalm 42 »Wie der Hirsch über ausgetrockneten Wasserbächen lechzt, lechzt meine Seele nach dir, o Gott« und auf die Ausgrabung eines Hostienmodels aus Karthago (4. Jh.), das einen Hirsch zwischen stilisierten Ranken zeigt, mit der Umschrift »Ich bin das lebendige Brot, das vom Himmel herabgekommen ist«. Somit wäre der Hirsch ein Sinnbild Christi.

Die ihn nach der vorchristlichen Lichtsymbolik ausdeuten, sehen in seiner weißen Farbe das Sinnbild der unbesiegbaren Sonne (Sol Invictus), das Zeichen der Wintersonnenwende. Goswin P. Gath, bekannt auch als ›Schang vum Vugelsang‹, deutet den Hirschlauf als einen Kultweg in vorchristlicher Zeit, der von dem ubischen beziehungsweise fränkischen Hauptheiligtum in Köln zu einem Nebenheiligtum in Zülpich geführt haben mag. Das zutiefst Christliche und das Mythisch-Heidnische scheinen hier nah beieinander.

DER FESTTAGSSCHMAUS

Gott Freyr auf dem Eber Gullinbursti.
Holzstich von 1863.

Schon der ›Schlaachdach‹ ließ erkennen, daß zumindest in der reichsstädtischen Zeit Schweinernes zum Fest einfach dazugehörte. Das Weihnachtsschwein wurde von der Erntezeit an gemästet. Es war der Garant dafür, daß die Zeit des adventlichen Fastens eines Tages vorbei und für die hohen Festtage danach genügend Vorsorge getroffen war. Im Mittelalter wurde die Hauptzeit für die Eichelmast interessanterweise bis zur ›Bruna‹ (Wintersonnenwende), also bis kurz vor Weihnachten, berechnet.

Schwein haben, daß hieß Verwertungsmöglichkeit in Fülle, und damit eine abwechslungsreiche Gestaltung des Essens; es hieß aber auch, für kurze Zeit leichtverderbliche Speisen im Überfluß zu besitzen. Kein Wunder, daß dies den Speisezettel zu Weihnachten mitbestimmte, ebenso das vorfestliche Miteinander der Nachbarn und Freunde. Die Bauern im Eifeler und Bergischen Umland behielten nach der Schlachtung meist nur eine Schweinehälfte für sich, die andere wurde verkauft.

Bauernschmaus. Holzschnitt aus ›Heimlichkeiten des weiblichen Geschlechts‹ von Albertus Magnus, 1581.

Christtag ohne Fleisch war für den rheinischen Städter nahezu undenkbar. Als sich Erzbischof Ruprecht mit der Kölner Bürgerschaft überworfen hatte, aus der Stadt gejagt wurde und dann mit der Armee des neuen Bündnispartners Karl von Burgund wieder heranrückte, da hielt ihn das Städtchen Neuss auf. Die Belagerung zog sich hin, die Neusser litten schon mächtig Hunger. Doch am Christtag teilte man »den wackeren Gefährten auf den Wällen«, weil alle es so wollten und die Rationen so gerade eben reichten, »noch einmal Fleisch von frisch geschlachteten Schweinen, Kühen und Ochsen aus«. So steht es im Protokoll des Stadtschreibers Christian Wierstraet vom Dezember 1474.

Bevor es an Mettwurst, Braten und Räuches ging, war ein letztes Mal Fasten angesagt: am 24. Dezember. Das galt kaum weniger für die Leckereien. »No kielt üch de Buch nit aan!« – »Vür d'r Chreßnaach schnupp me nit!« – das waren so die mütterlichen Ermahnungen. An dem besagten Adam-und-Eva-Tag empfahl es sich ebenso nicht, einen Apfel zu kauen: »Alsu, wer glöv, der eß kene Appel met Adam und Ev.« Auf dem Land war man darin strenger: »Wann mer op Adam und Eva's Dag nen Appel iß, bliev einem de Ketsch em Stroß steche.«

In den echt kölnischen Familien, so schreibt es Ernst Weyden für die Zeit um 1810, wurde erst nach dem Besuch der nächtlichen Christmette etwas zu sich genommen: zunächst ein kräftiger Schluck Kaffee, die Kinder bekamen den sehnsüchtig erwarteten Teller Leckersch gereicht, und dann gab es für alle warmen Wein mit frischen Würstchen. So gestärkt, konnte man sich frühmorgens noch für einige Stunden aufs Ohr hauen.

Andere Kirchgänger ließen sich den mit Zitronat, Rosinen und Mandeln gespickten Weihnachtsstollen schmecken, den sie bei der Heimkehr auf dem Frühstückstisch vorfanden. ›Kuchen nach alter Sitte‹ soll es auch schon für die ›Jungfern und Kanoniker‹ des Neusser Frauenstifts St. Quirin vor 500 Jahren gegeben haben.

Bezogen auf die Eßgewohnheiten der Kölner am Heiligen Abend, ermittelte der Atlas deutscher Volkskunde für 1932 hauptsächlich Wurst und Geflügel, aber auch Kohl. Das Festessen am 25. Dezember ist nicht so umfassend belegt, es findet auch in den Weihnachtserinnerungen Kölner Autoren nur gelegentlich Erwähnung – vielleicht deswegen, weil das intensivere Erleben in der voraufgegangenen Christnacht liegt.

Beredter zeigen sich die Zeitungsannoncen. Da inserierte zum Beispiel im Stadt-Anzeiger vom 23. Dezember 1895 die Firma Peter Wintgen, Ehrenstraße 6, in dicken Balken: »Weihnachts-Geflügel / Gänse! Gänse! / Truthähne und Truthühner / Hasen, Hasen«, oder eine Anzeige vom 22. Dezember 1914, immerhin im ersten Kriegsjahr, empfiehlt »Zum Weihnachts-Fest: Allerfeinster Fluß-Salm, lebende Karpfen, gr. geräucherte Aale«. Das mag nicht typisch für den Kölner Speisezettel gewesen sein, ein Indiz für Wohlhabenheit und erlesene Genüsse ist es allemal.

Die Weihnachtsgans hat natürlich seit langem Tradition. Gänsebraten mit Rotkohl oder Grünkohl galt in ganz Norddeutschland und ebenso in Berlin als Festessen am ersten Feiertag. Aus beiden Richtungen gab es in Köln viele Zugewanderte – ganz abgesehen davon, daß auch im rheinischen Wirtschaftsbrauch die Gänsemast eine nützliche Funktion hatte, nicht bloß für St. Martin, sondern zum Beispiel auch als Naturalabgabe an den örtlichen Pfarrer.

Auch Putenbraten war und ist beliebt. So hat sich die Kölner Juristenfamilie Berndorff schon seit vier Generationen zur Gewohnheit gemacht, am Christtag einen Puter auf den Tisch zu bringen. Eltern, Großeltern, Kinder und Paten sitzen drum herum und rezitieren den alten Zungenbrecher: »Als die Paten um den Putenbraten baten…«

Fisch zu Weihnachten war in Köln natürlich auch gefragt, aber mehr noch zum Neujahrsabend. Einmal war er bekömmlich, auch nicht allzu teuer – als die natürlichen Ressourcen versiegten, ließen sich Weihnachts- und Silvesterkarpfen günstig züchten oder importieren –, und überdies hing er mit dem Christuszeichen zusammen, hatte also eine Opfer- und Sühnefunktion.

Über den oberbergischen Essensbrauch berichtet Otto Kaufmann: »Dem auf das Derbe und Einfache gerichtete Sinn unserer Väter lag es näher, dem fetten Schweinebraten oder Schinken den Vorzug vor der feineren Gans zu geben. Trotzdem gab es am ersten Feiertag keinen Braten mit auserlesenen Gemüsen, sondern die Hausfrau brachte Grünkohl mit der ersten Bratwurst auf den Tisch. Den Grünkohl holte die Bäuerin am Heiligen Abend aus dem Garten. Alte Bauern erzählen heute noch: ›Watt Husholje, dei mochen Kaukohl (Grünkohl) on Brootwu'ersch hann odder suren Kappes mit Brootwu'ersch.‹ Der Schweinebraten wurde am zweiten Feiertag gereicht, und es hätte einen groben Verstoß gegen den alten Brauch bedeutet, die Speisefolge der beiden Weihnachtstage zu verwechseln.«

In alten Weihnachtsdarstellungen ist viel vom mythischen Schwein der Nordgermanen die Rede, vor allem vom Eber Gullinbursti. Solche vorchristlichen Essens- und Opferbräuche lassen sich nur schwer nachweisen. Der rheinische Volkskundler Montanus, der eigentlich Vincenz von Zuccalmaglio hieß, berichtet noch 1854, daß in Herkenrath bei Bensberg der Brauch bestehe, am Antoniustag, dem 17. Januar, Halbköpfe vom Schwein und ebenso die geräucherten Rückenteile auf dem Altar zu opfern. Tröstlich klingt, daß der Pfarrer diese Stücke nach dem Gottesdienst an die Armen verteilte.

»WIE WAR ZU CÖLLN ES DOCH VORDEM ...«

Mit diesem Kapitel betreten wir das dunkle, zauber- und magiebeladene Köln. Alles Wesentliche geschieht in der Nacht. Vorchristliche Kulte scheinen die ›Heiligen Zwölf Nächte‹, die mit der Christnacht beginnen, zu dominieren. Die Kirche hat solche heidnischen Relikte bekämpft, solange sie sich ihrer Gläubigen nicht sicher sein konnte; später hat sie den abgründigen ›Volksglauben‹ mehr oder weniger zugelassen.

Auf die christliche Mitgift der ›Zwölften‹ wurde früh schon hingewiesen: »So haben die lieben Alten auf alle Umstände dieses (Christ-)Tages und der folgenden Zeit gut achtgegeben, in dem Glauben, daß Gott den Leuten mit Christus, seinem Sohn, zusammen viele andere Dinge mitgeschenkt und mitgegeben habe.« So steht es in der Vorrede zum ersten und merkwürdigsten Weihnachtsbüchlein: ›Saturnalia: Das ist eine Compagnie Weihnachts-Fratzen Oder Centner-Lügen‹ (Leipzig 1663). Ein im Aberglauben bewanderter Lutheraner, Johannes Praetorius – ihm verdanken wir auch die ersten Dokumentationen über Rübezahl und die Hexen vom Blocksberg –, hat dieses Weihnachtsbuch in aufklärerischer Absicht zusammengestellt. Doch auch er unterliegt der Faszination des von ihm Mitgeteilten, zumindest stellenweise.

DIE KÖLNER HEINZELMÄNNCHEN ALS WEIHNACHTSGEISTER

Wer kennt sie nicht, die Männlein bei Nacht, wie sie klappten und lärmten und rupften und zupften und hüpften und trabten und putzten und schabten, daß einem ganz schwindelig dabei wird. Das Gedicht ist natürlich keinem Kölner eingefallen, sondern einem Preußen, der aus Schlesien kam. Es heißt, er habe nie einen Fuß in die Domstadt gesetzt.

Die Zünfte hier – Zimmerleute, Bäcker, Metzger, Schankwirte, Schneider – haben sich selbstverständlich gefreut, daß ihre Arbeit endlich mal gewürdigt wurde. Und daß der fiese Trick der Schneidersfrau nichts brachte, daß alle dienstbaren Geister plötzlich fort waren, verstand jeder, weil es ihm im Endeffekt ähnlich ging: »Man muß nun alles selber tun!«

Die Heinzelmännchen des August Kopisch wurden so populär, daß man sie in Stein haute und mitten in der Altstadt, Am Hof, im Jahre 1899 den Heinzelmännchenbrunnen errichtete. Gleichzeitig kam die Frage auf: Hatte sich der schlesische Poet alles aus den Fingern gesogen? Hatte er als Quelle etwa den Iren Keightley (›Mythologie der Feen und Elfen‹) angezapft? Was war denn ›echt kölsch‹ daran? Über den irischen Umweg kam man dann endlich darauf, daß der 21jährige Ernst Weyden, damals noch Student in Bonn, die Sage so, wie er sie gehört, auch aufgezeichnet und in seiner Sammlung ›Cöln's Vorzeit‹ 1826 abgedruckt hatte. Die mußte Kopisch gelesen und in seinem Gedichtbuch 1836 – im Kapitel ›Allerlei kleine Geister‹ – auch verarbeitet haben. In Weydens Prosatext klang freilich manches anders: So waren es bei ihm »kleine nackende Männchen«, und ihre Dienstleistungen bestanden hauptsächlich aus »Brotbacken, Waschen und dergleichen Hausarbeiten mehrere«. Ansonsten gingen sie nur dem Bäcker und notfalls dem Schneider zur Hand, keine Rede von den vielen Zünften. Diese Heinzelmännchen sind auch viel zu gewitzt, um der Schneidersfrau in die Falle zu gehen; sie verschwanden bloß, weil es sie geärgert hat. Husch, husch, husch, so ein Abgang à la Kopisch war nicht kölscher Heinzelmännchen Art. Sie zogen »in gesamter Masse unter klingendem Spiel aus der Stadt«. Doch Voyeure kamen nicht auf ihre Kosten: »Man hörte nur das Spiel, denn niemand konnte die Männlein sehen, die sich darauf in ein Schiff setzten und wegfuhren, wohin weiß niemand.« Das war wenigstens ein starker Abgang, mit dem Rheinufer als Bühne.

Der Kölner Heinzelmännchen-Brunnen, von Heinrich Renard entworfen, wurde 1899 zum 100. Geburtstag von August Kopisch auf dem Platz ›Am Hof‹ errichtet.

Halten wir uns an die Fakten. Die Heinzelmännchen arbeiteten als Haushilfe, sie arbeiteten nur nachts und auch nur, wenn sie unsichtbar und unbeobachtet blieben. Danach ist ziemlich eindeutig, daß sie zum ›Kleinen Volk‹ gehören, welches vor allem im Winter ins Haus kommt und dort Segen stiftet. »Wo ein solch Wichtlein sei, da sei eitel Glück und Gedeihen«, wissen schon die 1528 erschienenen ›Teutschen Sprichwörter‹ des Johannes Agricola.

Christenglaube und Volks(aber)glaube werden nun in einer zweiten kölnischen Heinzelmännchen-Überlieferung auf bemerkenswerte Weise zusammengebracht. Hier spielt

Die Vertreibung der Heinzelmännchen.
Zeichnung 1952.

ein Bäcker die Hauptrolle. Er ist so gläubig und so arm, daß ihm Hilfe von oben zuteil wird. In der Nacht hört er, wie es treppauf, treppab geht… Franz Kreuter hat die Geschichte 1850 in seiner Wochenzeitung ›Der kölsche Gabbeck‹ abgedruckt, und sie verdient es, wieder ans Tageslicht zu kommen.

Der arme Bäcker

»Et wonden ens am Ofer (Straße ›Am alten Ufer‹) nen ärme Bäcker, där wor ävver ärg brav un sooch sich ehrlich un chreßlich zo ernähre. Wie hä sich och immer anstelle dät, kunnt hä doch singer Frau un singe Kinder kei Brud verschaffe un op keine gröne Zwig kumme. Doröm wor hä doch nit verzag, sin Vertraue stund op Gott, un wä op dä vertraut, dä hät got gebaut. Alle Morgens ging hä zigglich singem Schöözche en den Dom en de eeschte Meß un kneete dann am Krützaltar an der große Gerkammer (Sakristei), wo hä em Gebett unsem Herregott sie Leid klagen dät. Do ävver einmol bei im de Nut op et hühtste kumme wor, do woll sing Frau verzwiefele, denn se hatt kei Brud för sich un ehr Kinder. Hä deit sei esu got trüste, we hä nor immer kunnt, un bääten öm su andächtiger. Als hä no naaks em Bett log, hoot hä jet Trapp op un Trapp av gon; hä woß sich dat nit zo bedügge (erklären) un wor och zo bang, opzoston, öm ens zo sinn, wat erop un erav ging.

We hö morgens opstund, ging hä glich op de Läuv (Laube, Speicher), un do kunnt hä vun Freud nit vun der Plaatze kumme, dann hä fung do Koon (Roggen) un Weiß (Weizen), dat hä geweß zwei Johr un noch länger backe kunnt. Dat Glöck scheen im jitz gar zo welle, sie Backes (Backstube) kom esu en Flor, als et noch jens gewäs wor. Su sööch unsen Herregott uns off durch allerhand Unglöck un Leid heim, öm uns zo pröfe, ov mer och standhaftig sin, doch liet (läßt) hä kei Minsch ungergon.«

Diesem frommen Bäcker war zeitlich ›Dat Lehd vun dä Heizemänncher‹ voraufgegangen, das der Kölner Johannes Matthias Firmenich für die Karnevalssaison 1843/44 gedichtet hatte. Auch er hält es mehr mit der Bäckerfamilie: »Do eß en Bäckeschwiev dran Schold, / De Naachs se ens beloht. / Kott troken se uus Kölle flöck, / Wär weiß, en wat för Land!« Fromm war Firmenichs Gedicht gerade nicht, und es bleibt erstaunlich, daß er es ohne Abstriche in den ersten Band seiner großen Mundartsammlung ›Germaniens Völkerstimmen‹ aus dem Jahre 1846 aufgenommen hat, bei Strophen wie diesen:

>>Wor sönß 'em Mädche jet passeht,
Wat got ehr nit dät stonn,
Moot auch en Heizemännchen, höht,
Dat Schälmstöck han gedonn.
Wat wor dat för e Levven doch!
Dänk mänche flihd'ge Jung:
Och! Heizemänncher, wört eer noch!
Dat wör meer rääch nom Mung!

Doch, Gabbäck, nää, su wor et neht,
Esu en neht, Kumpehr!
Se wore nit esu verkeht,
We dat vleecks ding Manehr.
Se feschten ehsch no 'm Mann för se,
Eh dat gätt Junges do.
Och! Heizemänncher, wört eer he,
We mänch Ein' lehf üch no!«

Bei Firmenich war es eindeutig das Übertreten des Sehverbots, das zum Auszug des Kleinen Volks führte. Ihm ging es um ein pfiffiges, schmissiges Karnevalslied und nicht so sehr um die Nachzeichnung eines alten winterlichen Volksglaubens. Den hatte Theodor Vernaleken im Sinn, als er sich wenig später in die ›Mythen und Bräuche des Volkes Österreich‹ vertiefte und 1859 eine neue Version der nackten Männchen bot, eine, die ihr

Auftreten zu bestimmter Jahreszeit (Zwölfnächte) mit dem zu dieser Zeit gebräuchlichen Dienstbotenwechsel in Beziehung brachte. Seine glaubhafte, weil in sich schlüssig erzählte Variante lautet folgendermaßen:

Lohn verscheucht die Hausgeister

»Die Nächte von Weihnachten bis zum heiligen Dreikönigstag werden in Böhmen und anderen Teilen Österreichs die ›Unternächte‹ genannt. In dieser Zeit machen sich die Hausgeister besonders bemerkbar. Nicht weit von Saaz lebte eine Bürgerfamilie, deren Hausmutter in der Zeit der Unternächte wie gebräuchlich ihre Magd wechselte. Als das Mädchen den ersten Tag im Dienst zubrachte und frühmorgens sehr zeitig aufstand, um seine Arbeiten so bald als möglich fertig zu haben, fand es zu seinem großen Erstaunen bereits Zimmer und Küche blank gescheuert, alle Geräte geputzt, kurz alles war bereits in bester Ordnung.

Das Mädchen, in der Meinung, die Frau müsse es getan haben, war erstaunt darüber, daß diese schon so früh aufgestanden sein sollte, und nahm sich vor, am folgenden Tag noch zeitiger aufzustehen. Als die Frau erwachte, hatte sie große Freude über den Fleiß ihres Dienstboten, denn sie glaubte, diese habe alles gemacht, und nahm sich im stillen vor, das Mädchen dafür zu belohnen.

Des anderen Tages stand das Mädchen noch früher auf, findet jedoch abermals alles ganz so, wie sie es am Morgen zuvor gefunden hatte. Auch am dritten Tag kam sie nicht zu dem erwünschten Aufschluß. Als nun an diesem Tag die Frau abermals so freundlich und zuvorkommend mit ihr war und ihren Fleiß lobte, sagte sie ihr endlich, daß es sie außerordentlich kränke, wenn die Frau alle Arbeiten selbst mache. Diese fragte befremdet, wie sie das meine. Beide kamen nun überein, mehrere Nächte abwechselnd zu wachen, damit sie dann sicher den rätselhaften Helfer entdecken könnten.

Schon in der nächsten Nacht zwischen zwölf und eins sahen sie zwei winzige Hauskobolde in der Gestalt eines Knaben und eines Mädchens hereinkommen. Beide arbeiteten mit einer solchen Schnelligkeit, daß in kurzer Zeit alles nur so glänzte. Verwundert beschlossen sie, auch in der folgenden Nacht zu wachen, und sie gewahrten das gleiche. Die Kobolde erschienen, arbeiteten fleißig und gingen wieder ihres Weges. Besonders auffallend erschien ihnen, daß die armen Geister ganz nackt kamen. Mitleidig beschloß die Frau, ihnen eine Freude zu machen, und legte ihnen in der folgenden Nacht zwei ganz vollständige Kleider zurecht.

Als sie kamen und die Kleider sahen, fingen sie überlaut zu weinen an, und der Kobold sagte zu seiner Gefährtin: ›Nun werden wir auch hier bezahlt und dürfen nichts mehr arbeiten; wo werden wir nun wieder eine anständige Familie finden?‹ Klagend packten sie dann ihre Geschenke zusammen, gingen ohne etwas zu arbeiten fort und kehrten nicht mehr wieder.«

Eine unerwartete Schlußpointe. Doch generell gilt, daß Zwerge und Heinzelmännchen ihre Arbeit stets ohne Lohn verrichten. So steht es auch im ›Handwörterbuch des deutschen Aberglaubens‹. Im Fall der Saazer Kobolde muß die Kränkung freilich eine doppelte gewesen sein, denn das Kleidergeschenk bedeutete, daß sie von nun an nicht mehr nackt sein durfte. Nackend zu arbeiten, war für sie unabdingbar.

Die besseren Sagenkenner haben das gewußt und respektiert und ihnen nicht etwa ein Anstandsmäntelchen umgetan. Bei Ernst Weyden kommt hinzu, daß er seine – die älteste – Heinzelmännchen-Geschichte vor zwei andere mündlich überlieferte Sagen gestellt hat, die ebenfalls Spuren von ›Weihnachtsgeistern‹ aufweisen. So scheint es gut möglich, daß im alten Köln – »Es mag noch nicht über fünfzig Jahre seyn« ist Weydens Formel dafür – der Zusammenhang zwischen Zwergen und ›Zwölften‹ unmittelbarer erlebt wurde als später in großstädtischer Zeit.

WILDE ZEIT DER ZWÖLFTEN

Magische Schatzsuche. Holzschnitt 1532.

Die zwölf Nächte von Christabend bis Dreikönigentag heißen die Zwölften. Sie sind die dunkle Grundierung zu den strahlenden Festtagen. Ursprünglich lagen sie vor und nach der eigentlichen Weihnacht und damit gruppiert um die Mittwinterfeier, die aus vorchristlichen Zeiten herrührt. Erst durch Einführung des Gregorianischen Kalenders 1582 trat eine Verschiebung um gut zehn Tage ein. Es wird angenommen, daß die ›Heiligen Zwölf Nächte‹ einem germanischen Kult- und Festkreis angehörten und entsprechend mythisch besetzt waren. Als dann die römisch-katholische Kirche die Zeit der Zwölften mit Festtagen bedachte, »lehnten sich allmählich ältere und jüngere Bräuche und Vorstellungen an« (Adam Wrede).

An den ›Zwölfnächten‹ und an den dazugehörigen folgenden Tagen – denn die Nacht galt unseren Vorfahren als Mutter des Tages – hatte die Arbeit zu ruhen. Vor allem in der Woche zwischen Christtag und Neujahr war man in Köln »müßig und frei von Geschäften«, und »auch sonst ist Vakanz und Stille« (Hermann Weinsberg). Beileibe durfte nicht gewaschen werden, das brachte sonst Unglück:

85

>Zweschen Chreßdag un Neujohr
Hang ken Wäsch ob de Ling!
Jedem, demm se es udder wor,
Jedem dräut bis ob et Johr
Alle Dag vam Dud Gefohr,
Un eener, der es ganz sing!«

In der Zeit der hochheiligen Ruhetage durfte auch nicht gebacken und kein Holz geschlagen werden. Was letzteres betrifft, so warnt ein Sprichwort: »En der Zick vun Chreßdach, bes de hellige Dreikünnige am Ziel sin, daug et em Bösch nit (ist es im Wald nicht geheuer).«

Am Heiligen Weihnachten zieht die Göttin Diana einher mit ihrem wütenden Kriegsheer, weiß Johannes Praetorius 1663 über ›Aberglaub und Zauberey‹ an Weihnachten zu berichten, und auch, daß Frau Holla oder Holda an Weihnachten anfängt, herumzuziehen. »Ihretwegen legen die Mägde ihren Spinnrocken aufs neue an, winden viel Werk oder Flachs herum und lassen ihn die Nacht über stehen. Soll nun die Frau Holla das sehen, so soll sie sprechen: ›So manches Haar, so manches gute Jahr.‹ Weiter soll jene Frau Holla aufs große neue Jahr oder am Heiligen Drei-Könige-Tag wieder umkehren in ihren Horselberg. Trifft sie dann unterwegs Flachs auf dem Rocken an, so soll sie sprechen: ›So manches Haar, so manches böse Jahr.‹ Daher reißen an diesem Feierabend die Mägde alles von ihren Rocken herunter, was sie nicht abgesponnen haben, damit nichts dran bleibe und ihnen ein böses Omen geben könne.«

Aus dem Jülicher Land erfahren wir, wie es einem ergeht, der auch am Christtag das Jagen nicht lassen kann. »Ein Jäger ging zu Weihnachten während des Hochamtes auf die Jagd. Im Holzheimer Wald sah er einen Hasen. Als er auf ihn anlegte, blieb der still sitzen und blickte ihm in die Augen. Zweimal schoß er auf ihn, ohne ihn zu treffen; als er zum dritten Mal anlegte, hörte er hinter sich eine Stimme, die rief: ›Nicht schießen, nicht schießen!‹ Er blickte sich um, sah aber niemanden. Die Jagdlust war ihm für den Tag vergangen, und er kehrte nach Hause zurück. Wie er an der Holzheimer Kirche vorbeikam, war gerade Wandlung. Er kniete nieder und hörte eine Stimme, die sagte: ›Es war dein Tausendglück, daß du nicht mehr geschossen hast.‹

An einem der nächsten Sonntage packte ihn wieder die alte Leidenschaft. Da begegnete ihm Jesus selber. Der sprach ihn an und sagte: ›Weil du auf meine erste Mahnung nicht hörtest, sollst du zur Strafe ewig jagen.‹ Der Jäger erkannte den Herrn und sprach: ›Dann lasse mir die Zeit nicht lang werden.‹ So muß er denn jagen bis zum Jüngsten Tag. Viele haben ihn gesehen, besonders an dem Kreuzweg zwischen Vussem und Harzheim.«

In der Eifel erzählte man sich's ähnlich, nur sind es zwei Jäger, die im Wald einen dreibeinigen Hasen sehen, das Sinnbild der Dreifaltigkeit. So oft sie nun anlegen, ist der Hase nicht mehr zu sehen. Als es zum Hochamt läutet, kehrt der eine Jäger um und geht zur Kirche, der andere aber sagt: »Ich will den Hasen haben, und wenn ich ewig danach jagen sollte.« Aber er bekommt ihn nicht und muß zur Strafe, daß er die Messe versäumt hat, ewig umherjagen.

Um den ewigen Jäger und die wilde Jagd geht es in solchen Geschichten. Andere erzählen von Holda und Berchta, wie sie an der Spitze des wilden Heeres durch die Lüfte sausen, wieder andere vom Schimmelreiter, vom Erbsenbär und vom Haferbräutigam. Für die Zeit der Zwölften sind auch Werwolf-Geschichten typisch. Ernst Weyden erzählt eine solche nach mündlicher Überlieferung, mitten aus dem hilligen Köln:

»In Köln lebte einst ein Mann, der sich ganz still für sich hielt und immer mit düsterer wilder Miene über die Straßen ging. Sein einziger Unterhalt war ein kleiner Acker, der vor dem Eigelsteiner Tor nahe an einem kleinen Busch lag und den er auch fleißig beackerte. Ein Mädchen, das man für seine Tochter hielt und bei ihm wohnte, sah man auch zuweilen mit ihm hinaus auf den Acker gehen. Eines Tages, als sie mit ihm auf dem Acker war, sagte ihr der Vater, dem, was ihr zuerst begegnen würde, sollte sie ihre Schürze entgegenwerfen, und ging darauf in den Busch. Nach einer kleinen Weile kam ein fürchterlicher Wolf aus den Büschen und stürzte sich auf das Mädchen, welches ihm aber in großer Eile ihre Schürze in den Rachen warf, worauf das Untier wieder in den Busch lief.

Das Christkind im Gefolge von Zwergen und Kobolden
ist ein beliebtes Motiv des 19. Jhs.

Ihr Vater kam bald auch aus dem Busch, und sie bemerkte, daß noch ein Fetzen ihrer Schürze in seinen Zähnen hing. Das Mädchen fing laut an zu weinen, und nun erzählte ihr Vater, daß er zu gewissen Zeiten in einen Werwolf verwandelt würde und dann immer das, was ihm zuerst begegnete, zerreißen müßte. Das Mädchen ging darauf in ein Kloster, und es geschah auch durch ihr Gebet, daß ihr Vater bald durch den Tod von seinem Unglück befreit wurde.«

Auf diese Sage ließ Ernst Weyden die vom kleinen Männchen Hubbäd Huhhot folgen, dem nur durch Magie beizukommen war. Dies konnte in einer Quatembernacht geschehen, beispielsweise im Advent, oder durch eines der Christoffelsbüchlein, die häufig in Köln gedruckt wurden. Die Bauern nahmen sie gern, denn wer im Besitz eines solchen Büchleins war, konnte den Teufel bannen oder auch sich selbst schuß-, stich- und hiebfest machen. Hier also die Geschichte vom Meister Hubbäd Huhhot:

»Am Bayen stund e groß Huus, dat hoot dä Zumpötz (Von und zum Pütz, Kölner Uradel). In däm Huus drevv der Meister Hubbäd Huhhot (Hochhut) si Spill. Wann ümmes lans dat Huus kom un reef ›Hubbäd Huhhot‹, dann wood hä zicklich met Ääze geworfe, oder hä kräg Fimme (Ohrfeigen), ohne dat hä sinn kunnt, vun wäm. Em Huus drevv hä allerhand Züg: Bal leeß hä de Ferken uus dem Stall, maht de Köh loß, schäppte de Milch av, un wat hä anders för en Schelmstöcker maache kunnt. Wann et Ovends de Wingersch-Lück (Weingärtner, Winzer) öm et Föör soße, dann kom immer e klein Männche, dat immer em Dreischlag höpededöp ging, met em Föör (Feuer) spillte und allerhand Stänkereie maht. Hä hatt eene griese Baat un ene ganz huhe Hot, doher wood hä och Hubbäd Huhhot genannt. Ävver de Lück woren all un immer zo bang, im jet zo sage. No woren ens etliche Käls, de sich op dat Chreschtoffels-Böchele (Christoffelsbüchlein) verstunte un sich met Düvelsbännerei avgove; de wollte och dä Hubbäd Huhhot banne. Dröm ginge se en ner Quattertempels-Naach (Quatembernacht) en dat Huus un satze sich en dä Keller en ene Kreis, öm esu dä Hubbäd Huhhot zo banne. Do kom et op eimol höpedehöp, höpedehöp, höpedehöp öm dä Kreis, un dat gries Männche leet (ließ) sich sinn un gringte (grinste) un maht allerhand Geseechter. Do wood einer vun dä Düvelsbänner op et Enk bang un sprung uus dem Kreis; op eimal wor dat Männche fott, un de Düvelsbänner krägte vun alle Sigge de schönste Klatsche (Prügel), dat se fruh wore, als se de Kellerdör em Rögge hatte.

Jitz fing dä Meister Hubbäd Huhhot noch krüz zehnmol schlemmer Dinger an als eesch, bes hä endlich vun nem Kapuziner noh der Waahner Heid gebannt wod. Do moote se im e Paar bleie Schohn un e Spill Kägele gevve, un no kägelt hä immer en der Wahner Heid, un wann hä noch nit opgehoot hät, dann kägelt hä noch hück.«

Nicht selten waren es die Dienstboten vom Land, die den staunenden Stadtkindern etwas von dem untergründigen Weihnachten erzählten. Paul Kaufmanns ›Mein rheinisches Bilderbuch‹ (1936) gibt eine Bonner Kindheitserinnerung wieder: »Über die geheimnisvollen Zwölften erfuhren wir manches durch die ›Alte Lies‹. In ihr war noch der Glaube lebendig, daß in jenen zauberhaften Nächten die Sterne am Himmel feierlich um sich selbst tanzen, die Tiere in der für Lauscher unverständlichen Sprache des Alten Testamentes miteinander reden, Wasser zu Wein wird, Obstbäume Blüten und Früchte zugleich tragen und im Walde aus Schnee und Eis Blumen sprießen, weil die Gottesmutter mit ihrem Kind ihn durchschreitet.« So nah können Kirchenglaube und Volksglaube beieinander sein.

Geschichten um die geheimnisvollen Zwölften wurden gern erzählt.

LOSEN UMS WETTER UND UMS GLÜCK

Eine Wetterhexe bei der Arbeit. Holzschnitt 1532.

Laustertage nannten die Kölner die Zwölfnächte, was soviel hieß wie: Tage, an denen man die Ohren spitzt. Aber eigentlich leitet es sich vom mittelhochdeutschen Verb ›lôzen‹ her, und das bedeutet: das Los werfen.

So werden vielerorts die Zwölfnächte auch als die zwölf Lostage bezeichnet, die, wenn man sie genau beobachtet, das Wetter der kommenden zwölf Monate prophezeien. Damit war eine Prozedur verbunden, von der Montanus berichtet: Unter der Voraussetzung, daß sich alle sechs Stunden die Witterung eines Viertelmonats zeigt, beginnen die Leute auf dem Land am Vorabend des Weihnachtstages mit der Beobachtung. Auf einem Blatt Papier werden zwölf Kreise eingezeichnet und jeder Kreis durch ein Kreuz in vier Teile geteilt. Seine Wetterbeobachtung trägt man dann der Reihe nach in jedes Feld ein. Am Dreikönigenabend sind alle Felder beschriftet, und der Bauer besitzt nun ein genaues Wetterprogramm für das eben begonnene Jahr.

Kalendersprüche wie die, die Ernst Weyden ans Ende seines kölnischen Sagenwerks setzt, machen es sich einfacher: »Ne gröne Chreßdag, ’ne wieße Poschen (Ostern)«, »Chreßdag an der Döhr, Ostern öm et För«. Und Franz Peter Kürten weiß noch weitere Sprichwörter aus Nippes und Niehl: »Chreßdag Ies an de Wigge, go’ mer Ostere Pälmche schnigge«, »Wenn et Chreßkind kriesche deht, jömere alle Boore met.«

Bei allem Spaß, den solches ›Losen‹ mit sich brachte, war es vor allem zwei Bevölkerungsgruppen etwas ernster damit: Gute oder schlechte Ernte im kommenden Jahr konnte für die Bauern existenzentscheidend sein. Und für die Mägde ging es vor allem ums Heiraten oder um die nächste Stelle. Alles, was sie besaßen, paßte in einen Koffer, und wie ihr Leben weiterging, war vom Arbeitsplatz abhängig oder von einer aussichtsreichen Partie. Für sie konnten selbst die Hühner zu wichtigen Propheten werden: »Om Wäg noh der Chreßnaach udder bei de hellige Zwölfklockeschläg (en etlige Gägende am beß beim Neujohrsschlag), da gon de Weechter höesch un one Woet an de Höhnerstall un kloppen do an et Dürche. Ov et neue Johr wal (wohl) ne Jong udder sogar en Huhzick brengk? Dat es die heemliche Frog, ob die en diser Zick us dm Höhnerstall Antwoet kütt.«

Überhaupt hatte es die Christnacht in sich, vor allem die Stunde zwischen zwölf und eins. Da wachen Ochsen und Esel mit dem zwölften Glockenschlag auf und können wie Menschen reden, »em Eenkall udder zesamme« (mit sich selbst oder im Zwiegespräch). Jeder Eifeler Ochsenbuur wußte das früher. Die Tiere erhielten für diese Stunde ein besonderes Futter gereicht, aber man ließ sie in Ruhe und belauschte sie nicht. Wer es dennoch tat, bekam meistens seine eigene schlechte Zukunft prophezeit.

Wer es in dieser Stunde riskierte, sich auf einen Kreuzweg zu stellen, dort um sich herum einen Kreis zu ziehen und diesen Kreis, komme was da wolle, nicht zu verlassen, der konnte sein Glück machen. In Frauwüllesheim wußte man's genau:

»Weä en de Weihnachtsnaht övve dr Krötzwäg jeng, deä kregg vam Düvel Jeld. Do woe ooch hee em Dörp ene Mann, däm jeng et ja net jot, on do jeng deä en de Chreßnaht öm zwöllef Uhr övve dr Krötzwäg, on do koom dr Düvel on joof (gab) em en janze Tonn Jeld. Deä moß ävve net vell Jlöck met däm Jeld jehatt hann. Wenn nu jetz ens ene kee Jeld hät, oder de Kenge (Kinder) jonn bei ie Motte on welle Jeld hann, on se hät es kens, dann sage se emme: Wenn du kee Jeld häß, dann jank op dr Krötzwäg.«

Das Rheinland steckt voll solcher Geschichten aus der Zeit ›zwischen den Jahren‹. Sie machen deutlich, daß das christliche Weihnachten und die Zwölfnächte – in Bonn und Düsseldorf eher ›Rauhnächte‹ genannt, in Opladen ›Rauchnächte‹, allgemein auch ›heilige Nächte‹ – zwei gleichzeitige, zwei gegensätzliche und stellenweise dennoch aufeinander bezogene Ereignisse waren.

Im Volksglauben haben die Zwölften zahlreiche, nicht immer leicht entzifferbare Spuren hinterlassen. Die kirchenoffizielle Kultur wollte nichts davon wissen; nur in der Abwehr des Paganischen, des fratzenhaft Abergläubischen, bestätigte sie die Existenz einer ›anderen‹ Kultur. Selbst in den rheinischen Bistümern war um 1000 noch alter Glaube im Umlauf – ›wie ein Schwarzgeld‹. Eben im Jahre 1000 wurde Burchard, der als Pastor lange in Mainz gewirkt hatte und seine Schäfchen bestens kannte, von Kaiser Otto III. als neuer Bischof von Worms eingesetzt. Die ›unzählbare Menge‹ von Christen, die dem ›Blendwerk des Teufels‹ erlegen war, bekümmerte ihn tief, und so machte er sich daran, was in seiner Diözese an heidnischen Bräuchen so alles im Umlauf war, gewissenhaft zu sammeln. Die Beichtväter sollten doch in die Lage versetzt werden, dem ›dummen Volk‹ die richtigen Fragen zu stellen.

Eine ganze Anzahl der im 19. Buch seines ›Decretum Brocardum‹ aufgeführten Bußfragen beziehen sich auf Bräuche in den Zwölften, und sie richten sich meist an Frauen: »Bringst du in den Zwölfnächten an Kreuzwegen Opfer, läßt du dir dort die Zukunft deuten? Glaubst du, daß Zauberer und Wettermacher unter Anrufung der Dämonen Stürme aufrühren und den Geist von Menschen verändern können, und nimmst du an solchen Beschwörungen teil?« Die Ironie will es, daß dieser insistierende Kirchenmann mehr zu unserer Kenntnis vorchristlicher Bräuche beigetragen hat als andere.

E GLÖCKSILLIG NEUJOHR...

Kölner Neujahrspostkarte, abgeschickt am 31.12.1903.

Das Anwünschen des neuen Jahres konnte früher schon am Heiligen Abend geschehen, jedenfalls, solange der 25. Dezember als Jahresanfang galt. An diese Gepflogenheit hielt sich der Kölner Ratsherr Hermann Weinsberg noch im Jahre 1580. Und später, als Neujahr dann definitiv auf den 1. Januar fiel, galt das Anwünschen, wenn man sich vorher nicht sah, bis zum 21. Januar, dem Fest der hl. Agnes. Ein Ratsprotokoll vom 3. Januar 1642 hielt das ausdrücklich fest.

DIE DREI TAGE NACH DEM FEST

Die auf den Weihnachtstag unmittelbar folgenden Gedenktage, die mit zu den ältesten Kirchenfesten in Köln gehören, stehen mit dem Christigeburtsfest in keinem direkten Zusammenhang. Als eine Dreierfolge innerhalb der weihnachtlichen Festoktav hatten sie allerdings eine höhere Wertigkeit. Sowohl am zweiten Weihnachtsfeiertag, dem Tag des Märtyrers Stephanus, als auch am Tag danach, der dem Apostel und Evangelisten Johannes galt, nahm die Kirche verschiedene Weihungen und Segnungen vor. Der Tag der Unschuldigen Kinder am 28. Dezember wurde zwar erst 1568 durch Papst Pius V. zu besonderem Rang erhoben, ist aber in Köln schon früh mit einigen Bräuchen, so mit dem Kinder-Bischofsspiel, verbunden.
Ganz unabhängig von den kirchlichen Gebräuchen geschah am 26./27. Dezember oftmals der Gesindewechsel, vor allem im Trierer Raum. Galt im südwestlichen Rheinland

der Stephanstag als sogenannter Bündelches- oder Wanderschdag, so war dies für die Landesteile östlich der Saar der Johannistag. Aber so groß war der Unterschied auch wieder nicht: »Der Stefen deht et Gesinn de Lompen (Kleider) räfen, un de Johann, de fihrt se zom annern Mann (Herrn).«

St. Stephanustag

Der hl. Stephan war der erste und oberste der sieben Diakone, die von den Aposteln zur Fürsorge eingesetzt wurden. Daraus machte die oberbergische Legende folgendes:
»Zink Steffan wor ne Ärmefläger, ne Ärmevatter wie me säht. Derren gov et sibben en de ieschte Chrestegemeen. Alle Chreste woren ärm Lück, un die sibben mohten no sin, dat die am esse blevven. Hatt der eene us d'r Gemeen jet üvverig, dann hollten se dat un brahten et nem Hongerige. Su wuedten och de Kleeder un söns alles Züg bröderlich verdeelt. Wo se ne Riche wossen, der nit grad gägen die neu Religion stund un minschlich daach, der wued wägen Arbeet för ne Chresteminsch gefroht, un gov et keen Arbeet, dann ald en Schnitt Brut. D'r düchtigste Ärmevatter, dat wor d'r Steffen. Dat Amb wor nit esu leech wie hückzedag. Noh ußen maht dat winnig Freud, und et Schlemmste wor: Su'ne Ärmevatter stund Dag vür Dag en Levvensgefohr.«
Mit dem Heiligen sind vor allem zwei Bräuche verbunden, die früher sehr populär waren. Besucher der Christmette an diesem zweiten Weihnachtsfeiertag brachten wassergefüllte Krüge mit, die sie sich vom Priester segnen ließen. Das Stephani-Wasser war vor allem als Weihwasser wirksam. Man konnte damit den Teufel und die Hexen von Hof und Stall fernhalten. Wer beim ersten Frühjahrsauszug seinem Vieh ein mit Stephani-Wasser getränktes Brot samt Weihsalz zu fressen gab, der konnte sicher sein, daß es den Sommer über gesund blieb.
St. Stephan war aber vor allem der Schutzpatron der Pferde, weswegen der 26. Dezember auch ›Pferdstag‹ genannt wurde. Am Niederrhein soll man sich an diesen Tag noch Mitte des 19. Jahrhunderts hoch zu Pferde bewegt haben, von einem Ort zum andern.
»Was nur irgend reiten konnte«, berichtete Montanus, »saß zu Pferde und machte seinen Stephansritt.«

St. Johannistag

Stand der hl. Stephan mit dem Wasser in Verbindung, so der Apostel Johannes mit dem Wein. Das geht auf die verhältnismäßig junge Legende vom Giftbecher zurück. In der Zeit, als Johannes Bischof in Ephesos war, soll ihm der Götzendiener Aristodemus vergifteten Wein gereicht und die Worte gesprochen haben, er sei bereit, das Christentum anzunehmen, falls der Apostel den Wein ohne jeden Schaden für seine Gesundheit trinke. Johannes machte über dem Becher ein Kreuzeszeichen, worauf das Gift in Gestalt einer Schlange entwich.
Ein goldener Becher und die zurückweichende Schlange sind daher die Attribute dieses Heiligen, und die ›Johannesminne‹ wurde zum weitverbreiteten Abschiedstrunk, wenn eine Reise bevorstand oder wenn man sich für längere Zeit trennen mußte. Bald wurden

dem Trank selbst geheime Kräfte zugesprochen, vor Krankheit sollte er schützen und vor mancherlei Leid. Soviel Aberglaube konnte der Kirche nicht recht sein, und so verleibte sie die Johannesminne ihrem eigenen Kult ein. Fortan geschah die Segnung des Johannesweines nach dem Hochamt, für einen tüchtigen Kölner Bürger wie Hermann Weinsberg war es ganz natürlich, bei der liturgischen Austeilung dabeizusein: »Anno 1591 den 27. Dezember, den dritten Tag im neuen Jahr (das heißt von Christi Geburt an gerechnet), beim Fest Johannis evangelistae, habe ich in St. Jakob nach der Hochmesse am hohen Altar aus St. Johanns Kelch, wie es die Zeremonien den Tag halten, getrunken.«

Auch die besondere kölnische Weiheformel ist überliefert: »Benedic et sanctifica hoc vinum…« (Segne und heilige diesen Wein). Dies gereichte ebenso der Stadt zum Segen, war sie doch der Mittelpunkt des rheinischen Weinhandels. Kirchenbrauch und Volkes Freude mußten sich keineswegs ausschließen, das belegen zwei Aufzeichnungen aufs schönste: Der Offermann oder Küster, so ist es für das Jahr 1655 dokumentiert, nimmt einen Becher und eine Quartkanne voll Wein, geht damit zuerst zu den Stühlen der Kirchenoberen, dann zu denen der Pfarrkollegen, schließlich zu dem umstehenden Volk. Und nach dem zweiten Dokument, das ein Kirchgänger in St. Aposteln hinterließ (1767/68): »Hab am Fest St. Johannis evangelistae eine Flasche Wein segnen lassen, selbe sofort in der Kirche unter der Nachbarschaft ausgeschenkt.«

Im 19. Jahrhundert ging der Brauch in Köln allmählich zurück, hielt sich aber noch länger im Umland. In der Eifel, berichtet Adam Wrede 1924, wird an diesem Tag noch vielfach bei einem Rundgang um den Hochaltar gesegneter Wein schluckweise gereicht.

Das Fest der Unschuldigen Kinder

Noch vor der Dreikönigenverehrung gedachte die Kirche des bethlehemitischen Kindermords; als allerdings minderer Festtag ist der 28. Dezember seit dem 5. Jahrhundert nachgewiesen. Die Minoritenkirche nahm für sich in Anspruch, Reliquien der Unschudigen Kinder zu besitzen. Also wurde es gerade in dieser Kirche üblich, daß an diesem Tag junge Mütter ihre Babies segnen ließen. In der benachbarten Pfarre St. Kolumba hat Prälat Geller, Joseph Klersch zufolge, diesen alten Brauch 1957 wieder aufleben lassen.

Von einem feinen Kinderessen an jenem Tag hat Ernst Weyden berichtet: Um 1800 tischte man in den Kölner Familien steifen Reis mit Zucker und Zimt auf. Den Kindern wurde dazu erzählt, nun führen die Heiligen Drei Könige zum Reisbreischmaus in den Himmel, um am 6. Januar wieder pünktlich in Köln zu sein. Weydens mythenkundiger Kollege und Zeitgenosse Montanus brachte das Kinderfest mit der uralten ›Tanfie‹ in Verbindung; dies soll ein Kinderfest während der Zwölfnächte gewesen sein, deren Magie so stark wirkte, daß den Säuglingen das Zähnekriegen plötzlich leicht fiel.

Mit dem Tag der Unschuldigen Kinder verband sich früh das Kinder- oder vielmehr Knaben-Bischofsspiel, das jahrhundertelang in Kölner Stifts- und Klosterschulen praktiziert wurde. Am Vorabend von St. Nikolaus wählte man einen Jungen zum Kinderbischof, der dann am 28. Dezember, angetan im festlichen Ornat, während der Vesper sein bischöfliches Amt ausübte.

Aus seiner Bonner Kindheit um 1870 berichtet Paul Kaufmann: »Am Tag der Unschuldigen Kinder führten wir zu Hause das Regiment, durften den Küchenzettel bestimmen und die sonst streng beachteten Gesetze über Anstand und gute Sitte bei Tisch ungestraft übertreten.« Das war ein Spiel ganz im Zeichen der ›Verkehrten Welt‹. Alle Chronisten berichten, daß an diesem Tag Mutwill und Ausgelassenheit herrschten, es sei dabei auch ein Hauch von Karneval zu spüren gewesen. Joseph Klersch sieht einen Zusammenhang zwischen den ›klerikalen Narrenfesten‹ und den französischen ›fêtes des fous‹, die an diesen drei späten Dezembertagen gehalten wurden. Was der Stephanstag für die Diakone, sei der Johannestag für die einfachen Priester gewesen; und zumindest noch bis 1644 habe der Tag der Unschuldigen Kinder für alle Chorknaben und Subdiakone in der Erzdiözese Köln als eine ›jecke Lustbarkeit‹ gegolten.

DER STÄFES ALS LETZTER ARBEITSTAG
Von Matthias Zender

Der Nikolaustag hatte für meine Eifeler Heimat, sowohl für Besitzer und Bauern wie für Knechte und Mägde, eine eigene Bedeutung. Ein junger Bursche blieb, nachdem er einige Zeit als Kehjung Kost und Lohn erhalten, dann als Knecht oder Perdsjung sich bewährt hatte, vielleicht drei Jahre bei demselben Bauern. Aber es gab auch etliche Anlässe, die Dienststelle am Schluß des Jahres zu wechseln, ohne daß Ansehn und Meinung litten. Die Kost war nicht gut genug, die Schlafkammer hatte Mängel, die Arbeitsweise paßte nicht und so weiter. So unehrenhaft es war, ›aus dem Johr ze loofen, et Johr net ouszehalen‹, so selbstverständlich war es, daß Knecht oder Magd am Schluß des Jahres sich eine neue ›Plaatz‹ suchen konnten. Ende November war die kritische Zeit. Fragte der Bauer den Knecht oder die Magd nicht ums Bleiben, so war klar, daß mit Stäfesdaach (Stephanstag) ›et Johr ous‹ war. Vielleicht gab es Erstaunen, vielleicht auch Murren, aber ein solcher Wechsel am Ende des Jahres geschah so häufig, daß er nicht ehrenrührig war.

Zu Nachfolgern und neuen Dienststellen kamen Bauern wie Gesinde auf den Nikolausmarkt in Bitburg. An diesem durch Kalender ausgewiesenen Datum trafen sich in Bitburg die Besitzer bis weit in die Prümer Gegend und etwa bis Mettendorf, oft auch aus dem ganzen Osling. Auf allen Straßen und Plätzen der Stadt, zumal in Gastwirtschaften, begegneten sich die Menschen der beiden Klassen – die Mädchen und jüngeren Burschen bis etwa 16 Jahre von einem Elternteil begleitet. Hier suchte und fand man das Gespräch. Im Stehen oder bei einer Tasse Kaffee, einem Bier wurde der Lohn ausgehandelt: an Geld, an Kleidungsstücken, an freien Tagen (zur Kirmes im Heimatort). Durch Handschlag mit dem Vater und ein Handgeld von einem Taler wurde die Abmachung bekräftigt.

Im ganzen blieb ein Stück Ungewißheit. Zwar waren viele Bauernhöfe ihrem Wesen nach bekannt, oder auch Arbeiterdörfer hatten einen bestimmten Ruf, dennoch war niemand vor Überraschungen sicher. Man mußte ja ein Jahr zusammen leben, nicht bloß arbeiten. Man aß gemeinsam, und winterabends saßen alle in derselben Stube.

Mit dem ernsten Geschäft in Bitburg war ein lustiges Treiben verbunden, Schiffsschaukel, Karussell, Schießbuden und abendlicher Tanz in allen Wirtschaften. Daher verlangten auch jene Knechte und Mägde, die blieben, daß sie am Tag des Nikolausmarktes frei hatten und nach Bitburg zum Trinken und Tanzen gehen konnten.

Sohn oder Tochter der minderbemittelten Familien trugen mit ihrem Lohn wesentlich zum Haushalt bei. Daher war die regelmäßige Frage des Bauern: ›Wieviel Geld kan e kreen?‹ Meist behielt sich der Vater den ganzen Lohn vor, der Junge erhielt allenfalls winzige Summen zur Kirmes oder zu Monatsanfang. Genauso waren Trinkgelder bei Verkäufen selten und klein, mal ein Stückelchen bei Verkauf eines Jungbullen oder eines Pferdes, aber höchstens eine Mark.

Außer in Bitburg gab es ursprünglich weitere Dingmärkte in der Westeifel und in Luxemburg, bei uns früher im nahegelegenen Dorf Kaschenbach, woher der Spruch kommt: ›Kaschenbach, Gamaschenbach, die große Handelsstadt, die nur 13 Häuser hat.‹ Doch war in meiner Jugend nicht mehr viel davon übrig, allenfalls noch das Erzählen darüber.

›Stäfesdaach, Plennerchesdaach!‹ Die Knechte und Mägde nun, die zum Schluß des Jahres ihre Herrschaft verlassen wollten oder wegen Kündigung verlassen mußten, gingen am 26. Dezember nachmittags nach Hause und blieben dort bis zum 31.; am frühen Silvesterabend trafen sie in der neuen Stelle ein. So war der Stephanstag ein Tag des Abschiednehmens, aber auch der Freude, denn man konnte nun fünf Tage im Elternhaus verbringen. Gewöhnlich kamen Vater oder Mutter, um beim Packen zu helfen und die meist recht großen Schließkörbe zur Bahn zu befördern. Es mußte abgerechnet werden, denn nur wenige Knechte erhielten ja ihren Lohn selbst, das Geld wurde meist dem Vater ausbezahlt. Daheim dann wurde der Sachlohn begutachtet: Anzug, Schuhe, Hemden, Strümpfe. Sicher gab es oft Kummer und Klagen. Aber auch mit weniger guten Sachen mußte man sich zufriedengeben. Andererseits waren die Bauernhöfe gehalten, in diesen Sachbezügen – wie in der Unterkunft, in der Behandlung überhaupt – eine untere Grenze nicht zu unterschreiten. Sonst konnte der Bauer auf dem nächsten Nikolausmarkt nur schwerlich gute Arbeitskräfte finden.«

SILVESTER- UND NEUJAHRSBRÄUCHE

Erst vor dreihundert Jahren wurde als Jahresbeginn kirchenoffiziell der 1. Januar bestimmt. Papst Innozenz XII. verfügte dies 1691 und sanktionierte damit eine Entwicklung, die schon mit den ›Calendae Januariae‹ im späten Rom begonnen hatte. Für die Freie Reichsstadt Köln stand seit Einführung der Gregorianischen Kalenderreform im Jahre 1586 der Jahresbeginn am 1. Januar im Prinzip fest, auch wenn der Rat der Stadt noch lange am 25. Dezember als Stichtag festhielt.

Der letzte Tag des Jahres ist nach dem Papst Silvester benannt, der nach römischer Über

*Neujahrsgückwünsche als Einblattdrucke von 1460 (links) und
aus dem 16. Jh. (rechts).*

lieferung den Kaiser Konstantin im Baptisterium am Lateranpalast getauft haben soll.
Die mit beiden Tagen verbundenen Bräuche und Gepflogenheiten sind kaum zu trennen.
Manches, was für uns eindeutig Silvesterbrauch ist, leitet sich vom früheren Andreas-
brauch oder Thomasbrauch ab.

In Köln war dies immer ein lautes, ein fröhliches Fest. Schließlich mußten die Dämonen
der Zwölfnächte mit Schießen und Pletschen abgewehrt und das neue Jahr mit Trom-
meln und Trompeten gebührend begrüßt werden. Schon 1685 wurde das dem Rat so arg,
daß er ein Schießverbot aussprach, und als das nichts half, versprach er dem, der solchen
Mutwill anzeige, sechs Taler. Nur beteiligten sich die Soldaten bald selbst an der nächtlichen Knallerei, und der Rat erwies sich als machtlos. In der Franzosenzeit und auch
noch später, bei Preußens, war das Schießen sogar noch wilder: Damit wurden die Kölner wenigstens etwas von ihrem Frust los.

Mit der Urbanisierung Kölns gegen Mitte des vorigen Jahrhunderts wurde das Silve-
sterfeiern zum ›gesellschaftlichen Ereignis‹. Das Stadttheater an der Glockengasse lud
ein, im ›Thalia‹ auf der Schildergasse gab es volkstümliches Spektakel, die ›Centralhalle‹
auf der Herzogstraße verhieß ›mondäne Musik‹, das Restaurant ›Rodenbusch‹ am Neumarkt spielte vor allem für Militärs und Kleinbürger auf. Im Gürzenich und im Ballhaus
der Kasinogesellschaft fanden in der Neujahrsnacht die ersten ›Redouten‹ statt.

In den Wirtschaften erhielt die Stammgäste zum besonderen Silvesterbier (›stecken
alt‹) eine Zitrone oder eine Muskatnuß. Im ›Ahlen Kohberg‹ etwa, an der Straße ›Vor den
Siebenburgen‹, spielten sich die üblichen Szenen zu Silvester ab, »hier feierte man ›def-
tig‹ Neujahr. Riesige Neujahrsbrezeln kamen zur Mitternachtsstunde auf die Tische. Erst
frühmorgens war das laute Karten und Losen um ›dat letzte Engk‹ vorbei.«

Szenenwechsel. Eine Bonner Bürgerwohnung um 1870. »Die Eltern wünschten in der
ernsten Stunde, wenn das scheidende einem kommenden Jahr die Hand reicht, keine
laute Veranstaltung. Ihre Kinder sollten mit gutem Gewissen schlafend die Schwelle des

Im geselligen Kreis von Freunden wird auch im ausgehenden 19. Jahrhundert der Jahreswechel begangen. Fester Bestandteil ist das Silvesterorakel.

neuen Jahres überschreiten. Die Familie saß daher am Altjahresabend bei Punsch und Berliner Pfannkuchen stillvergnügt zusammen und ging zeitig zu Bett. Dafür waren wir Kinder am Neujahrstag schon früh bei der Hand, um den Eltern das Neujahr ›abzugewinnen‹. Das brachte ein Geldgeschenk als ›Neujährchen‹ ein. Seitdem der schöne Brauch, den Jahresanfang durch feierliches Geläut zu begrüßen, nach Erbauung der neuen protestantischen Kirche auch in Bonn heimisch geworden war, blieben wir am Silvesterabend bis zur Mitternachtsstunde auf. In der Küche wurde Blei gegossen…« (Paul Kaufmann).

Das mitternächtliche Beiern oder Glockenläuten hat sich auch in Köln erst sehr spät eingebürgert. Adam Wredes ›Rheinischem Volksbrauch‹ aus dem Jahre 1934 zufolge ist es erst in den Jahrzehnten zuvor mehr und mehr üblich geworden.

Dagegen sind die Neujahrsbrezeln schon seit 1600 Tradition. Zunächst als Gaben der Bäcker an ihre Kunden gedacht, erwiesen sie sich bald als ideales Präsent im Familienkreis, unter Bekannten und Freunden. ›Jeflöte Brezeln‹, große geflochtene Brezeln, nannte man sie im Gummersbacher Raum, und wenn die Eltern ihre Kinder am Silvesterabend mit in die Wirtschaften nahmen, ließen sie sie in einem Stübchen um Blätze und Brezeln ›dobbeln‹. In Köln dauerte das Würfeln in den Weinhäusern und Bierwirtschaften bis tief in die Nacht. Es gab ja ausnahmsweise keine Polizeistunde.

Und am Neujahrsmorgen ging es mit Wecken, Brezeln und Herzen weiter. Herzen aus feinem Mürbeteig, beklebt mit gedruckten Weihnachtswünschen, waren während der Romantik und Biedermeierzeit Trumpf. Die Kinder zogen in aller Frühe mit ihrem sauber geschriebenen Neujahrsbriefchen los, um bei Patt (Patenonkel) und Jot (Patentante) oder sonstwem die süßen Sachen in Empfang zu nehmen; vom Paten gab es gelegentlich einen silbernen Löffel dazu. »E glöcksillig Neujohr«, rief sich jedermann zu, und im Gegenzug: »Göv Gott, et wör wohr.« Vor allem Ernst Weyden hat uns überliefert, welche Jagd am Neujahrstag losging, um einander mit den Glückwünschen zuvorzukommen, »et Neujöhrche avzogevenne«. Wem es gelang, der rief voll Stolz: »Ech han dech kräje«, und der andere gab zu: »Dat häste jewonne.«

Solche mündlichen Wünsche, vor allem die Neujahrskarten, konnte man bis zum Fest der hl. Agnes am 21. Januar loswerden. So lange blieben auch die phantastischen, meist aus Paris oder Nürnberg bezogenen Neujahrsglückwunschattrappen in den Bildergeschäften ausgestellt.

Das geschätzte ›Neujöhrche‹ nannte man zu Hermann Weinsbergs Zeiten das ›Offergeld‹. Dies pflegte man am Christfest – dem damaligen Neujahrstag – an das Gesinde zu verteilen. Auch Familienmitglieder bekamen eine Kleinigkeit, eine Heuke (Kleid) oder einen Pfefferkuchen. Mit dem Neujöhrche, ließe sich zugespitzt sagen, fing in Köln einmal das Schenken an.

Um Sprüche war man nie verlegen. Schon morgens legten die Kinder damit los. In Düren etwa sagten sie auf:

> »Pros Nöujohr,
> De Kopp fol Hohr,
> De Mongk fol Zäng,
> En Nöujohr en de Häng!«

Und während die Dienstboten oder der Briefträger ein Geldpräsent als selbstverständlich ansahen, brachte sich der Müllmann eigens in Erinnerung: »Proß Neujohr, d'r Dreckboor eß do.«

Was türmte sich nach 1950 nicht alles an flüssigen ›Neujöhrche‹ auf dem Rudolfplatz vor der Kanzel des Verkehrspolizisten auf! Das geschah aus Sympathie und Anerkennung, auch und gerade gegenüber städtischen Bediensteten. Um 1700 war das völlig anders, damals zogen Scharen städtischer Arbeiter und Handwerker mit dem Handschuh umher, und die Dienstboten erwarteten selbst von den Lieferanten ihrer Herrschaft eine ›Erkenntlichkeit‹.

Im Kölner Umland kannte man noch bis 1900 verschiedene Umzugsbräuche. In der Eifel verließen die ›gruß Jongen‹ mit dem zwölften Glockenschlag ihre Wirtschaft, um vor den Häusern mit heiratsfähigen Mädchen das Neujahr ›anzuwünschen‹ und ›anzuschießen‹. Der Neujahrsschütze wurde daraufhin ins Haus gebeten und mit Eierkranz (Gebäck in Kranzform), Brezel und Schnaps bewirtet. Auch ohne Liebesbotschaft war man sich einig:

> »Das alte ist verflossen,
> Das neue wird angeschossen,
> Glück zum neuen Jahr!«

Im Bergischen wurde ›ett Nöüjöhr ahnjeschotten‹, und zwar mit 40 Zentimeter langen Husarenpistolen, denn »die böllerten joo, as wa mr Kattenköppe jehatt hä«. Manchenorts zog man damit von Haus zu Haus, knallte einige Male und schrieb dann die neue Jahreszahl mit Kreide auf die Haustür.

Ein etwas seltsamer Geschenkbrauch, der dem 1. Januar als dem Fest der Beschneidung Jesu galt, ist aus dem 16. Jahrhundert überliefert. »Die Pastores und Predikanten«, so Hermann Weinsberg in seiner Alltagschronik, »pflegten das Metz (Messer), damit Jesum beschnitten, und andere guten Dinge für ein Neujahr zu geben.«

Glückwunschkarte zu Neujahr mit dem Kölner Dom, um 1900.

Mutter Maria und das Jesuskind aus muslimischer Sicht. In der 19. Sure des Koran findet sich eine besondere Marienlegende: »Dies ist Jesus, der Sohn der Maria – das Wort der Wahrheit« (Vers 35). Indische Zeichnung, frühes 17. Jh.

AM ENDE DER WEIHNACHTSWOCHE:
DAS FEST DER MARIA

Der 1. Januar wird in der katholischen Kirche gleich dreifach gefeiert: als Tag der Beschneidung Jesu, als Ende der Weihnachtsfestwoche (octava Domini) und als Tag der Gottesgebärerin Maria. Die frühe Marienverehrung in Köln ist nicht nur durch die romanischen Kirchen St. Maria im Kapitol und St. Maria Lyskirchen bezeugt, sondern auch durch eine Vielzahl an Marienlegenden. Zwei der schönsten, die eine mit einem Kölner Ritter und Kreuzfahrer, die andere mit einem Kölner Schusterssohn verknüpft, hat uns Ernst Weyden aus ›Cöln's Vorzeit‹ überliefert:

Die Erbauung der Kapelle zu Maria Ablaß

»Der heilige Bernhard hatte kaum das Kreuz gegen die Sarazenen und Ungläubigen gepredigt, als auch ein kölnischer Ritter, vom heiligen Feuer des Glaubens beseelt, das Kreuz an seine Schulter heftete und nach Palästina zog, um gegen die Ungläubigen zu fechten. Unglücklich war der Kreuzzug für das Christenheer, das unter Kaiser Konrad III. hinausgezogen, und die Waffen der Sarazenen bei Laodicea (Syrien) glücklich, wo auch der kölnische Ritter gefangen wurde.
Lange mußte er in der schmählichsten Gefangenschaft schmachten, doch verlor er seine Standhaftigkeit und seinen Mut nicht. Vergebens wurde ihm die Freiheit angeboten, wenn er seinen Glauben ändere; er widerstand allen Anfechtungen und betete immer inbrünstig zu der Mutter des Herrn, damit sie ihn in seinem Glauben stärken und aus dem Kerker erlösen möchte.
So hatte er in einer Nacht einen gar süßen Traum: Die Muttergottes erschien ihm in himmlischem Glanz und löste seine Fesseln. Als er erwachte, fühlte er sich wunderbar gestärkt und von seinen Fesseln befreit. Die Tür des Kerkers fand er geöffnet und entkam so ohne Gefahr. Als Pilger verkleidet, zog er jetzt fröhlich der Heimat zu und gelobte in seinem Innern feierlich, der Muttergottes zu Ehren in Köln ein Kirchlein zu bauen, welches er auch sogleich bewerkstelligte, als er in Köln bei seinen Lieben angelangt.
Das Kirchlein war kaum fertig, als es ihm gar zu klein schien und er sich daher vornahm, es abzubrechen und an derselben Stelle eine größere Kirche aufzubauen. Als die Werkmeister schon begannen, eine Seitenmauer niederzureißen, fanden sie in dieser ein gar schöngemaltes Muttergottesbild. Sogleich meldeten sie es dem Ritter, der in diesem Bilde die heilige Maria erkannte, wie sie ihm in seiner Gefangenschaft in Palästina im Traume erschienen. Das Kirchlein blieb nun so klein wie es noch heutzutage ist, und der Ritter hing an dem Bild seine Ketten und Sporen zum ewigen Andenken auf.
Aus allen Landen zogen jetzt Pilger nach Köln, um hier zur himmlischen Fürsprecherin zu beten, und keiner zog von Köln, ohne erhört worden zu sein.

So kam auch in der Folge eine Kaiserin nach Köln, um zu der heiligen Mutter des Welterlösers zu beten; doch wollte sie das Bild nicht eher sehen, bis es von neuem bemalet. Die ganze kölnische Malergilde wurde nun vom Magistrat aufgeboten, das Bild wieder aufzufrischen. Fleißig gingen die Maler ans Werk und boten all ihre Kunst auf, das Bild in der herrlichsten Farbenpracht wieder darzustellen. Und als sie ihr Werk vollendet, wollte die Kaiserin die Kapelle besuchen; doch als sie zur Tür hineintrat, war das Bild wieder ganz so, wie es zuvor gewesen, gerade als wenn kein Pinselstrich an ihm geschehen. Noch zweimal versuchten die Maler ihr Glück an dem Bild, sobald aber die Kaiserin in das Kirchlein trat, war das Bild wieder in seiner ersten Gestalt. Da sah man deutlich, daß es der Wille Gottes war, daß es so bleiben sollte, wie es die Englein gemalt, und wie es in unseren Tagen noch in der Kapelle zu Maria Ablaß zur rechten Hand an der Mauer zu sehen ist.«

An dieser Sage wird sichtbar, daß die Pilgerströme während des Mittelalters keineswegs nur den ›Dreikünningen‹, sondern auch in besonderem Maße der Marienverehrung galten. Während es Kaiser und Könige nach ihrer Krönung zu Aachen in die ›Geburtskirche‹ St. Maria im Kapitol zog, um Jesus Christus zu huldigen, zog es die Kaiserin in der Sage zum Marienbild in der Maria-Ablaß-Kapelle.

Der selige Hermann Joseph

»Vor Zeiten wohnten an dem Dreikönigentörchen bei der Kirche St. Maria in Kapitol arme, brave, gottesfürchtige Leute. Der Mann, ein Schuster, suchte seine kleine Familie so gut er immer konnte zu ernähren und sah darauf, daß sein einziges Söhnchen, Hermann Joseph, zur Schule ging.

Wenn der Kleine zur Schule geschickt wurde, ging er aber jedesmal zuvor in die nahegelegene St. Marienkirche und sprach mit dem kleinen Jesuskind, das die Muttergottes auf dem Arm trug. Das Jesuskind sagte ihm oft, er möge doch zu ihm spielen kommen; doch war es dem Kleinen immer zu hoch bis dahin, wo das Muttergottesbild stand. Einmal hatte ihm seine Mutter einen schönen Apfel gegeben, und als er nun in die Kirche kam, bot er mit den Worten ›Da hast du meinen Apfel‹ diesen dem Jesuskind, welches herunterlangte und ihn freundlich annahm.

Als Hermann Joseph größer wurde, konnten seine Eltern ihn nicht mehr zur Schule schicken, und er wollte nun auch Schuster werden; denn die Kosten waren den armen Leuten zu groß. Betrübten Herzens schlich er sich nun eines Nachmittags zur Kirche, denn er hätte so gern noch mehr gelernt, kniete sich nieder vor sein Muttergottesbild und sah mit traurigen Blicken zu der Hochgebenedeiten hinauf. ›Was ist dir, Hermann Joseph?‹ fragte ihn die heilige Jungfrau, und er erzählte sein Leid, wie er so gerne noch lerne, aber dies seinen Eltern gar zu schwer fiele. Da wies ihm die Muttergottes einen Stein, den er nur heben sollte, und darunter würde er dann immer finden, wessen er bedürfe.

Voller Freude eilte Hermann Joseph zu dem Stein, wo er das Versprochene auch fand; und so immer, wenn er nur etwas bedurfte. – Hermann Joseph studierte nun aufs fleißigste, und alles, was er nur angriff, gelang ihm durch den Beistand der Muttergottes. So ging er, als er zu den Jahren kam, in den Orden der Steinfelderherren, wo er, geachtet und geliebt von allen, ein frommes Leben führte und besonders seiner Wissenschaften wegen berühmt war. Nie hat ihn die Mutter des Herrn verlassen, und er behielt auch sein reines kindliches Gemüt bis zu seinem Ende.

In der Kirche St. Maria im Kapitol ist zur rechten Hand am Ende der Nebenhalle der heilige Hermann Joseph in Stein abgebildet, wie er dem Jesuskind den Apfel darreicht, zum ewigen Gedächtnis dieses frommen Mannes.«

Der später heilig gesprochene Prämonstratenser Hermann Joseph starb 1252 und ist an der Stätte seines Wirkens, dem Kloster Steinfeld in der Nordeifel, begraben. Aber er wird nicht nur dort verehrt. Die Kölner Mütter haben sich stets an ihn gewandt, wenn eines ihrer Kinder auf der Schule nicht recht vorankam oder auch sonst Probleme machte. Der Waidmarkt-Brunnen von Wilhelm Albermann (1894) zeigt die steingehauene Legende: Die Muttergottes thront darauf mit ihrem Kind, das den Apfel entgegennimmt, den ihm ein kleiner Junge hinhält. So ist aus Hermann Joseph ein Stadtheiliger geworden.

Als Köln 1945 in Schutt und Asche lag, notierte ein junger Schriftsteller: »In der Stadt wohnten nicht nur dreißigtausend Einwohner, außerdem noch: zwei Madonnen. Die eine schön, später Trümmermadonna genannt, die andere nicht schön, aber groß, sehr alt, erdhaft, unsymmetrisch, mit gläsernen Augen. Sie steht in St. Maria im Kapitol.« Vor allem diese Madonna liebte er sehr, und wenn ihn ausländische Freunde besuchten, ging er mit ihnen zuerst dahin. Es war Heinrich Böll.

Der fromme Hermann Josef reicht seinen Apfel dem Jesuskind.
Kupferstich von 1837.

DIE HEILGEN DREI KÖNIG' MIT IHREM STERN...

Der Dreikönigenschrein aus dem Kölner Dom von Nikolaus von Verdun, um 1181–1230.

Wie keine anderen Gestalten aus biblischer Geschichte und Heiligenlegende sind die ›Dreikünninge‹ mit der Stadt Köln verbunden.

Aus dem Bericht des Evangelisten Matthäus geht nicht hervor, ob es genau drei und ob es überhaupt Könige waren. Er weiß nur, »da kamen die Weisen vom Morgenland gen Jerusalem« (Mt. 2,1), die sprachen »wir haben seinen Stern gesehen«, und daß sie dem Kind, als sie es fanden, »Gold, Weihrauch und Myrrhen« schenkten.

Aus der Dreizahl der Geschenke schloß man nun auf drei Männer. Mit Bezug auf die Prophetenstelle »und die Heiden werden zu deinem Lichte ziehen und die Könige zum Glanz, der über dir aufgeht« (Jes. 60,3) ging man von Königen aus (seit Tertullian), gewissermaßen als Repräsentanten der gesamten Heidenheit. Im 9. Jahrhundert gab man ihnen die Namen Caspar, Balthasar und Melchior, und erst viel später, ab dem 12. Jahrhundert, stellte man sich den Caspar als Schwarzen vor, der den Erdteil Afrika repräsentiere. Das Volksbuch des Johannes von Hildesheim, 1482 gedruckt, zeigt einen Mohrenkönig, den es beispielsweise in der Anbetungsszene auf der Tür von St. Maria im Kapitol noch gar nicht geben konnte, da sie aus der Zeit um 1060 stammt.

Um die Reliquien der drei Könige hat man sich spätestens seit dem 5. Jahrhundert gekümmert. Von Konstantinopel gelangten sie Anfang des 6. Jahrhunderts durch Bischof Eustergios II. nach Mailand. Hier setzt Kölns älteste Stadtchronik, die ›Cronica van der hilligen stat Coellen‹, ein. Welche Abenteuer sich mit der Überführung der Reliquien nach Köln verbanden, wird dort anschaulich gezeigt – hier beschrieben ab Seite 122.

Anbetung und Sternvision der Heiligen Drei Könige.
Aus dem ›Speculum humanae salvationis‹, 2. Hälfte 14. Jh.

RUND UM DEN DREIKÖNIGENTAG

Sternsinger in der ›guten Stube‹. Kupferstich 1803.

Das Fest der Erscheinung Christi (Epiphania Domini) wurde in Köln als zweites Hochfest im Weihnachtszyklus gefeiert, lange bevor die Heiligen Drei Könige diesem Tag, dem 6. Januar, ihr Gepräge gaben. In den kirchlichen Festkalender, der für Epiphania eine volle Woche vorsah, wurden die Könige nie aufgenommen, wohl aber in die Weihnachtsliturgie.

Der Epiphanientag war zunächst ein Fest der Ostkirche, für die sich die Taufe Christi und – nachgeordnet – auch seine Geburt zu dem einen großen Fest verbanden: ›Epiphánia tu Christú‹. Schon auf Sarkophagreliefs des frühen 4. Jahrhunderts ist die Anbetung der Weisen zu sehen, eine Ikonographie, die sich in der Apsis der Geburtskirche zu Bethlehem fortsetzt. Auch dort, an der Geburtstätte Christi, feierte man damals nur die Epiphanie.

Als 13. Tag nach Weihnachten setzt Epiphania einen Schlußstrich unter die wilden Zwölfnächte. ›Dreizehnmisse‹ oder ›Drühzehnter‹ nannte man ihn in Köln, und das Christtagsgebäck mußte bis dahin reichen. ›Drückzihnder‹ hieß er im Bergischen, ›Dertyendach‹ und ›Druttenden‹ am Niederrhein. Die Bezeichnung »an der hl. drye Koeninghe daigen« kommt erst 1431 auf.

Die letzte der Zwölfnächte galt als die gefährlichste, in ihr mobilisieren die bösen Dämonen noch einmal all ihre Wut und Kraft. Doch mit ihr verband sich auch die Verheißung, daß die drei Magier jedweden vor allem Bösen schützen werden. So bekommt vor allem der Vorabend von Dreikönig Bedeutung, er wird zum Hauptschauplatz für allerlei Umzüge (Dreikönigsspiel, Sternsingen, Anbringen des Dreikönigszeichens) und für Familiengeselliges (Königsspiel, Abfeiern des Christbaums).

Wie man sich die Dreikönigsfestfeier im Kölner Dom vorzustellen hat, veranschaulicht die Lütticher Bischofschronik des Gilles von Orval um 1250. Vor dem Altar der Mailänder Madonna versammeln sich die Festteilnehmer. »Personen in königlicher Kleidung stellen die Anbetung der Heiligen Drei Könige dar. Der Stern schreitet vor ihnen her. Alle Mitglieder des Konvents finden sich ein. Von den Großen der Stadt werden die Heiligen Drei Könige auf den Schultern getragen. Eine Messe wird gesungen, und es geschieht viel Kurzweil.«

Gabenbringen gehörte dazu, Opfern und Singen während der Prozession. Der Brauch hat sich dann mit der Zeit zum volkstümlichen Spektakel entwickelt und verselbständigt. Das zeigte sich im komisch-skurrilen ›Dreikönigentheater‹, wo Dutzende von Akteuren in farbenfroher Kostümierung auftraten.

Jedermann sein eigener König! Unter dieser Devise mag auch die Wahl des ›Hauskönigs‹ gestanden haben, von der der Ratsherr Hermann Weinsberg höchst angetan war. »Bin auf dem heiligen Dreikönigenabend im Beisein von Frauen und Gesinde durch das Los der König im Haus geworden, wie es in allen Häusern in Köln so zu geschehen pflegt«, hält er in seiner Chronik für 1552 fest. In Reimen stellt er die einzelnen ›Hofämter‹ vor, den Kanzler, den Narr, den Hofmeister, den Schenk – und dazu das weibliche Pendant. Am König lag es dann, ein Königsessen zu spendieren, und an Wein wurde ebenfalls nicht gespart.

Kein Wunder, daß dieser Brauch auch für Studenten anziehend war. Sie kürten ihren König sowohl in den Bursen als auch, wenn sie zu mehreren einquartiert waren, in den Bürgerhäusern. Das ging so noch das 17. Jahrhundert hindurch. Wer nun glaubt, das gehöre in uralte Zeiten, der schlage Paul Kaufmanns Erinnerungen ›Mein rheinisches Bilderbuch‹ von 1936 auf.

»Zur Dreikönigsfeier gehörte der Königskuchen. Eine Bohne, von altersher ein beliebtes Wahlmittel, oder eine Silbermünze wurden darin versteckt. Wer sie in seinem Stück fand, wurde zum König ausgerufen. Er wählte die Königin, während die Würdenträger durch das Los bestimmt wurden. Zu ihnen zählte nach einem alten Dreikönigslied der Edelmann, Bettelmann, Küster, Ratsherr, Bürgermeister, Apotheker, Major.

Der Dreikönigskuchen wurde in einer Kindergesellschaft zerschnitten, bei welcher der Christbaum noch einmal angezündet wurde, um tags darauf seines Schmuckes beraubt, wie es hieß, ›geplündert‹ zu werden. Unsere beliebtesten Spiele bei diesem Fest waren ›Adam hatte sieben Söhne‹, ›Wir reisen nach Jerusalem‹ und ›Die Herren von Nonnefei‹. Bei diesem erschien der römische Landpfleger Pilatus als Fifilatus. Wir stellten uns in zwei Reihen auf, gingen wechselweise vor und nach einer Verbeugung wieder zurück, wobei ein Kind nach dem anderen zu der gegenüberstehenden Seite trat. Dazu sangen wir: ›Hier kommen die Herren aus Nonnefei. Heiza Fifilatus. Was wollen die Herren aus Nonnefei? Sie wollen die jüngste Tochter haben. Was wollen sie mit der Tochter tun? Sie wollen sie in ein Kloster tun. Heiza Fifilatus.‹

Großer Jubel herrschte beim Auslösen der Spielpfänder, bei dem ›Speck- oder Schinken-schneiden‹ oder dem ›Am-Kreuz-hängen‹, wobei es hieß: ›Ich hänge hier am Krützche, wer mich lieb hat, gibt mir ein Bützche.‹ Mit steifen ›Beghinebützchen‹ auf Stirn und Backe ließen wir uns aber nicht abfinden.«

Ebenso wie Weinsbergs Losbriefchen ist der Kuchen mit der eingebackenen Bohne schon im 16. Jahrhundert bezeugt; die Sitte geht auf den flämischen ›boonkoek‹ zurück, dessen ›lukkeboone‹ (Glücksbohne) das vielverbreitete ›Koninkje spelen‹ entschied. Auf dem Land war vor allem das ›Aus dem Hut wählen‹ gebräuchlich. In Stadtsälen, Wirtshäu-sern und bei Vereinsfesten fand man mittels einer weißen und einer schwarzen Bohne das Königspaar heraus. Oder man ermittelte nur die Bohnenkönigin, die dann ein Ge-schenk erhielt und unter großem Hallo sich ihren König selber kürte. Den ›Bunneball‹, der zugleich Maskenball war, gab es im alten Köln bis 1914; dann lebte die Sitte in den 50er Jahren wieder auf.

Ein alter Dreikönigenbrauch war ebenfalls lange in der Versenkung: das Sternsingen. Der Umzug der Könige von Haus zu Haus geschah in Köln nachweislich zuerst 1621 vor dem Neujahrsfest und hieß »mit dem Stern gehen«. Es war auch ein Gang nach Brot, oder vielmehr nach klingender Münze; vor allem die Studenten, heißt es, bestritten mit dem Erlös eines solchen ›Heischegangs‹ ihren Lebensunterhalt während der ersten Wo-chen im neuen Jahr.

Wichtig war, daß einer der Teilnehmer ›underm Gesicht‹ schwarze Farbe trug: Gerade der Mohrenkönig erregte überall das meiste Aufsehen. Auf dem Land geschah der Auf-tritt der Sternsänger mit größter Würde. Öfters war man zu viert, dann trug einer den Stern, die anderen gaben sich gemessen als Könige. In Köln waren es meistens drei Sternsänger, weißgekleidet, mit goldenen Kronen auf den Köpfen. Einer hielt in der Hand den auf einem Stock befestigten Stern, der sich im Winde drehte.

1736 beschwerte sich der Rat der Stadt über die Sternsingerei; er sah darin verkapptes Betteln der Studenten und Vagabunden. Mit dem Ende der alten Universität (1798) nahm dann auch dieser Brauch ein Ende und wurde erst 1949 durch eine Initiative des Brauch-tumsforschers Joseph Klersch wieder ins Leben gerufen. Ihm ging es um zweierlei: den religiösen Sinn des Brauchs zu erneuern und die Geldspenden von vornherein mit einem wohltätigen Zweck zu verbinden, etwa als Hilfsfonds für hungernde Kinder in Afrika. Er hat dazu ein neues Sternsingerlied verfaßt, und der Leiter der Dreikönigenkantorei hat es vertont. Darin heißt es:

> »Meer sin ald Woche lang op Rett,
> Meer brängen och uns Offer met,
> En Offer för dat Kind em Stall,
> Wat weed zom Offer för uns all…«

DIE KÖLNER STADTPATRONE IN LEGENDE UND ANRUFUNG

Schon um die Überführung der Heiligengebeine von Mailand nach Köln ranken sich viele Legenden, nachzulesen in Johann Koelhoffs ›Cronica van der hilligen stat Coellen‹ und im Volksbuch des Johannes von Hildesheim.
Besonders populär war die Legende vom Einzug in die Stadt am 23. Juli 1164: Als die Heiligen Drei Könige durch ein kleines Tor, welches in späteren Jahren das ›Dreikönigspförtlein‹ genannt wurde, in die Stadt gebracht werden sollten, stand zur Seite unter dem zuschauenden Volk eine Mutter, die hatte ein Knäblein im Arm, das erst 33 Tage zählte. Da fing das Knäblein an zu reden und sagte: »Die Heiligen Drei Könige führen durch dasselbe Tor wieder hinaus, durch das sie in die Stadt eingingen.« Da erschrak alles Volk über dieses Wunder; sie brachten die heiligen Leiber sogleich durch das Pförtlein wieder zurück und auf einem anderen Weg wieder in die Stadt, damit die Prophezeihung des kleinen Kindes in der gleichen Stunde sich vor aller Augen bewahrheitete und keine Seele um das Verbleiben der heiligen drei Leiber fürchten müsse. Hernach

Der ›Altar der Kölner Stadtpatrone‹, bekannt als das ›Dombild‹,
wurde von Stefan Lochner 1445 ursprünglich für die Ratskapelle gemalt
und kam erst 1809/10 in den Dom.

mauerten sie das kleine Pförtlein, an dem dies geschehen war, zu. Es ging die Mär um, daß die drei Leiber in der Stadt Köln nun ruhen sollten bis zum jüngsten Tage.

Nun wurde das ›Dreikünningepözje‹ erst zur 300. Wiederkehr des Jahres, an dem die Reliquien nach Köln gelangt, durch den Kölner Bürger Johannes Hardenrath errichtet, doch es mag sein, daß sich schon zu Zeiten des Einzugs dort ein Tor befand. Nicht von ungefähr lag das gotische Tor mit dem feinen Maßwerk, das in den vier Fenstern darüber die Maria und die dem Kind huldigenden Könige zeigt, am ›Siebenkirchenweg‹, den fast alle Pilger betraten: vom Dom St. Peter über St. Maria im Kapitol an St. Stephan vorbei zur Hohen Pforte bis nach St. Severin. Eingebunden in die mächtige Baugruppe der Marienkirche, als ›Geburtskirche‹ von besonderer kultischer Bedeutung, war das Dreikönigenpförtchen ein geradezu bethlehemitisches Sinnbild. Vom Bombenhagel des Zweiten Weltkriegs blieb es einigermaßen verschont. Die vier wertvollen Skulpturen wurden sichergestellt; sie befinden sich heute im Schnütgen-Museum. An ihrer Stelle stehen nun Nachbildungen.

Auch die im Dom errichtete Kapelle der Heiligen Drei Könige, mit dem bereits 1181–89 von Nikolaus von Verdun geschaffenen Dreikönigenschrein, reizte als Andachtsort zur Legendenbildung. Über den ›Teufelsstein im Dom‹ berichtet Ernst Weyden, teils nach mündlicher, teils nach Grimmscher Überlieferung: »Sehr viele Andächtige kamen nach Köln, um bei den Reliquien der Heiligen Drei Könige zu beten. Darüber war der böse Feind sehr erbost und warf im Jahr 1438 einen schweren Stein durch das Gewölbe auf die Kapelle der Heiligen Drei Könige, um diese zu zerschmettern, welches ihm aber mißlang. Der Stein, genannt Teufelsstein, wird zum Andenken dieser Begebenheit aufbewahrt, und noch sieht man die Krallen des bösen Feindes eingedruckt.«

Von dem schweren Felsblock, so spinnt der Kölner Sagendichter Goswin P. Gath die Geschichte weiter, wäre ganz gewiß der herrliche Dreikönigsschrein zerschmettert worden, hätte ihn nicht ein großes Gotteswunder gegen die Wand zurückweichen lassen.

Solche Legenden sind vor dem Hintergrund eines unablässigen Pilgerstroms zu verstehen, der sich in das ›heilige‹ Köln ergoß: in den Dom, vor den Reliquienschrein, zu allen bedeutenden Kirchen hin, so daß schon 1520 ein Pilgerbüchlein erschien, das die 11 Stifte, 12 Männerklöster, 10 Jungfrauenklöster und 19 Pfarrkirchen beschrieb, samt ihren ›Heiltümern‹.

Bezeichnend ist der Bericht des niederländischen Gesandtschaftssekretärs von Blainville, der im Jahre 1705 miterlebte, wie in der überfüllten Dreikönigskapelle ein jeder versuchte, die Reliquien mit Pilgerzeichen, Medaillons, Betzetteln und anderem zu berühren: »Ich bemerkte unter dem übrigen Haufen eine alte Frau, welche ihm (dem geistlichen Aufpasser) ein kleines Kruzifix hinreichte, damit es berührt werden möchte. Allein, der Geistliche gab ihr einen Verweis und sagte im Zorn, unser Heiland hätte mit der Berührung der Köpfe dieser Könige nichts zu tun. Ich hatte Mitleid mit ihr und sagte zu dem Geistlichen, daß es die gute Frau so böse nicht meine, wie ihm dünke – weil sie sich einbildete, es würde dem Heiland nicht unangenehm sein, seine alten Freunde zu grüßen, die vormals eine so weite Reise seinethalben getan hätten.«

Da die Könige ihrer Herkunft nach östliche ›Magier‹ waren, lag es nahe, ihren Attributen Gold, Weihrauch und Myrrhe magische Kräfte zuzuschreiben. So fanden am Vorabend des Epiphanientages entsprechende Segnungen statt. Galt für die Kirche der Weihrauch als Symbol der himmelan steigenden Gebete, so wurde er beim Volk zu etwas Irdischerem, nämlich zu einem Mittel zur Abwehr von Krankheiten und zur Vertreibung des Teufels. Schon im 12. Jahrhundert galt es daher als ausgemacht, daß die Könige Schutzpatrone der Epileptiker waren, neben ihrer Hauptfunktion als Reisepatrone.

In wieviel Wechselfällen des Lebens die Könige zum Beistand angerufen wurden, mutet heute fast unglaublich an. Da ging es zunächst um Krankheiten, von denen man während der Reise befallen wurde. »Wer sie anruft, fern oder nah, auf dem Wasser oder zu Land«, verrät eine alte Handschrift, »oder was immer für ein Siechtag einen Mann befällt, dem geschieht gnädiglich Abhilfe durch die Ehre der Heiligen Drei Könige.« Das geht aber nicht ohne Schutzzeichen, ohne ein Amulett ab, wie schon Johannes von Hildesheim bekannt ist. Er weiß um 1370 von Indern, die Fingerringe und ›guldene Pfennige‹ bei sich tragen, die sie von hiesigen Pilgern gekauft haben und »womit die Leichname der heiligen drei Könige in Cölln« berührt sind; sie seien des festen Glaubens, daß viele Sieche dadurch gesund würden.

Dann ging es allgemein um Abwehr von Unglück und um die Verleihung von Schutz. Beides verheißen die zauberkräftigen Namen Caspar, Melchior, Balthasar, und so entstand das Dreikönigszeichen, dessen Initialen ursprünglich »Christus segne dieses Haus« bedeuten: C(hristus) M(ansionem) B(enedicat). Die Könige boten Schutz von Haus und Hof, dazu gehörte auch der Schutz vor Feuersbrünsten – statt einer Brandversicherung taten es die Buchstabenfolge CMB oder ein vorbeugender Feuersegen – und die Abwehr böser Wetter, die man durch Beschriftung von Glocken zu erreichen hoffte. Den Bauern boten die Könige Hilfe beim Einfangen entlaufenen Viehs. Man mußte nur in das rechte Ohr des Tieres die Bannworte sprechen: »Kaspar der sehe dich! Balthasar der binde dich! Melchior der führe dich!«

Wenn es darum ging, etwas Verlorenes wiederzufinden, wurden die drei Könige ebenso in Anspruch genommen. Das konnte durch ein Stück geschmolzenes Wachs geschehen, das man auf einen Teller goß, es glatt und fest werden ließ und dann als Schreibplatte benutzte, indem man mit einem Nagel oder einem spitzen Gegenstand die Namen der Magier einritzte. In einigen Gegenden Deutschlands wurde es üblich, sich auch bei Fertigung und Anwendung einer Wünschelrute von den drei Königen helfen zu lassen.

Damit sind wir im Bereich der ›Grenzwissenschaften‹; auch dafür galten sowohl Dreikönigsmedaillen als auch die bildlichen Dreikönigssegen als ausgesprochen nützlich. Noch 1722 war ein altes Mirakelbüchlein von den drei Königen im Umlauf, in dem auf Hex- und Zaubereien hingewiesen wird, die wohl tausendmal durch dergleichen Bilder oder Pfennige vertrieben und verhindert worden: »Also wirst du mit diesen Bildern auf Otteren und Basilisken gehen und zertrennen Löwen und Drachen, nämlich Zauberer und deren Unholden und Nachstellungen. (In) Cöllen zu bekommen in der Mutter Gottes Capellen im Hohen Thumb bei denen zeitlichen Herrn Onizianten daselbst.«

Zu dem Zeitpunkt jedoch dominierte bereits aufklärerisches Gedankengut. Der sich um die heiligen Könige rankende Volksglaube und viele der alten Bräuche verblaßten. In den Namen alter Gasthäuser wie ›Stern‹, ›Krone‹, ›Zum Mohren‹ lebt ihr Andenken fort.

DREIKÖNIGENLIEDER

Viel zuwenig bekannt ist, daß die Dreikönige auch einmal aus Köln emigrieren mußten, für zehn lange Jahre. Mit dem Domschatz zusammen wurden sie 1794 vor den heranrückenden Franzosen nach Arnsberg in Sicherheit gebracht. Die Rückführung geschah am 4. Januar 1804 von Deutzer Seite her, mittels Schiffbrücke. Zwei Tage darauf geschah, wieder unter großer Anteilnahme der Kölner, ihre Beisetzung im Dom, und dann wurde acht Tage lang, das heißt die volle Festoktav, so richtig gefeiert. Das blieb nicht ohne Wirkung auf die deutschen Dichter der Romantik, zumal sie auch an dem Kölner Dom und der möglichen Fortführung seines Baues großen Anteil nahmen.

Es beginnt balladesk, mit dem ›Dreikönigslied‹ aus ›Des Knaben Wunderhorn‹:

>»Gott so wollen wir loben und ehrn
>Die Heiligen Drei Könige mit ihrem Stern,
>Sie reiten daher in aller Eil,
>In dreißig Tagen vierhundert Meil,
>Sie kamen in Herodis Haus,
>Herodes sahe zum Fenster raus:
>›Ihr meine lieben Herrn, wo wollt ihr hin?‹
>›Nach Bethlehem steht unser Sinn…‹«

Heinrich Heine liebte es liedhaft und pointenreich:

>»Die heil'gen drei Kön'ge aus Morgenland,
>Sie frugen in jedem Städtchen:
>Wo geht der Weg nach Bethlehem,
>Ihr lieben Buben und Mädchen?
>
>Die Jungen und Alten, sie wußten es nicht,
>Die Könige zogen weiter,
>Sie folgten einem goldenen Stern,
>Der leuchtete lieblich und heiter.
>
>Der Stern blieb stehn über Josephs Haus,
>Da sind sie hineingegangen;
>Das Öchslein brüllte, das Kindlein schrie,
>Die heil'gen drei Könige sangen.«

Das oberbayrische Sternsänger-Lied »Die heil'gen drei König' mit ihrigem Stern, / die kommen gegangen, ihr Frauen und Herrn« variiert Goethe, mit Anspielung auf die wüsten Umzugssitten: »Die heilgen drei König' mit ihrem Stern, Sie essen, sie trinken, und bezahlen nicht gern.«

Krippen
in Köln

Detail aus der Krippe von St. Remigius in Sürth

KÖLNER DOM

Theo und Barbara Heiermann, zwei renommierte Vertreter moderner Sakralkunst, haben diese Krippe geschaffen und 1991 erstmals aufgestellt. Sie bleibt für Veränderungen offen, denn ihr Sinn ist es, biblische Geschichte und Heilswahrheit in die Gegenwart hineinzustellen, also auch ins alltägliche Stadtleben.

Die Domkrippe ist vom 1. Adventssonntag bis Mariä Lichtmeß zu besehen, sie bezieht sich auf den gesamten Weihnachtsfestkreis. Von Jahr zu Jahr ist die Bildfolge eine andere. Während die Szenerie wechselt, bleibt die Stadtlandschaft dieselbe. Der Platz mit dem Tempel im Mittelpunkt erinnert daran, daß zur Zeit von Christi Geburt dort, wo jetzt die Vierung des Doms ist, ein römischer Göttertempel stand. Die Gipsfigürchen an der Tempelwand sind Repliken antiker Devotionalien, wie sie um die Zeit gehandelt wurden. Die ›Inszenierung‹ der Krippe lebt von solchen Zeichen, Hinweisen, Anspielungen, Hintergründen.

Kopf, Hände und Füße der Figuren sind aus Holz geschnitzt; sie wurden mit Draht verbunden, mit Stoff umwickelt und bekleidet. Die kostbaren Gewänder der Engel wurden aus türkischer Seide angefertigt. Alle Häuser sind aus Holz, die Felsen aus geleimtem Segeltuch. Der Boden ist mit Kies und Quarzsand bedeckt.

Die frühere Domkrippe, von Hermann Paul Simon gestaltet (1931 bis 1990), verzichtete auf die Figuren der anbetenden Könige, mit Rücksicht auf deren ›Anwesenheit‹ in der Dreikönigenkapelle im Dom. In der Heiermann-Krippe gehören sie ganz bewußt zum Ensemble, gehören sie doch zu dieser Stadt und repräsentieren überdies die Menschen aller Hautfarben, aller Länder.

ST. ANDREAS

Ein Dominikanerbruder aus dem Kloster Walberberg, Adolf Guttenacher, hat diese in Details fernöstlich anmutende Krippe 1952/54 konzipiert, hat ihre neun Figuren aus Lindenholz geschnitzt, die Köpfe voll ausgearbeitet und bemalt. Elf lange Missionsjahre gingen in die Gestaltung ein, ganz besonders in die der Personendarstellung.

So ist es ein kleiner lächelnder Chinesenhirte, der das Lamm trägt; auch einer der Heiligen Drei Könige ist eindeutig ein Chinese, in seiner Kopfbedeckung und Gewandung zudem wirkungsvoll kontrastierend mit seinem Nachbarn, dem Mohrenkönig.

Aber auch der rheinische Menschenschlag aus dem näheren Umkreis (Eifel, Niederrhein) findet in manchem Gesicht realistischen Ausdruck. Es ist also weniger Exotismus als heiterer Sinn und Weltläufigkeit, die den Künstler bestimmt haben. Die Figuration folgt dem Brauch religiöser Ikonographie: das schützende heilige Paar, das umhüllte Kind in der (Baum-)Krippe, der Engel der Verkündigung; dann die drei Hirten und ihr Gegenakzent, die drei Könige. Die frei fallenden Gewänder hat man 1979 neu angefertigt.

Im Hintergrund eine zinnenbewehrte Wand, spitztorige Ausblicke in ostmediterrane Landschaft. Hier entsteht, zart angedeutet, ein Bezug zum Schutzpatron der Kirche. Andreas, der erste Jünger Jesu, war als Missionar in Skythien, Thrakien, Griechenland eingesetzt.

GROSS ST. MARTIN

Diese Krippe ist vom Aufbau her eine neuzeitliche rheinische Weihnachtskrippe, ohne Stall oder Krippenberg. Der Keramik-Künstlerin kam es vor allem auf den theologischen Gehalt der Heilsbotschaft an. Weder orientalisches Dekor noch Lokalkolorit konnte sie bei der Gestaltung reizen, sie setzte vielmehr auf die universale Gültigkeit des biblischen Geschehens. Die ein Meter großen Figuren – Maria, Josef, Jesus, drei Hirten und die Heiligen Drei Könige – sind in Ton modelliert und gebrannt. Ihre Oberflächen wurden mit einer Patina, einem grünlichen Edelrost, überzogen. Die angedeuteten Gewänder sind mit Ornamenten verziert.

Den ruhigen, klaren, auf das Wesentliche beschränkten Linien der Figuren entspricht ihre Aufstellung. Sie sind streng in einem Halbkreis angeordnet. Das Kind in der Krippe, sichtbares Zeichen der Liebe Gottes, bietet sich dem Betrachter als Mittelpunkt dar. Diesem sind die anderen Figuren zugewandt. Maria ist dem Kind am nächsten. Josef ergreift seinen Stab mit beiden Händen als Zeichen der Aufgabe, die er als Ziehvater des Gottessohnes erfüllen will. Hirten und Könige drücken in ihrer Haltung Ehrfurcht, Anbetung und Unterwerfung aus. Sie stehen entblößten Hauptes, Geschenke darbietend vor dem Gotteskind. In Anordnung und Aussage der Figuren wird der Betrachter unmittelbar einbezogen.

Die Krippe wurde von der Kölner Künstlerin Rosemarie Peter 1981/82 ohne Auftrag modelliert. Die Pfarre Groß St. Martin erwarb sie im Jahre 1987, wo sie im Chorbereich ihren Platz hat. Für eine ähnliche Keramik-Krippe hat die Künstlerin 1979 den Ehrenpreis des Bischofs von Münster erhalten.

ST. MARIA IM KAPITOL

Diese so bedeutsame Kirche ist im Grunde das ganze Jahr eine ›Krippenkirche‹. Das zeigt schon die mächtige zweiflügelige Holztür mit ihren je acht Bildfolgen. Die Verkündigung und Heimsuchung Marias, die Frohbotschaft an die Hirten, die Geburtsszene, die Anbetung der Könige und anderes mehr sind dort eingemeißelt – seit gut tausend Jahren, und ein Jahrhundert vor Überführung der Dreikönigs-Reliquien nach Köln! Der Grundriß der Kapitolskirche ist dem der Geburtskirche in Bethlehem nachgebildet.

Nicht von ungefähr ist die Weihnachtskrippe, eine Arbeit der Merheimer Künstlerin Milli Schmitz-Steinkrüger (1960), in der östlichen Kapelle der Krypta aufgestellt. In dieser Krypta sah man gleichnishaft die Geburtsgrotte, den Stall zu Bethlehem. Die Enge der Ostkapelle soll diesen Eindruck neu beleben. Nebenan lag früher einmal die hl. Plektrudis, die Stifterin der Kirche († 726), begraben. Der Ort atmet Geschichte: Die deutschen Könige pilgerten, sobald sie vom Erzbischof in Aachen gekrönt wurden, zuerst hierher, um dem ›neugeborenen Heiland‹ zu huldigen (und etwas von seiner göttlichen Macht für sich zu gewinnen).

So haben die Krippenfiguren, der Technik nach bekleidete Gliederfiguren aus Holz mit textilen Haaren, umgeben vom wuchtigen Gestein der Unterkirche, einen sehr besonderen Platz. Die Bildhauerin ließ Ernst und Feierlichkeit dieses Marienhauses in ihre Arbeit einfließen. »In ihrer Einfachheit spricht sie uns an. Maria hält das Kind liebevoll in den Armen – sorgsam umhütet von Josef: eine stille Gruppe zu betrachtender Innerlichkeit. Ein Hirte kniet schon zur Seite, ehrfürchtig, den Hut in den Händen; ein anderer Hirte kommt herbei mit dem Ruf und Hinweis: ›Wir haben das Kind gefunden‹.«

ST. MARIA LYSKIRCHEN

Maria hält hier das Kind auf dem Schoß, es hat die Ärmchen weit ausgebreitet. Hirten und Könige sucht man vergebens. Dafür hat sich ein buntes Völkchen versammelt, es sind ›Sünder und Gerechte‹. Ein Schutzmann – ›ne Knietschhoot‹, kümmert sich um einen betrunkenen Stadtstreicher samt Hund. Eine Nonne, die zwei Pänz mit sich führt, steht nahe der Krippe: das Mädchen ziemlich verwahrlost, der Junge verlegen in der Nase bohrend. Beides ist drastisch, aber kein bloßer Gag.

Die Weihnachtskrippe ist im historischen Milieu angesiedelt, genauer in den Notjahren um 1930. Damals war das hier ein schwieriges Viertel, und der Schutzmann hatte keinen einfachen Dienst. Franziskanerinnen kümmerten sich um die sozial Schwachen, sie betreuten in der Großen Witschgasse einen Kindergarten.

Auch die anderen Gestalten kommen aus dem ›Veedel‹. Die halbseidene Dame, ein Rheinschiffer vom nahegelegenen Hafen, die nette Marktfrau (man sieht, auch die Markthalle liegt öm de Eck) und ein Heringsverkäufer mit seinem Wägelchen. Auch die für Lyskirchen berühmten ›Hellige Knächte un Mägde‹, die im Karneval nicht fehlen dürfen, sind vertreten. Im Hintergrund sieht man den Pastor, im Gespräch mit einem Mitglied der Zunft der Rhingroller. Über allem schwebt das kölsche Engelchen und verkündet: ›Üch es der Heiland jeboore.‹

Drei Künstler waren an der Krippengestaltung 1982/83 beteiligt. Heinz Kuhle (Köln-Wahnheide) schnitzte die Figuren aus Holz, Irina Müller-Hermann (Köln) fertigte die Kleider an, Heribert Oedingen (Kürten) malte die winterliche Kulisse, die beweist: In einem Schuppen vor St. Maria Lyskirchen und dem Malakoff-Turm hat die heilige Familie Unterschlupf gefunden.

ST. GEREON

Diese Krippe wurde im wesentlichen 1931/32 von dem in Holweide lebenden Bildhauer Lambert Schmithausen geschaffen. Sie ist sowohl von der Liturgischen und der Krippenbewegung beeinflußt, die bald
nach dem Ersten Weltkrieg aufkamen, wie auch von den Hungerjahren um 1930, was der Künstler selbst
betont.

*Die markanten, aus Holz geschnitzten Figuren sind vollplastisch. Ihrer ganzen Erscheinung nach wirken sie
schlicht, kantig und herb, wozu die kargen Gewänder passen. Ihre Körpersprache verrät, daß sie in sich gekehrt
sind, sich innerlich sammeln. Das Antlitz der Muttergottes hat einen eigenen Liebreiz, zu dem das gleichmäßig
vom Mittelscheitel her abfallende Haar, die hohe Stirn und die fein herausgearbeitete Mundpartie beitragen. Ein
äußeres Dekor, 1976 hinzugefügt, läßt die innere Stimmigkeit der Marienfigur nicht gleich erkennen: es ist die
weiße Schleierhaube, die man damals einem älteren spanischen Gemälde abgeguckt und nachempfunden hat. Im
übrigen wurden alle Gewänder 1976 erneuert.*

*Ursprünglich war die Krippe im Dekagon von St. Gereon untergebracht. Jetzt wird sie alljährlich in der nörd-
lichen Vorhalle aufgebaut. Nicht von des Künstlers Hand stammt die Gruppe der Heiligen Drei Könige, die man
1969 hinzugefügt hat.*

ST. URSULA

S t. Ursula hat eine besondere Krippentradition. In einer Zeit, als die Krippe im Kirchenraum kaum mehr präsent war, hatte hier ein Krippenrelief seinen Platz: zunächst wohl als Mittelstück eines Altaraufsatzes im südlichen Nebenchor, später davon losgelöst, als eine Art Zweitkrippe über dem Altarschrein des Hochaltars. Die eigentliche Krippe stand auf den Stufen des Marienaltars im sog. Marienschiff, sie bestand »aus Wachsfiguren mit Gewändern aus buntgestrichener Pappe«. Erhalten ist jedoch nur das Krippenrelief, das heute zum Bestand der Schatzkammer gehört. Max Leo Schwering hat es eingehend studiert: »Verzückt spielt das feine Lächeln kölnischer Madonnen längst vergangener Tage im Gesicht der Gottesmutter, die ihre Hände wie schützend über das Kind hält. In teilnehmender, auch anbetender Haltung nähern sich von rechts zwei Hirten. Josef gerät bei ihrem neugierigen Vorwärtsdrängen an den Bildrand. Voll dienender Bescheidenheit hat er die Hände gefaltet, in sich gekehrt, verstummt«.

Die oben bildlich gezeigte Weihnachtskrippe volkstümlich, figurenreich und vollplastisch ist kaum zwanzig Jahre alt. Im Marienwallfahrtsort Kevelaer (Niederrhein) wurden die Gliederfiguren in eher herkömmlicher Weise aus Holz geschnitzt und bemalt. Das war 1974. Die Gemeinde von St. Ursula ließ es sich nicht nehmen, alle Gestalten einzukleiden, so daß es nun verdientermaßen ›ihre‹ Krippe ist.

ST. KUNIBERT

D ie Kirche St. Kunibert hat seit alters her einen Bezug zu den Adventsheiligen. In ihren Annalen ist belegt, daß der Barbaratag (4. Dezember) und der Nikolaustag (6. Dezember) schon 1239 hier festlich begangen wurden.

Die Krippe von St. Kunibert ist eine ganze Landschaft für sich – alljährlich aufgebaut im südlichen Nebenchor. Der holzgefertigte schindelgedeckte Stall von Bethlehem steht inmitten einer Waldlichtung, umsäumt von großen Tannen und anmutigen Moosinseln. Das Ambiente bilden neben den bekannten Figuren auch Waldarbeiter (mit Säge) und Hirten mit vielen Schafen: ein Bild innehaltender Erwartung und Festesfreude.

So ist es für die vielen Krippengänger kaum von Belang, daß die St.-Kunibert-Krippe nicht von bekannten Künstlern geschaffen wurde, sondern – in den dreißiger Jahren – von Unbekannten. Auch stört es keinen, daß es eher schlichte, in ihrer Gestik unmittelbar-direkte Gliederfiguren sind, aus bemaltem Holz und angetan mit meist schwingenden Gewändern. Diese Krippe ist ein ganz besonderes Biotop inmitten der Kölner Altstadt, und auch wegen ihrer vitalen, unverbildeten Art eine der meistbesuchten.

ST. MARIA IN DER KUPFERGASSE

Diese Marienkirche entstammt der Barockzeit, sie ist ›erst‹ 1705–15 erbaut worden und damit ungleich jünger als die beiden anderen in der Innenstadt gelegenen Marienkirchen St. Maria im Kapitol und St. Maria Lyskirchen. Eine jede hat ihren besonderen Krippenstil – und die in St. Maria in der Kupfergasse kennzeichnet Vitalität und ein nahezu barocker Einfallsreichtum.

Am Ende des rechten Seitenschiffs findet man den geräumigen Krippenberg: Auf einer mit Tulpen und Hyazinthen übersäten Wiese liegen Schäflein, flattern Tauben, entfaltet sich ein abwechslungsreiches, Auge und Gemüt gleichermaßen ansprechendes Geschehen. Da kocht ein Hirte am Feuer sein Süppchen, da holt ein Junge Wasser vom nahen Bach her, trägt die Schöpfeimer am Joch über beide Schultern. Bergan geht der Zug der Weisen aus dem Morgenland, und wie prächtig hochgetürmt ist das Gepäck ihres Tragtiers, eines beinah ›echten‹ Kamels!

»Auf dem Berge, da gehet der Wind...« Vor einem Gemäuer, unter zerborstenem Dach befindet sich die Heilige Familie. In Gestik und Mimik ist sie ebenso natürlich und anziehend wie die anderen Figuren, doch bildet sie erkennbar das zentrale, das eigentliche Geschehen.

Die in Wachs modellierten, fast lebensgroß erscheinenden Figuren sind z. T. wohl schon vor 1900 entstanden, zumindest, was die Wachsteile betrifft, Köpfe, Hände und Füße. Etliche Figuren stammen vermutlich aus den zwanziger Jahren. Die Gewänder wurden allesamt 1973 erneuert, und selbst jetzt noch wächst die Krippe, kommen immer einmal wieder sorgfältig überlegte Kleinfiguren hinzu.

ST. PETER

Eine sehr ungewöhnliche Krippe findet der Kirchenbesucher in St. Peter vor. Sie wurde im Jahr 1969 von Eva Burgeff geschaffen. Das Weihnachtsgeschehen ist auf einer Art Flügelaltar mit klappbaren Seitentafeln dargestellt. Dieser besteht aus getriebenem und punziertem Silberblech. Daran ist verschiedenfarbiger und geraffter Stoff festgesteckt.

Das Jesuskind ruht im Schoß der liegenden Maria, die ein aus dem Himmel kommender Lichtstrahl berührt. Während sich Mutter und Kind im erhellten Teil der Szene befinden, die circa drei Viertel des Triptychons ausmacht, liegt Josef vor dunkelblauem Hintergrund, die Nacht symbolisierend, im Schlaf. Ihm erscheint im Traum ein Engel, in der silbernen Wolke zu erkennen, der ihn zur Flucht vor den Truppen des Herodes auffordert.

In der Mitte, über dem Kind, steht ein großer, kräftiger Baum, der auf das Gleichnis mit dem Senfkorn anspielt. In diesem wird das Himmelreich mit einem kleinen Senfkorn verglichen, das, obwohl kleiner als alle anderen Samenarten, zu einem mächtigen Baum heranwächst, »so daß die Vögel des Himmels kommen und in seinen Zweigen nisten«.

Auf dem Altarbild aber schwebt über dem Gipfel des Baums das Lamm Gottes, klein und im hellen Licht nur schemenhaft zu erkennen. Es weist schon bei der Geburt Christi auf seinen Leidensweg, die Auferstehung und damit auf seine göttliche Bestimmung hin.

ST. MICHAEL

Diese Krippe besteht aus bemalten Lindenholzfiguren, in der sich die Tradition der alten Kalkarer Schnitzerschule und ein hochmoderner, von Barlach beeinflußter Formwille miteinander verbinden. Sie ist Ausdruck der neuen Krippenbewegung nach Ende des Ersten Weltkriegs.

Der in Geldern geborene, in Berlin damals wirkende Bildhauer Hermann Inhetvin hat sie 1928 für die große Neustadt-Pfarre im Brüsseler Viertel geschaffen. Dem Zweiten Weltkrieg fiel das großdimensionierte Ambiente zum Opfer. So fehlt die Holzwand mit Spitzbogen-Nische, eine Blende, die kühn kontrastierte zu den rundbogigen Formen der Basilika. So fehlen auch der Kulissenwald aus Holz und die das Ganze abschließende, expressive Glasmalerei.

Dadurch rücken die zwanzig vollplastischen Figuren in den Vordergrund. Faszinierend ihre Gesichter, mit Ecken und Schrunden, vom Leben gegerbt, von Visionen erfüllt. Es sind Menschen eher bäuerlichen Zuschnitts, die Arbeitsspuren in doppeltem Sinn tragen: ihre eigenen und die des Künstlers.

Jede Figur, jede Gruppe wirkt in sich abgeschlossen. Die Heilige Familie verdichtet das Weihnachtsgeschehen, überführt es in Stille und Kontemplation. Gelöst die Körperhaltung des knienden Paars, die zusammen eine Kreislinie bildet; die Schwingen des Engels verstärken diese Kreisbewegung, doch nach oben bleibt sie offen. Der gezackte Strahlenkranz des Kindes bricht den Kreis auf. Ein Bild schwingender Ruhe.

HEILIG GEIST IN ZOLLSTOCK

In der Gedrungenheit der Figuren, in ihrer Haltung und ihren Gebärden steckt etwas vom Geist Ernst Barlachs. Tatsächlich war Josef Sieben, der die Eichenholzplastiken 1952 schuf, als Bildhauer ein Schüler Barlachs. Wie der Meister schnitzt er die Gestalten vollrund, beläßt sie im Block, arbeitet das Wesenhafte heraus. Ihm geht es nicht ums Virtuose, etwa um differenzierte Gesichtslandschaften oder um besondere individuelle Züge, die doch so leicht ins Klischeehafte abgleiten können. Der Faltenwurf der Gewänder ist alles andere als körperbetont raffiniert. Auf Dekor und alles Beiwerk wird verzichtet. Nicht die besonderen Gaben der Könige lenken den Blick auf sich, sondern ihre Art, sie in Händen zu halten und sie – demutsvoll und doch in Würde – dem Christuskind darzubringen. Das rundliche Gesicht der Muttergottes verkörpert die reine Zuwendung zum Kind. Die Person ist nicht so entscheidend wie der Gestus, wie das Transzendente des Geschehens.

Textiles wäre hier unpassend. Die schweren, 60–80 cm hohen Eichenfiguren wirken aus sich heraus. Alles ist auf das Christuskind, »das personifizierte Festgeheimnis«, hin angelegt. So schafft sich die Krippe einen eigenen Andachtsraum. Die herkömmlichen Krippengruppen genügten dem Künstler, die Heilige Familie, Ochs und Esel, die Hirten, die Könige.

ST. REMIGIUS IN SÜRTH

Ein im Kölner Umkreis einzigartiger Krippenberg, der das biblische Geschehen terrassenförmig anordnet und in vielen Gruppierungen sinnlich veranschaulicht, gibt frappierenden Einblick in das Leben spätantik-heidnischer Zeit. Hier das Imperium Romanum unter Kaiser Augustus, dessen Mauern buchstäblich ›bröckeln‹, dort die morgenländische Pracht des Aufzugs der Heiligen Drei Könige, darunter ein schwarzer Elefant oder die Heilige Familie auf der Flucht nach Ägypten; mit aufgezäumtem Schimmel und Traglasten-Kamel.

Die in Weiß, einem Nachbarort von Sürth, ansässigen Künstler, Theo und Barbara Heiermann, haben die vielschichtige Krippe erstmals 1981 ausgestellt; sie wurden wenig später auch mit einer Neugestaltung der Domkrippe beauftragt.

Der hohe Berg (der Offenbarung), die hochaufragende Stadt (Jerusalem), die Kreuzesstätte (Golgotha) verweisen auf den theologischen Gehalt. Die vielen Befestigungen, Mäuerchen, Häuserfronten, Tempelsäulen, Grabmäler verweisen auf reales Stadtgeschehen. Bürgersleute, dazu ein Schauspieler, ein Musikant, repräsentieren das städtische Genre, die Hirten, ebenso Bauer, Jäger und Angler, das ländliche.

Dann ein Sprung in die Gegenwart: ein jugendlicher FC-Fan in voller Montur, die wohlgenährten Pfarrer beider großer Konfessionen, ein städtischer Bannerträger, zwei, die ein Modell des Kölner Doms mit sich schleppen. Während der achtwöchigen Krippendauer, vom ersten Adventssonntag bis Mariä Lichtmeß, ziehen die Figuren mehrfach um, so daß sich auch ein wiederholter Besuch lohnt.

ST. ÄGIDIUS IN PORZ-WAHN

Diese Krippe zeigt echt kölnische Folklore, wie es sonst nur die Milieukrippe in St. Maria Lyskirchen tut. Daß man sie auch ›Hänneschen-Krippe‹ nennt, wird beim Anblick des anbetenden Volks – einmal keine Könige! – nur zu gut verständlich. Die vor dreißig Jahren neu geschaffenen Figuren gleichen aufs Haar den Typen des Kölner Stockpuppentheaters bzw. denen des historischen ›Kreppen-Hännesche‹. So werden die Heilige Familie – Maria im Trachtenkleid, Josef in Zimmermannskluft –, und der Engel, die bereits einer älteren Krippe entstammen, bestaunt von Hänneschen und Bärbelcher, dahinter die geplagten Eltern Besteva und Marizzebel. Auch Tünnes und Schäl, hier weniger Stadtheilige als ›arme Sünderlein‹; der eine ein Säufer, der andere ›ene Filu‹, schauen reuig zur Krippe hin. Selbst der hemdsärmelige Speimanes, der gemütsvolle Mehlwurms-Pitter, die Annekatttröng (Frau von Tünnes) und der Schutzmann Schnäuzerkowsky dürfen bei diesem Aufgebot nicht fehlen.

Beschworen wird eine Zeit, als die jungen Leute nach Köln kamen, weil es im Dorf keine Arbeit gab. Erinnert wird an das alte Wahn um die Jahrhundertwende – damals noch ein Dorf mit dem typisch Knollendorfer Milieu. Das Kulissenbild zeigt den winterlichen Innenhof der Burg Wahn mit Blick auf die Pfarrkirche.

Dem Gestalter der volkstümlichen Figuren, Willi Müller, waren die Zusammenhänge von Krippe, mittelalterlichem Mysterienspiel und Hänneschentheater bewußt, als er 1963 diese folkloristische Krippe schuf. Vier Jahre darauf schrieb B. Gravelot alias Albert Vogt sein vielbeachtetes kölsch Kreppespellche für große un kleine Lück – ›De Chreßnaach en Kölle‹.

KRIPPENFÜHRUNGEN IN KÖLN

In Kölner Krippen finden sich auch überraschende Szenen mit Gegenwartsbezug.
Das Detail der Krippe von St. Remigius zeigt zwei Männer in Jeans, Pullover und FC-Schal.

V or allem nach dem Zweiten Weltkrieg hat sich Köln zu einem Zentrum der rheinischen Krippenbewegung entwickelt. Über 80 kirchliche Weihnachtskrippen bieten Stadt und Umland – und 14 davon, die besonders interessanten, können hier beschrieben und farblich wiedergegeben werden. Es ist das gute Recht jeder Gemeinde, ihre Krippe für die schönste zu halten, und in der Tat ist es den Kirchengemeinden zu danken, daß sie mit Hingabe, Jahr für Jahr, zum ersten Advent ihre Krippen aufbauen, sie liebevoll anordnen und schmücken, sie variieren, auch den Sinn fürs Detail wecken und oft einen überraschenden Gegenwartsbezug herstellen.

Die weihnachtlichen Krippenfahrten, die schon in den zwanziger Jahren begannen – damals waren es noch echte Wanderungen –, sind eine Kölner Besonderheit. Die Führungen werden vom Städtischen Verkehrsamt organisiert und sind bei den Besuchern der Stadt wie bei den Bürgern gleichermaßen beliebt.

Alljährlich in der Adventszeit werden hier ausgewählte Kirchen, meist in den Vororten, die sich schlecht zu Fuß erreichen lassen, mit dem Bus angesteuert. Da erfährt man nicht nur Interessantes über die betreffenden Kirchen, sondern auch über Bethlehem und die aktuelle politisch-religiöse Situation dort. Natürlich wird dem fahrenden Krippenfreund der Aufbau der einzelnen Krippe erklärt, die Entstehung, die Hintergründe.

Nicht nur das Kölner Verkehrsamt, auch das Katholische Bildungswerk, die Melanchthon-Akademie und die Stiftung City-Treff bieten solche Führungen an. Auf diese Weise bleibt der Krippenbrauch, über den der Ratsherr Hermann Weinsberg im 16. Jahrhundert Köstliches zu berichten wußte, auch in unseren Tagen lebendig.

Friedrich Schlegel liebte es eher episch-getragen:

>»Aus fernen Landen kommen wir gezogen,
Nach Weisheit strebten wir seit langen Jahren,
Doch wandern wir in unsern Silberhaaren.
Ein schöner Stern ist vor uns hergeflogen…«

Der Spätromantiker Guido Görres, in Koblenz geboren, dichtete 1834 ein Königslied, das er aber als ›Weihnachtslied‹ ausgab:

>»Ein Stern ging auf im Osten,
Drei König sahen ihn;
Sie hatten treu gespähet,
Bis endlich er erschien,
Sie sah'n so hell noch keinen
Und mußten freudig weinen…«

Holzschnitt von Ludwig Richter.
aus dem Sächsischen Volkskalender für das Jahr 1845.

Franz von Pocci gab dazu zeichnerisch ein eher altdeutsches Dekor. Ganz malerisch will es Annette von Droste-Hülshoff:

> »Durch die Nacht drei Wandrer ziehn
> Um die Stirne Purpurbinden,
> Tiefgebräunt von heißen Winden
> Und der langen Reise Mühn.
> Durch der Palmen säuselnd Grün
> Folgt der Diener Schar von Weiten;
> Von der Dromedare Seiten
> Goldene Kleinode glühn,
> Wie sie klirrend vorwärts schreiten,
> Süße Wohlgerüche fliehn…«

Sie dichtet dies ›Am Fest der heiligen drei Könige‹, und wir erleben mit ihr die Könige als Inbegriff orientalischen Zaubers. Davon hält sich Friedrich Rückert wiederum, vielleicht gerade weil er ein Orientalist von Rang war, völlig fern. Sein ›Gesang der heiligen drei Könige‹ gibt eine Innenansicht, der Könige und ebenso seiner selbst, in sparsamen, schmucklosen Versen:

> »In Morgenlanden
> Der Weisheit, fern
> Sahn wir erstanden
> Den Himmelsstern,
> Dem voll Verlangen
> Wir nachgegangen,
> Bis daß wir fanden,
> Hier ihn, den Herrn.
>
> In stiller Wiege
> Ein Kind zu sehn;
> Es lächelt Siege
> Und Auferstehn.
> Und Selbstbefreiung
> Von Selbstentweihung,
> Von innrem Kriege
> Und äußern Wehn…«

So hat auch die Literatur den Königen ihren Tribut gezollt.

ZU LICHTMESS, WENN MAN DEN BLASIUS JAGT

Maria mit der Lichtmeßkerze. Holzschnitt 15. Jh.

Mit dem Tag Mariä Lichtmeß, dem 2. Februar, an dem heute das Fest der ›Darstellung des Herrn‹ begangen wird, schließt der Weihnachtsfestkreis. Früher war die ›Reinigung der hl. Maria‹ einmal ein hoher Festtag, an dem nicht gearbeitet werden durfte, und für üblich zog das Stift St. Georg zum Dom, um die erzbischöfliche Kurie in feierlicher Prozession zu umschreiten. Als einziger der alten katholischen Bräuche hat sich die Kerzenweihe, die in Köln schon vor tausend Jahren belegt ist, bis heute gehalten. Morgens im Gottesdienst wird die Lichtmeßkerze geweiht. Sie soll das Jahr über vor Blitz und Hagelschlag schützen, ebenso vor Krankheit und Tod. Auf dem Land bekommt daher auch der kleinste Junge sein brennendes Kerzchen in die Hand, und nach der Lichterprozession werden die Kerzen sorgfältig verwahrt.

»Ich well och nit, dat der an d'r Krepp, an Kranz udder Chreßbom verbrennt und verdröpp«, heißt es im Lied auf den ›Käezestomp‹, und vorsorglich werden die Krippchen in Kirche und Haus nach diesem Tag abgebaut. Weihnachten ist nun endgültig vorbei.

Der 2. Februar, das war früher aber auch ›Treck- un Pöngelchesdag‹, denn da schnürten Knechte und Mägde das Bündel und zogen zu ihrer neuen Stelle. Bei den Stadtbürgern war es mit dem Dienstpersonal ähnlich, zumal die Mädchen meist vom Land kamen. Alten Usancen entsprechend hatte eine kurkölnische Verordnung 1718 behördlich festgesetzt, daß das Dienstjahr an Lichtmeß zu beginnen habe und daß kein Dienstbote seine Brotherrschaft vorher verlassen dürfe. Die Norm war daher, das volle Dienstjahr durchzustehen.

»Wer e kölsch Johr maht«, wie man außerhalb Kölns sagte, also das Jahr nicht aushielt, der war meist schon vor Weihnachten weg, wenn gefragt wurde: »Bliev hä noh? – Donoh kom e Extragelschenk.« So selten kann das ›kölsch Johr‹ nicht gewesen sein, mißt man es an den Sprüchen: »E kölsch Johr brengk demm schöldije Deel Gefahr«, »Een kölsch Johr, dat geht noch met; et zweite brengk Knäht on Bur us'em Trett.«

Mariä Lichtmeß war mit dem folgenden Blasiustag, dem 3. Februar, eng verbunden. Das zeigte sich schon darin, daß man sich tags zuvor den Blasiussegen holte, der gegen Halserkrankungen gut sein sollte. Der Pfarrer hielt vor jedem Gläubigen zwei in Form des Andreaskreuzes gebundene brennende Kerzen – die Blasiuskerzen – und sprach den Segen dazu. Dieser Halssegen beruht auf einer Legende, wonach der Arzt und spätere Bischof von Sebaste (Samaria) einen Jungen heilte, der eine Fischgräte verschluckt hatte.

»Zu Lichtmeß den Blasius jagen« hing mit dem Winterkehraus zusammen, und das war die zweite Funktion des Heiligen. Er konnte, mit dem Wind im Bunde, es nur so blasen lassen. Deswegen stand fest: »Blasius blös däm Winter de Lamp us«, und: »Zint Blasius blös der Winter fott, und weed dä och deswäge kott.«

Die Kölner Schüler gingen auf Umzug und halfen mit. »Dem Schulmeister von St. Jakob zur Lichtmeß acht Albus gegeben, daß er mit den Schülern den Blasius holt«, notierte Hermann Weinsberg für das Jahr 1592. Gut essen und gut Trinken in fröhlicher Runde galt in Köln als ein probates Mittel, den Blasius zu jagen. Wenn am Blasiustag Ratssitzung war, erhielten die Herren zwei bis vier Ratszeichen, worunter man Gutscheine für Wein verstand.

In Münstereifel zogen die Wollweber auf den Radberg und rollten von dort ein Rad, ihr Wahrzeichen, herunter; sie schlugen dabei ›de Britz‹ (die Pritsche) und sangen das Britzenlied, wobei sie sich mit den Kölner Zunftgenossen, ob Leineweber oder Zimmerleute, einig wußten: »Wir schieben das Rad auf Blasiusdach, wir machen den Anfang von Fastenach…«

Holzschnitt von Ludwig Richter 1851.

Weihnachten in Stadt und Land

Streifzüge durch die Geschichte

Coellen

WEIHNACHTEN – WENDEPUNKT DES JAHRES

Isis mit dem Gottessohn Hor auf dem Arm.

Das genaue Datum von Christi Geburt liegt im dunkeln. Die ›Findung‹ eines geeigneten Datums hat die römische Kirche anderthalb Jahrhunderte beschäftigt. Als sich der Gegenpapst Hippolyt circa 217 nach Christi dafür entschied, den 25. Dezember für seine Sondergemeinde als verbindlichen Geburts-Tag zu erklären, da geschah dies aus Protest. Der Protest richtete sich einmal gegen die Vereinnahmung dieses Datums durch Kaiser Heliogabal, der den Kult des ›Sol Invictus‹, des unbesiegbaren Sonnengottes, und dessen Reichsfeier ganz plötzlich auf den 25. Dezember gelegt hatte. Zum anderen richtete sich der Protest gegen das auf diesen Tag fallende Wintersonnwendfest Kykellia, ›Riten der Isis‹, das den Frühchristen schon lange zu schaffen machte. Denn in diesem alexandrinischen Kult ist es Isis, die ihren Bruder Osiris sucht und von ihm den Sohn Horus empfängt. »Gegenüber der Jungfrau Maria die Kore Isis, gegenüber dem Gottessohn Jesus das neugeborene Götterkind Hor, der Isissohn aus einem unterirdischen Heiligtum hervorgeholt, ...das mußte einem Hippolytos als eine ebenso teuflische und bei ihrer weiten Verbreitung gefährliche Nachäffung der Wahrheit erscheinen wie das von Heliogabalus neu eingeführte, auf denselben 25. Dezember gesetzte Geburtsfest des Sol Invictus« (Wilhelm Hartke).

Zu dem Zeitpunkt, als Hippolytos das Geburtsfest am 25. Dezember zu feiern begann, bestand in der Großkirche weder ein Fest der leiblichen Geburt Jesu noch ein Fest seiner geistigen Geburt (Epiphania) noch eine Festlegung des Kirchenjahres.

Das erste sichere Zeugnis für die Verbindlichkeit und Geltung des Christigeburtsfestes in Rom findet sich erst 137 Jahre später, in dem Chronographen des Dionysius Philoka-lus, einer Art öffentlichem Handbuch, mit einer ›depositio martirum‹, einer Abfolge der Päpste und der Beschreibung Roms. Jene ›depositio‹ diente der Festlegung des Kirchen-jahres; sie begann mit der Notiz »natus Christus in Betleem Judeae« und fixierte damit den Beginn des Kirchenjahres auf den 25. Dezember, offenbar gegen erhebliche staatliche Widerstände, denn seit Caesar hatte der 1. Januar als Jahresanfang gegolten.

Etwa zur gleichen Zeit haben wir bereits Nachricht von einem Kölner ›conventiculum ritus christiani‹, einem christlichen Kultgebäude oder schlicht einem Gottesdienstraum. Die Sache war so: Der Franke Silvanus, eigentlich ein Statthalter Kaiser Constantinus’ II., hatte sich in Köln von seinen Truppen zum Gegenkaiser ausrufen lassen; darauf schickte Konstantinus seinen Feldherrn Ursicinus nach Köln, um den anderen zu entmachten; der wiederum floh vor den Häschern und suchte sich in das Gemeindehaus der Christen zu retten, fand jedoch dabei den Tod. Das war anno 355.

Doch den ersten Hinweis auf ein christliches Köln verdanken wir keinem Geringeren als Kaiser Konstantin, der im Jahr 313 einen kirchlichen Streit zu schlichten hatte. Es ging um die Frage: Sollte man die in der Zeit der Christenverfolgung abtrünnig Gewordenen wieder zur Taufe zulassen oder nicht? Der Kaiser gab Weisung, neben den ausländischen Bischöfen von Antun und Arles auch den Bischof Maternus ›ex Agrippina civitate‹ zu hören.

Euphrates, der zweite namentlich bekannte Kölner Bischof, hatte nicht die Autorität sei-nes Vorgängers. Die eigene Gemeinde warf ihm vor, die göttliche Präexistenz Christi zu leugnen; und sie schaffte es dann, gewissermaßen als Hüterin der Rechtgläubigkeit, daß ihr Oberhirte durch ein Konzil rheinischer und ostgallischer Bischöfe im Jahr 346 seines geistlichen Amtes enthoben wurde. Um so mehr müssen die Kölner damals schon dafür gewesen sein, beide weihnachtlichen Hochfeste, Christi Geburt und die Erscheinung des Herrn, ordentlich zu feiern.

GÖTTER, KULTE UND MYSTERIEN

Mein Vaterhaus stand in der Wolfstraße, unfern des Neumarktes und der Kirche an St. Aposteln. In dem geräumigen Haus und seinem Garten hatte ich mit mei-nen Freunden, von denen oft ein halbes Dutzend bei mir Feldlager bezog, einen weiten Auslauf. – In die Gärten ringsum wurden große Löcher gegraben, mit dem Strahl der Wasserleitung gefüllt, und in diesen Seen setzten wir unglückliche Fischchen aus, die wir im Rhein gefangen. Metertief gingen diese Löcher. Dieser Tiefbaukunst mußte ich mich erinnern, als ich, schon Oberbürgermeister meiner Vaterstadt, eines Tages die Kunde erhielt, im Garten des Elternhauses sei beim Ausschachten in geringer Tiefe ein Mosaikboden gefunden worden. Ich fuhr schleunigst hin und fand ein prachtvolles altes Mosaik mit Darstellung des Mithras-Kults, das künstlerisch wertvoll und auch für die

Kulturgeschichte der Stadt von großer Bedeutung war. Es ist jetzt in dem Museum untergebracht, das unsern Namen trägt.«

So berichtet Max Wallraf ›Aus einem rheinischen Leben‹ (1926). In Köln sind zwei Kultstätten für Mithras, den bedeutendsten aller orientalischen Mysterienkulte im römischen Reich des 2./3. Jahrhunderts, nachgewiesen. »Sie waren kleine unterirdische Kultheiligtümer in Kellerräumen, deren Längsseiten von je zwei Steinbänken gesäumt wurden, die als Liegeplätze für die Gottesdienstteilnehmer dienten« (Günter Ristow).

Felsgeburt des Gottes Mithras aus dem 3./4. Jh., gefunden an der Dom-Südseite (links).
Stadtgöttin Cybele auf dem Thron, aus einer Kölner Töpferwerkstatt des 2. Jhs.

Im Mittelpunkt all dieser Mysterienkulte stand der jahresbedingte Wechsel vom Vergehen und Neuwerden, von Finsternis und Licht, von kosmischem Sterben und Auferstehen. Auf dem Höhepunkt der kultischen Feier, die durch rituelle Reinigung, Opfer, Weihen, Fruchtbarkeitsritus und Mahlzeremonie gekennzeichnet war, vollzog der Myste die Vereinigung mit dem Gott. Das konnte bis zur Ekstase, bis zum gesteigerten Orgiasmus führen.

Im Mithraskult wurde der evidente Gegensatz von Licht und Finsternis weitgehend zum Dualismus von Gut und Böse umgedacht und im sogenannten Arianismus vergeistigt. Nicht von ungefähr war es das römische Militär, das diesen altiranischen Kult von dem persischen Grenzgebiet her allmählich im ganzen römischen Reich verbreiten half. Die Soldaten fühlten sich den Lichtmächten zugehörig, welche die Mächte der Finsternis siegreich überwinden. Der jugendliche persische Gott Mithras wiederum war kein anderer als der sieghafte Sonnengott Sol Invictus, und sein Heilswerk »umschlossen von der Epiphanie des Gottes am 25. Dezember in seiner Felsgeburt, von seinem erdbefruchtenden, errettenden Stieropfer, vom sakramentalen Mahl mit Sol und seiner Himmelfahrt« (Günter Ristow). Das Relief einer solchen Felsgeburt des Mithras wurde bei Ausgrabungen an der Dom-Südseite gefunden und ein Kultgefäß aus Ton, das den Mithras-Sol zwischen seinen Begleitern zeigt, bei Ausgrabungen an der Ecke Zeughausstraße und Kattenbug. Beide stammen aus dem 3./4. Jahrhundert.

Es war eine Sensation, als man im Sommer 1941 vor der Südseite des Doms bei Ausschachtungen für den Bau eines Bunkers einen spätromanischen Palast freilegte und in dessen großem Speisesaal das ›Dionysosmosaik‹ vorfand. Hier zeigt sich ein anderer Kultbereich, der in einem bestimmten Aspekt, nämlich dem der Fruchtbarkeit und der Wiedergeburt, mit den anderen Mysterien in Zusammenhang steht. Waren es doch die Orphiker, die in ihrer Jenseitserwartung sowohl Orpheus wie auch Dionysos als Wiedergeburtsgott verehrten, auf daß der die Lebenden und die Toten der Unterwelt mit sich führe zur ewigen Seligkeit. Freilich macht gerade das Kölner Dionysosmosaik deutlich, wie sich der ursprüngliche Kult inzwischen veräußerlicht hatte, zum mythischen Spiel geworden war.

Köln kannte auch noch andere Kulte, etwa den um die alte Kultur- und Stadtgöttin Cybele, die auch Vegetations- und Heilsgöttin war und seit alters her mit dem Dionysoskult in Beziehung stand. Dann den Kult um Sabazios, ebenfalls phrygischen Ursprungs, der sich in Köln durch den Fund kleiner bronzener Kulthände belegen läßt. Der Gestus dieser Hände ist nichts anderes als das segenspendende Zeichen, das als ›lateinischer Segen‹ auch in die Liturgie der christlichen Kirche hineinwuchs.

In mancher Hinsicht interessant ist auch der Isiskult, zu dessen wichtigsten Zentren im Rheinland die Stadt Köln gehörte. Dies belegen Weihestatuetten aus den Fundamenten von St. Ursula, ein Weihealtar aus dem Gemäuer von St. Gereon mit der Inschrift »Der Isis mit den tausend Namen…« und kleinere Amulettstatuen. Buchstäblich auf den Steinen vorchristlicher Kulte hat das Christentum seine Kirchen errichtet.

Die ägyptische Isisverehrung stand der Marienverehrung im Wege. »Die Jungfrau hat geboren, es wächst das Licht!« riefen die, die in Alexandria den 25. Dezember feierten (belegt für die Zeit um 375). Das bezog sich nun keineswegs auf Maria, sondern auf Isis und ihre Anbeter. Der Chronist, Bischof Epiphanios, sah das alexandrinische Fest ›Kykellia‹ gleichbedeutend mit dem ägyptischen ›Kronia‹ und den römischen Saturnalien – »alles Götzenanbeterei«. Wegen dieser fatalen Koinzidenz war er auch nicht für das Weihnachtsfest am 25. Dezember, sondern empfahl inständig, das Geburtsfest an Epiphania zu feiern: »Denn am 25. Dezember geschieht der Einschnitt, der eine Wende ist, und es beginnt zu wachsen der Tag, da das Licht den Zuwachs bekommt; es erfüllt aber die Zahl von 13 Tagen bis zum 6. Januar, bis zum Tage der Geburt des Christus, indem ein Dreißigstel Stunde jedem Tage zugetan wird.«

Das war zwar feinsinnig gedacht, hätte aber bedeutet, daß der 25. Dezember den nichtchristlichen Kulten und Mysterien überlassen worden wäre. Weder für Rom noch für Köln war das akzeptabel.

VON REINALD VON DASSEL BIS MEISTER ECKHART

Unser zweites geschichtliches Kapitel umfaßt annähernd zwei Jahrhunderte: 1159 wurde Reinald von Dassel der Erzbischof von Köln, und die großen mystischen Prediger Meister Eckhart und Johannes Tauler wirkten in der ersten Hälfte des 14. Jahrhunderts. Chronik und Legende sind zu Beginn dieser Epoche noch eng verschwistert. Geschichten und Geschicht-Schreibung gehen ineinander über.

Frömmigkeit und nüchternes Kalkül, Risikobereitschaft und strategischer Weitblick bewogen den Kölner Erzbischof Reinald, seines Zeichens auch ›Erzkanzler‹ des Kaisers Friedrich Barbarossa, zu einem Coup mit Langzeiteffekt. Er ließ die Gebeine derer, die man ›die Heiligen Drei Könige‹ nannte, im Sommer 1164 als Kriegsbeute von Mailand nach Köln verbringen. Knapp fünfhundert Jahre sind es her, seit die Koelhoffsche Chronik, die erste Stadtgeschichte Kölns in Buchform, die Ereignisse näher geschildert hat.

WAS DIE ›CRONICA VAN DER HILLIGEN STAT COELLEN‹ BERICHTET

Reinald (Reynoldus), ein Raugraf, geboren zu Dassel in Sachsen, war von dem Kapitel von Köln einträchtig gekürt worden. Zuvor war er Probst zu Hildesheim gewesen und Kanzler Kaiser Friedrichs des Ersten, und er war mit dem Kaiser in Italien gewesen. Er war ein kluger, vorsichtiger Mann in weltlichen Dingen und auch in rittermäßigen Geschäften; allen Sachen, wozu er geschickt und gewählt wurde, die Angelegenheiten der Kaiserlichen Majestät und des Reiches betreffend, bestellte und verrichtete er lauter und ehrlich, und desgleichen tat er auch bei anderen Fürsten und Herren. Und um seiner großen Klugheit und Erfahrung willen kam er, als Bischof Friedrich von Köln gestorben war, mit dem Brief (Empfehlungsschreiben) der Kaiserlichen Majestät nach Köln und wurde einträchtig gekürt: von dem Domkapitel, von der Ritterschaft und vom ganzen Land.

Und weil Kaiser Friedrich seine Umsicht und Klugheit bei großen Unternehmungen erprobt und erfahren hatte, begehrte er vom Bischof Reinald, er solle mit ihm wieder übers Gebirge ziehen nach Italien, wie er es getan, bevor er Bischof geworden war. Als diese Bitte des Kaisers den Bischof Reinald erreichte, bestellte dieser die Sachen des Bistums in allen Belangen und setzte den Domdechanten als Stellvertreter ein, der war einer von Heinsberg und hieß Philipp... Als Kaiser Friedrich mit den Seinen die Stadt Mailand so schwer belagert hatte, da war unter etlichen anderen Bürgern vor allem der Bürgermeister die Ursache für die Widerspenstigkeit der Stadt, und ihn wollte er henken lassen. Es wäre viel eher zu der Aussöhnung gekommen, wäre dieser nicht gewesen. Darum wollte er auch nicht abziehen, sondern unbedingt seinen Willen haben.

Nun lag an der Stadtmauer ein Nonnenkloster, und darin untergebracht waren die Körper der Heiligen Drei Könige. Aus Persien waren sie einst nach Konstantinopel gelangt, und von dort hatte sie ein Mailänder Bischof hergebracht, Eustorgios mit Namen, der war vormals Bischof in Griechenland gewesen, und der Kaiser von Konstantinopel sein besonderer Freund. Von diesem hatte er, als er zum Bischof von Mailand berufen, begehrt, ihm und seiner Kirche die lieben drei heiligen Leichname zu überlassen – und der Kaiser hatte ihm dies gewährt. So waren sie nach Mailand gelangt.

Die Äbtissin des Klosters war aber die Schwester des Bürgermeisters, den der (deutsche) Kaiser henken lassen wollte. Sie faßte einen klugen Plan und ließ dem Bischof von Köln an der Mauer ausrichten, daß die Bürger dem Kaiser am nächsten Tag die Stadt übergeben wollten, und daß der Bürgermeister ihr Bruder sei; wenn er (der Bischof) vor dem Kaiser für diesen Abbitte leiste, wolle sie ihm die Heiligen Drei Könige geben. Über diese Nachricht war Bischof Reinald hocherfreut und antwortete mit Ja. Auch hatte er dem Kaiser schon sein Anliegen vorgetragen, ihm doch das Kleinod und Heiligtum der Heiligen Drei Könige für seine Kirche zu geben; und angesichts der trefflichen Dienste, die Reinald und die Stadt Köln ihm geleistet hatte, widersetzte sich der Kaiser seinem Wunsche redlicherweise nicht.

Die Äbtissin und Bischof Reinald beratschlagten nun, wie sich das zuwege bringen ließe. Sie gab ihm die Heiligen Drei Könige. Des Morgens taten die Bürger von Mailand ihre Tore auf und wollten dem Kaiser huldigen. Da bat der Bischof von Köln den Kaiser, ihm das geben zu wollen, was die Nonne auf ihren Schultern trage. Der Kaiser bedachte sich nicht lange und sagte es ihm zu. Und als die Bürger aus der Stadt kamen und dem Kaiser zu Füßen fielen, und desgleichen alle Pfaffen, da kam auch die Äbtissin und trug auf den Schultern ihren Bruder, den Bürgermeister. Als der Kaiser das sah, sprach er: ›Das habe ich nicht versprochen.‹ Der Bischof antwortete, er werde, was er ihm einmal gelobt habe, doch wohl halten.

Der Kaiser war's zufrieden, und so bekam Bischof Reinald die Heiligen Drei Könige und sandte sie heimlich und behende mit seinem Gefolge nach Köln. Die Leichname des hl. Felix, des hl. Nabor und des hl. Gregorius von Spoleto nahm er als Heiltum mit, daß die Bürger von Mailand es nicht merkten und auch nicht Pfalzgraf Conrad, der Bruder des Kaisers. Zwar waren die Mailänder gewarnt worden, daß der Kaiser dem Bischof Reinald von Köln die Heiligen Drei Könige als Heiltum zugesagt hatte und ihm bringen wollte, doch waren sie der Meinung, daß das Heiltum noch da wäre. Doch nein, Bischof Reinald hatte es auf Umwegen hinweggeführt, mit umgedrehten Hufeisen an den Pferdefüßen, um das Land zu durchqueren. So kamen sie außer Landes und zogen in Köln am Tag nach Maria-Magdalenen-Tag anno Domini 1164 ein.

Und da wurden die heiligen drei Leichname mit großen Freuden und unter großem Zulauf der Geistlichkeit und der Bürger empfangen, doch wurden sie nicht, wie man allgemein sagt, durch das zugemauerte Tor oben am Bayen geführt, weil diese Mauer und diese Pforte noch nicht erbaut waren; erst Philipp von Heinsberg, Bischof zu Köln, hat sie errichtet. Aber die Pforte ist vielleicht zum Zeichen gemacht worden, daß das Heiltum zu Lande hereingebracht und von dieser Stelle aus von der Geistlichkeit und den Bürgern in den Alten Dom gebracht wurde, der nun beinahe ganz abgebrochen ist.«

Soweit der Bericht der Koelhoffschen Chronik, der auch im folgenden von Legenden gespickt ist. Wenden wir uns den Tatsachen zu. Kaiser Friedrich (›Barbarossa‹) lag mit seinem Heer 1162 zum zweiten Mal vor Mailand. Er wußte um die hochberühmten Reliquien. Ein Sarkophag mit der Inschrift ›Sepulcrum trium magorum‹ (Grab der drei Weisen), offenbar eine Arbeit aus spätrömischer Zeit, war seit Jahrhunderten das Heiltum der Kirche San Eustorgio, außerhalb der Mailänder Stadtmauer gelegen. In dem mächtigen Grabmal ruhten in drei Särgen die mumifizierten Leiber. Aber schon vor der ersten Belagerung durch die Deutschen (1158) hatte man die Reliquien in die sicherere Altstadt verlagert, in den Glockenturm von San Giorgio al Palazzo. Nach der Übergabe Mailands am 26. März 1162 nahm Barbarossa sie in Beschlag und beließ sie fast zwei Jahre in besagtem Glockenturm, bis er auf Bitten des frischgekürten Erzbischofs, eben des Erzkanzlers, dem er sehr verpflichtet war, diesem die Reliquien überließ.

Um die Mailänder nicht in Panik zu versetzen, schaffte Reinald sie heimlich aus dem Glockenturm, legte die Mumien in drei neugefertigte Särge, nahm außerdem drei Särge mit den Gebeinen heiliger Märtyrer mit und trat am 11. Juni 1164 die Reise nach Köln an. Solange der Weg durch Italien führte, erklärte man die Särge damit, es seien die Leichen von Pesttoten und zudem von Verwandten des Bischofs, oder es seien vor Mailand gefallene Soldaten, die man nun heimführe. Reinald nahm den Umweg über Hochburgund, weil ihm zu Ohren gekommen war, der Papst würde ihm nachstellen. Er erreichte Luzern, Zürich, den Oberrhein und gelangte zu Schiff am 23. Juli 1164 nach Köln.

Bis Remagen war ihm der Dechant des Kölner Domkapitels, sein späterer Nachfolger Philipp von Heinsberg, entgegengekommen. Mutmaßlich haben die Reisenden zuerst in St. Maria Lyskirchen ein Dankgebet verrichtet, ehe sie mit ihrer kostbaren Fracht zum Dom gelangt sind. Ob der Weg über St. Maria im Kapitol führte, ob sie ein Törchen in Art der später errichteten Dreikönigenpforte durchschritten – wir wissen es nicht.

Die Figuren der Heiligen Drei Könige und der Maria, die früher das Dreikönigenpförtchen schmückten. Heute befinden sich die Originale im Schnütgen-Museum.

DIE BILDGESCHICHTE DER HEILIGEN DREI KÖNIGE
Nach Johannes von Hildesheim

*Eine der lebendigsten Inkunabeln oder Wiegendrucke
ist die Straßburger Ausgabe ›Ein büech der heiligen
dryer Kunig‹ (um 1480). Entstanden ist dieses Legen-
denbuch zwischen 1364 und 1375; geschrieben hat es
der Karmelitermönch Johannes von Hildesheim. Da er
es Florentius von Wevelinghoven gewidmet hat, bis
1364 Domherr zu Köln und später Bischof von Münster, schloß man daraus, Johannes von Hildesheim habe
den Bericht über das Leben und Wirken der Heiligen
Drei Könige genau zur Zweihundertjahrfeier der Überführung ihrer Reliquien nach Köln verfaßt.*
*Aus den zahlreichen Holzschnitten des Straßburger
Drucks werden hier 24 als fortlaufende ›Bildgeschichte‹
vorgestellt.*

125

1   *Die Anbetung der Heiligen Drei Könige.*

2   *Die Prophezeihung des Balaam.*

3   *Die Fürsten von Vans bestellten zwölf Sterndeuter.*

4   *Wie Jesus geboren ward und in der Krippe lag.*

5   *Der Engel Gottes erschien in der Nacht den Hirten.*

6   *Die drei Könige kamen bei Jerusalem zusammen.*

7 Ein Engel warnte die drei Könige im Schlaf.

8 Herodes jagte den drei Königen nach und zündete ihr Schiff an.

9 Maria und Joseph flohen aus Bethlehem.

10 Wie die Hirten die Rosen abbrachen.

11 …da wusch die Maria ihrem lieben Kind die Windeln über dem Brunnen.

12 Ein Engel verkündete Joseph, sie sollen wieder ins Land der Juden reisen.

13 *Sankt Thomas weihte die drei Könige zu Priestern.*

14 *Die drei Könige erwählten dem Volke einen weltlichen Herrn.*

15 *Da wurden sie alle drei in ein Grab gelegt.*

16 *...und eine jede Partei führte ihren König heim und bestattete ihn da.*

17 *Helena brachte die drei Könige zusammen und führte sie in die Hauptstadt Konstantinopel.*

18 *Der König der Griechen übergab dem Eustergios die drei Könige.*

19 Reinaldus führte sie mit sich nach Cöllen.

20 Wie Priester Johann und andere Könige ihre Kronen aufsetzten und dreimal Opfer gaben.

21 Wenn ein Priester Messe hält, so ist er gekrönt.

22 Wenn ein Priester vor den Altar geht, opfert er Gold und der Diakon Weihrauch und der Subdiakon Myrren.

23 Die Heiden lasen das Evangelium.

24 So machten sie eine Prozession, die gekrönten Priester trugen das Sakrament.

WIE DIE KÖNIGE DAS STADTLEBEN VERÄNDERTEN
Von Franz Kreuter

»O Köln, geschmückt mit
den drei Kronen, die
– wie auf einem Regenbogen
ruhend – als Zeichen deines

römischen Alters dienen«
(Joost van den Vondel).
Entwurf von Stephan
Lochner 1450.

Als im Jahre 1164 die Körper der Magier – unter dem Namen der Heiligen Drei Könige bekannt und verehrt – durch Reinald von Dassel nach Köln gebracht und in die alte Domkirche niedergesetzt wurden, hielt dieser Erzbischof vielleicht zur Sicherheit dieses Schatzes es für notwendig, den ganzen Bezirk des Domhofes einfassen zu lassen.

Der Nachfolger Reinalds, Philipp von Heinsberg, verschönerte und erweiterte den erzbischöflichen Palast und ließ seine inneren Gemächer mit vielen Kostbarkeiten ausschmücken. Auf dem ganzen Domhof und besonders in der Gegend des Palastes verbreitete sich nun bald ein vielbewegtes und betriebsames Leben. Rund um den Palast, vor dem Saal, an des Bischofs Garten und Tiergarten war alles mit Gaddemen (Kaufläden), Tischen, Bänken und Ständen besetzt, um Handel und Krämerei zu treiben. Diese Buden dehnten sich bis unter das Hachttor, ja selbst noch bis zur Litsch aus. Das von allen Seiten der Stadt herbeiströmende Volk und selbst die vielen Fremden, die teils durch den Handel, teils durch die bedeutsame Stellung des Erzbischofs Philipp nach Köln und zum bischöflichen Hoflager gezogen wurden, vor allem aber die vielen Pilger, welche aus nahen Landen kamen, um die Heiligen Drei Könige zu verehren, fanden auf dem Domhof für alle Bedürfnisse eine reiche und genügende Auswahl. Nicht weniger belebten die vielen Kaufleute diesen Platz, die zu den zwei berühmten Jahrmessen, zur Zeit der Heiligen Drei Könige und am Tage Petri Kettenfeier, auf dem Domhof ihre Waren feilboten; letzterer Jahrmarkt gab sogar dem Platz, der vor dieser Zeit einfach ›Am Hof‹ – Petershof – oder ›Dinghof‹ hieß, den Namen ›Winkelmarkt‹, da man in Urkunden ›St. Petrus im Winkel‹ (entstellt aus ›in vinculis‹, ›in Ketten‹) geschrieben findet, und zu welcher Feier vielleicht die durch Bischof Bruno aus Rom dem hiesigen Dom überbrachten Ketten dieses großen Apostelfürsten Anlaß gegeben haben.

Köln vergaß über diesem kostbaren Schatz der Heiligen Drei Könige alle andern, an denen es damals so reich war; es änderte sogar sein Wappen und setzte drei goldene Kronen hinein, um sich als die Stadt der Heiligen Drei Könige zu bezeichnen. (Das Stadtwappen wurde erst 1288 geändert, als die Wallfahrten in die ›hillige stat‹ längst eingesetzt hatten.)

Von da an ward Köln das Ziel unzähliger Wallfahrten; aus Deutschland, Ungarn, Frankreich, Italien, ja sogar aus überseeischen Gegenden strömten Pilger in großer Zahl herbei. Von allen Seiten kamen Ansiedler, die unter dem Schutz dieser Heiligen eine neue Wohnstätte gründeten, und so geschah es, daß die Stadt durch Niederlegung der seit den Römerzeiten sie umschließenden Mauern erweitert werden mußte, wodurch mehrere bis dahin außerhalb gelegene Kirchen in die Stadt selbst hineingezogen wurden.

Da konnte auch die damalige alte Domkirche, wohin die Reliquien gebracht worden, weder dem Andrang der Pilger noch dem frommen Sinn der Kölner und ihrer Erzbischöfe genügen; da wurde das Bedürfnis eines größeren und erhabenen Tempels gefühlt, und über allem Zweifel ist, daß unser gegenwärtiger Dom den Reliquien der Heiligen Drei Könige, wie seine erste Gründung, so auch sein anfänglich so herrliches Gedeihen verdankt. (Die Grundsteinlegung für den gotischen Dom geschah 1248, durch Konrad von Hochstaden.) Die von verschiedenen Päpsten erlassenen Bullen empfehlen den Dombau, um die Ehre Gottes und der Heiligen Drei Könige zu bekunden, und eine bedeutende Förderung des Dombaues waren die von den Pilgern und besonders von den deutschen Kaisern und Fürsten an der Grabstätte der Heiligen Drei Könige dargebrachten Opfergaben.

War nun die Verehrung der Heiligen Drei Könige beständig in Köln, so mußte diese einen ganz besonderen Aufschwung nehmen an dem Tage, an welchem die ganze christliche Welt deren Gedächtnis begeht, und so entfaltete denn am Dreikönigentag die Stadt Köln die größten Festlichkeiten des ganzen Jahres. Verschiedene Päpste erhoben die Feier durch Verleihung von Ablässen an diejenigen, welche nach vorher empfangenen heil. Sakramenten der Buße und des Altars am Festtage selbst oder während der dazugehörigen Oktave (der Festwoche danach) im Dom andächtige Gebete verrichteten, und Kaiser rechneten es sich zur Ehre, an diesem Tage ihre Stelle unter den Kanonicis der hohen Domkirche einzunehmen und die Vesper mitzusingen.

Daß der Magistrat und sonstige Behörden der Stadt in großem Aufzug sich zum Dom begaben und dem Hochamt beiwohnten, weiß jeder, der den Geist und die Sitten der früheren (Generationen) nur etwas kennt, und daß auch die ganze Bevölkerung sich auf das sinnigste bei der Feier beteiligte, braucht nicht erinnert zu werden. Viele der jetzt Lebenden wissen, wie noch in ihrer Jugendzeit die ganze gottesdienstliche Feier des Drei-Königen-Festes sich im Dom konzentrierte; in Prozessionen zogen aus den verschiedenen Pfarrkirchen die Bruderschaften hin, wohnten dem heil. Meßopfer bei und begaben sich in geordnetem Zug zu den Reliquien der Heiligen Drei Könige, wo jeder eine Opfergabe niederlegte.«

Der Bericht des Kölner Antiquars, Buchdruckers und Verlegers Franz Kreuter, der nebenbei auch Stadthistoriker war, ist ebenso anschaulich wie detailgenau. Er findet sich in seinen Heften ›Wanderung durch das mittelalterliche Köln‹, die um 1855 im Selbstverlag erschienen. Franz Kreuter verdanken wir nicht nur eine Sammlung ›Kölns Legenden, Sagen, Geschichten‹ (1844), sondern auch die Gründung von Ehrenfeld.

DIE WUNDERGESCHICHTEN
DES CAESARIUS VON HEISTERBACH

Wahrscheinlich wurde der bekannte Zisterziensermönch und Prediger Caesarius von Heisterbach um 1180 in Köln geboren, jedenfalls hat er hier die Stiftsschule St. Andreas und die Domschule besucht. Zwanzigjährig trat er als Novize ins Kloster Heisterbach bei Königswinter ein, wurde dort Novizenmeister und Prior und ist in Heisterbach auch gestorben (nach 1240).

Er war ein hochproduktiver Schriftsteller. Was seine vielen Predigten so interessant macht, sind die ›Miracula‹ (Wundergeschichten) und ›Exempla‹ (Predigtmärlein), die er einzustreuen pflegte und dann auch in eigenen Textsammlungen herausbrachte: dem ›Dialogus miraculorum‹ – ein Novize fragt, ein Mönch erklärt – und den späteren ›Libri miraculorum‹, die unvollendet blieben. Was immer es an wunderbaren oder volksgläubigen Vorstellungen in der Zeit gab, Caesarius – der seine Pappenheimer sehr gut kannte – hat es uns überliefert.

Da ist zum Beispiel die Geschichte von einem Rheinkasseler, der dem Gebot des Ortspfarrers, sich in der Adventszeit jedes Fleischgenusses zu enthalten, zuwiderhandelte; statt des brutzelnden Bratens fand er eine Kröte auf dem Herd.

Oder die Neujahrssitte am Niederrhein, daß sich die Frauen mittels Birkenstäbchen denjenigen unter den zwölf Aposteln auslosen, den sie dann das ganze Jahr hindurch als persönlichen Schutzpatron verehren. Als eine Frau nun den Judas als Los zog, warf sie das Hölzchen fort. Doch der Verschmähte erschien ihr in der Nacht und schlug sie so sehr, daß sie anderntags verschied.

Vielfach werden Visionen während der Weihnachtsmesse bezeugt. Da wird einem Priester bei allen drei Christmessen von einer Taube die Hostie so lange entwendet, bis er seine Unkeuschheit gebeichtet hat. Oder eine Jungfrau Richmudis nimmt am Epiphanientag an der Frühmesse in Walberberg teil, fällt in Verzückung und erblickt den Heiland als Kind mit Tüchern umwickelt in der Wiege liegen, ein Regenbogen um ihn herum. Ein Mönch wiederum erlebt während der Christmette, genauer bei der zehnten Lesung, daß vor ihm »eine Frau von unvergleichlicher Schönheit und mit ehrfurchtgebietendem Antlitz stand, sie trug auf ihren Armen ein kleines neugeborenes Kindlein, das in schlechte und elende Windeln gehüllt des Mönches Mitleid erregte; hinter ihm stand ein alter Mann in Mantel und Rock, auf dem Haupt trug er einen nicht spitz zulaufenden Hut« (was zeigt, daß er kein Jude war).

Besonders aufschlußreich sind die Geschichten um den hl. Nikolaus, zumal sie die ältesten Baudenkmäler der Nikolausverehrung in Deutschland einbeziehen. Da ist einmal das Kloster Burtscheid bei Aachen, um 1000 gegründet; St. Nikolaus ist hier Mitpatron. Caesarius will wissen, daß das Burtscheider Porträt des heiligen Bischofs dasjenige sei, auf das der Zöllner der Legende eingeschlagen habe, um es für den Verlust seiner Schätze zu strafen. Unserem Mönch zufolge soll das Bild in Burtscheid viele Wunder bewirkt haben, besonders an Schwangeren. Da ist zum anderen das Kloster Brauweiler bei Köln, dessen im Jahr 1028 geweihte Kirche die erste Nikolauskirche in deutschen Landen ist. Vom Zahn des hl. Nikolaus zu Brauweiler berichtet Caesarius folgendes:

»Als die Mönche des Klosters Brauweiler ihre Kirche zu erweitern beschlossen hatten, ließen sie durch einige redefertige und im Geldmachen gewandte Weltgeistliche den Zahn ihres Patrons, des heiligen Bischofs Nikolaus, in verschiedenen Gegenden herumtragen und vorzeigen. Der Zahn befand sich in einem Kristallgefäß.

Eines Tages, als jene gemieteten Prediger dieses so viele und kostbare Heiligtümer einschließende Gefäß wieder einmal den Leuten vorzeigten, dabei sich aber nicht mit jener Würde benahmen, die sich in solchem Falle geziemt, ging plötzlich durch den Kristall ein Sprung. Es war, als ob der hochheilige Bischof seinen Unwillen über das unziemliche Verhalten hätte zeigen wollen. Auf dieses wundersame Ereignis hin wurde der Zahn ins Kloster zurückgebracht, und man duldete seitdem nicht mehr, daß er zu solchen und ähnlichen Zwecken verwendet werde. Ich selbst habe den Sprung in dem Kristall gesehen.«

Der frühere Kölner Stadtbibliothekar Paul Therstappen hat in seiner Version der Legende präzisiert, es habe sich bei den Umzügen und Zurschaustellungen der Reliquie um eine ordnungsgemäße Kollekte in der gesamten Erzdiözese gehandelt; der Erzbischof Philipp von Heinsberg habe dem Brauweiler Abt Bertram dazu ausdrücklich die Genehmigung erteilt.

Doch laut Therstappen handelt es sich beileibe nicht um einen Zahn, sondern um einen Finger des Heiligen. Und den habe er noch ein anderes Mal wohltätig ausgestreckt, am Fastnachtstag 1374, als der Rhein Hochwasser führte und schon ganze Stadtteile überschwemmt waren; damals habe man sich des hl. Nikolaus als des großen Helfers in Wassergefahr erinnert und eilig Boten nach Brauweiler gesandt, damit er die Gefahr banne. Und das tat er denn auch.

DIE WEIHNACHTSZAUBEREIEN
DES ALBERTUS MAGNUS

Über den Doctor universalis Albertus Magnus, der 1248 am Dominikanerkloster zu Köln das Studium generale begründet und damit den Grundstock für die Kölner Universität gelegt hatte, waren seit je die tollsten Geschichten im Schwange. »Groß in der Magie, größer noch in der Philosophie, am größten in der Theologie« – dieses auf ihn gemünzte Wort haben auch moderne Geschichtsschreiber verwendet, so Jacob Burckhardt (›Conrad von Hochstaden‹, 1843), so Ricarda Huch (›Im alten Reich‹, 1927). Am treffendsten hat wohl Ernst Weyden die alten Wundergeschichten um Albertus wiedergegeben, 1826 in seiner Sammlung ›Cöln's Vorzeit‹:

»Als er nach Köln in das Kloster des Prediger-Ordens gegangen, stellt sich Albertus so tölpelhaft und dumm, daß er nichts begreifen und fassen konnte, sich auch daher vornahm, das Kloster wiederum zu verlassen. Auf sein inbrünstiges Gebet erschien ihm aber die Mutter Gottes eines Tages auf seiner Zelle und fragte ihn, ob er in der Gottesgelahrtheit oder in der Weltweisheit ausgezeichnet sein wolle. Albertus zog letztere vor, welche ihm auch die Mutter Gottes zugestand, jedoch sollte er zur Strafe, daß er die Gottesgelahrtheit nicht gewählt, drei Jahre vor seinem Ende wieder ganz dumm werden. Dies geschah dann auch, daß er einmal in seinem Lehrvortrag halten blieb und kein Wort mehr zu sagen wußte. Man hat daher von ihm gesagt, daß er zweimal wunderbarerweise aus einem Esel in einen Weltweisen, und aus einem Weltweisen in einen Esel sei verwandelt worden.

Albertus war aber hochsonderlich gelahrt worden und verstand sich auf alle möglichen Wissenschaften, als da sind die medizinischen, mathematischen und hier gar sonderlich in der Architektur. Dabei war er in gar wunderbaren Künsten erfahren, doch ist es fälschlich, daß er ein Schwarzkünstler gewesen, obgleich er viele seltsame Streiche vollführet. So geschah es im Winter um das Fest der Geburt des Erlösers im Jahr unseres Heils 1248, daß der zwanzigjährige römische Kaiser Wilhelm II. von Holland mit einem stattlichen Geleite gen Köln gezogen kam. Die Kälte war schrecklich grimmig, daß sogar der Rheinstrom bis auf den Grund eingefroren. Als der Kaiser samt seinem Geleite und seinen Edelherren sich ob dem scharfen Ritte ein wenig erquickt und aufgetauet hatte, ließ er den Albertus, dessen Name ob seiner Gelahrtheit in allen Landen umher berühmt war, zu sich zu einem Abendschmause entbieten.

Albertus kam, und als man sich zur Tafel setzen wollte, bat der Kaiser ihn, einige seiner Künste zu zeigen. Albertus fand sich dazu bereit, nahm einen Humpen Rheinwein, murmelte einige Worte, und aus dem Humpen knisterten bläuliche Flämmchen, worauf er den Wein gegen die Decke goß, und aus den Tropfen wurden allerlei buntgefiederte Vöglein, welche an den Wänden umherflatterten und liebliche Weisen flöteten. Dies gefiel dem Kaiser und seinen Herren gar wohl, doch schnitten diese bald verdammt saure Gesichter, denn wenn sie trinken wollten, schlugen ihnen die lohen Flammen aus den Humpen entgegen, und so mußten sie mit trockener Gurgel sitzen, worüber der Kaiser sich baß ergötzte.

Albertus ging darauf einigemal um die Tafel, und alle Speisen des Winters wurden in die schmackhaftesten Speisen und Früchte, die man sich nur im hohen Sommer denken kann, verwandelt – die der ganzen Gesellschaft erquickend entgegendampften und ihre Lust reizten. Alle, den ersten Spuk vergessend, griffen weidlich zu; doch alsobald war Albertus entschwunden, und mit ihm das lockende Trugbild.

Gar wunderlich und possierlich sah es aus, wie die Ritter und Edelherren einander die Finger ins Maul gesteckt, sich bei den Nasen hielten oder an den Zipfeln ihrer Mäntel kauten. Am allerlustigsten aber war des Kaisers Schalksnarr anzusehen, der unter dem Tische saß und den Schweif eines Rüden ins Maul gesteckt hatte. Die Herren wollten sich anfänglich zwar ärgern, doch mußten sie zuletzt alle über den höchst drolligen Streich lachen.

Am anderen Tage machte der Kaiser samt seinem Gefolge dem Albertus einen Besuch in seinem Kloster. Als die Herren sich allenthalben umgesehen, fragte Albertus den Kaiser, ob er nicht einmal seinen Blumengarten sehen wolle. Alle schlugen eine laute Lache auf, denn es war so kalt, daß ihnen die Kinnbacken wackelten und nur an Blumen auf den Fensterscheiben zu denken war. Albertus führte sie aber durch ein Pförtlein, und sieh da, sie waren in dem schönsten Garten, den sie je gesehen. Mailich blühten hier die anmutigsten Blumen und spendeten ringsher süßen Duft; die schönsten und seltsamsten Vögel flatterten durch die blühenden Bäume und Sträuche und sangen ihre Lieder. Springbrunnen warfen ihre Wasserstrahlen hoch empor, in ihnen brach sich die Sonne in den reichsten und lieblichsten Farben. Alle staunten über den schönen Maigarten und konnten sich nicht genug wundern, pflückten sich auch wohl manche der schönen seltenen Blumen. Des Kaisers Schalksnarr hatte vor Lust seine Schellenkappe auf einen Baum geworfen und war, um sie zu holen, hinaufgerutscht.

Als sie sich nun recht verwunderten ob der schimmernden Frühlingspracht, war auf einmal alles verschwunden, und sie befanden sich sämtlich im Refektorium (Speisezimmer); die sich Blumen gebrochen, hielten gelbe Rüben, verdorrte Reiser und dergleichen in den Händen. Hoch in einem Fenster war des Kaisers Schalksnarr zwischen dem Gitterwerk eingeklemmt und schrie erbärmlich, da er nicht vorwärts noch rückwärts konnte. Alle mußten darum über die seltsame Täuschung lachen und verabschiedeten sich von dem weisen Künstler.

Also geschah um Weihnachten des Jahrs unseres Heils eintausendzweihundertachtundvierzig in der heiligen freien Reichsstadt Köln.«

Albertus Magnus schuf, worauf die Sage anspricht,
Kölns ersten botanischen Garten.
Hier sein Denkmal vor der Kölner Universität.

WEIHNACHTSPREDIGTEN DEUTSCHER MYSTIKER
Von Johannes Tauler und Meister Eckhart

Mittelalterlicher Prediger. Holzschnitt 1535.

Zur geistigen Geschichte Kölns gehören die Mystiker, die hier Theologie studiert und, wie Meister Eckhart, hier auch gelehrt haben. Sie waren es, die der deutschen Sprache schöpferische Kraft verliehen – lange vor Luther. Einer Ordensfrau verdanken wir die Niederschrift der nun folgenden Predigt, die sich auf die drei Weihnachtsmessen (in der Christnacht, am frühen Morgen und am Tage) bezieht und die im mittelhochdeutschen Original den erklärenden Zusatz hat: »Des Tauwelers (Taulers) bredie (Predigt) an den winnaht tage von drien geburten ist genommen usser den drien messen des winnaht tages und (zeigt), wie wir die drie krefte unserer selen versamelen sullent.«

Johannes Tauler, um 1300 geboren und 1361 gestorben, trat früh in das Dominikanerkloster seiner Heimatstadt Straßburg ein, wurde dann aller Wahrscheinlichkeit nach von seinem Orden zum Kölner ›studium generale‹ geschickt, wo er Meister Eckhart traf. Dessen Lehre wurde für ihn wegweisend. Tauler war später Prediger in Straßburg und Basel, kehrte 1346/47 nach Köln zurück und übernahm die Seelsorge insbesondere der Dominikanerinnen. Wann und wo er die hier auszugsweise wiedergegebene Predigt gehalten hat, ist nicht überliefert.

Von der dreifachen Geburt Gottes im Menschen

»Heute begeht man in der heiligen Christenheit das Fest einer dreifachen Geburt, aus der jeder Christenmensch soviel Freude und Wonne entnehmen sollte, daß er vor lauter Wonne aus sich selbst springen möchte, in Jubel und Liebe, in Dankbarkeit und innerer Freude. Und wer davon nichts in sich empfindet, der mag sich fürchten.

Die erste und höchste Geburt ist nun die, daß der himmlische Vater seinen eingeborenen Sohn gebiert in göttlicher Wesenheit, in persönlicher Unterscheidung. Die andere Geburt, die man heute feiert, ist die, daß das mütterliche Gebären in jungfräulicher Keuschheit und in rechter Lauterkeit geschah. Die dritte Geburt besteht darin, daß Gott alle Tage und alle Stunde in einer guten Seele wahrhaft geistlich geboren wird, mit Gnade und mit Liebe. Die drei Geburten begeht man heute mit den drei Messen.

Die erste Messe singt man in der finstren Nacht, und sie hebt an: Dominus dixit ad me: filius meus es tu, ego hodie genui te. Diese Messe meint die verborgene Geburt, die in der finsteren, verborgenen, unerkannten Gottheit vor sich ging.

Die zweite Messe hebt an: Lux fulgebit hodie super nos. Und sie meint den Schein der vergotteten menschlichen Natur; diese Messe geht zum Teil in Finsternis, zum Teil bei Tage vor sich; denn die Geburt war teils bekannt und teils unbekannt.

Die dritte Messe singt man am klaren Tag, und sie hebt an: Puer natus est nobis et filius datus est nobis. Sie meint die liebreiche Geburt, die alle Tage und in allen Augenblicken in einer jeden guten, heiligen Seele geschehen soll und geschieht, wenn sie nur ihre Aufmerksamkeit und ihre Liebe darauf verwendet; denn soll sie diese Geburt in sich empfinden und ihrer gewahr werden, so muß das geschehen durch eine Einkehr und Wiederkehr aller ihrer Kräfte, und in dieser Geburt wird Gott ihr so zu eigen und gibt sich ihr mehr zu eigen, wie sie jemals jemandem zu eigen ward. Denn das Wort (die Heilige Schrift) sagt: Ein Kind ist uns geboren, und ein Sohn ist uns gegeben; er ist unser und ganz unser eigen und mehr als alles andere unser eigen, denn er wird allzeit ohne Unterlaß in uns geboren...

Maria war eine angetraute Jungfrau; eine jegliche sollte so angetraut sein, nach der Lehre des heiligen Paulus. Du sollst deinen wandelbaren Willen einsenken in den göttlichen, unwandelbaren Willen, damit deiner Krankheit geholfen werde.

Maria war aber auch in sich gekehrt; so soll auch jegliche Magd Gottes in sich gekehrt sein, will sie diese Geburt wirklich in sich empfinden, nicht allein unter Verzicht auf zeitliche Zerstreuungen, die irgendwie schädlich erscheinen, sondern auch auf sinnliche Tugendübungen; vielmehr soll sie eine Rast, eine Stille in sich machen und sich in sich verschließen, vor den Sinnen im Geist sich verbergen, sich verstecken und entschlüpfen, so sehr sie kann, und sich eine Stille, eine innere Rast schaffen.

Hiervon wird man am nächsten Sonntag eingangs der Meßfeier singen: ›Dum medium silencium fieret – als man mitten im Schweigen war und alle Dinge in tiefstem Schweigen verharrten und die Nacht ihren Lauf vollendet hatte, da, Herr, kam dein allmächtiges Wort von dem königlichen Stuhl, das ewige Wort aus dem väterlichen Herzen.‹ In diesem mitternächtigen Schweigen, in dem alle Dinge in tiefstem Schweigen sind und vollkommene Ruhe herrscht, da hört man dieses Wort Gottes in Wahrheit. Denn soll Gott sprechen, so mußt du schweigen; soll Gott eingehen, so müssen alle Dinge ausgehen und ihm Platz machen.«

Der Liturgie des Sonntages, der Christi Geburtsfest folgt, entspricht Meister Eckharts Predigt ›Vom Schweigen‹. Der sprachmächtige Prediger und Kirchenlehrer wurde um 1325 nach Köln auf die Lehrkanzel des Albertus Magnus berufen.

Meister Eckhart begreift, wie aus den folgenden Abschnitten seiner Predigt deutlich wird, ›die Geburt Gottes in der Seele‹ als das zentrale Geschehen der christlichen Heilslehre.

Vom Schweigen

»Wir begehen hier in der Zeit das Fest der ewigen Geburt, die Gott der Vater geboren hat und ohne Unterlaß in Ewigkeit gebiert, und feiern, daß diese Geburt jetzt in der Zeit und in der Menschennatur geboren ist. Der heilige Augustin sagt, diese Geburt geschehe immer. So sie aber nicht in mir geschieht, was hilft es dann? Denn daß sie in mir geschehe, daran liegt alles. Wir haben ein Wort des Weisen: ›Da alle Dinge mitten in einem Schweigen waren, da kam in mich von oben hernieder von dem königlichen Stuhle ein verborgenes Wort.‹ Von diesem Wort soll diese Predigt handeln.

›Inmitten des Schweigens ward mir zugesprochen ein verborgenes Wort.‹ Ach, Herr, wo ist dies Schweigen und wo ist die Stätte, in der dieses Wort gesprochen wird? Es ist in dem Reinsten, das die Seele aufweisen kann, in dem Edelstein, in dem Grunde, ja in dem Sein und Wesen der Seele. Das ist das Mittel: Schweigen; denn da hinein kam nie eine Kreatur oder ein Bild, und die Seele hat da nicht Wirken noch Verstehen und weiß kein Bild davon, weder von sich selbst noch von irgendwelcher Kreatur.

Alle Werke, die die Seele wirkt, wirkt sie mit den Kräften. Alles, was sie versteht, versteht sie mit der Vernunft. Wenn sie gedenkt, tut sie es mit dem Gedächtnis. Wenn sie liebt, tut sie es mit dem Willen, und dergestalt wirkt sie mit den Kräften und nicht mit dem Sein. All ihr Wirken nach außen haftet immer an einem Mittel. Die Kraft des Sehens bewirkt sie nur durch die Augen, anders kann sie kein Sehen bewirken oder zustande bringen. Und ebenso ist es mit allen anderen Sinnen. All ihr Wirken nach außen bewirkt sie durch ein Mittel.

Aber in dem Sein ist kein Werk, daher hat die Seele im Sein kein Werk als die Kräfte, mit denen sie wirkt, die fließen aus dem Grunde des Seins, oder vielmehr: In dem Grunde ist das Mittel Schweigen, da ist allein Ruhe und eine Wohnung für diese Geburt und dieses Werk, daß Gott der Vater allda sein Wort spreche, denn dieses ist von Natur nur für das göttliche Sein ohne irgendein Mittel empfänglich. Gott geht da in die Seele mit seinem Ganzen, nicht mit seinem Teil. Gott geht hier in den Grund der Seele hinein. Niemand rührt an den Grund der Seele als Gott allein. Die Kreatur kann nicht in den Grund der Seele, sie muß hier außen in den Kräften bleiben. Da mag sie ihr Bild betrachten, mit Hilfe dessen sie eingezogen ist und Herberge empfangen hat. Denn jedesmal, wenn die Kräfte der Seele die Kreatur berühren, nehmen und schöpfen sie Bilder und Gleichnisse von der Kreatur und ziehen sie in sich. Auf diese Weise entsteht ihre Kenntnis von der Kreatur. Die Kreatur kann nicht näher in die Seele kommen, und die Seele nähert sich jeder Kreatur nur dadurch, daß sie zunächst willig in sich ein Bild empfängt. Und von dem gegenwärtigen Bild aus nähert sie sich den Kreaturen, denn das Bild ist ein Ding, das die Seele mit den Kräften schöpft. Mag es ein Stein, ein Pferd, ein Mensch oder was immer sonst sein, das sie kennenlernen will, immer nimmt sie das Bild hervor, das sie von ihnen abgezogen hat, und auf diese Weise kann sie sich mit ihnen vereinigen.

Aber immer, wenn ein Mensch auf diese Weise ein Bild empfängt, muß es notwendigerweise von außen durch die Sinne hereinkommen. Darum ist der Seele kein Ding so unbekannt wie sie sich selbst.«

Diese Bilder und Gleichnisse, diese Sprache vor allem waren den Kölner Kirchenoberen nicht geheuer. Erzbischof Heinrich von Virneburg leitete daher einen Inquisitionsprozeß gegen den Dominikaner ein, mit der Begründung, Meister Eckhart verkünde von der Kanzel herab pantheistische Lehren.

Am 13. Februar 1327 gab der massiv angegriffene Prediger in der Dominikanerkirche eine öffentliche Erklärung ab. Er beteuerte darin seine Rechtgläubigkeit, erklärte seine Bereitschaft zum Widerruf, falls sich seine Lehre tatsächlich als irrig erweise, und appellierte an das päpstliche Gericht zu Avignon, ihm Gerechtigkeit widerfahren zu lassen. Die Rechtgläubigkeit wurde ihm dann bestätigt, allerdings hat Johannes XXII. in der Bulle ›In agro dominico‹ 28 Sätze angemerkt, die als irrig oder zumindest als verwegen und mißverständlich gelten sollten. Die Bulle war lediglich im Bereich der Kölner Kirchenprovinz zu veröffentlichen – aber als das geschah, lebte Meister Eckhart nicht mehr.

›Deß Sterns kurze Beschreibung / Welcher den Weisen
im Orient erschienen / Zur Zeit als Christus zu
Bethlehem geboren / Mit Vermeidung der Wunderwerck /
So dißmals den Weisen begegnet seyn.‹. 1635.

DAS JAHRHUNDERT DES HERMANN WEINSBERG

Jugendbildnis des Hermann Weinsberg.

Wie im Köln des 16. Jahrhunderts das Weihnachtsfest und die Feste vor und danach begangen wurden, wissen wir durch eine unschätzbare Quelle: das Buch Weinsberg. Die Familienchronik des Kölner Ratsherren, Juristen und Weinhändlers Hermann Weinsberg (1519–97) ist in vier Folianten niedergelegt, die der Kölner Stadtarchivar Leonhard Ennen vor gut hundert Jahren im Rathausturm ausgrub. Angefangen 1530, als Vater Weinsberg am Christabend ›vom Rate abging‹, bis zur Schilderung des Nikolausabends 1594 enthält diese Chronik vieles, was sich auf die Weihnachtsfestlichkeiten bezog. Hermann Weinsberg selbst war praktizierender Katholik, kinderlos, bis auf eine uneheliche Tochter, und seit seinem 39. Lebensjahr Witwer.

Über das adventliche Kinderbrauchtum seiner Zeit läßt sich verständlicherweise nicht allzuviel von ihm erfahren. Das Singen und Schenken am Nikolausabend erwähnt er 1570, im Zusammenhang mit den Schulkindern ›seiner‹ Pfarre St. Jakob, ausführlicher dann einen häuslichen Nikolausabend mit den Kindern seines Neffen (siehe Seite 32). 1566 ist ein Neffe schwesterlicherseits »am 6. Dezember auf dem Neumarkt zu St. Aposteln, wo er zur Schule ging, Bischof gewesen« – was darauf schließen läßt, daß das beliebte Kinderbischofsspiel damals mehr in Verbindung zum Nikolaustag stand als zum Tag der Unschuldigen Kinder.

Der Heilige Abend, der zu der Zeit nur als Vigilie des Christigeburtsfestes Bedeutung hatte, wird im Hinblick auf das ›offergelt‹ erwähnt. Damit ist eine Geldspende und/oder ein Weingutschein bezeichnet, die alljährlich an die Gattin oder wirtschaftende ›Hausfrau‹, an die Verwandten und an das Gesinde ausgeteilt werden, auch an entfernte Personen wie den Gaffelzunftboten oder den Küster der Gemeinde. So wurden 1580 die Familienmitglieder und das Gesinde nach dem gemeinsamen Mittagsmahl beschenkt – »und also gut für das alte Jahr gedankt und ihnen allen ein glückselig neues künftiges Jahr gewünscht«. Was obenhin wie eine Heiligabendbescherung aussieht, ist nichts anderes als ein ›Neujährchen‹: Denn mit dem 25. Dezember wurde im Haus Weinsberg der Beginn des neuen Jahres gefeiert.

Am Christtag selbst ging Weinsberg für gewöhnlich nach dem Hochamt zur ›hoichzit‹, womit die hl. Kommunion gemeint war. Dann pflegte er ausgiebig den geselligen Brauch des ›Kindleinwiegens‹, zusammen mit der weitläufigen Familie und dem Gesinde. Eine der typischen Eintragungen: »Das Christfest … zu St. Jakob gehalten und am Abend im Haus Weinsberg unter uns das Kindchen gewieget, gesungen und mit Jesulein fröhlich gewesen.« Und drei Jahre später: »Anno 1584 den 24. Dezember auf Christabend ist meine 23. Fahnenwache auf die Eigelsteins-Portz gefallen, und obwohl das im Hinblick auf ›das hoichzit‹ (die Kommunion) ein ungelegener Tag war …, beschlossen wir da um zwölf Uhr das alte Jahr. Wir fingen da an zu singen ›Puer natus est nobis‹ und ›Dies est laetitiae‹ und machten uns mit dem neugeborenen Kindlein Jesu fröhlich.«

Nun war das Ratsmitglied Hermann Weinsberg zeitlebens unschlüssig, ob er Neujahr am 25. Dezember oder am 1. Januar feiern sollte. 1581 feierte er es gleich an beiden Tagen. Da sich jedoch bei den Kölnern der Neujahrstag als Jahresbeginn immer mehr durchsetzte, konnte der sonst recht knickerige Hermann Weinsberg nicht umhin, auch zum 1. Januar Geschenke zu machen. Einen sogenannten Schöffenkuchen bekam der Schullehrer seiner Neffen, später auch das Meisterhaus, wo sie in die Lehre gingen. Als Neujahrsgeschenke an die Kinder dachte er sich unterhaltende und kaum Kosten verursachende Märchenspiele aus, so das ›Glücksäcklein‹, aus dem man bei jedem Griff angeblich zehn Gulden herausnehmen konnte, oder das ›Wunschhütlein‹, das einen an jeden beliebigen Ort trug, oder das ›Tafel deck dich‹ oder ›Sankt Othmars Fäßlein‹, dessen Weinstrom nie versiegte. Weinsberg hielt es für einen besonders gelungenen Einfall, jedesmal am Neujahrsmorgen seiner Familie ein selbstverfaßtes Gedicht zu widmen, worin er Verhaltensmaßregeln für das neue Jahr bekanntgab.

Am Abend vor Dreikönig standen die Wahlen zum Hauskönig an. Hier waren fast alle, auch das Gesinde und geladene Gäste, aktiv beteiligt, denn es ging nicht nur um die Wahl des Königs, sondern auch die der Königin, die des Kanzlers und der Kanzlerin, die des Hofmeisters und der Hofmeisterin, die des Schenken und der Schenkerin, die des Narren und der Närrin und so fort. Alle so bezeichneten Zettel kamen in einen Hut, und jeder – in der Reihenfolge des Alters der Anwesenden – konnte einen Zettel herausgreifen. König und Königin waren gehalten, ordentlich Wein zu spendieren; der König mußte überdies, zu einem späteren Zeitpunkt, ein ›Königsessen‹ ausrichten.

Interessanterweise merkt Weinsberg für 1591 an: »Auch hat man derzeit angefangen, in Köln alljährlich bei geistlichen und weltlichen Leuten, in Klöstern wie in Häusern ›den König zu kiesen‹, wenn die Freunde zusammenkommen; und andere Freunde zu sich einzuladen, große Essen und Mähler anzurichten, wobei dann jeder Berufene den König mit einem Viertel Weins zu verehren pflegt …« Aus dem geselligen Hausbrauch, den Weinsberg schon 1552 beschreibt, ist also eine im Lauf der Jahrzehnte allgemeine Sitte geworden, sicher auch unter flandrischem Einfluß, wo dieser Brauch der Königswahl vor Dreikönig bis heute noch gilt.

Zwei nur bedingt weihnachtliche, aber um so nettere Anekdoten hat Hermann Weinsberg uns überliefert, die ihn von seiner menschlichsten Seite zeigen. Die erste bezieht sich auf die wechselseitigen Weinspenden anläßlich seiner Ratsherrenwahl kurz vor Weihnachten 1565: »Auf St. Thomas-Tag bin ich auf der Gaffel Schwarzhaus zum Ratsherrn von der Gesellschaft daselbst erkoren worden, und viele Herren und Freunde haben mir am Mittag auf der Gaffel (im Zunfthaus) den Wein verehrt. Ich habe an zwei Tischen Leute und noch einen halben Tisch zu Mittag auf der Gaffel gehabt, am Abend zu Haus Cronenberg noch zwei Tische und einen anderen. Und so hab ich in Summa vertan für die Ratswahl 47 Gulden, 8 Albus, dafür bekam ich an Wein geschenkt an 37 Gulden, 6 Albus Wert, also sind zehn Gulden ungefähr über das Geschenk vertan – und wenn ich meine Freunde zum Abend nicht zu Gast gehabt hätte, so wäre mir viel erübrigt geblieben.«

Die zweite Anekdote betrifft seine Nichte Anna. Als sie am 27. April 1567 im Konvent Maria-Bethlehem zu Köln eingekleidet wird, schenkt ihr die Familie ›einen Jesus‹. Weinsberg vermerkt mit Stolz: »War keiner schöner im Kloster, mit einem schwarzen Sammetrock, darauf köstliche goldene Blumen aufgenäht, hatte ein Halsband mit einem goldenen Kreuz, darinnen war Heiltum vom Kreuze Christi, von der Erde, worauf er Wasser und Blut geschweißt, von den elftausend Jungfern und anderem Heiltum, wie innen drin auf einem Zettelchen geschrieben stand.« Und dann folgt der sorgenvolle Satz: »Der Jesus hat viel gekostet, meine Hausfrau hat's vorgelegt und noch nicht mit mir abgerechnet.«

RATSHERRENWIRTSCHAFT

An Weihnachten traten die Kölner Ratsherren zu einer ihrer wichtigsten Jahressitzungen zusammen. Die war eine seit dem Mittelalter überkommene Gepflogenheit und dauerte die ganze reichsstädtische Zeit an, genauer bis 1797. Was der Tag Johann Baptist im Sommer war, das war im Winter der Tag Adam und Eva (24. Dezember) oder auch ein Tag während der Weihnachtswoche: Der Rat wechselte die Ämter. An den beiden Tagen galt es, die ›Gebrechsherren‹ zu wählen, und das ging folgendermaßen. Die von den Zünften gewählten 36 Ratsherren wählten ihrerseits ›dat Gebrech des Raits‹, nämlich die 13 Ratsherren, an denen es zur Gesamtzahl (49) noch gebrach.

Die Ratssitzungen dauerten gewöhnlich bis zum Mittag. Vorher wurde in der Ratskapelle ein Gottesdienst abgehalten, anschließend ging es zum Schmaus ›op der Gaffel‹, also ins Zunfthaus.

Von den Aachener Schöffen ist überliefert, daß sie sich in der Christnacht erst in der Gerichtsstube versammelten, dann ins Münster zum Gottesdienst gingen und der Schöffenmeister das Lied anstimmte »Nun sei uns willkommen, Herre Christ«, worauf die anderen Schöffen im Chor weitersangen.

Die Wahl gerade dieses Tages zu dringlichen Amtsgeschäften hatte einen besonderen Grund. Sie hing nämlich mit der alten Gewohnheit zusammen, das neue Jahr mit Weihnachten beginnen zu lassen. Für das Geschäftsleben, ja für die meisten Rechtsgeschäfte war dies ein wichtiger Stichtag.

Aber gerade zu Hermann Weinsbergs Zeiten waren die Dinge in Fluß geraten. Der junge Ratsherr, »am 21. Dezember 1565, auf St. Thomas-Tag, auf der Gaffel Schwarzhaus zum Ratsherrn von der Gesellschaft daselbst erkoren«, hat wohl bis 1570 den 1. Januar als Neujahrstag gefeiert. Er hat sich dann für Weihnachten umentschlossen, als Tagebuchschreiber gleichwohl an Neujahr als Jahresanfang festgehalten. Für das Jahr 1581 ist überliefert, daß Weinsberg sowohl am Weihnachts- wie auch am Neujahrstermin gefei-

Die Kölner Ratsherren, aus 22 Gaffelhäusern entsandt, bei einer Sitzung im Rathaus, um 1660.

ert hat. Zehn Jahre darauf entschied er sich, gegen den Wunsch seiner Familie, dann endgültig für den Weihnachtstermin, mit der Begründung, alle Rechtsgeschäfte und ebenso die Buchführung seien noch nicht auf den 1. Januar umgestellt. Diese Meinung wurde von der Kölner Stadtverwaltung geteilt, weswegen man am Jahresstichtag Weihnachten auch festhielt – zumal dann der neu gewählte Rat zusammentrat und die Ämter verteilte.

Der junge Ratsherr Weinsberg räsonnierte: »Am 24. Dezember (1567) auf Christabend, als ich vom Rat abging, ist mir kein Offizium gegeben worden; das Gewaltrichteramt hatte ich abgelehnt; vielen Junkern und Geschlechtern waren die besten Offizia zugeteilt worden, mir wollte man nicht gerade das geringste geben. Das beste ist frei sein.«

Sollte er noch nichts vom ›Klüngeln‹ verstanden haben? In der Tat taucht das Wort bei Weinsberg noch nicht auf, wohl aber bei Ferdinand Franz Wallraf zwei Jahrhunderte später. Der kannte sich in der kölschen Mathematik aus, wonach ein Klüngel ist, wenn der krumme Weg kürzer ist als der gerade. In einem Versepos, betitelt ›Das Schweine-schlachten, eine reichsstädtische Idylle‹, kommt Wallraf auf die Magistratspolitik und auch auf ein ›Neujährchen‹ an Weihnachten zu sprechen:

»Wor ne Jung no hübsch adig un plogte sich sehr,
Dann leet m'r in studeere mem jungen Här.
Hä wood Stafjung (Stabträger), ov Krol (Choralsänger),
    kräg 'n Fundation (Stipendium),
Wood Magister en der Bousch (Burse), Lenziat ov Kaplon,
Oder bleev hä Lakey, wood hä Schriever, Rotsdeener,
Kunt hä klünglen, och Rotshär, söns doch ne Veezehner*,
Un storv och der Mann, för de Frau wood gesorg,
Op en Breefche der Herrschaff kräg se alles geborg.

Su 'n Huus woß der Nohber zo respekteere,
Dät sich nit öm e Röllche Dukate schineere.
Dann, wie gingk 't flott op, als Mafrau (Gnädige Frau)
    minge Mann
Absolut wollt zom Rotshär un Bannerhär han.
Se säht meer 't vöruus, dat 'n sall nit mankeere (mangeln).
Hä wood et. Do kom se meer selvs grateleere,
Un zom Schmuus op der Gaffel do braht meer ehr Tring
Fünf Schinke, sechs Taaten (Torten) un och en Ohm Wing,
Zwei Körfcher Makröncher und Mandelen-Hätzcher
Un de Schottel (Schüssel) met Adam und Eva voll
    Plätzcher.«

* Hier irrt sich Wallraf, er meint einen der 13 Gebrechsherren.

WIE JOSEPH DEM WEIHNACHTSKIND EIN MÜSLEIN KOCHTE UND SIE EINANDER IN DER KIRCHE SCHLUGEN

In der ersten Hälfte des 16. Jahrhunderts waren Christigeburtsspiele und der Kirchen-brauch des ›Kindleinwiegens‹ voll im Schwange. Aus Franken wird 1520 berichtet: »Wie freudig nicht nur die Geistlichkeit, sondern auch das ganze Volk den Geburts-tag Jesu Christi begeht, läßt sich daraus abnehmen, daß vor einer auf dem Altar aufge-stellten Puppe, welche den Neugeborenen vorstellen soll, Jünglinge und Mägdlein Rei-gentänze springen, während ältere Leute singen.« Dem lutherischen Prediger und Zeitzeugen Sebastian Franck erschien das einigermaßen abstrus, weswegen er 1531 in seiner Übersicht der Volksbräuche darin heidnische Atavismen vermutete: »Am Fest der Geburt Christi hat man in vielen Orten seltsame Spiele, sie wiegen ein hölzern Kind oder Götzlein in der Kirche …«
Aber einen hölzernen Jesusknaben zu wiegen ließ dramaturgisch nicht viele Möglich-keiten zu, und so verfiel man auf den Ausweg, daß einer aus der Kirchenjugend die

Jesusrolle übernehmen solle. Einen hinreißenden Schwank hat ›Das Rollwagenbüchlin‹ überliefert, 1555 ›an den Tag gebracht und zusammengelesen durch Jörg Wickram‹. Er lautet so:

»Im Bistum Köln geschah es einmal zu den Weihnachten in der Christnacht, daß man in dieser Nacht das Kindlein wiegen wollte und einen großen Chorschüler nahm, der sollte das Kindlein sein. Und sie legten das Kindlein Jesus in eine Wiege, und Maria wiegte es, und das Kindlein fing gar heftig an zu schreien. Als es aber nicht schweigen wollte, lief der Joseph geschwind hin und wollte dem Kindlein Jesus ein Müslein oder einen Brei kochen und ihm zu essen geben, damit es schweige. Je länger er aber kochte, um so stärker schrie das Kind.

Als es aber gar nicht schweigen wollte, nahm der gute Joseph eine Löffel mit heißem Mus, lief damit zu der Wiege und steckte dem Kind den Löffel mit dem heißen Mus in den Hals und verbrannte dem Kind das Maul so übel, daß ihm das Schreien und Weinen verging. Das Kind stand geschwind aus der Wiege auf, fiel dem Joseph ins Haar, und sie schlugen einander. Aber das Kind war dem guten Joseph zu stark, denn es warf ihn zu Boden und ging dermaßen mit ihm um, daß die Leute, die in der Kirche waren, dem Joseph zu Hilfe kommen mußten.«

O HEILAND, REISS DIE HIMMEL AUF

Obwohl ein strenges Verbot von Rom vorlag, die Jugend durch Zureden unserer Hausgenossen zur Gesellschaft anzulocken, so traf doch das vorbildliche Leben der Jesuiten schweigend so stark die Herzen der jungen Leute, daß häufig bisweilen dreißig und vierzig unter unsere Novizen aufgenommen werden wollten. Als sie zu langsam Erhörung fanden, legten sie heimlich das Gelübde ab, in die Gesellschaft einzutreten.«

So wird aus der Frühzeit des Kölner Jesuitenkonvikts berichtet, fünf Jahre nach seiner Gründung 1554. Die Verfechter katholischer Glaubenserneuerung lösten geradezu eine Jugendbewegung aus. Wissenschaft und Charakterbildung wollte der Orden seinen Zöglingen vermitteln. Stärker noch war der Impuls, zu lehren und zu lernen, wie man ein Leben in innerer Wahrhaftigkeit führe. Jesuitenschüler schreckte offenbar nicht, daß sie täglich die heilige Messe zu besuchen, an allen Sonn- und Feiertagen die Beichte abzulegen und zu kommunizieren hatten. Daß laut Küchenzettel »für die sonderbaren Fest im Jahr für Speiß nichts insonderheit einzuschreiben« sei, schreckte ebensowenig.

Der Zulauf war für damalige Verhältnisse enorm. Zum Problem wurde die elterliche Einwilligung. So mußte man die Kölner Kandidaten 1562 ermahnen, daß niemand mehr ohne Zustimmung seiner Eltern aufgenommen werde.

Schultheater, insbesondere die Erneuerung des weihnachtlichen Spielkreises und die visuelle Dramaturgie des ›praesepio‹ oder Krippengeschehens dienten den Jesuiten als

Instrument zur Versinnlichung ihrer Glaubensinhalte. So meldet der Jesuit Josef Meinertshagen 1568: »Erneuert sind auch die Feststatuten nach dem Brauch unseres Ordens, vor allem die zum Tage von Christi Geburt. Eine Krippe wurde errichtet, vor der unsere Schüler nach der Vesper deutsch und lateinisch sangen, wie es hierzulande Brauch ist, und zwar mit großer Inbrunst, in Wohllaut und in demütiger Verehrung.«

Es waren nicht, wie oft vermutet wird, die Franziskaner, die nach dem Vorbild der Krippenfeier des hl. Franz von Assisi – im Wald von Greccio, 1223 – die Krippenaufstellung veranlaßt haben: wohl weil sie wußten, daß ihr Ordensgründer etwas anderes im Sinn hatte, als er sprach: »Ich möchte die bittere Not, die Jesus schon als kleines Kind zu leiden hatte, wie es in eine Krippe gelegt, an der Ochs und Esel standen, und wie es auf Heu gebettet wurde, so greifbar wie möglich mit leiblichen Augen schauen.« Franziskus dachte nicht an eine körperliche Präsenz der Krippe, und die Anfänge toskanischer Krippen-Ikonographie rühren eindeutig von der Tafelmalerei her. Erst über die neapolitanische Krippenkunst und durch Vermittlung der Jesuiten wanderte das ›praesepe‹ – so die italienische Bezeichnung – an den Niederrhein und verband sich hier mit den Traditionen des Mysterienspiels und dem Hausbrauch des Kindleinwiegens.

Der berühmteste Schüler des Jesuitenkonvikts, des heutigen Dreikönigsgymnasiums, wurde Friedrich Spee von Langenfeld, dessen Lied

>»O Heyland reiß die Himmel auff,
>Herab herab vom Himmel lauff!
>Reiß ab vom Himmel Tor und Tür,
>Reiß ab was Schloß und Riegel für«

die gleiche Bildkräftigkeit und mitreißende Sprache hat wie die ersten Krippeninszenierungen seiner Ordensbrüder. Erst dreißig Jahre nach Spees Tod (1635) ist die Melodie dafür gefunden, das ›Rheinfelsische Gesangbuch‹ zeichnet sie auf.

Man sollte bei der Gelegenheit auch eines anderen großen Lyrikers und Zeitgenossen Friedrich von Spees gedenken, der als Kind verfolgter Ausländer 1587 in der Großen Witschgasse zur Welt gekommen ist: Joost van den Vondel. Er, ein Diakon der Mennoniten, trat als Fünfzigjähriger zum Katholizismus über. Seine Weihnachtslieder (›Emanuel ist nun geboren‹, ›O welch Sonn ist niederkommen‹) und vor allem seine geistlichen Dramen machten ihn zum größten niederländischen Dichter der Epoche.

»Ein Kind ist uns geboren.«
Anonymer Holzschnitt.

FRANZOSENZEIT
UND PREUSSENHERRSCHAFT

Am 30. September 1794 wurden die Heiligen Drei Könige nebst Domschatz ins westfälische Arnsberg geschafft, wo das Domkapitel des Erzstifts seinen Sitz genommen hatte. Am 6. Oktober 1794 rückten die Franzosen in Köln ein. Drei Jahre später schlug die Regierung von Paris das ganze linke Rheinufer zu Frankreich. Das brachte einen Vorteil für Kölns religiöse Minderheiten: Das Zuzugsrecht für Protestanten und Juden wurde von nun an erleichtert. Wie unterschiedlich die Angehörigen der einzelnen Konfessionen behandelt wurden, macht eine Aussage des evangelischen Kaufmanns Johann Jacob Schuell vor dem Kölner Magistrat im Jahre 1797 deutlich: »Der verständige und wahrhaft Römisch-Katholische muß jetzt mit Scham erfüllt sein, wenn er sieht, daß der Jude allein eine Körpersteuer zu zahlen hat oder daß der Protestant seinen eigenen Namen verleugnen muß, indem er sich denjenigen eines katholischen Bürgers kauft, um es sich zu ermöglichen, sich der Vorteile und Rechte zu erfreuen, auf welche alle menschlichen Wesen Anspruch haben.« Es bedurfte des Eingreifens eines Regierungskommissars, um solche gravierenden Unterschiede abzuschaffen.

1813 ging die Franzosenzeit ihrem Ende entgegen. Mitte November rückten die ersten Kosaken in Deutz ein, daraufhin wurde die Überfahrt auf die ›Schäl Sick‹ völlig gesperrt. Viele französische Familien fingen nun an, ihre Sachen zu packen. »So kam das Weihnachtsfest 1813 heran, das das letzte in Köln unter der Fremdherrschaft sein sollte«, schrieb der Stadt-Anzeiger im Rückblick von hundert Jahren. »Viele Kölner Frauen dachten sich schon in Paradieses Wonnen bei dem Gedanken, daß nach Einzug der Verbündeten die hohen Zölle auf Kaffee, Zucker und so weiter, welche Napoleon eingeführt hatte, um Englands Handel zu schädigen, sofort wieder schwinden würden. Manche der alten Kölner Ratsherren- und Bannerherren-Familien träumten sich schon in die frühere reichsfreistädtische Herrlichkeit Kölns zurück. Sie konnten ja damals noch nicht ahnen, daß es mit der Selbständigkeit Kölns für immer vorbei war …«

Unter preußischer Herrschaft begann Köln sich zu verändern. Es nahm an Einwohnerzahl zu. Der Anteil religiöser Minderheiten stieg. Ernst Weyden hat im Anhang seiner Kulturgeschichte ›Köln vor fünfzig Jahren‹ (1862) eine Statistik veröffentlicht, wonach die Einwohnerzahl von 40 000 im Jahre 1781 auf 57 022 im Jahre 1827 anwuchs, davon 54 210 Katholiken, 2385 Evangelische und 425 ›Israeliten‹. Für 1840 registrierte man bereits 4000 Evangelische und 1000 Juden.

KÖLNER FESTTAGS-REIGEN UM 1810
Von Ernst Weyden

Der ›Zinter Klos‹, welche Freude voller Poesie – ein wirkliches Kinderfest! Mit welcher Innigkeit beteten wir um die Bescherung, welche der ›heilige Mann‹ brachte, in dessen Geleit der ›Hans Muff‹, der unartigen Kinder Schreck. Hochklopfend vor Angst war jedes Kinderherz, besuchte am Vorabend des verhängnisvollen Tages der Bescherung, des 6. Dezembers, der heilige Mann in Begleitung seiner Magd, der heiligen Barbara, und des Hans Muff die Häuser mit seinen Spenden und ernsten Mahnungen; oder von unsichtbarer Hand wurden die Äpfel, Nüsse und ähnliche Kostbarkeiten unter die kniend betende Kinderschar geworfen. Wie andächtig aus tiefstem Herzen klangen die Vaterunser der Kleinen, tönte von der Straße oder auf der Diele die Klingel.

Was war es für ein Familienjubel, stellten wir am Tage vorher unsere Schüssel und auch wohl unsere Schuhe auf, wie es noch in Frankreich geschieht. Die Eltern wurden selbst mit uns wieder Kinder! Wie oft habe ich die Haferkiste bestohlen, um die Türschwelle mit Hafer zu bestreuen, damit der heilige Mann mit seinem Schimmel nur ja nicht vorbeiritt; wie oft bin ich im Dom mit Halsgefahr an den Beichtstühlen in der südlichen Vorhalle hinaufgeklettert, um dem heiligen Bischof Nikolaus, eine ehrwürdige Figur dort aufgestellt, meine Bitten schriftlich in den neben ihm stehenden Kübel mit den Kindern zu legen!

Und nun am frühen Morgen des Tages selbst das Suchen nach den Bescherungen: Wer kann die Erwartung, wer den Kinderjubel schildern bei jedem Funde, jeder Entdeckung? Und mit so Wenigem war das reiche Kinderherz überglücklich, hatte der heilige Mann nur etwas mitgebracht von den Wundern, die wir auf dem St. Nikolaus-Markt, und hier besonders in der Bude des ›Vingt-cinq sous‹ bestaunt – der Inhaber rief nämlich alle seine Herrlichkeiten für fünfundzwanzig Stüber das Stück aus (das entspricht 2,12 Mark). Wer könnte je die plastischen Kunstwerke unserer Stammbäcker vergessen, die Männer, Frauen, Reiter und Tiere aus Weißbrotteig in einer jeder Phantasie spottenden

149

Weise geformt und mit Wachholderkörnern oder Korinthen statt der Augen versehen? Welche Freude, wenn diese Unaussprechlichen die Schaufenster unserer Mehlteig-Phidias schmückten, um später unseren ›Heljemanns-Schotteln‹ (Nikolausschüsseln) zur Zierde zu dienen. Der Hauptreichtum bestand jedoch herkömmlich aus Spekulatius, Äpfeln und Nüssen.

Es war ein wahres Kinderfest, reich an der Poesie des Glaubens. Und wie lange, lange suchte man den Schein von sich zu halten, daß man wisse, wer der heilige Mann sei, weil dann die Bescherungen aufhörten. Und in diesen Kinderbescherungen machte sich noch keine Ostentation (Prunksucht) geltend. Ein Bild, oder gar ein bunter Nürnberger Bilderbogen, welche Freude! Wurde auch das eine oder das andere der Spielsachen, besonders die Puppen der Schwestern, aus forschender Neugierde untersucht und zerstört, die Hauptsachen schloß die Mutter aber sorgsam fort und beglückte uns nur damit an hohen Tagen (religiösen Festtagen); immer neu blieben die Spielsachen und vererbten sich in den reicheren Familien auch wohl von Geschlecht zu Geschlecht. Das Haushalten in allen Dingen verstanden unsere Väter, unsere Mütter.

Merkwürdig, daß sich das uralte Kinderfest des heiligen Mannes noch über dem Meer in den Vereinigten Staaten erhalten hat, denn dort feiert die Kindheit noch den ›Sint Clos‹, wie ihn die ersten holländischen Ansiedler dort eingeführt haben.

Um die Weihnachtszeit wurden in verschiedenen Kirchen, zur Freude von jung und alt, die ›Krippchen‹ gebaut. Der Stall mit dem Öchslein und dem Eselein, das Christkind in der Krippe mit Maria und Joseph, die Hirten auf dem Felde, denen der Engel die Geburt des Heilandes verkündet, dann die drei Weisen aus dem Morgenland mit dem Stern, und wie die Hauptmomente aus der Geburtsgeschichte des Heilandes heißen, die in figurenreichen Gruppen dargestellt waren. Noch hat ja Rom und jede Stadt Italiens ihren ›Bambino‹, zu dem Stadt- und Landvolk wallfahrtet. In unseren reicheren Familien baute man selbst in den Häusern solche Krippchen, und zwar in Bezug auf die Figuren und Aus-

Christbaum und Weihnachtsbescherung auf Schloß Hülshoff um 1810. Skizze von Jenny, der Schwester der Schriftstellerin Annette von Droste-Hülshoff.

stattungen mitunter reich und künstlerisch schön, der Kinderwelt wahre Wunderschöpfungen. Aus Spekulation wurden aber auch wohl in einzelnen Nachbarschaften solche Krippchen errichtet und für Geld gezeigt. Hierin der Anfang des Marionettenspiels, Verkleinerungswort von Maria, kölnisch noch Krippchen genannt, wie man daher sprichwörtlich eine unordentliche tolle Wirtschaft ›e räch Kreppche‹ nennt.

Noch schämte sich keiner der kölnischen Mundart, niemand verbastardete sie durch Einschmuggeln des Hochdeutschen. Die Sprache war der Spiegel des kölnischen Lebens, der Ausdruck naiver inniger Gemütlichkeit. Ich habe noch in kölnischer Mundart predigen, selbst vor Gericht plädieren hören...

Den Schluß der Jahresfeste bildete der ›Chreßdach‹, Weihnachten. Um Weihnachten wurde altherkömmlicherweise in den Familien ein Schwein geschlachtet. Das Wursten war ein Familienfest, zu dem auch die Frauen der ganzen Freundschaft geladen wurden. Wie splendid (spendabel) war man mit den ›Korwürsten‹ (Probierwürste), da durfte niemand vergessen werden, und mochte sich auch bei manchen das Sprichwort bewahrheiten: ›Hä wirf met er Wosch no er Sick Speck.‹

In der heiligen Nacht zieht nach Mitternacht alt und jung in die Christmette. War die Andacht vorbei, gings nach Hause, um hier Kaffee zu trinken, und nach diesem, in den echt kölnischen Familien, warmen Wein mit frischen Würsten, worauf man sich wieder aufs Ohr legte.

Auch am Weihnachtstag hielten die Bürger ihren Rundgang zum Wünschen, und der Wunsch war ein ›jlöcksillig Chreßkind!‹ – Die Glückwünsche zum ›glückseligen Neujahr‹, zu den ›glückseligen Feiertagen‹ und zu den Namensfesten zu vergessen, hätte der Kölner für eine Sünde gehalten. In jeder Familie führt ein Mitglied einen förmlichen Terminkalender über die Namenstage in der Familie und Freundschaft, und wehe! wehe! wurde einer davon versäumt oder vergessen – nicht selten Ursache des bittersten Familienhaders.

In der St. Sylvester-Nacht vom letzten Dezember auf den ersten Januar knatterten an allen Enden der Stadt Flinten- und Pistolenschüsse, an einzelnen Häusern tönten Ständchen, während in den Weinschenken und Bierhäusern um Neujahrsbrezeln gekartet und mit dem herzlichsten Jubel das Neujahr begrüßt wurde, tönte von den Türmen die zwölfte Stunde den Scheidegruß des alten.

Die vornehmen Klassen hatten ihre Bälle, ihre Redouten, doch sollen unsere Großmütter, unser Mütter nicht darin gewetteifert haben, womöglich fast im paradiesischen Urzustande unserer Urmutter Eva zu erscheinen. Zucht und Scham walteten bei solchen Tanzfesten als die jungfräuliche Unschuld schützenden Genien; echt weibliche Züchtigkeit war der Frauen und Jungfrauen schönster und reizendster Schmuck, und die Balltoilette, wie ich mir sagen ließ, möglichst einfach, es genügte ein schlichtes seidenes oder Mullkleid.

Welche Anstrengungen wurden nicht gemacht, was wurde nicht aufgeboten, einander das Neujahr abzugewinnen? Jede nur denkbare List wandte man an, selbst die Kirche wurde dazu benutzt, der glückliche Gewinner zu sein. Die ganze Stadt war am Neujahrsmorgen in fieberhafter Aufregung. Es war ein wirkliches Neujahrsfest, der altherkömmliche Wunsch ›jlöcksillig Neujohr!‹ tönte auf der Straße und in den Häusern, hatte noch seine volle Pietät, war nicht bloß leere Formel. Auf das ›jlöcksillig Neujohr‹ antwortete gar oft das ›Göv Gott, et wör wohr!‹ Und wer schildert die Freude, überlistete man einen Bekannten und gewann ihm das Neujahr ab? An solchem Jubel nahmen die Herzen noch teil. Übergroß war die Freude an den einfachen Neujahrsspenden, den Herzen aus Mürbe- oder aus anderem Teig, buntverziert, mit den gedruckten Neujahrswünschen beklebt, den riesengroßen Brezeln, mit welchen wir Kinder uns herumschleppten, hatten wir dem ›Patt‹ (Paten) und der ›Jott‹ (Patin) und allen Familienmitgliedern das ›jlöcksillig Neujohr‹ gewünscht. Welche Kunstwunder waren für uns Kinder die Pariser und Nürnberger beweglichen Neujahrswünsche mit ihren Attrappen, wie sie von Weihnachten bis zum 21. Januar, dem Tag der heiligen Agnes, – so lange nämlich galten noch die Neujahrswünsche – bei den wenigen Bilderhändlern ausgehängt waren.

Bei Bäckern, Bauern, in den Spezereihandlungen erhielten die Dienstleute ihr Neujahr, und jeder, der zu irgendeiner Familie in dienstlicher Beziehung stand, wurde mit einem ›Neujöhrchen‹ bedacht. Die ›Neujohrsplätz‹ vom Bäcker, welche Delikatesse für jung und alt in den Bürgerhaushaltungen!

Rechnungen zu Neujahr waren im allgemeinen, besonders in der Mittelklasse, etwas Unerhörtes, ausgenommen vom Doktor und aus der Apotheke. Was sonst gekauft, vom Handwerker gemacht wurde, ward auch bar bezahlt. Der echte Kölner sah in einer Rechnung, einem Laus Deo (Betrug an Gott), wie er sagte, einen ›Afjrunt‹ (Affront), wirklich etwas Entehrendes.

Der Abend des Neujahrstags war in den Bierhäusern ein Festabend. Die sogenannten Stammgäste erhielten entweder eine Zitrone oder eine Muskatnuß als Geschenk zum Bier, auch wohl eine irdene Pfeife und Tabak, wofür dem Burschen oder Zapfjungen ein Neujahr gegeben wurde. Auch die Weinwirte regalierten (beschenkten) ihre Gäste; es gab gewöhnlich ein Traktamentchen, wobei nach altherkömmlicher Sitte tüchtig aufgetischt und das beste Fäßchen im Keller auch nicht geschont wurde.

Nach dem Neujahrstag kam die Fastnacht, der ›Fastelovend‹, ein Volksfest so alt wie die Stadt …«

Hiermit schließt Ernst Weydens weihnachtlicher Festtags-Reigen. Im Rahmen eines Feuilletons ›Köln am Rhein vor fünfzig Jahren‹, das der Deutsch-, Geschichts- und Sprachenlehrer an der höheren Bürgerschule zu Köln für die angesehene ›Kölnische Zeitung‹ schrieb, wurden die Skizzen erstmals gedruckt und fanden gleich so viel Beifall, daß daraus 1862 ein gleichnamiges Buch wurde. ›Köln am Rhein vor fünfzig Jahren‹ erwies sich als stadt- und kulturgeschichtlicher Evergreen und mußte daher im Titel immer wieder aktualisiert werden. Als ›Köln am Rhein vor 150 Jahren‹ erschien es zuletzt 1960, fachkundig herausgegeben von Max-Leo Schwering.

Ernst Weyden war in vielfacher Hinsicht begabt. So gründete er den Verein bildender Künstler, den späteren Kölnischen Kunstverein. Als erster verfaßte er eine ›Geschichte der Juden in Köln von der Römerzeit bis auf die Gegenwart‹ (1867). Schon als 21jähriger war er 1826 mit einer vorzüglichen Sammlung von Stadtsagen, betitelt ›Cöln's Vorzeit‹, an die Öffentlichkeit getreten. Leider hat er sie in der heute leichter zugänglichen zweiten Ausgabe, umbenannt in ›Kölns Legenden, Sagen, Geschichten‹, arg romantisiert und ausgesponnen. Von jenem Zeitgeist – um 1840 – hat er sich dann wieder befreien können: Diese ›Sittenbilder‹ aus seiner Heimatstadt beweisen es. In ihnen spiegeln sich zwei Jahrzehnte französischer Besetzung, die eigene Schülerzeit am Marzellengymnasium, das Studium ›auswärts‹ in Bonn und Paris.

BENEBELT AM DREIKÖNIGENTAG
Von Anton Wilhelm von Zuccalmaglio

›Das Dreikönigsfest‹ von Jacob Jordaens. 17. Jh.

Im elterlichen Hause lebten wir höchst einfach, ich kannte auch wenig Leckerei, bekam nie hitzige Getränke. Ich mochte sie auch nicht. Wein schien mir schrecklich; ob dazumal die Weine so schlecht oder mein Gaumen so natürlich war, will ich nicht entscheiden. Einmal war ich doch in diesen frühen Jahren etwas benebelt, und zwar auf einem Schulfest.

Es war Dreikönigentag. Auf diesen Festen wurde in der Schule nach altem Brauch ein Königsessen gegeben, eigentlich ein Picknick, da alle Kinder dem Lehrer etwas in die Schule mitbringen mußten. Bei der Tafel wurden dann die geographischen Kenntnisse des Lehrers angestrengt, indem er alle Würdenträger der Welt durch seine Jugend darstellen ließ. Römischer Kaiser zu sein war, wie sich von selber versteht, die höchste Ehre. Ich wäre es so gern gewesen, aber es wollte sich nicht fügen, obgleich ich des Maire's (Bürgermeisters) Sohn war. Ein anderer prangte mit der deutschen Krone, ich glaube, daß ich bloß König von Frankreich oder von Spanien gewesen bin, ganz genau weiß ich es aber nicht mehr, noch weiß ich, welche Königin mir zur Seite saß. Meine Mutter hatte mich auch gar nicht zu dem Fest herausgeputzt, wohingegen die übrigen Burschen und Mädchen, welche jetzt etwas bedeuteten, auf das abenteuerlichste verziert waren. Der römische Kaiser trug den Schwanz eines Eichhorns auf dem Hut, andere hatten sich mit Bändern, mit Federn zahmer und wilder Vögel die gehörige Ausstattung gegeben.

Von dem eigentlichen Königsessen kann ich nichts berichten, weil ich als Labe etwas von dem Tümperbrei einer kalten Schale von Branntwein und Lebkuchen mit zu kosten bekam, von einem volksüblichen Labsal, welches dem Lehrer besonders heilig sein mochte. (Es soll von einem alten Opferfest herstammen, an den heiligen Gral erinnern.) Mein Labsal machte mich schwindlig und unwohl, so daß ich mich samt meiner Würde aus den Reihen des Festes wegstahl.«

Anton Wilhelm von Zuccalmaglio war Zeitgenosse Ernst Weydens und der jüngere Bruder von Vincenz, der unter dem Pseudonym ›Montanus‹ zwei volkskundliche Werke herausbrachte: ›Die deutschen Volksfeste‹ (1854) und ›Die Vorzeit der Länder Cleve–Mark, Jülich–Berg und Westphalen‹ (1870).

FAMILIE VON GROOTE FÜHRT DIE WEIHNACHTSBESCHERUNG EIN

In der alten katholischen Patrizierfamilie des Everhard von Groote war es noch um 1820 üblich, wie in anderen kölnischen Familien auch, nur am Nikolaustag zu bescheren. So vermerkt der Hausherr in seinem Tagebuch unter dem 6. Dezember 1818, seine Frau habe von ihrem Vater »ein schön braun seiden Kleid zu Nikolaus erhalten«; er selbst habe in der Bachemschen Buchhandlung vorbeigeschaut, »nach den Blättern von Cornelius zum Faust zu fragen, die man aber nicht hat; ich nehme das Frauentaschenbuch für meine Frau mit«.

Ein Jahr später geht er rechtzeitig am 5. Dezember los, um es seinem Schwiegervater gleichzutun und einen »schönen grauen Seidenstoff« als Nikolausgeschenk der Gattin mitzubringen. Wieder lassen sich die Schwiegereltern nicht lumpen: »Herr von Kempis (der Schwiegerpapa) legt den Grund zu einer Sparbüchse unseres Kleinen zu Nikolaus mit einem Geldstück. Meine Schwiegermutter gibt meiner Frau ein Hauskleid und dem Kleinen (im Juni erst geboren) artiges Spielzeug.«

1820 kauft Everhard von Groote für seine Frau eine Spange ›zu Nikolaus‹, vermerkt er unter dem 4. Dezember. Einen Tag später geht seine Frau selbst aus, »Nikolausgeschenke für den Kleinen und für unsere Leute zu kaufen«.

Auch in den nächsten Jahren müht er sich um eine Verbesserung ihrer Garderobe: 1821 schenkt er ihr weißen Taft zu einem Kleid, 1822 einen schwarzen Schleier. Die Großmutter hat zwei Enkel zu versorgen und tut dies, zusammen mit einer Anverwandten, mit solcher Hingabe, daß der Vater notiert: »Schöne St. Nikolausgeschenke, fast zu viel, so daß die Freude am einzelnen durch das Übermaß gestört wird« (6. Dezember 1821). Lapidar heißt es im nächsten Jahr: »Nach Tisch machen wir die Bescherung für die Kinder.« Doch in diesem Jahr wird zum erstenmal auch der Weihnachtstag als Gabentag hervorgehoben. Unter dem 25. Dezember 1822 heißt es: »Unsere Kinder sind sehr vergnügt bei den Weihnachtsgeschenken der Tante von Herwegh.«

Protestantische Weihnachtsbescherung 1799.

Der Stadtrat von Groote wurde dann 1830 zum Präsidenten der Armenverwaltung ernannt. In dieser Eigenschaft verfaßte er 1835 eine Studie über ›Das Waisenhaus zu Köln am Rheine, zum Besten der Anstalt dargestellt‹. Dort ist einiges Aufschlußreiches zum Tagesablauf zu erfahren, auch über die Zusammensetzung der Speisen, und daß es sich »bei der sich auf etwa 1/20 der Population beschränkenden Anzahl evangelischer Familien« nicht lohne, »für diese Wenige einen abgesonderten Religionsunterricht erteilen zu lassen«.

Von Nikolaus- oder gar Weihnachtsfeiern weiß dieser haushälterische Bericht nichts zu melden, obwohl doch inzwischen aus dem Altstädter Nikolausmarkt ein ausgedehnter Weihnachtsmarkt geworden war, der bis zum Jahresschluß geöffnet blieb; doch davon bekamen die Waisenkinder wohl am wenigsten mit. »Bei guter Jahreszeit werden sie an Rekreationstagen außerhalb der Stadt zum Spaziergang geführt. Besuche werden nur selten im Hause gestattet, und noch seltener den Kindern erlaubt, einzeln die Anstalt zu verlassen.«

WEIHNACHTEN IM JUGENDFÜRSORGEHEIM –
ANNO 1824

Erstaunlicherweise ist der Weihnachtsbaum im nördlichen Rheinland erstmals durch die Schilderung eines ›reisenden Kinderfreundes‹ belegt, der am 26. Dezember 1824 an einer Weihnachtsfeier für Waisenkinder teilnahm. Die Gräflich von der Recke'sche Anstalt in Düsseldorf-Düsselthal richtete diese Feier für ihre 228 Zöglinge aus, und viele Besucher hatten daran Anteil.

Eine schmale, 16seitige Broschüre ›Düsselthal's Weihnachtsfest‹ schildert den genauen Hergang. Waren der erste Festtag und der größte Teil des zweiten noch ganz der ›stillen heiligen Feier‹ gewidmet, mit Vor- und Nachmittagspredigten des neu aus Sachsen berufenen Anstaltspredigers Pastor Schmidt, so hatte man »den Kindern, unter steter Hinweisung auf die rechte eigentliche Weihnachtsfreude, die Feier ihres Festes auf den heutigen Abend angesagt«. Der anonyme Kinderfreund widmet sich nun dem Festverlauf: »Das zweite Stockwerk des neuerbauten Mädchenhauses enthält einen großen Schlafsaal, dieser war heute zum Schauplatz ihrer Freude eingeräumt. Rings an den Wänden umher standen Bänke, auf welchen für jedes Kind ein Teller mit Eßwaren sich befand, und darüber hingen an den Wänden die sonstigen Gaben, so daß das Ganze, recht bunt ausgeschmückt, einer Kaufmannsbude zu vergleichen war. Am oberen Ende des Saales stand, mit goldenen Äpfeln und Nüssen prangend, ein herrlich funkelnder Weihnachtsbaum, zu dessen beiden Seiten für die kleinsten Kinder die Gaben ausgestellt waren. Endlich war alles bereit – die rings auf den Bänken umher und auf dem Baume angebrachten Lichter wurden angezündet und das Signal zum Einzug der Kinder durch Trompetenschall erteilt … Von unten herauf tönte ein jubelndes, immer näher kommendes Getümmel. Hastig stürmte die kleine Schar die Treppe hinan, da plötzlich überstimmte ein volltöniger Hörnerklang jedes Freudenwort der Kinder. Der Graf öffnete die Doppeltür des Saales. Vor ihr standen 16 Knaben hinter ihren erleuchteten Notenpulten mit ihren Instrumenten, während der Einzug der Kinder begann. Eine Lehrerin, das kleinste Mädchen führend, eröffnete den Zug, ihr folgten paarweise die übrigen Mädchen mit ihren Lehrerinnen, dann kamen ebenso, von ihren Lehrern und Aufsehern geführt, die Knaben, an deren Spitze das Musikkorps einzog und seine Stellung bei dem Weihnachtsbaum einnahm, während die übrigen, begeistert durch den überraschenden Anblick, gehoben durch den Takt der Musik, freudetrunkenen, leuchtenden, nach allen Seiten spähenden Blicks, zweimal in schöner Ordnung rings umher durch den Saal marschierten, bis dann jedem sein Platz angewiesen ward, von dem freudig Besitz genommen und alsbald zugelangt wurde.

Jedes Kind fand auf seinem Platze Backwerk, Äpfel, Nüsse, eine Tafel, Papier, Federn; die größeren einen Bleistift, ein Federmesser, Arbeitsgeräte und Zeug zu einer neuen Kleidung, die Mädchen außerdem noch Scheren, Nadeldosen, Fingerhüte, Halstücher,

Schürzen usw., und die kleineren fanden Puppen und sonstiges Spielzeug. Auch Lehrer und Lehrerinnen fanden im Mittelpunkt des Saales eine kleine Liebesgabe.

Das Musikkorps hatte Noten und Hörner mit Pfefferkuchen vertauscht, und nichts mehr hörte man außer dem fröhlichen Gesumme der beglückten Kinderschar. Die anwesenden Fremden, mit ergriffen von der allgemeinen Freude, mengten sich teilnehmend unter die Kinder; und besonders bewegte der Jubel der kleinen Mädchen, die im Besitze ihrer Puppen sich überglücklich fühlten, viele Damen zu lebhafter Teilnahme und süßen Erinnerungen … Auf eine sehr anständige Weise ward allen anwesenden Erwachsenen Tee und Backwerk präsentiert, damit keiner unerquickt diesen Ort der Freude verlassen sollte.

Das Musikkorps trat mehrmals zusammen und unterbrach den lauten Jubel der Kinder durch einige Choräle, um durch diese ernstere Musik die freudebewegten Herzen wieder hinzuleiten auf den Punkt, von dem allein alle währende und bleibende Freude ausgeht. Der Graf verteilte ein abgedrucktes Weihnachtslied, welches – während mit Mühe die freudige Bewegung der Kinder gestillt wurde – die versammelte Menge absang.«

Zum Schluß wird der Bericht über ›Düsselthal's Weihnachtsfest‹ zum Hilfsappell für die 228 vater- und mutterlosen Kinder: »Es steht ein Christbaum zu Düsselthal mit 228 grünen Zweigen. Jeder Zweig hat ein Lämpchen, dem es an Öl gebricht. Wer nun das Öl hat, der schütte etwas in die armen Lämpchen zu Düsselthal, damit der Christbaum fröhlich leuchte …«

Weihnachtsbescherung für Cholera-Waisen. Holzstich 1892.

WIE ICH ZUR ELFUHRMESSE DIE ORGEL SPIELTE
Von Johann Wilhelm Wolf

Wenn du so fortfährst‹, sagte der Lehrer, ›dann darfst du in drei Wochen am Weihnachtssonntag die Messe auf der Orgel spielen.‹ Ich sah den guten Mann zweifelhaft und fragend an, aber er blieb dabei, und in dankbarer Freude küßte ich seine Hand.

Jetzt wurde den ganzen Tag nur die Lieder der heiligen Messe geübt und mit einer Ausdauer, die ich bis dahin beim Klavierspiel nicht so sehr bewiesen hatte. Der Lehrer hatte große Freude und die Meinigen nicht minder. Als er in der Weihnachtswoche zum letztenmal kam, sagte er: ›Dafür daß du so fleißig gelernt hast, komm am heiligen Christtag vor der ersten heiligen Messe um halb vier Uhr zu mir, dann gehen wir zusammen auf die Orgel und du darfst die Herdenglöckchen läuten. Dann bleibst du bei mir zum Kaffee und gehst mit in das zweite und dritte Hochamt und um elf Uhr spielst du die Orgel.‹ Unter lautem Jubelgeschrei stürzte ich, ohne zu antworten oder zu danken, zum Kaplan und zum Drückchen (dem Hausmädchen, nomen est omen), ihnen diese unerwartete Ehre und Freude für mich anzukündigen. Der Kaplan kam zum Lehrer und fragte zweifelnd, ob er sich denn getrauen dürfe, mich allein die Tasten handhaben zu lassen. Doch der war voller Zuversicht, und nun dankte ich ihm erst aus vollem Herzen und mit FreudenträNen in den Augen.

Am Weihnachtsabend mußte ich früh zu Bett, und zwar in Drückchens Stube, wo mir ein Bett aufgeschlagen wurde, damit ich früh bei der Hand sei, aber ich schlief nicht. Ich sah mich schon im Geiste die Orgel spielen, ich hörte den Gesang der Gemeinde und fragte mich stets, ob ich nicht etwa träume, ob ich dem Glück wirklich so nahe sei. Ungeduldig zählte ich die Stunden und Minuten. Es schlug acht auf der Kirche, neun und zehn und elf, es schlug zwölf und noch war kein Schlaf in meine Augen gekommen. Jetzt grüßte ich das neugeborene Christkind und sang laut auf.

›Was machst du denn, Johännchen, du schläfst ja nicht; ei so schlafe doch‹, sagte das Drückchen erwachend, aber ich lachte es aus, daß es so schlafen könne, und sang fort: ›Ein Kind geboren zu Bethlehem …‹

›Hast du denn gar keine Ruhe? So laß mich doch wenigstens schlafen. Du bist gewiß nicht zur rechten Zeit wach‹, sagte das Drückchen, aber da war alles vergebens, es mußte all meine Christlieder hören, und dann hatte ich so viel zu plaudern und zu fragen, daß für das gute Mädchen an keinen Schlaf zu denken war.

Endlich schlug es drei Uhr, ich sprang auf, zündete Licht an und schlupfte rasch in die besten Kleider. Nach einem Kuß von Drückchen schlich ich die Treppe hinab, um den Kaplan nicht zu wecken, aber dessen Lampe brannte schon und ich hörte ihn seine Festpredigt memorieren. Mit einem Sprung war ich draußen. Hell funkelten die Sterne, so schön, wie sie in der wunderbaren Nacht wohl funkelten, wo Maria der Welt den Erlöser gebar. In der Kirche wurde es schon hell. Ich eilte das Gäßchen entlang, grüßte die

›Auf dem Weg zur Mitternachtsmesse‹. Weihnachtspostkarte um die
Jahrhundertwende.

heiligste Jungfrau auf der Kniebank unter der Halle, den Heiland vor seinem großen Bild und öffnete das schwere Tor, welches auf die Straße führte.

Wie war es so feierlich still! Es war, als ob die ganze Schöpfung das große Mysterium mitfeierte, als stände die Welt still in froher sehnender Erwartung des Befreiers, des Siegers über Sünde und Tod! In den Häusern entzündete sich Licht um Licht und in mich kehrte eine freudige Andacht mehr ein. Betend lief ich die Straßen daher. Aus der Ferne drangen schon einzelne Glockentöne, die immer mehr und reicher und voller anschwollen. Jetzt stand ich an dem Kreuzgang, worin der Lehrer wohnte: er war dunkel, nur vor dem lebensgroßen Christusbild brannte eine Lampe. Ich blickte nach den Fenstern des Lehrers: sie waren noch dunkel, ich kam also zu früh. Ich zog meinen Rosenkranz heraus, wie gewöhnlich, wenn mir die Zeit lang wurde, denn der Kaplan hatte ihn mir für solche Fälle als den besten Zeitvertreib anempfohlen, kniete vor dem Kruzifix nieder und betete.

Unterdessen kamen die Armen, welche stets in dem Kreuzgang der christlichen Barmherzigkeit zu Liebeswerken Gelegenheit geben, und knieten und saßen neben mir nieder. Endlich rasselte der Schlüssel des Küsters, die Kirchentür öffnete sich, die Glocken läuteten in feierlichem Schwung von allen Seiten, ein mächtiger, prächtiger Chor. Da fand sich auch des Lehrers Fenster erleuchtet, und bald darauf zog ich die Klingel. Ich wurde mit Freuden empfangen, und wir gingen sofort die ausgetretenen Stufen der Wendeltreppe hinan auf die Orgel.

Kerze an Kerze entbrannte auf dem Hochaltar, bis er als ein Berg von Licht strahlte, die Kronenleuchter wurden entzündet, die Kerzen auf den Kniebänken leuchteten eine nach der andern auf, die Gläubigen sammelten sich in dichten Scharen unter den alten heiligen Wölbungen. Der Lehrer stellte mir die Glöckchen zur Hand, deren einige zwölf an einem größern Draht hingen, und wies mich an, sie im Takt zu schlagen.

Jetzt unterbrach die tiefe Stille der Klang der Glocke der Sakristei, die Chorknaben voran traten die Priester zum Altar, und in vollen Klängen brauste die Orgel ihren Jubelgruß zur Eröffnung der hohen Feier daher. Der Segen mit dem Allerheiligsten folgte, dann begann das vom Chor begleitete Hochamt. Als das Offertorium anfing, ließ der Lehrer mich Knienden und alles um mich herum Vergessenden durch einen andern Knaben von der Bank an der Orgelbrüstung rufen und sprach: ›Jetzt gehen auch die Hirten mit ihren Herden zum Opfer beim Christkind, darum nimm die Glöckchen.‹

Und er begann nach uralter Sitte ein liebliches Hirtenlied zu spielen, wozu die vielstimmigen Glöckchen im Takt harmonisch erklangen und die vox humana der Orgel sang – ein wunderbar ergreifender, rührender Augenblick, der auch die trockenste Seele ergreifen und versetzen muß in die Gefilde Bethlehems und vor die Krippe sie führen muß; ein Bild in Tönen so voll Wahrheit und Leben und tiefer Andacht, wie es nur unsere alten deutschen und italienischen Maler in Farben, unsere Dichter der edelsten Tage des Mittelalters in Worten dahinzubeten verstanden; in ihrer kindlichen, schönen und heiligen Einfalt so erschütternde Klänge, daß sie uns unwiderstehlich fortreißen zur Anbetung dessen, der ja ebenso im Allerheiligsten wohnt, wie einst er in der Krippe lag, ganz derselbe, seiner göttlichen Majestät Entkleidete und doch sie in sich Fassende, wie damals. Ja, es ist nicht lange her, daß mir ein junger Mann in Köln gestand, diesem Hirtenlied und diesen Herdenglöckchen danke er nichts weniger als das Leben seiner Seele, es habe ihn zu Gott zurückgeführt. Ihn hatte bei einigermaßen leichtsinnigem Leben die Neugier mehr als anderes wieder einmal in die Christmette geführt. Der gewaltige Ernst des Ortes, die tiefe Andacht der Gläubigen, die heilige Würde des Hochamts wirkten auf ihn und weckten ihm Erinnerungen an frömmere Zeiten; da beginnt das Hirtenlied, er fühlt sich wie vor die Krippe hingezogen, er sieht wieder den Gott auf dem Altar in der Brotsgestalt und damit zugleich sich in seinem Sündenelend, Tränen der Reue dringen ihm in die Augen. Nach Beendigung der heiligen Messe tritt er in den Beichtstuhl, und die heilige Nacht bringt ihm den ersten Morgenstrahl eines neuen, Gott geweihten Lebens.

Nach dem Paternoster, wenn das Agnus Dei beginnt, wird Lied und Geläute wiederholt, wozu ich abermals gerufen wurde, denn die majestätische Feier hielt mich an die Orgelbrüstung gefesselt.

Die Messe war zu Ende, und der Lehrer griff nach kurzem Gebet zu seinem Hut und nahm mich bei der Hand. Wir kehrten in sein Haus zurück, wo die Hausfrau und die Kinder schon um den weißgedeckten, helleuchtenden Tisch versammelt waren, auf dem der Kaffee stand und ein Kuchen uns entgegenlachte. Unter freundlichen, heiteren Gesprächen griffen alle zu, und auch ich ließ mich nicht nötigen. Nachher spielte ich die Messe noch ein paarmal auf dem Klavier durch, ging noch eine halbe Stunde in Kirche und Kreuzgang herum, Erinnerungen an frühere Jahre neu auffrischend, und lief, was mir eine besondere Freude in der feierlichen nächtlichen Stille war, rasch an den nahen Rhein, dessen mit Eis gehende Flut der Mond zauberhaft beleuchtete. Ich hatte ihn so lange nicht gesehn, den lieben Rhein, zu solcher Stunde nie, und nie sah ich ihn wieder in dieser Nacht, nie wieder in dieser Pracht, nie mehr in dieser heiligen Stimmung wieder – aber sein Bild, wie jeder Eindruck dieser Christnacht, steht unverlöschlich vor mir. Darüber war es sieben Uhr geworden, und nach und nach regte sich der ganze Glockenchor der Stadt, die Gläubigen zum zweiten Hochamt zu rufen. Ich eilte schnell zurück und auf die Orgel, wo ein Chor von Mädchen wie mit Engelstimmen schon das Lied sang: ›Ihr Hirten, erwacht …‹

Als es zu Ende war, begann die Messe, und nach ihrem Schluß eilte ich zu den Eltern, ihnen glückliche Feiertage zu wünschen und ihnen zugleich die fröhliche Botschaft zu bringen, daß ich heut die Orgel spiele. Das überraschte sie, und der Vater sagte zweifelnd: ›Nun, das wird mir ein schönes Spiel werden, du bringst die ganze Kirche in Wirrwar, was wette ich?‹

Aber die Mutter meinte: ›Ei, laß du das Johännchen gehen, Christian, das beißt sich schon durch. Aber hast du denn so viel Mut, Kind? Du, mein lieber Heiland, ich würde zu Tode erschrecken, wenn ich auf die Tasten drückte und alle die Pfeifen anfingen zu singen und zu klingen. Das muß doch ein wunderbares Gefühl sein, so eine ganze Kirche mit Orgelton zu erfüllen und den Gesang der ganzen Gemeinde zu leiten und zu begleiten. Daß du keine Angst hast, Johännchen!‹

›Ich glaub's nicht eher, bis es geschehen ist‹, sagte der Vater, aber das stärkte meinen Mut nur, und das wußte er, darum sprach er so.

Nach einem zweiten Frühstück bei den Eltern wurden die Nachbarn besucht und allen alten Kameraden meine Freude mitgeteilt. Dann ging's in frohem Rennen zum Lehrer zurück und mit ihm auf die Orgel zum dritten Hochamt, nach dessen Beendigung wir in der Kirche blieben, denn es war nicht weit mehr bis elf Uhr. Das Herz klopfte mir mehr und mehr, je näher der glückliche Augenblick rückte. Endlich läuteten die Glocken, zitternd vor Erwartung und auch teilweise ängstlich sah ich die langen Reihen der Bänke, sah ich die Gänge sich dicht füllen. Jetzt läutete das Glöckchen an der Sakristei, der Lehrer stimmte das Lied zum Segen an und spielte es selbst. Dann mußte ich mich auf den Stuhl setzen, meine Hände bebten, ich rief die liebe Muttergottes um Beistand an.

›Jetzt schlage an‹, sagte der Lehrer, ich drückte die Tasten an, die sehr schwer gingen und – die Mutter hatte recht, ich erschrak über meine Finger, ich war auf dem Punkt, vom Stuhl zu fliehen.

›Mut, Mut, ganz schön, weiter, ganz schön‹, sagte der neben mir stehende Lehrer, und nach und nach legte sich meine Aufregung, und nur die Angst, einmal fehlzugreifen, blieb zurück. Aber auch diese ging vorüber, ich fühlte mich immer sicherer und gehobener, bis zuletzt das reine Gefühl einer frommen Freudigkeit durchdrang und alles andere in mir besiegte. Als ich bis an das schöne Lied zum Sanktus:

> ›Singt heilig, heilig, heilig
> Ist unser Herr und Gott!‹

gekommen war, da war bereits alles um mich vergessen und der Lehrer stand, wie er nachher den Eltern versicherte, in freudiger Verwunderung neben mir, der ich meiner Sache so gewiß schien, als ob ich die Orgel schon ein paar Jahre lang gespielt habe.

Seitdem war der Sonntag für mich ein doppelt schöner Tag, und die ganze Woche sah ich ihm mit froher Erwartung entgegen…

Aber die Weihnachtsbescherung? dürften süddeutsche Leser fragen. Davon war ja keine Rede? Allerdings und zwar aus dem einfachen Grunde, weil es keine gab.«

Wolf, zwölf Jahre jünger als Weyden, wurde 1817 im soeben preußisch gewordenen Köln geboren. Sein Vater war Kaufmann, und in streng katholischem Milieu wuchs der Junge auf. Daß auch ihm der Kaufmannsberuf bevorstand, war ihm so unerträglich, daß er nach Brüssel floh, dem katholischen Glauben entsagte »und in den irren Wüsten der Welt, dem lieben Gott fern, umherfuhr«. Der junge Mann in Köln, von dem er erzählte, ist vermutlich er selber gewesen.

Flanderns Volksliteratur hatte es ihm angetan. Nach dem Studium hielt er in Gent, Brüssel und Löwen Vorlesungen auf flämisch. Als Redakteur der Zeitschrift ›Wodana‹ stand er im Mittelpunkt der jungen flämischen Bewegung, und ein erster Band ›Niederländische Sagen‹ (1843) ist ihm zu verdanken.

Von Gent ging Johann Wilhelm Wolf zurück nach Köln, wo er sich offenbar mit seiner Familie aussöhnte, eine beachtliche Sammlung ›Deutsche Märchen und Sagen‹ edierte (1845) und Jahre später seine Kindheitserlebnisse niederschrieb. Sie erschienen 1853 als erstes Bändchen einer von ihm selbst begründeten Reihe ›Katholische Trösteinsamkeit‹ und sind sowohl Ausdruck seiner Versöhnung mit dem Katholizismus als auch Indiz seines ›Laientums‹. Wolf hat die Erinnerungen ›Aus der Kindheit‹ unter dem Pseudonym Johannes Laicus publiziert.

DER WEIHNACHTSMARKT ANNO 1837
ODER ORDNUNG MUSS SEIN

Marktgeschehen auf dem Altermarkt um 1840.

Wie schon im Kapitel ›De Hötte sinn widder do‹ gezeigt, erfreute sich der Nicolaimarkt auf dem Altermarkt beziehungsweise südlichen Heumarkt seit 1820 wachsender Beliebtheit. Nach etlichen Querelen mit der preußischen Provinzialregierung in Koblenz legte die Kölner Stadtverwaltung 1837 fest:
»Zu dem vom 1. Dezember bis 1. Januar einschließlich stattfindenden Nicolai- oder Weihnachtsmarkt sind nur in Köln wohnende gewerbetreibende Feilbieter zulässig. Die Gegenstände der Feilbietung dürfen nur in Kinderspiel- und in Eßwaren bestehen. Ellen- oder kurze Waren sind davon ausgeschlossen. Mit dem Verkauf von Backwerk darf daselbst nicht die Verabreichung von geistigen Getränken verbunden sein. Die Buden müssen aus Brettern gezimmert und dürfen höchstens nur 10 bis 20 Fuß lang in der Front und 7 Fuß tief sein. Es sind davon pro Tag 4 Pfg. per Fuß vordere Front, nach dem Satz der Marktordnung, an Standgeld zu entrichten; für kleinere Krambuden von 4 bis 6 Fuß Breite sind 19 Pfg. und für Tische von 3 Fuß Länge 10 Pfg. zu zahlen. Feilbringer müssen vor Eröffnung des Marktes die Quittung über die dafür entrichtete Gewerbesteuer dem Polizei-Kommissair vorlegen, ebenso dem Marktmeister die Quittung über die pränumerando zu zahlenden Standgelder.«
Fünfzig Jahre später, als die Umgestaltung des Heumarkts anstand, wurde der Weihnachtsmarkt aufgehoben. Sein Gesicht hatte sich mittlerweile verändert; der Schwerpunkt lag zwar nach wie vor bei ›Kinderspiel- und Eßwaren‹, doch der früher untersagte Krimskrams war im Vormarsch. Wie aus einer Statistik Anfang der achtziger Jahre her-

vorgeht, waren insgesamt 94 Verkaufsbuden auf dem Heumarkt aufgestellt, davon 29 mit Spielwaren, 17 mit Konditor- und Zuckerwaren, 16 mit Galanterie- und Kurzwaren, 7 mit Woll- und Weißwaren, 6 mit Schuhwaren, 5 mit Zinn- und Blechwaren, 4 mit Korbwaren, 2 mit Handschuhwaren und 8 mit je einem besonderen Artikel, Schmucksachen, optischen Instrumenten und anderem. Dazu kamen noch einige Schaubuden, Schieß- und Photographenbuden. Der Markt war größer und lärmiger geworden; auch darum mußte er am Silvestertag 1885 schließen.

FRÜHER AM ST. NIKOLAUSTAG
Von Hermann Becker

Am 1. Dezember schlug man damals in Köln auf dem Heumarkt ›de Hötte‹ auf. Das war der uralte St. Nikolausmarkt, mit dem Frühjahrsmarkt um die Osterzeit der Überrest der beiden Kölner Messen, ein Privilegium, welches Kaiser Karl V. der Stadt verliehen hatte. Mit welchem Jubel ›de Hötte‹ damals von den Kindern begrüßt wurden, läßt sich gar nicht beschreiben. Da eröffnete sich den vielen kleinen Kobolden eine ganz ungeheure Perspektive von Genüssen: Pfefferkuchen, Moppen, Drehbretter, Kuchenherzen, ein Regen von ›Kamelle‹, Hampelmänner, ›Oemmerjönche‹, Karussellpferde, hölzerne und eiserne Säbel, Gewehrchen, Bälle und andere Dinge tanzten in den kleinen Gehirnen eine wilden Tanz. Ach, und wie bestaunte man all die Herrlichkeiten, die da zum Verkauf ausgestellt waren! Da hieß es in den Buden ›Stück für Stück en Silbergroschen!‹ oder ›Fünfzehn Pfennige jedes Stück! Wer nix kauft, der bleib zurück!‹ Was war das für ein Leben! Wie begehrlich erschienen die Waffeln vom Kuchenbäcker. Welches Glück, hatte man Geld, sich eine Wassernachtigall aus gebackener Tonerde zu kaufen, ein dem Vogel ähnliches Tongebilde, das halb mit Wasser gefüllt wurde und, wenn man hineinblies, Töne erzeugte, die einige Ähnlichkeit mit dem Gesang eines Kanarienvogels hatten. Es war zu schön auf der ›Hötte‹, besonders wenn viele Mordgeschichten gesungen und die dazugehörigen Bilder von den Erklärern ordentlich zerprügelt wurden. Auch die silberglänzenden kleinen Bergwerke mit mechanisch bewegten Figuren, die verunglückte Mansfelder Bergleute zeigten, erregten großes Staunen. Und was war das für eine Freude, wenn zur Zeit der ›Hötte‹ vom ›Hellige-Manns-Dag‹ die Mutter am Abend von einem Ausgang oder aus der Kirche nach Hause kam; da saßen die Kinder um den Tisch und machten dann je nach dem Vermögen der Eltern bei der ›Oeltröötsch‹ (Öllampe), bei der ›Uenkelskääz‹ (Talglicht) oder auch bei der Stearinkerze, der Moderatuerlampe oder bei Gas ihre Schulaufgaben. Die anderen spielten. Dann erzählte die Mutter, daß ihr der ›Hellige Mann‹ oder ›de Barbara‹ begegnet sei. Er habe gefragt, ob auch die Kinder hübsch artig seien, ›ov et leev Kingercher wöre, die sich öhndlich bedden däte‹. Und dann wurde beklommen gefragt, ob der Hans Muff dabeigewesen sei, und wie der ›Hellige Nikelo usgesin‹ hat. Dann beschrieb die gute Mutter den ›Zinter Klos‹ von Kopf bis Fuß. Sie hörten, daß er eine goldene Bischofsmütze trug.

In der Hand hatte er einen goldenen Bischofsstab. Ein weißes Gewand bekleidete ihn, und in seinem großen Bart blitzten tausend und abertausend silberne Sternchen, die der Schnee darin gebildet hatte, der hineingeflogen war. Auch der Hans Muff mit seinem Esel war bei ihm. Er hatte auch versprochen, die Kinder am ›Hellige-Manns-Ovend‹ zu besuchen oder in der Nacht etwas zu bescheren. Daß das wahr sei, konnte von keinem Kinde bezweifelt werden, denn die Mutter brachte doch jedem ›en Print‹ oder ›ene kleine Weckmann, n'en Zinter Klos‹, auch wohl ›e Göbbelche met ener Fläutche‹ oder einen Apfel mit.
Wenn der Hellige-Manns-Dag kam, wurden am Vorabend in größter Erwartung die Teller oder ›Schottele opgesatz‹. Ausführlich erwogen wir hin und her, wer wohl ›en Roth

St. Nikolaus und sein Begleiter. Kupferstich um 1810.

(Rute) krääg‹. Kam der Heilige Mann über Nacht, so konnten die Kinder meistens stundenlang nicht einschlafen. Hatte er angekündigt, daß er erscheinen werde, so wurden die Teller auf den Tisch gestellt. Dann schickten die Eltern die Kinder in eine Nebenstube. Wenn die Eltern die Gaben auf den Tellern verteilt hatten, rief man die Kinder herein, sobald der Hellige Mann und der Hans Muff durch Klopfen an das Fenster oder durch lautes Aufstampfen ihre Ankunft angemeldet hatten.
Und dann kam der Nikolaus im feierlichen Habit. Hinter ihm stand der fürchterliche Hans Muff und rasselte mit einer Kette oder mit zwei Stocheisen. ›Sin de Puten och ahdig?‹ und ›Han se och düchtig gebät?‹ tönte dumpf die Frage von den Lippen des Nikolaus. Es begann ein feierliches Examen, das, im Hinblick auf den schrecklichen Hans Muff, meist unter Zittern und Zagen vor sich ging. Denn der grobe Bursche machte Miene, mit der großen Rute zu schlagen oder gar die Kinder in den Sack zu stecken. Gewöhnlich aber konnte die Mutter den schlimmen Kerl noch besänftigen. Dann warf

plötzlich St. Nikolaus Äpfel, Haselnüsse und Walnüsse auf die Erde und teilte Weckmänner aus, die ihn darstellten. Wenn die Kinder auf der Erde lagen, um die Äpfel und
Nüsse einzuheimsen, benutzten Nikolaus und Hans Muff die günstige Gelegenheit, um
zu verschwinden, und Mutter und Vater stellten die Teller mit den Gaben zurecht. Da
gab es denn zum Schluß noch ein jammervolles Geheul, wenn der kleine Nichtsnutz der
Familie nur eine Rute auf dem Teller fand. Das Kind war anfangs untröstlich. Aber da
winkte ihm bedeutsam der gute Genius des Hauses, die Großmutter. Sie saß in der Ecke
halb verborgen. Nun lüftete sie die Schürze und zeigte dem höchst überraschten Enkel
allerlei schöne Dinge, die sie für ihn hatte.«

DAS HAUSHALTSBUCH DER EMMA PFEIFER

Einen nüchternen, dafür um so klareren Hinweis, wie denn früher Weihnachten gefeiert wurde, vermitteln die Haushaltsbücher einzelner Familien. Auch aus schein-
bar dürren Daten läßt sich einiges entnehmen:
»19. Dezember 1833. Die Wiege anstreichen lassen 6 Silbergroschen. Das Clavier stimmen lassen 15 Silbergroschen, 4 Pfennige. 6 Besen 2 Silbergroschen, 6 Pfennige.«
Zwei Jahre später kommen an Weihnachten Geschenke zum Zuge: »Für Bomboms 5 Thaler, 2 Fingerhüte und Toiletspiegel 1 Thaler, 5 Silbergroschen. Bilderbuch und Bilder 19
Silbergroschen.«
Was die Unternehmersgattin Emma Pfeifer im Jahrzehnt von 1833 bis 1842 in ihr Rech-
nungsbuch eintrug, gibt ein ungeschminktes Bild von der Haushaltsführung in einer
jungen, durchaus begüterten rheinischen Familie. Wenn sich zum Beispiel 1837 ein Ein-
trag »12 Apfelzienen 1 Thaler, 6 Silbergroschen« findet, so läßt sich erschließen, daß Apfelsinen unterm Christbaum selbst für Wohlhabendere damals noch ein großer Luxus
waren, vor allem, wenn man ihren Preis mit dem Arbeiterwochenlohn (2 bis 4 Taler) ver-
gleicht. Interessant auch, daß für die Domkollekte monatlich stets ein Taler berappt
wurde, also keine Kleinigkeit. Und was zu Neujahr nicht alles zu bezahlen war: die Zeitung, der Schornsteinfeger, die Müllbeseitigung, der Nachtwächter, der Laternenanste-
cher, der Polizeidiener, nebst all den Rechnungen der Lieferanten.
Bis 1837 wurde der Pfeifersche Haushalt in Düren geführt, in einem Haus am Kölntor.
Dann zog man nach Köln um, und Emil Pfeifer begründete dort die Zuckerdynastie Pfeifer & Langen. Aus einem Brief des Ehemannes an seine Mutter vom 16. Dezember 1837
geht hervor, daß es drei Tage vor dem Fest durch die Geburt des kleinen Valentin Kom-
plikationen gab: »Der Christbaum hat durch dieses Ereignis noch nicht beschert werden
können.«
Ein Weihnachten später hat sich die Familie in der Kölner Severinstraße eingelebt. Doch
erst 1840 kommt der junge, vielbeschäftigte Fabrikant wieder zu Briefen an sein »liebes
Mütterchen« in Frankfurt. Am 24. Dezember bedankt er sich: »Das Christgeschenk, die

silberne Caffeekanne, Würste etc. sind gestern abend angekommen, kömmt aber erst diesen Abend bey der allgemeinen Bescherung in die Hände der Emma.« Und er gibt ihr an Silvester Bericht: »Der Christbaum hat den Kindern so wie auch Emma und mir sehr viel Freude gemacht; und nach und nach wird derselbe unter unserer Aufsicht von den Kindern geplündert. Von Wilhelm haben wir einen schönen Cabeljau geschickt bekommen, den wir Sonntag abend in Gesellschaft der Verwandten der Emma fröhlich verzehrt haben.« Nimmt man solche Briefe dazu, gewinnen die geldlichen Eintragungen an Leben. Geschenkbräuche, Festtagsspeisen, Christbaum-Riten, Geselligkeiten, Hausmusik – all das fügt sich puzzleartig zusammen.

Emma, die Mutter dreier Kinder, wurde nicht alt. Ein Nervenfieber (Typhus) raffte sie im Alter von 31 Jahren hinweg. Der alleinerziehende Vater hatte nun mit Weihnachten seine liebe Not. Nach Düren geflüchtet, meldet er am 28. Dezember 1845 an Mutter und Geschwister: »Die Christbescherung habe ich noch nicht gehalten, Fräulein Müller wird den Baum während unserer Abwesenheit zurechtmachen und schmücken, die Geschenke für die Kinder habe ich schon früher eingekauft.« Welche Geschenke das waren und was sie gekostet haben, wissen wir nicht; Emmas Haushaltungsbuch war und blieb zugeklappt.

Für die sozialgeschichtliche Forschung sind solche Dokumente von beträchtlichem Wert, leider nur sind sie viel zu selten überliefert. Zwei Haushaltungs-Rechnungsbücher aus weit früherer Zeit seien hier erwähnt. Einmal das des Burggrafen von Drachenfels: Dort finden sich Ende des 14. Jahrhunderts Eintragungen wie diese: »Am Vorabend zum Christfest (vigilia nativitatis) schickte mich mein Herr um einen Rock nach Köln; ich verzehrte einen Albus, mein Pferd einen, einen verfuhr ich über den Rhein.«

Und zum anderen Martin Luthers Haushaltsführung: An ihr ist bemerkenswert, daß er den Posten ›Niclas-Geschenke‹ (1535/36) zehn Jahre später auf den weihnachtlichen Posten ›Heiliger Christ‹ umgeschichtet hat. So zeigt sich im Wandel eines Geschenkebrauchs auch ein – von Luther wohlbedachter – Wandel der Begriffe.

UND SEHT IHR DIE ARMUT MIT BLEICHEM GESICHT

Zur rheinischen Spätromantik gehört das Besingen des ›Christkindes‹, und Guido Görres, 1805 als einziger Sohn von Josef v. Görres in Koblenz geboren, war einer der ersten. In seinem ›Weihnachtslied‹, dargeboten im ›Festkalender in Bildern und Liedern geistlich und weltlich‹, erinnert er an die Notlage des Jesuskindes:

> »Und seht ihr die Armut mit bleichem Gesicht,
> Des himmlischen Kindes vergesset dann nicht.«

Weihnachten gibt zunehmend Gelegenheit, auch der sozial Schwächeren zu gedenken, vor allem seit es zum Geschenktermin wurde. Der Vormärz schärft das soziale Gewissen.

*Von der Hartherzigkeit der Reichen und der bitteren Armut
der Straßenverkäuferin. Zeichnung in der ›Gartenlaube‹ 1888.*

Als Guido Görres 1846/47 die beiden Jahrgänge ›Deutsches Hausbuch‹ herausbringt, da appelliert er nachdrücklich:

»Die Polizei duldet es nicht mehr, daß arme Kinder wie ehedem von Haus zu Haus gehen, dem Christkindlein zu Ehren ein altes Lied, wie schon die Großeltern getan, zu singen und dafür ein kleines Christgeschenk oder ein Almosen zu empfangen. Das wäre ja Bettelei und die ist verboten. Die Menge aber, alt und jung, reich und arm, durch Kinderbälle und üppige Theaterstücke herbeizulocken, das ist nicht verboten, das gehört ja zur Bildung und zur Aufklärung und die Vornehmen nehmen ja selbst daran teil…

Freilich die, welche in den warmen hellerleuchteten Zimmern sitzen, wo das Christkindlein alles in Hülle und Fülle beschert hat, die wissen oft nicht, wie es da draußen in Schnee und Kälte und in der Verlassenheit tut, wenn statt einer warmen Speise der kalte Dezemberwind in den leeren Magen bläst und die Füße in den zerrissenen Schuhen eiskalt und steif sind und die Arme aus den durchlöcherten Ärmeln blau und verfroren herausblicken.«

Der Appell ist noch recht gefühlig und allgemein gehalten. Das sollte sich ändern. Das Christkindlein wird selbst zum Kind mit der Sammelbüchse, fordert Mitleid ein, öffnet die Herzen und die Geldbeutel. »Chreßkingche muß termineere gon!« heißt es später in der Inflationszeit:

»Weihnachsovend – sillig Freue
Söns an alle Hätze greff
Wann et Chreßkind kom met scheue
Schrettcher en't ›DeNoëlsteff‹.
Und et braht met weicher Hängcher
Möde Hätze Kraff und Truß,
Ganz glöcksillig log em hellste
Himmelsleech et ganze Huus.

Hück! – nit eine Strohl weed leuchte
En et Dunkel, hell un wärm,
Vör der Pooz, en Sturm un Wedder,
Steiht et Chreßkind – beddelärm!
Ärm und al – su sin die Lückcher
Hück em Steff an Pantaljun,
Un dat heisch hück Nut und Älend –
Kutt un helft – öm Goddesluhn!«

So wurde Hilfsbereitschaft mobilisiert, um etwas für die armen, unheilbaren Männer des DeNoël-Stiftes zu tun. Diese Stiftung bestand in Köln seit 1856 und unterhielt ein Hospital am Glockenring, ab 1886 dann am Pantaleonswall 65.

CHRISTBESCHERUNG IM FERNEN ROM
Von Sulpiz Boisserée

Rom, 29. Dezember 1838. Diesmal hatten sich die Umstände so gestellt, daß der Weihnachtsabend ganz ohne Bescherung abzulaufen drohte. Das war mir für Mathilde unerträglich, sie hält so viel auf dieses Fest, und die gute Seele, die so viel Kummer mit mir durchzumachen hat, bedarf dann und wann einer Aufheiterung, wenn sie es auch nie wahrhaben will. Da unsere vier Zimmer nur einen Eingang haben, so konnten wir beide keine Verheimlichung zustande bringen; in dieser Not wandte ich mich an Frau Kaulbach und bat sie, uns zu der Bescherung ihres Kindes einzuladen. Die liebenswürdige Frau ging gleich darauf ein, mir für eine Bescherung behilflich zu sein und bei meinen Einkäufen guten Rat zu geben. Da die Bescherung der kleinen Johanna wegen sehr früh sein sollte, konnten wir auch noch eine spätere Einladung von Gervinus (dem Literaturhistoriker) auf sieben Uhr annehmen.
Wir waren am Christabend noch zu Tisch, da kam eine Botschaft von Kaulbachs, das Bäumchen sei schon angezündet; um des Kindes Freude nicht zu stören, ließen wir alles stehen und eilten die Treppen hinauf. Wir fanden ein kleines Lorbeerbäumchen schön geschmückt, unter dem das Krippchen angebracht war. Das liebliche Kind war in größter Freudigkeit, Mathilde wollte sich eben mit ihm einlassen, als ihr selbst eine kindische Freude bereitet wurde, von der sie keine Ahnung hatte, denn auf einmal ging die Flügeltür in das Nebenzimmer auf, und es strahlte uns ein kolossaler Lorbeerbaum mit

einer Unzahl von Lichtern entgegen, auf das schönste geziert mit vergoldeten Nüssen und Pinienäpfeln, mit Orangen und kandiertem Zuckerwerk, mit bunten seidenen Bändern und großen Schnüren mit Feigen und Rosinen. Kaulbach selbst (der später in München gefeierte Maler) hatte mit seinen Schülern an mehreren Abenden den herrlichen Baum für mich geschmückt. Unter demselben lagen meine Geschenke und als Wahrzeichen ein Glas echt kölnisches Wasser. Die gute Mathilde war aufs höchste überrascht und erfreut. Genug, ich habe es diesmal in jeder Hinsicht mit der Wahl und der Überraschung getroffen.

Bei Gervinus, wo wir auch Kestner (Diplomat und Kunstförderer, Sohn des Goethe-Freundes) fanden, haben wir noch einen recht heiteren Abend zugebracht, wir machten uns kleine Bescherungen und blieben bis nach zehn Uhr.

Am heiligen Christfest wohnten wir wieder der großen feierlichen Messe des Papstes in St. Peter bei. Seitdem haben wir immer in Kirchenfeierlichkeiten oder in kleineren, geselligen Kreisen gelebt. Der Christbaum ist in mein Arbeitszimmer heruntergebracht worden und soll nach alter Sitte bis zum Dreikönigstag stehen bleiben!«

In der Fremde das Eigene erfahren: Das galt in besonderem Maße für die Entdeckung mittelalterlicher deutscher Kunst, die der Kölner Sulpiz Boisserée, Freund von Friedrich Schlegel und Ludwig Tieck, 1803 in Paris kennenlernte. Sulpiz und sein Bruder Melchior begannen nun, altdeutsche und altniederländische Kunst zu sammeln. Vor den Franzosen, die das Rheinland bis 1814 besetzt hielten, konnten sie viele unersetzliche Werke retten. Ihrer beider Sammlung kaufte später der bayrische König Ludwig I. auf und erwarb damit den Grundstock zur Alten Pinakothek. Als 27jähriger hatte Sulpiz seine Heimatstadt verlassen. Aber auch aus Heidelberg und Stuttgart trat er für Kölner Belange ein. So gehörte er zusammen mit Josef v. Görres zu den leidenschaftlichsten Befürwortern einer Vollendung des Doms. Auf Grund genauer Vermessungen verfaßte er, zusammen mit dem Architekturzeichner Quaglio, eine ›Geschichte und Beschreibung des Doms von Köln‹ (1823–32), die dem 1842 begonnenen Weiterbau zur Grundlage diente.

SO IST DAS LEBEN!
Ein Brief von Georg Weerth

Der Detmolder Georg Weerth, Sohn eines Superintendenten, arbeitete 1840 als Buchhalter in Köln. Erste Arbeiten in Vers und Prosa erschienen in der ›Kölnischen Zeitung‹. Ende 1843 übersiedelte er in das englische Bradford, drei Jahre später nach Brüssel, wo auch seine Freunde Marx und Engels publizistisch tätig waren. Weerth ging dann als Feuilletonredakteur der ›Neuen Rheinischen Zeitung‹ nach Köln. Er hat dieses spektakuläre ›Organ der Demokratie‹, das zwischen Juni 1848 und Mai 1849 nahezu täglich erschien, von Anfang bis Ende betreut. Sozialismus, literarischer Stil und Mutterwitz gingen für ihn durchaus zusammen.

Brüssel, 26. Dezember 1846

»Liebe Mutter!

Ich will das alte Jahr nicht zu Ende gehen lassen, ohne Dir noch einmal zu schreiben, obgleich ich Dir eigentlich wenig zu erzählen habe. Der jugendliche Sander überbrachte mir Deinen Brief, als ich vorgestern morgen in meinem Bette aus süßen Träumen erwachte. Ich gehe gewöhnlich um 1 Uhr schlafen und stehe um acht Uhr auf; mein kleines Mädchen bringt mir dann gewöhnlich meine englische Post ins Bett hinein, und so brachte sie mir denn neulich auch die deutsche. Die Manier, alle Briefe im Bett zu lesen, ist sehr vortrefflich; man weiß dann gleich, woran man ist, wenn man mit dem Fuß auf den Teppich springt …

Übrigens wohne ich in einem Hause, wo es an Familie nicht fehlt; die Leute heißen Parys und sind Tabakshändler. Sie haben drei hübsche Töchter, welche schöne Künste treiben. Josephine malt; Alexandrine spielt Klavier; Clémence singt wie eine Nachtigall. Jeden Abend haben sie einen Maler oder einen Musikanten zum Besuch, und während man an der einen Seite des Zimmers Zeichnungen entwirft, schreibt man an der andern Noten und spielt und singt, daß es eine Freude ist. Von der Heiterkeit eines belgischen Völkchens hast Du keine Idee. Um zehn Uhr abends räumen sie auch wohl Tische und Stühle beiseite und fangen an zu tanzen, daß die Pfannen auf dem Dache wackeln. Übrigens verstehen sich diese Kinder auch alle auf den Haushalt; neulich schenkte ich Josephine einige Wollengarnproben, da hat sie mir auch gleich ein Paar Strümpfe gestrickt. Solche Leute sind sehr frugal; sie haben jeden Abend Besuch, die spielen, singen, malen, tanzen vier, fünf Stunden lang, aber es wird nie etwas dabei gegessen oder getrunken; sie sind aber stets vergnügt.

So ist das Leben! Die Hauptsache ist, daß sich die meisten Menschen mehr oder weniger untereinander liebhaben und sich dadurch, trotz aller mit durchlaufenden Not und Erbärmlichkeit, das Dasein erträglich machen.

Heute, am ersten Weihnachtstage, ist hier in Brüssel nicht soviel Leben, wie ich es in England an diesem Tag gewohnt war. In England halten es die Leute für ihre Pflicht, sich am Weihnachtstage ganz unbändig zu freuen; ihre Freude nimmt sich deswegen oft nur gar zu komisch und lächerlich aus; die Belgier und die Franzosen, welche an die Freude gewöhnt sind, begehen diesen Tag wie jeden andern schönen Sonntag …

Leb wohl, liebe Mutter! Ich habe Dir im stillen vergnügte Feiertage gewünscht und bitte Dich, die beiden Verliebten in betreff der Hochzeit etwas anzuspornen, damit ich bald zu Dir hinüberreisen kann.

Mit dem herzlichsten Gruße

Dein Georg«

WEIHNACHTEN
Von Robert Blum

Der linksliberale Robert Blum, Wortführer und später ›Märtyrer‹ der deutschen Revolution 1848/49, wurde 1807 im Kölner Martinsviertel, Am Fischmarkt Nr. 1490, geboren, wo eine Gedenktafel an ihn erinnert. Er besuchte die Schule an St. Brigiden, dann das Dreikönigsgymnasium, aber nur bis zur Quinta – das Geld reichte nicht. Als Meßdiener an Groß St. Martin half er, das Familienbudget aufzubessern. Lehre bei einem Goldschmied, dann einem Gelbgießer, 1827 Anstellung beim Laternen-Lieferanten J. W. Schmitz, der die neu eingeführten Straßenlaternen in deutschen Städten mit Rüböl versorgte, das sich aber nicht gegen die Energiequelle Gas durchsetzte. So nahm Blum 1830 notgedrungen die Stellung eines Theaterdieners beim Schauspieldirektor Ringelhardt an, mit bescheidenen zehn Talern Monatsgehalt und fünf Talern ›Neujährchen‹. Soweit die Kölner Anfänge des später in Leipzig agierenden Politikers und Publizisten. Robert Blums Rednertalent zeigte sich schon mit neun Jahren: »Als das Elend um Weihnachten 1816 aufs Höchste gestiegen war«, berichtet der Sohn Hans in seinen Lebenserinnerungen, »machte sich Robert aus eigenem Antrieb auf zu einem alten, wohlhabenden, aber geizigen Großonkel. Er schilderte diesem ungefragt mit jener echten Gottesgabe überzeugender Beredsamkeit die Drangsal und Not der Seinen, so daß der Onkel, zu Tränen gerührt, Herz und Hand freigebig auftat. Mir reichen Gaben an Nahrungsmitteln und einem kleinen Geldgeschenk traf Robert plötzlich bei den Seinigen wieder ein und brachte ihnen damit unerwartet die hellste Weihnachtsfreude ins Haus.« Daß Geld zu Weihnachten nicht zu verachten sei, war dem späteren Herausgeber des ›Taschenbuchs vorwärts!‹ (1843–47) sehr gegenwärtig. So schreibt Blum an den mitarbeitenden Hoffmann von Fallersleben am 20. Dezember 1843: »Damit Sie Weib und Kind recht reichlich beschenken können, sende ich Ihnen anbei 50 Taler mit dem Wunsche, recht bald größere Sendungen nachfolgen lassen zu können. Ohne Scherz, ich dachte, zu Weihnachten braucht jeder Geld, und glaubte, es werde Ihnen, gerade im Anfang Ihres erneuerten Aufenthalts in Breslau, angenehm sein. Auch soll es die Breslauer Postbeamtenaufmerksamkeit erregen, damit diese davon plaudern.« Die nachfolgende Betrachtung ist der kleinen Schrift ›Ein Weihnachtsbaum – Lebensbeschreibung freisinniger Deutscher‹ entnommen, die Blum 1847 mit einigen Freunden herausgegeben hat. Das Weihnachten, das er entwarf, war zugleich sein letztes.

»Weihnachten! Wie das Wort so traulich den inneren Menschen anlächelt! Wie ein Stückchen blauer Himmel zwischen dem grauen Wolkenmeer eines trüben Herbsttages, so wirft es einen Lichtblick in die Seele, selbst in der unfreundlichsten Stimmung einer trüben Zeit. Wie unser Bild uns flüchtig aber ganz entgegentritt, wenn wir an einem Spiegel vorbeieilen, so tritt das schönste Fest des Jahres vor unser geistiges Auge. Ja, Weihnachten ist das schönste Fest, das einzige, bei welchem das Herz des Ungläubigen betei-

Innige Verbindung von Weihnachtsbaum und Christkind im Himmel.
Zeichnung von Emil Ludwig Grimm 1835.

ligt ist wie das des Gläubigen, für den die Sonne noch heute um die Erde geht. Der Lichterglanz, welcher die Stube erhellt, ist nur das Sinnbild des Freudenglanzes, der im Herzen wohnt. Und ob an dem Baume Hunderte von Wachslichtern brennen und doch kaum die goldenen Kronleuchter zu überstrahlen vermögen, die Tageshelle verbreiten in den glänzenden Sälen; ob die Schätze fremder Weltteile ausgebreitet liegen als Geschenke und ein kleines Vermögen aufgewendet wurde, sie herbeizuschaffen; oder ob nur vier Talglichterchen brennen an dem kleinsten Bäumchen, während die kleine Blechlampe ausgelöscht wird, um das Öl zu sparen, und alle Geschenke auf einen Wachsstock und ein kleines Päckchen Pfefferkuchen sich beschränken, es ist doch Weihnachten! Im Herzen, das in der Hütte schlägt, ist es hell wie in jenem im Prunksaal, die Freude ist gleich rein und gleich groß, und wir stehen hier vor einem Teil der moralischen Weltordnung, wo die Gleichheit kein Traum ist.

Wer Weihnachten nicht feiern kann an dem funkelnden Lichterbaum, der ist ein recht unglücklicher Mensch. Ist doch das Leben so ernst und trübe, daß ein solcher Augenblick reiner Freude mit ihrer nachhaltigen Erinnerung fast notwendig ist, um es ertragen zu können. Ach, und es gibt der Menschen doch so viele, die das Fest nicht feiern können, deren karger Erwerb kaum hinreicht, das harte Brot der Notdurft zu kaufen, und in deren Leben es keinen Festtag gibt. Es gibt der Menschen so viele, die auch das Brot, das Unentbehrlichste, nicht haben; wo Hunger und Elend grinsen in der öden kalten düsteren Wohnung am heiligen Weihnachtsabend, wie an jedem anderen Tag. In diesen Höhlen menschlichen Unglücks hat nie ein Weihnachtslichtchen sich gespiegelt in der Freudenträne des Kindes, nie ein Vater- und Mutterherz freudig gezittert beim Anblick dieser Freudenträne. Das muß ein unendlicher Schmerz sein an einem solchen Weihnachten! Wehe denen, die ihn empfinden müssen; aber noch mehr Wehe denen, die bereits so stumpf geworden sind im nie endenden Jammer, daß sie ihn nicht mehr fühlen.

Ihr kennt ihn nicht, Beglückte der Erde, denen die Sonne des Lebens scheint, rein und ungetrübt; aber wenn ihr ihn nur dunkel ahnt, und es mischt sich ein schrillender Mißton in die Harmonie eurer Stimmung am Weihnachtsabend, dann tragt die Freude wenigstens in eine Wohnung des Jammers. Nicht ein Almosen tragt hinein – Almosen sind entehrend für unsere Bildung und unsere Zeit –, sondern nehmt die Unglücklichen heraus und laßt sie teilnehmen an eurer Freude, teilnehmen als gleichberechtigte Menschen. Werft einen Sonnenstrahl in die Nacht ihres Lebens, gebt ihnen eine Erinnerung, an der sie lange zehren können, und treibt die Verzweiflung aus ihren Herzen, die sie vielleicht zu töten drohte.

Warum ist aber das Weihnachtsfest so schön? Ist es die Kinderfreude, die reinste und unschuldigste der Welt, welche ihm diesen zauberhaften Reiz gibt? Sie ist es wenigstens nicht allein. Denn es knüpft sich ein tiefer Sinn an die heitere Erscheinung. Wir feiern die Geburt eines Erlösers, eines Befreiers, welchen ein einst mächtiges und großes Volk auf dem langsamen und traurigen Weg zu seinem Untergange geahnt, ersehnt, erfleht hatte, mit aller Kraft seiner Seele. Aus der ägyptischen Sklaverei waren die Juden befreit worden, aber in eine schlimmere geraten, weil sie aus dem neuen Boden nicht neues Leben zu saugen vermocht und das Zerbrechen des äußeren Joches sie nicht innerlich freigemacht hatte. Unter einer verdummenden Priesterschaft waren sie stumpf und marklos geworden und der römischen Weltherrschaft hoffnungslos anheimgefallen. In ihnen wohnte nicht mehr die Kraft, sich zu befreien, deshalb erhofften sie sie von außen, durch ein Wunder, einen Heiland …

Knüpft sich also an Weihnachten das Erinnerungsfest der Befreiung und der Geburt einer neuen Zeit, so vereint sich damit noch das Bewußtsein der Allmacht des Menschengedankens, der unangreifbar und unzerstörbar ist. Christus ward als Verbrecher gerichtet, aber aus dem Grabe stieg zwar nicht sein Körper, sondern sein Geist empor und vollendete seine Sendung. Man hatte die Form zerschlagen, um ihren Inhalt desto freier, desto wirksamer zu machen. Mischt sich da nicht mit dem Weihnachtsfest eine erhebende Mahnung, auszuharren auf der Bahn des Kampfes für den Fortschritt, für die Freiheit, für die Brüderlichkeit? Muß nicht das spießbürgerliche ›Wozu sollst du dich quälen und dir noch Verdruß und Feinde machen, es nützt ja doch nichts!‹ verstummen auf ewig? Nein, kein Gedanke geht verloren in der weiten Schöpfung, keine ausgesprochene Idee ist vergebens gewesen. Man kann den Menschen moralisch oder körperlich vernichten, man kann die Blätter und die Bücher, die er geschrieben, verbieten, verbrennen, einstampfen, den Geist des Menschen, den Inhalt seiner Schriften kann man nicht vernichten, er wirkt fort, und die Unsterblichkeit unseres Tuns und Strebens beruht eben in dem Bewußtsein, daß wir in keinem Falle vergebens gewirkt haben.«

DER STUDENT REICHENSPERGER
ERINNERT SICH

Inmitten der Franzosenzeit, als napoleonische Beamte die Stadt regierten, wurde August Reichensperger am 22. März 1808 in Koblenz geboren. Nach dem frühen Tod des Vaters verbrachte er seine Kindheit im großelterlichen Haus in Boppard.

Aufsehen erregte Reichenspergers Flugschrift ›Einige Worte über den Dombau zu Köln, von einem Rheinländer an seine Landsleute gerichtet‹ (1840). Sie führte mittelbar dazu, daß der Kölner Dombauverein initiiert und er selbst zum Landgerichtsrat in Köln ernannt wurde. Als unermüdlicher Förderer der Vollendung des Doms machte sich Reichensperger einen Namen – ebenso als Mitbegründer der Zentrumspartei. Kurz nachdem er Ehrenbürger von Köln geworden, verstarb er 1895.

Im allgemeinen, so Reichenspergers Biograph Ludwig Pastor, wurden die Kinder sehr streng gehalten. Das Hauptfest war Weihnachten. Als August Reichensperger im Winter 1829 in Berlin studierte, versetzte er sich in diese kinderselige Zeit zurück.

»Ein paar Wochen vorher schwebte mir der Tag schon vor«, schrieb er, 21jährig, in sein Tagebuch, »nicht nur weil sich an ihn ein paar Spieltage hängen sollten, sondern zugleich auch als wirklich umgeben mit einem gewissen Heiligennimbus. Je näher der Tag kam, desto schwerer ward mir der Schulriemen mit seinem Inhalt, die Stunden wurden gezählt und eine jede mit Frohlocken zu Grabe getragen; die Nächte waren mir am liebsten, weil ich da nicht merkte, wie langsam die Stunden schwanden, und wie oft wünschte ich, nur schlafen zu können immerfort, bis man mich zur Mette weckte. Endlich kam der Tag vor Christtag. Ungewöhnlicherweise war des Nachmittags die Küche voll Leben und Bewegung. Mandeln wurden geschält, der große Schinkenkessel aufgehangen und seinem schwarzen, kräftigen Inhalt wacker mit Feuer zugesetzt. Der Metzger brachte viel Fleisch, ein paar Katzen spekulieren darauf und lassen sich durch derbe Ermahnungen mit dem Besenstiel vor dem Wiederkommen nicht abschrecken. Meine Großmutter zieht auf einmal als Donnerwolke durch den Küchenhimmel. Das Kupfergeschirr blitzt dazu, es glänzt neugeputzt im Feuerwiderschein; das Herz lacht einem im Leibe, wenn man hineinsieht. Abends nach dem Essen wird debattiert, wer um 4 Uhr in die Mette gehen soll und wer um 5 Uhr. Schon dieses frühe Aufstehen, dieser ungewöhnliche Nachtrumor hatte etwas Feierliches für mich, besonders wenn ich an das mächtige Glockengeläute dachte, welches durch die sonst so stillen Nachtstunden hallen sollte. Es hatte etwas Ergreifendes, etwas Geisterartiges für mich, ohne schaurig zu sein.

Ich war bestimmt, um 5 Uhr in der Karmeliterkirche in den roten Prachtkleidern mit goldenen Borten die Messe zu hören, ja vielleicht gar das Rauchfaß zu halten. Das allein hätte schon hingereicht, mich vor Lust und Freude, herrlichen Aussichten und schönen Hoffnungen in Schlummer zu wiegen. Vor dem Bett lagen schon die Festkleider für morgen, gewöhnlich etwas Nagelneues darunter. Die liebe Mutter nahm das Licht mit, indes sie uns erinnerte, ja das Nachtgebet nicht zu vergessen, oder vielleicht gar das ›Schutzengel mein‹ zugleich mit uns betete. Am Morgen kommt die Magd mit einer Lampe; kaum schlage ich die Augen auf, so bin ich auch schon ganz gegen meine sonstige Gewohnheit aus dem Bett, um ja nichts zu verfehlen. An Essen und Trinken wurde gar nicht gedacht, ein wenig nur an das neue Kleidungsstück, welches ich auf mir trug. Die roten Gewänder mit den goldenen Fransen und die fünfzig Leuchter mit den Kerzen auf dem Hochaltar leuchteten und schimmerten schon in meinem Kopf durcheinander und vertrugen sich mit nichts Gewöhnlichem und Gemeinem. Das Dorchen packte mich endlich in die scharlachenen Überzüge, die mich damals so glücklich machten wie jetzt allenfalls ein Purpur; der Ritus und die Zeremonien beim Messedienen werden noch einmal rekapituliert, und nun ging's in die Kirche, oder vielmehr ich schwebte hinein. Ich kam mir gar nicht vor wie ich selbst, wenigstens nicht wie mein gewöhnliches Ich, als ich auf einmal im Gefolge von drei glänzend gekleideten Geistlichen das dampfende Rauchfaß haltend in das Glanzmeer trat, welches über die ganze Versammlung ausgebreitet war, die totenstill auf der Erde kniete. Der Hochaltar war eine Flammenpyramide, alles, was glänzend im Kirchenvermögen, war daran angebracht, um die Lichter zu vertausendfachen. In der Mitte des Altars, gerade über dem Tabernakel, stand die heilige Familie (die Mutter Gottes im Reifrock, aber dafür hatte ich weder Sinn noch Auge). Langsam ging es auf den Altar zu, wo sich auf einmal der Gesang erhob, den die Orgel mit ihrer ganzen Macht begleitete. Das große Amt diente ich und noch zwei stille Messen obendrein, ohne an den Hunger oder an die Kälte zu denken.

Dann ging's nach Hause, wo wir kleine Geschenke fanden und einen herrlichen Kaffee und einen warmen Ofen. Alles versammelte sich nach und nach aus der Kirche mit roten Nasen und einem Schuk Schuk im Munde. Die Großmutter kam aus dem Bett herunter und wurde pflichtmäßig abgeküßt. Der übrige Morgen ging herum mit Erzählen, mit Verkosten der Geschenke bei uns Kindern; die andern hatten vollauf in der Küche zu tun. Am Mittag langten endlich die erwarteten Gäste in der Wohnung an, wo es über den Gang in das freundliche Sälchen geht, das jetzt beinahe noch allein hinreicht, mich festlich zu stimmen. Da wurde tüchtig gegessen und getrunken, worauf es, nicht so leicht wie am Morgen, wieder in die Kirche ging. Abends wurde gespielt, gerast (getobt), gegessen, dann zuletzt die Gesellschaft mit einem Schnaps oder gar mit Punsch verabschiedet und der Kopf auf das Kissen gelegt mit dem wonnigen Gefühl, daß es sich morgen recht ausschlafen und ausspielen könne, weil ja keine Schule war.«

ADOLF KOLPING UND DER GESELLENVEREIN

Aus Robert Reinick's Märchen-, Lieder- und
Geschichtenbuch, 1873.

Bevor Adolf Kolping, 1813 in Kerpen geboren, das Kölner Marzellengymnasium besuchte und mit dem Abitur abschloß, hatte er das Schuhmacherhandwerk erlernt und war als Geselle acht Jahre lang tätig gewesen. Er studierte dann Theologie, wurde 1845 in der Minoritenkirche zum Priester geweiht. Vier Jahre später übernahm er die Leitung eines ›Gesellen-Vereins‹, der sich dank seiner Initiative bald in alle deutschen Lande ausbreitete. Das Lender'sche Haus in der Breite Straße 118, 1852 von Kolping gekauft, wurde Sitz des Kölner Gesellenvereins. 1853 folgte die Gründung des ersten Gesellenhospizes in Köln – Vorbild für ähnliche Einrichtungen anderswo. Fast zur gleichen Zeit rief Kolping die ›Rheinischen Volksblätter für Haus, Familie und Handwerk‹ ins Leben, die er bis zu seinem Tod 1865 herausgab und redigierte.
Das Christfest wurde ihm ein Akt praktischer Nächstenliebe: »Wenn also nun vor Weih-

Porträt des Franz von Assisi.
»Ich möchte die bittere Not,
die Jesus schon als kleines Kind
zu leiden hatte, wie es in
eine Krippe gelegt, an der Ochs
und Esel standen, so greifbar
wie möglich mit leiblichen
Augen schauen.«

nachten die liebe Mutter Gottes jemanden an unser Haus oder doch an unser Herz schickt und bitten läßt, wir möchten ihr zur Ehre und zur Aufnahme ihres lieben Christkindleins die Wohnstätte für diejenigen bereiten helfen, von denen der Herr im Gericht einst sagen wird, was ihr einem von diesen Geringsten getan habt, das habt ihr Mir getan, da wissen wir, was wir zu tun haben.«

Für die Weihnachtsnummer 1874 der ›Rheinischen Volksblätter‹ hat ein anonym gebliebener Kölner einen Bericht ›Der Weihnachtsbaum‹ verfaßt, der etwas vom Geist des Gesellenvereins wiedergibt. Darin heißt es:

»Der Gedanken, der in unserer lieblichen Sitte des Weihnachtsbaumes liegt, tritt am anschaulichsten an das gläubige Gemüt durch die Krippchen, die an seinem Fuße aufgestellt zu werden pflegen und die bei keinem Weihnachtsbaume fehlen sollten. Denn wie ohne diese Darstellung des Stalles von Bethlehem jene tiefe Idee so ganz und gar vergessen und aus dem Bewußtsein verwischt werden kann, das lehrt uns unter anderm der in Berlin gebräuchliche Ausdruck ›der Weihnachtsmann‹. An das göttliche Kindlein und an die religiöse Bedeutung des Baumes denkt man dabei nicht, und der Christmann muß

Die Krippe (presepe) mit Ochs
und Esel. Erste bildliche Darstellung aus dem Sakramentarium
von Autun, 9. Jh.

178

mit seinen Gaben so gut zu den Juden wie zu Christen, zu Gottesleugnern wie zu Gläubigen kommen.

Wie uns der hl. Bonaventura berichtet, stammt die Sitte, am Weihnachtsfest Krippen zu bauen, vom hl. Franciscus von Assisi. In seinem glühenden Eifer richtete dieser nämlich zum Weihnachtsfest auf freiem Feld einen Stall in der Weise her, daß jeder, der hineinkam, sofort an den Stall von Bethlehem erinnert wurde und sich gleichsam an die Geburtsstätte des Erlösers versetzt glaubte. Der fromme Gedanke fand allgemeinen Beifall. Von allen Seiten strömten die Leute hinzu, Geistliche, Ordensbrüder und Laien, um beim Scheine zahlloser Lichter unter Gebet und Gesang die Geburt des Lichtes der Welt zu verherrlichen. Man habe dabei, berichtet der hl. Bonaventura, um Mitternacht die erste hl. Messe gefeiert; der hl. Franciscus aber habe nach dem Evangelium eine eindringliche Ansprache zu Ehren des neugeborenen Jesuskindleins gehalten, so daß selbst die härtesten Herzen gerührt und erweicht wurden. Das Vorbild fand schnell überall Nachahmung, wie in den Kirchen, so auch in den Privathäusern; ja es entwickelten sich eigene Weihnachtsspiele, ähnlich den mittelalterlichen Passionsspielen.

Die Sitte des Weihnachtsbaumes ist in Italien weniger verbreitet. Der deutsche Gesellenverein in Rom aber pflegte vom Anfang seiner Gründung an zum Christfest einen solchen zu errichten und seine Freunde und Gönner zu der abendlichen Feier einzuladen. Freilich war es nicht, wie in der Heimat, eine Tanne oder Fichte, die hier selten sind; statt dessen wurde ein Lorbeerbaum gewählt. Noch in besonders lebhafter Erinnerung ist uns das Weihnachtsfest in den Tagen des Konzils, wo eine große Anzahl unserer Bischöfe sich an unserer Freude beteiligte und Seine Eminenz, Kardinal Schwarzenberg von Prag, Worte wärmster Ermunterung an die Gesellen richtete. Im verflossenen Jahr vereinigten Gesellenverein und Leseverein ihre Kräfte, und Deklamationen von Kindern und Erwachsenen, musikalische Vorträge und Lieder und endlich die Verlosung der Geschenke unter die Herren und Damen machten die Feier zu einer ebenso schönen als gemütlichen. Ein zweiter Abend versammelte die Armen des Vincenz-Vereins um den Weihnachtsbaum, der, besonders durch die Freigebigkeit des Grafen Stainlein, in der angenehmen Lage war, keinen der Armen ohne reiche Gaben an Nahrung und Kleidungsstücken entlassen zu müssen. Daß daher auch in diesem Jahr der Christbaum nicht fehlen wird, ist selbstverständlich; vielleicht berichte ich Ihren Lesern darüber und über die ganze Weihnachtsfeier in Rom, wenn sie vorüber ist. Bis dahin von ganzem Herzen ein glückseliges Christfest!«

In dem gleichen Jahr, als dieser Bericht erschien, wirbt der Gesellenverein Kölns erstmals für den Besuch der im Vereinshaus aufgestellten Krippe. Damit erreicht das Krippenbrauchtum nach Kirche und Familie ein drittes Milieu: das gutkatholische Vereinsleben. Allerdings ist der geschichtliche Bezug auf den heiligen Franziskus, wie ihn der Verfasser von ›Der Weihnachtsbaum‹ herstellt, durchaus anfechtbar. Die Entstehung des Krippenbrauches leitet sich nun mal, wie schon Forscher Mitte des 19. Jahrhunderts herausfanden, nicht von der Weihnachtsmesse in Greccio, anno 1223, ab. Die vielzitierte Anweisung des Franz von Assisi, er möchte das Geburtsgeschehen »so greifbar wie möglich mit leiblichen Augen schauen«, war nicht figürlich, im Sinne eines Krippenaufbaus gemeint. Das verkennt auch heute noch so mancher Krippenfreund.

Parfüms aus dem Hause 4711 sind schon lange beliebte Weihnachtsgeschenke.

Ich habe meine Vaterstadt noch in der räumlichen Beschränkung des Mittelalters gekannt und sah sie heranwachsen zur modernen Groß- und Industriestadt«, schrieb der 1847 geborene Kölner Historiker und Publizist Hermann Cardauns. Dazu gehört für ihn die Bauspekulation der vierziger Jahre, als man Dutzende neuer Straßen durch die großen noch freien Terrains der Innenstadt legte, gehört auch der 1859 fertiggestellte ›Zentralbahnhof‹ an der Stelle des Botanischen Gartens und das Hauptpostamt dort, wo bisher die Dominikanerkaserne stand, gehört auch nicht zuletzt das in fünfjähriger Bauzeit entstandene, die frühgotische Minoritenkirche umschließende Wallraf-Richartz-Museum, das 1861 eröffnet wurde.

Die Gründerzeit ist auch durch den unternehmerischen Elan gekennzeichnet, die Feste des Weihnachtszyklus in jeder Weise kaufmännisch zu nutzen, sie mit immer neuen Innovationen zu versehen, den Dezember zum stimulierenden Kaufmonat zu machen. Etliche Kölner Firmennamen stehen dafür, Mülhens mit ›4711‹ in der Glockengasse, Stollwerck mit seiner ›Conditorei und Bonbonfabrik‹ in der Blindgasse, der Schokoladenfabrik in der Sternengasse und dem ›Deutschen Kaffeehaus‹ als gesellschaftlichem Treffpunkt in der Schildergasse. Dort auch, vis-à-vis, findet ›P. W. Feldhaus Nachf.‹ seinen Stammplatz.

Diese und einige andere Firmen waren es, die der weihnachtlichen Geschenkidee zum Durchbruch verhalfen, zuerst bei den Stadtbürgern, auch dank massiver Anzeigenschaltung, dann allmählich in den ländlichen Regionen. Der aufgeputzte Weihnachtsbaum mit reichlichen Gaben rundherum sollte in jeder Wohnung stehen: So etwa lautetet die Unternehmensphilosophie, ganz unabhängig von der konfessionellen Bindung des Unternehmers.

Wie unterschiedlich Weihnachten ›in diesen guten alten Zeiten‹ gefeiert wurde, vermitteln die Kindheitserinnerungen aus Stadt und Land.

FRANZ STOLLWERCK ODER
UNTERNEHMERPHANTASIE RUND UM DEN TANNENBAUM

Am 22. Dezember 1845 konnten die Kölner sich freuen: Die seriöse ›Kölnische Zeitung‹ bot eine vorweihnachtliche Probebescherung an. Da hieß es: »Zum Weihnachtsfeste empfehle ich meine große Ausstellung in Conditorei-Waaren. Durch den unerwartet zahlreichen Zuspruch, welcher mir beim Nikolaus-Feste zu Theil wurde, war meine Ausstellung, obwohl dieselbe eine reichhaltige sowohl an Quantität als Qualität genannt werden konnte, so vergriffen, daß zu Ende nicht jedem Wunsche meiner geehrten Gönner entsprochen werden konnte; daher ist meine Weihnachts-Ausstellung mit allen neuen geschmackvollen und sehr scherzhaften Conditorei-Waaren auf das vollständigste versehen, und glaube sicher, daß ich allen Anforderungen meiner geschätzten Gönner entsprechen kann.

Ferner erlaube ich mir, ein geehrtes Publicum auf den reichlich und elegant decorirten

Weihnachtsbilder für die beliebten Stollwerck-Sammelalben, um 1900.

Weihnachtsbaum aufmerksam zu machen, welcher von Allen, die ihn gesehen, bewundert worden ist, und auf vielseitiges Verlangen heute auf meiner Ausstellung von 5 bis 8 Uhr festlich illuminiert wird, und Jeder, welcher mich mit seinem Besuche zu beehren beliebt, freien Zutritt hat, und nicht allein Kinder, sondern auch Erwachsene eine angenehme Überraschung erwarten dürfen. Franz Stollwerck, Blindgasse Nr. 12.«

Mit diesem Coup hatte Stollwerck alle elf Mitkonkurrenten, die am 5. Dezember zu ihren Nicolai-Ausstellungen eingeladen hatten, übertrumpft. Das Geschäft der Kölner Konditoren, die sich auf die feineren ›Mürbewaren‹ verstanden, wurde zunehmend härter. Vor allem kam es darauf an, die beiden Fixpunkte des Monats, St. Nikolaus und das Christfest, durch suggestive Werbung zu nutzen; einmal verstärkt durch Inserate in den Tageszeitungen, zum anderen durch Verkaufsausstellungen. Den großen Zulauf zu ›de

Für sein Firmen-Logo ›borgt‹ sich Stollwerck die Heiligen Drei Könige.

Hötte‹, dem Weihnachtsmarkt auf dem Altermarkt beziehungsweise Heumarkt, galt es zu bremsen, zumindest was die bessere Kundschaft anlangte.

In jenen innovativen Jahren wird vor allem Konfekt als Baumbehang angeboten: bis zu 75 Prozent der Weihnachtsbaum-Werbung dreht sich um den süßen Behang. 1861/62 kommt es bei Stollwerck zu einem zweiten Werbeschub. Der neue Schwerpunkt liegt auf fabrikmäßig hergestellten Schokoladen, Pralinen und auch Marzipanfiguren. Technische Neuerungen, zunehmende Kapazitäten und auch verstärkte Nachfrage seitens der ›auf den Geschmack gekommenen‹ Bürger stimulieren die Umsätze. Das Schokoladen-Sortiment bringt es binnen sieben Jahren auf 375 Sorten. Als eine ganz besondere Sensation stellt Franz Stollwerck im Dezember 1868 eine ›Krippe zu Bethlehem, ganz in Zucker gefertigt‹ aus. Dies läßt sich auch als Indiz sehen für das allgemein wiedererwachte Interesse am ›Kreppche‹.

Was zumal im Weihnachtsgeschäft, das sich damals zu mausern begann, dem findigen Unternehmer zu einer führenden Position verhalf, war die konsequente Einschaltung von Zeitungsanzeigen – die früh schon betriebene ›Einhämmerungspropaganda‹, wie es 1939 die Firmenfestschrift ›100 Jahre Stollwerck-Geschichte‹ nennt. Bereits in den vierziger und fünfziger Jahren kam es vor, daß drei bis vier Stollwerck-Anzeigen auf einer Zeitungsseite geschaltet wurden; Familienblätter belegte man ebenso wie die neuen illustrierten Zeitschriften. Ausgemachte Zielgruppen waren Frauen und Kinder. Visuell boten die Anzeigen neben der ›Colonia‹ vor allem die Heiligen Drei Könige an, als Stadtpatrone und überdies als Schutzherren der Fernkaufleute. Erst wurden sie figürlich, mit ihren Kronen und dem Stern, als Schokoladenblickfang abgebildet; in den neunziger Jahren reduzierte man sie auf die drei Kronen, sozusagen als Firmen-Logo.

Daß für das Schokoladen- und Weihnachtsgeschäft auch Kriegszeiten stimulierend sein können, entdeckte Franz Stollwercks ältester Sohn Nicolaus, als er 1870 Transportkommissar der für die französische Front bestimmten Lazarett-Sendungen der Johanniter war. Er schlug dem Vater Heereslieferungen größeren Maßstabs vor und machte dann, als dieser zögerte, das Geschäft selbst. Er und die beiden nächstältesten Söhne gründeten im November 1871 die national orientierte Firma ›Gebrüder Stollwerck‹. Mit ihrem Vater lieferten sie sich alsbald gewaltige Kampagnen. Jeder suchte den anderen durch seinen ›Weihnachtsbasar‹ zu übertreffen, der Vater in der Hohe Straße 9, die Söhne in der Brückenstraße 12. Die Zeit der spezialisierten Saisongeschäfte brach an: Weihnachten, Silvester, Neujahr, Karneval …

Als im Frühjahr 1876 der Firmengründer starb, wurden die beiden Unternehmungen wieder vereinigt. Wie stark Vertrieb und Werbung ausgebaut wurden, zeigt ein Blick in den ›Stadt-Anzeiger der Kölnischen Zeitung‹ vom 21. Dezember 1876: drei Weihnachts-Ausstellungen allein in Köln, zwei in Frankfurt, zwei in Wien, eine in Breslau. »Zum eisernen Bestand«, so der Firmenbiograph Bruno Kuske, »gehörten zu der Zeit Weihnachtsbaumbehang, Weihnachtsmänner, Heinzelmännchen, Schornsteinfeger«, bis hin zu »Zigarren, Zigaretten, Taler, Plätzchen, Katzenzungen«.

In den siebziger Jahren verbilligten sich die Bestandteile der Baumdekoration ganz erheblich, Zeichen eines wachsenden Marktes für preiswerten eßbaren Baumbehang, Zeichen auch einer wachsenden Popularität des Weihnachtsbaumes, der sich, zumindest in der Großstadt Köln, nun in breiteren Schichten durchgesetzt hatte. Das aufblühende Geschäft mit dem nichteßbaren Zubehör ließ sich Stollwerck ebensowenig entgehen. So bot er beispielsweise 1888 in der ›Kölnischen Zeitung‹ vom 12. Dezember Standardpakete als ›Baum-Sortiment‹ an, pro Einheit einschließlich Versand für zehn Mark. Die Packung enthielt außer diversen Stollwerck-Produkten nebst ›Wunderwürfel‹ (Mini-Spielzeug) und Knallbonbons auch Kerzen und Lichthalter. Lichthalter galten als besonders attraktiv, hatten sie doch den früheren Wachsstock, der um den Ast gebunden wurde und häufig tropfte, zeitgemäß ersetzt.

Neue hauseigene Produkte wie der ›Wunderwürfel‹ wurden stets als Weihnachtsknüller eingesetzt: so auch ›Stollwerck's Spielautomat‹ (ein für Kinder lehrreiches Zauber-, Frage- und Antwort-Spiel), die ›Chocolade-Puppe‹ zu einer Mark, die ›Chocolade-Sparbüchse‹, die ›Chocolade-Uhr‹ (»läuft $1^1/4$ Stunde und unterstützt ungemein den Ver-

kauf«). Mal waren es eher banale Neuerungen, wie das Kindergeldtäschchen aus Leder-karton, gefüllt mit Stollwercks Süßigkeiten, mal gab es echte Sensationen wie die ›Spre-chende Schokolade‹, die zum Weihnachtsgeschäft 1903 herauskam, ein Phonograph, der mit Hartgummi- und Schokoladeplatten bespielt wurden. Kein Geringerer als der Pho-nographen-Erfinder Thomas Alva Edison hatte ihn technisch verwendbar gemacht. Stollwerck ließ es sich nicht nehmen, an die dreihundert verschiedene Platten herzustel-len; für die Tonaufnahmen wurden Sänger des In- und Auslandes verpflichtet.
Eine andere Möglichkeit, die Kundschaft zu unterhalten und an sich zu binden, bestand in der Ausgabe von Sammelalben. Auch hier wurden ›namhafte Künstler‹ herangezo-gen, und schon um 1900 kam es zu 100 000er Auflagen einzelner Sammelalben, das Stück berechnet zu 1,50 Reichsmark. Nicht nur Grafiker, auch ein ganzer Stab von Hauspoeten wurde beschäftigt. In der Gruppe ›Weihnachtsbilder‹ führt das 1899 zu folgendem schö-nen Ergebnis:

Wunschzettel:

»Du liebes, liebes Christkindlein,
Ich will auch immer artig sein,
Drum bringe mir zum Weihnachtsfest
Ein Püppchen, das sich waschen läßt;
Ein Bilderbuch, gar schön und bunt,
Und einen Spielball, groß und rund,
Und eine Schiefertafel neu
Und eine Fibel auch dabei!
Vor allem aber bring mir doch
Viel Stollwercks Chocolade noch,
Die ist so süß und schmeckt so fein
Und könnte gar nicht besser sein!«

Im selben Sammelalbum findet sich auch ›Knecht Ruprecht‹, figürlich eher eine Mi-schung aus Gnom und Weihnachtsmann, mit Stollwerck-Namenszug auf der roten Zip-felmütze und einschlägigen Produkten im Korb. Hier heißt das dritte und letzte Verslein:

»Und wenn das Christfest nahet,
Bring uns ein Bäumlein dann
Mit recht viel Chocolade
Von Onkel Stollwerck dran.«

Der gabenbringende Stollwerck-Mann übt auch späterhin Gehorsam ein, mit Sprechbla-sen wie »Nur den braven Kindern«, und er betreibt ganz ungehemmt und ausschließlich ›product placement‹. Allerdings, die Figur bleibt schillernd, mal erinnert sie an den eis-grauen ›Herrn Winter‹ Moritz von Schwinds, mal an ein zutunliches Heinzelmännchen. Von der professionellen Raffinesse eines Tchibo-Onkels ist sie zwar noch weit entfernt, aber von der Botschaft eines doppelten Konsum- und Geschenkfestes, erst Nikolaus, dann Weihnachten, ist sie genauso erfüllt wie der Kölner Wollspinnersohn Franz Stoll-werck, der die Zeichen der Zeit erkannte und nutzte, bis sein Name ›auf dem ganzen Erdball verbreitet‹ ward.

DER SPIELZEUG-FELDHAUS

Schaukelpferd und Steckenpferd.
Lithographie von Otto Spechter.

W as später zum Inbegriff weihnachtlichen Spielzeugs wurde, begann als kleiner Laden für Galanterie- und Kurzwaren: die Firma Feldhaus. Hatte Franz Stollwerck 1839 in der Blindgasse 37 als Mürbebäcker begonnen, so startete der junge Peter Wilhelm Feldhaus, aus dem Bergischen kommend, drei Jahre später in der Schildergasse. Beide profitierten von der allmählichen Verlagerung des Schenkbrauchs zum Weihnachtsfest hin, beide stimulierten diesen Wandel, indem sie die Idee des Christbaums für jede Familie zu einem Bestandteil ihrer kaufmännischen Strategie machten. Über den ›süßen Baumbehang‹ festigte Stollwerck seine Position, und Feldhaus errang sie über die nichteßbaren Neuheiten. Als erster bot er 1854 den neuen Lichthalter an, der die Baumbeleuchtung revolutionierte; als erster war er auch 1864 mit gläsernen Fruchtimitationen zur Stelle, als erster 1883 mit der gläsernen Baumspitze. Für Rosenkränze, damals durchaus noch ein Geschenkartikel zum Christfest, ließ er sich etwas Besonderes einfallen; er schickte sie kistenweise zum Segnen nach Rom. Das erst machte sie kostbar.

Feldhaus verstand es, mittels Zeitungsanzeigen in Köln und Bonn und seit 1860 mit jährlichen Preislisten zweierlei zu suggerieren: einmal, daß er der Vorreiter sei für Neuheiten aller Art, zum anderen, daß er mit die günstigste Bezugsquelle für eben diese Artikel sei. Alljährlich beim Besuch der Leipziger Messe orderte er die neuesten Hits, auch die der Nürnberger Spielzeugfabrikanten, die in Leipzig auszustellen pflegten. Per Güterwaggon kamen dann die bestellten Sachen, strohverpackt in Kisten, auf dem Kölner Bahnhof Gereon an, wo sie aufs Pferdefuhrwerk umgeladen wurden.

Allerdings war es ein mühevoller Weg, bis auch die nicht so betuchten Kölner Familien am Weihnachtsgeschenk ›hochwertiges Spielzeug‹ Gefallen fanden. Zielgruppe war zunächst »das Bürgerkind in seinem behüteten Heim«, also beispielsweise die Kölner Familie Ellscheid. »Es war bei uns nicht üblich«, so erinnert sich Rosa Maria Ellscheid an

ihre Kinderzeit vor der Jahrhundertwende, »praktische Gegenstände wie etwa Kleidungsstücke zu schenken. Es gab vielmehr Dinge, insbesondere Spielsachen, die uns mehr Freude bereiteten. Meine Puppen, die mit ihren Charakterköpfen wie richtige kleine Kinder aussahen, hatte ich sehr lieb. Aber ich war auch mit dabei, wenn die Brüder mit Zinnsoldaten die Burg erstürmten oder mit ihren Luftgewehren, die mit Schrot oder Spitzbolzen bestückt wurden, ihre Treffsicherheit auf Schießscheiben erprobten.«
Ins Kinderzimmer zur wilhelminischen Zeit gehörten ganze Kompanien von Zinnsoldaten, zu Fuß und zu Pferde. Man hielt das auch noch für ein pädagogisches Mittel, »die jungen Herzen mit vaterländischer Gesinnung zu erfüllen« (Theodor Hampe). Luftgewehre waren zwar nicht jedermanns Sache, als Jugendsport dafür um so beliebter. So erinnert sich der Vater Heinrich Bölls seiner Essener Kindheit: »Ein Luftgewehr, das ich mir so sehr gewünscht und das Vater ebenso heftig abgelehnt hatte, lag tatsächlich eines Weihnachtsabends unter dem Baum. Mutter hatte es veranlaßt. Schon bald hatte ich als besonders geeignete Ziele für meine Schießübungen die darüber hängenden Kugeln entdeckt. Das Fest war vorbei, die frischverpackten Kugeln wurden wieder ausgewickelt und im Garten als Zielscheiben aufgehängt. Meine Eltern sagten dazu nichts, aber die älteren Schwestern schimpften!«
Ob Feldhaus auch die Böll-Familie in Essen beliefert hat, ist nicht bekannt. Zumindest hatte er Filialen im Rheinland, so in Elberfeld, und zeitweise auch in Paris. Nach dem frühen Tod des Gründers (1867) hatte dessen zielstrebiger ›Kommis‹ Johann Hartmann das Geschäft der Witwe abgekauft, hatte dann das Doppelhaus Schildergasse 46/48 errichten lassen: ein Anziehungspunkt nicht nur für Kölner, sondern auch für Bonner Familien. Es gab ja keineswegs nur Puppen, Eisenbahnen, Schaukelpferde und martialisches Kriegsspielzeug, auch fürs Theaterspielen war manches zur Hand. Der junge Paul Kaufmann aus Bonn wurde zu Weihnachten mit einem Hänneschentheater überrascht: »Es war ein hoher, nach rückwärts offener, hübsch umkleideter Kasten. An der vorderen Seite befand sich ein durch den Vorhang verdeckter Ausschnitt. Der Spielleiter nahm im inneren Platz und ließ die wohl ausstaffierten Figuren des Kölner Puppenspiels, das

Zubehör für den Christbaum um 1900. Christbaumständer
mit Spieluhr. Wachskerzen mit Dose und Kerzenhalter.

Hänneschen und seine ewige Braut Bärbele, den Besteva und seine keifende Ehehälfte Marizebell, die Nachbarn Tünnes und Speimanes sowie den Polizeidiener Schnäuzerkowsky sich geschickt bewegen. Mit einer herzhaften Prügelei der Puppen pflegten die Aufführungen erbaulich zu schließen.«

Viele Generationen hat Spielzeug-Feldhaus seither das weihnachtliche Spielzeug geliefert. Über 50 000 Artikel umfaßt sein Sortiment heute. Um die Jahrhundertwende schon schätzte der Inhaber von ›P. F. Feldhaus Nachf.‹ die Konkurrenz der damals aufkommenden Kaufhäuser realistisch ein. Er gründete mit einigen Kollegen zusammen eine Einkaufsgenossenschaft, was der Firma bis heute die Unabhängigkeit als Familienbetrieb sichern half.

SÜSSER DIE KASSEN NIE KLINGELN...

Weihnachtsrummel auf dem Kölner Neumarkt.

Der Geschenkeboom, der sich in den Jahren des deutschen ›Wirtschaftswunders‹ nach dem Zweiten Weltkrieg entwickelte, hat Weihnachten verändert: vielleicht mehr noch im Kopf, im Gemüt und Gewissen als in der Warenvielfalt und der massiven Werbung. Denn beides gab es schon ganz früher einmal, und keiner kann es besser bezeugen als der ›Kölner Stadt-Anzeiger‹, der das 19. Jahrhundert über nichts anderes war als das Anzeigenblatt der ›Kölnischen Zeitung‹.

Das wenige, was damals an redaktionellem Text erschien, war Begleitmusik der Firmeninserate, war Namen- und Produktwerbung. Da durfte der Leser beispielsweise 1876 an einer ›Wanderung durch Kölns Weihnachts-Ausstellungen‹ teilnehmen, die am 8. Dezember begann und sich in beinah täglichen Etappen bis zum 26. Dezember hinschlängelte. Zwei Jahre später hieß die PR-Folge ›Weihnachten kommt!‹ und ein Jahr darauf ›Glückliche Feiertage‹. Ob poesievoll-gemütlich oder mit schlauem Dreh, der ›Stadt-

Anzeiger‹ fühlte sich im Dienste seiner Geschäftskunden, und die offerierten von Nikolaus bis Neujahr ihre speziellen Verkaufsausstellungen. Den journalistischen Auftakt machte 1876 folgender Beitrag:

»Die Beantwortung der Frage: ›Wo finden wir die niedlichen Dinge, um die krausen Locken des Waldkindes zu schmücken, und die Spenden, welche der hl. Christ bescheren soll?‹ fällt in unserm Köln gewiß nicht schwer. Eine Umschau in den vielen großen und kleinen Geschäftshäusern unserer Stadt wird gar bald alles Begehrenswerte und Zweckdienliche in Hülle und Fülle finden lassen.

Zeigen da beispielsweise die prächtig ausgestatteten Schaufenster von Engelbert Kayser an der Ecke der Hoch- und Brückenstraße nicht eine überreiche Auswahl der geschmackvollsten und zierlichsten Gegenstände, allerliebste Nippsachen und Luxusartikel, Dinge zum Schmuck und zum täglichen Gebrauch, wie man sie passender für Geschenke kaum wünschen mag? Gleich nebenan in dem Geschäfte von Julius Schramm mag der aufmerksame Gatte und vorsorgende Vater in den schönen Zimmer- und Fenster-Ausstattungen, in den reichen Teppichen und anderen Geweben für die Gattin und die ihren eigenen Hausstand gründende Tochter hinlänglich Auswahl treffen. Die Gummi- und Guttapercha-Warenfabrik von Kühne, Sievers und Neumann an der Brückenstraße bietet neben sehr vielen dem Bedürfnis entsprechenden Fabrikaten Spiel- und Schmuckwaren in ganz allerliebsten Sachen und Sächelchen, bunte Puppen und Tiere, bemalte Bälle, Ballons, Reise-Necessaires und die verschiedensten Toilette-Gegenstände…«

Und weiter geht's mit den reichen Kollektionen von Seiden-, Manufaktur- und Modewaren, Tischdecken, Teppichen und Vorlegern der beiden Geschäfte Alsberg, Hochstraße (Hohe Straße) und am Marsplatz; bei Herrn Jakob Marcan an der Hochstraße findet »der Gatte, der sein treues Weib mit einer neuen Kücheneinrichtung beglücken will, gleich alles beisammen, luxuriös und prächtig oder auch einfach und bescheiden, je nachdem ihm seine Mittel gestatten, die leisen oder lauten Bitten der Gattin an das Christkindchen zu erfüllen«.

Kann man das Augenzwinkern des Redakteurs hier nur erahnen, so wird es im weiteren Verlauf des Anzeigengeschäfts gelegentlich offenkundig. Da half man einem Herren-Kleider-Magazin zu reimen:

> »Vieles haben wir zu denken,
> Was wir alles sollen schenken.
> Einer meint 'ne Uhr mit Kette,
> Wenn er Groschen dazu hätte,
> Jener ein schön Port'monnaie
> Mit nichts drin – herjemine,
> Fritz bekommt vom schönen Kinde
> Eine neue Schnäuzerbinde,
> Und wenn die Bekanntschaft neu,
> Gegenseit'ges Conterfei.«

Ist die Neugier der Leser einmal geweckt, hat man lange genug von Damenbrett und Domino, von Bleisoldaten und Kletteraffen geschwätzt, dann geht es zur Sache:

»Doch vorsichtig bei Geschenken,
Gebt umsonst das Geld nicht weck,
Oftmals hat man großen Ärger,
Wenn verfehlet wird der Zweck,
Und vor allen andern gehet
Hin zu HERMANN SELIGMANN,
Schafft Euch noch vor dem Feste
Einen neuen Anzug an.«

Solche Lektüre gibt oft tieferen Einblick in das, was in der Stadt ›lief‹, als die herkömmliche gemütvolle Weihnachtsprosa.

WEIHNACHTEN DER WERKLEUTE
AUF HAUS NYLAND

Drei junge rheinische Schriftsteller, der Hunsrücker Jakob Kneip, der Westfale Josef Winckler und der Bonner Wilhelm Vershofen, gründeten 1904 den studentischen ›Bund der Werkleute‹ in Bonn. Später nahmen sie auch andere Autoren in ihren Kreis auf und nannten sich seit 1912 nach Wincklers elterlichem Domizil ›Die Werkleute auf Haus Nyland‹.

Der Autorenverein hatte nun seinen Sitz in Köln und gab die Vierteljahrsschrift ›Quadriga‹ heraus, deren Beiträge anonym erschienen. Erst als sie in ›Nyland‹ umgetauft wurde, zeichnete man namentlich. ›Nyland‹ erschien letztmals im Sommer 1920. Fünf Jahre später wurde die gemeinschaftliche Arbeit mit einem Literaturalmanach ›Schwarzer Greif‹ beendet.

Im folgenden kommen Jakob Kneip, Josef Winckler und Heinrich Lersch zu Wort. Den Anfang macht Kneip mit einer Geschichte aus ›Hunsrückweihnacht‹, einem Erzählband, der 1934 in Köln erschien. Kneip war damals Studienrat am Gymnasium Kreuzgasse.

Das himmlische Fest

»So hob sich durch das Grau und Dunkel dieser Wintertage das holde Leuchten des heiligen Abends heran. Schon bei Einbruch der Dunkelheit war da im Dorf kein Kind mehr auf der Straße zu sehen. Wird das Christkind in diesem Jahr aus dem Oberwald oder aus dem Hinterwald herankommen? Hier tat sich an einem Hause leise ein Fensterflügel auf, dort öffnete ein Händchen furchtsam eine Tür. Herzklopfend horchte man, von wo die Schelle des Christkindes zuerst erklang. Und laut betend, daß es nicht etwa am Hause vorüberginge, zog man sich dann in den dunkelsten Winkel der Stube zurück.

Die Mutter hörte man in der Küche hantieren, im Stall klirrten noch die Eimer; aber sobald dann die Schelle vor dem Hause erklang, waren Vater, Mutter, Knecht und Magd zur Stelle. Der Vater ging sofort hinaus, um ›dem Eselein Heu zu geben‹. Die Mutter aber führte das Christkind mit seinem ganzen Hofgefolge in die große Stube. Und endlich durften nun auch wir in den bis dahin geheimnisvoll verschlossenen Raum und waren einen Augenblick geblendet von all dem Glanz und Licht, das uns daraus entgegenstrahlte. Vor dem Tannenbaum aber stand im weißen Kleid, mit goldener Krone, von dichtem Schleier verhüllt, das Christkind, und bei ihm eine Reihe schulentlassener Mädchen, die es begleiteten. Wir reichten dem Christkind zaghaft die Hand; und oft gab es uns dabei eine ernste Ermahnung, ja, mancher kleiner Sünder, dessen Sündenregister gar zu groß war, bekam gar einen Streich mit der Rute. Und endlich verteilte das Christkind dann an uns Kinder die Geschenke, richtete zum Abschied an alle noch ein ernstes Wort und verließ in geschäftiger Eile das Haus.

Nun aber durfte der große Jubel losbrechen. Was für ein Augenblick! Seit wieviel Tagen und Nächten erwartet – nun war er da. Und so bescheiden manchem Stadtkind die Geschenke erscheinen möchten, die da vor uns ausgebreitet lagen: uns setzten sie in himmlisches Entzücken, und jeder fand das seine am schönsten; keiner war unzufrieden oder enttäuscht.

War aber dann der erste Rausch der Freude vorüber, so rief uns, noch ehe das Abendessen auf den Tisch kam, die Mutter allemal zu einem wichtigen Gang. Mit einem großen Korb, der vollgepackt war mit Schinken, Sauerkraut und Erbsenbrei (dem Hunsrücker Festtagsgericht!), mit Speck und Eiern, Kuchen, Waffeln, Äpfeln und Nüssen, mußten wir zu Mutters Armen hin: der blinden Susanne und der lahmen Knorr-Katrin; denn wo so viel Glück und Freude über unser Haus gekommen war, durften sie nicht darben. Und ich seh sie noch heute, die blinde Susanne, die einsam in ihrer strohgedeckten Hütte unten am Schwengelbrunnen wohnte, wie sie aus ihrem Lehnstuhl, im flackernden Schein ihres Herdfeuers, zu uns herankam, ich höre noch ihre Stimme, die vor Freude zitterte, und ich fühle noch ihre Hände, die sich auf meinen Scheitel legten, um Gottes Segen auf mich herabzurufen. Die lahme Knorr-Katrin aber, die mit ihrer Schwester, einem uralten verhutzelten Weiblein, am Ende der Untergasse wohnte, geriet jedesmal, wenn wir mit unserer Gabe erschienen, in solch freudige Verwirrung, daß sie nur stammelnde Worte hervorbrachte. Auch ihre Schwester, die vor hohem Alter schon mehr im Jenseits als im Diesseits weilte, hatte meist nur ein stummes Lachen und Nicken; aber ich weiß, daß die Gebete dieser Gottnahen mich noch weit ins Leben, bis in die Tage meiner Studentenzeit hinein, begleiteten...

Kamen wir dann zurück, so dampfte das Abendessen auf dem Tisch. Nach dem Abendessen aber durften wir uns noch einmal ausgiebig der Freude an unseren Geschenken hingeben. Nicht allzulange freilich wurde der Abend ausgedehnt; denn keins von uns wollte die Mette versäumen.

Der Gang zur Mette nach dem Pfarrdorf aber und die Feier der Mette selbst war das letzte große Ereignis, das die Weihnacht meiner Kindheit verklärte.

Noch schien es uns mitten in der Nacht, wenn der Vater uns weckte, Aber rasch wurde die Schlaftrunkenheit abgeschüttelt; rasch sprang man in die Kleider hinein, und wie man nun die Kammertür auftat, wie man die Treppe hinabstieg, durchzog der Weihnachtsduft das ganze Haus. Und wenn man in die große Stube hinabkam, strahlte der Baum wieder in seinen Lichtern, und der Vater stand mit der Laterne bereit, bis alle, die mit zur Mette wollten, versammelt waren. Dann schritt er als Führer voraus in die Nacht.

Bald sahen wir, sobald der Hof hinter uns lag, andre Kirchgänger vor uns und hinter uns mit Laternen zum Pfarrhof hinabziehen, und nun, wie wir ins freie Feld gelangen, hüpft es, schwebt es weithin auf Feld- und Wiesenwegen von Lichtern, die sich alle nach der gleichen Richtung hinabbewegen. Ja, auch drüben, wo das Pfarrdorf liegt, und dort von Hübbecken, Udenhausen, von Windhausen, von Mermut und Dorweiler: überall schwebt es von Lichtern durch das Dunkel der Nacht. Mit einmal aber beginnt von drüben, jenseits des Beybachs, eine Glocke zu wogen. Nun auch von der Guntershöhe, von Macken, von Hirschwiesen, und schon stimmen auch die Glocken von unserm Pfarrdorf ein. Zu einem einzigen, mächtigen Choral scheinen die Glocken von allen Türmen über die Hochfläche zusammen zu wogen. Immer schneller wird unser Schreiten, und als wir eben drunten an der Pfarrkirche anlangen und die letzten Glockenschläge verhallen, setzt die Orgel in der Kirche ein:

>Heiligste Nacht, heiligste Nacht,
Finsternis weichet…<

Ganz vorn bei der Krippe durften wir Kinder knien. Und nun, im Brausen der Orgel, im Strahl von Hunderten von Lichtern, im Gesang von Priester und Gemeinde, und in der Pracht der heiligen Handlung am Altar, war die letzte große Erwartung auf dies himmlische Fest erfüllt.«

Jakob Kneips literarischer Weggenosse Josef Winckler, bekannt als Autor des >Tollen Bomberg< (1924), war in seinen letzten Lebensjahrzehnten in Bensberg-Frankenforst an-

»Es harren die Kleinen
vor der Thür / Und wagen's
nicht zu schauen herfür …«.
Zeichnung von Franz
Graf von Pocci.

sässig. ›Fest der Feste – Weihnachtsfeiern auf Haus Nyland‹ nannte er sein 1948 erschie-
nenes Erinnnerungsbuch. Auch er beschreibt, atmosphärisch dicht, die Christmette seines westfälischen Heimatdorfes. Mehr zum Irdisch-Handfesten hin entwickelt sich die
folgende Erzählung:

St. Nikolaus

»Da stampfte mit klingenden Glöckchen es vierbeinig über den Steinpatt draußen heran,
und ein schlohweißer Schimmel dröhnte durch die offen fliegende Ladentür. St. Nikolaus mußte zu seinem Sack die Laterne tief hinabneigen, er richtete sie aber gleich wieder empor und rührte fast an die Decke – sein langer Bart wallte wie eine Fahne!
Neben ihm lief Knecht Ruprecht in jämmerlich zerschlissenem Rock, aber eine hohe
Pfauenfeder wippend am Hut, in der Linken schwang er die Rute! Hinter dem Schimmel
schleppte das weiße Laken am Boden, so gewaltig malerisch war der Mantel des St. Nikolaus, er schüttelte Schneeflocken von Schulter und Ärmel, und Ruprecht stand jetzt
nahe vor uns, er hatte ein pappeverklebtes Gesicht mit zwei ummalten Augenschlitzen,
und als Lampe schwenkte er einen ausgehöhlten Kürbis mit brennender Kerze drin!
›Ich komme soeben von Palmyra‹, begann St. Nikolaus, ›wo mein Bischofspalast steht,
ganz aus grünem Jaspis mit einem Dach von blauen Perlen – aber ich muß hier im ösi-
gen Westfalen nach dem Rechten sehn! Wie man die Gänse hütet, so sind sie – Josef, gib
mir dein Händchen!‹ – ›Da!‹ sagte ich. Und hielt im letzten Augenblick doch die Hände
krampfhaft auf dem Rücken. ›Willst du Schweinsrüssel wohl?‹ kommandierte Ruprecht

*Der Pelzmärtel. Lithographie von
Franz Graf von Pocci, 1850.*

und schwang zum Kürbis die mächtige Birkenrute. Aber plötzlich sah ich, daß er die alten Holzschuh von Varndierks Vader trug, denn die hatten ein seitlich schlappendes Leder, und so rief ich voll Erstaunen: ›Du bist ja ut Varndierks Huus!‹

St. Nikolaus hob sich mit breiter Brust wie ein Turm hoch, läutete seine Glocke und sprach mit strafender Stimme: ›Der Ruprecht stiehlt zuweilen und hat wohl was mitgenommen, he? Ist es die Hose von Varndierks Vader, so muß er sie gleich hier ausziehn! Ja, ja, was die Gewohnheit nicht tut, sagte der Schneider, da hatte er ein End der eigenen Hose gestohlen!‹ – ›Nee‹, rief nun mein Bruder, kühn geworden, ›dat is ja Kamphuus' Pappa sine olle Buxe!‹ – ›Dann hat er sich bloß verkleidet‹, entschuldigte St. Nikolaus, der aus dem Konzept geraten war. ›Und den Kürbis hat er auch gestohlen‹, rief plötzlich meine Schwester, ›den kenne ich genau – der steht auf der Fensterbank neben dem Uhrentisch!‹ – ›Meine Güte, solch ein Nichtsnutz‹, rief der Bischof von Palmyra von seinem Gaul, ›nicht mal zum Schleppen des Sacks ist er gut, und die Rute verdient er selber. Haut ihn man!‹

Das ließen wir uns nicht zweimal sagen und hieben auf Ruprecht ein mit Besen und Spazierstock, was auch in der Nähe stand, und Siska, die gerade aus dem Stall humpelte, warf einen leeren Melkeimer ihm klirrend vor die Füße, um uns beizustehn: ›Du fluddrige Kerl, de du bis!‹ – ›Au, au!‹ brüllte der geprügelte Himmelsknecht – ›ich will es nie wieder tun!‹

›Achtung – ‹ gebot St. Nikolaus und schüttelte eine bunt wirbelnde Wolke von Konfetti über unsre Köpfe, ›Achtung, hört meine Botschaft! In diesem Hause gibt es viele Ratten, und deshalb schenke ich zunächst dem Großvater Nyland ein Hoffmanns-Stärke-Kistchen voll feinstem Rattengift. – Die Großmutter bekommt ihren Muff wieder, den sie beim Kirchgang verloren hat. – Der Olle Venhüser erhält nur meinen Segen und seine Frau dito, denn das sind reiche Leute und können sich selber was schenken. – Hinnerk und Siska bekommen je eine vergoldete Haselnuß – das genügt für die Faulpelze. – Die Tante Sandt von Selm muß sich begnügen mit einem Gruß von St. Anna aus dem Himmelreich. – Wuttki, der Hund, der so wild um mein Pferd kläfft, bekommt noch weniger. – Alles ist für die Kinder, falls sie brav gewesen sind. Für Josef ist aus Noahs Arche ein Streichholzdöschen mit einem Hirschkäfer da – für Alfred die Flötpfeife von Jericho, aus Weidenbast – im Himmel war gerade Kirmes, daher habe ich nur Lustiges mitgebracht...‹

Klacks! ließ das Pferd seinen Dreck in die Halle niederfallen, und alle lachten noch mehr, so daß St. Nikolaus den Zeigefinger hob: ›Pst! Da ist noch das Bügeleisen der hl. Agatha – der Walfischzahn des Jonas – hier ein Hühnerauge von dem Wiedertäufer Knipperdolling in der Düte...‹ Und jedesmal schlug Ruprecht mit Hallo rundum Rad durch die Halle, und die Holzschuhe flogen ihm von den Zehen! ›Du Peiaz (Bajazzo, Possenreißer) vom lieben Gott!‹ rief mein Bruder.

›Pst!‹ hob wieder St. Nikolaus den Zeigefinger, ›St. Joseph bestellt ein Kumpelment (Kompliment) und fragt an, ob er hier Arbeit findet für Holzsägen, denn die Zeit ist schlecht! Verlangt sieben Groschen pro Tag!‹ – ›Ich habe nicht so viel Geld auf der Kante‹, bedauerte Großvater. ›Gut – Salomon möchte das Schreiben lernen und bittet euch um eine Schultafel – wer gibt sie her?‹ Meine Schwester holte ihren Tornister und sagte: ›Er kriegt das Schwämmchen gratis.‹ – ›Du bist ein nobles Kind, muß ich loben! Der kleine Alfred soll auch kommen und zur Belohnung großartig im Himmel Ziegenbock werden…‹ – ›Nein! Ich will aber kein Ziegenbock werden‹, greinte jetzt mein Brüderchen und floh unter Mutters Schürze.

Das Pferd scheute und bockte, St. Nikolaus konnte mit knapper Not sich halten, Hinnerk stemmte ihn fest in den Sattel.

Dann mußten wir alle nochmals unsre Schuhe ausziehn, und St. Nikolaus stopfte sie voll Möppes, Zuckerbabbelkes und reichte sie schmunzelnd zurück. ›Nun zeigt, daß ihr fein beten könnt! So viel Kinder, so viele Paternoster…‹ Und wir beteten laut im Chor mit gefalteten Händen. Es scholl wie feierliche Andacht durchs Haus. Im alten Uhrkasten schnarrten nur die Gewichte…

›Wißt, liebe Kinder‹, verabschiedete sich St. Nikolaus, ›in der großen Stadt Palmyra sind lauter lustige Leute, weil es gute Leute sind, und gute Leute sind immer fröhlich. Nur der böse Mensch kennt keinen Spaß! Aber wenn ihr wüßtet, wie schön die Mutter Maria lachen kann – mit einer ganz silbernen Stimme –, immer, wenn sie ihr Kind hochhebt und ruft: ›Wie dreht sich das Türmchen?‹ Und dann dreht das Kind mit den Händen: ›So!‹ Und alle Engel im Himmel rufen: ›Hallo!‹

›Du bist ja so lustig wie der Onkel Franz?‹ rief ich verwundert. ›Der Likörfabrikant?‹ fragte St. Nikolaus. ›Stimmt!‹ riefen wir alle.

›Der bin ich ja!‹ lachte St. Nikolaus und riß die Maske herunter, und da kam Onkel Franz zum Vorschein mit seinem schwarzen, eleganten Bärtchen im rosigen Gesicht. Und Knecht Ruprecht, das war Kumphuus' Ignatz!

In diesem Augenblick knarrte die Stiege, und der Olle Venhüser trat aus der Upkamer, er hatte Nikolaus verschlafen, krümmte die Hand über die buschig hellen Brauen und knurrte: ›Wenn Eure Säcke leer sind – schleppt den Teufel aus der Welt – schleppt ihn bald aus der Welt!‹

›Pst, pst!‹ mahnte die Großmutter, ›verschreckt uns nicht die Kinder!‹ Da nahm er ein Schnüffken vom Daumen und murmelte: ›Jä, er kommt heran – so groß –, wie auf einem Elefanten reitet der Teufel bald in die Welt!‹ – ›Er leidet wieder schwer unter dem ›Gesicht‹, flüstert die Großmutter – ›betet für ihn! Gott gibt keine Wunde, er gibt auch die Salbe dazu…‹

›Hühott!‹ rief schnell St. Nikolaus und klabasterte mit seinem Gaul durch den Laden und rief noch zurück: ›Wi krigt den Düwel all!‹ Und Ruprecht schwenkte gewaltig den Kürbis mit der brennenden Kerze hinaus.«

Heinrich Lersch aus Mönchengladbach übte bis 1925 den Beruf eines Kesselschmieds aus und zählte daher in besonderer Weise zu den ›Werkleuten‹. Schon 1916 wurde er mit dem Gedichtband ›Herz! aufglühe dein Blut‹ als Autor expressionistischer Arbeiterdichtung bekannt. Eine wunderbar lebensnahe rheinische Kindheit beschwört ›Manni‹ (1926) herauf: Es waren ›Geschichten vom Jungen, aufgeschrieben vom Vater‹, und in Lerschs Nachlaß fanden sich weitere Skizzen dazu. Eine wird hier abgedruckt.

Zum besseren Verständnis des folgenden sei erwähnt, daß es bei Lerschens keinen Nikolaus gab, keinen Knecht Ruprecht und weder Christkind noch Weihnachtsmann.

Weil Vater Heinrich mit allzuviel Wunderglauben großgezogen war, wollte er seinem ›Manni‹ spätere Enttäuschungen ersparen. Schon den Dreijährigen ließ er mit in den Wald gehen, einen Weihnachtsbaum zu schneiden. Manni suchte in den Geschäften die Gaben zu Nikolaus selbst mit aus und durfte sie an der Kasse bezahlen. Wenn einmal das Geld zu größeren Geschenken nicht reichte, dann verstand der Junge dies besser als seine Altersgenossen. Dennoch kam es zu Konflikten.

Gibt es einen Niklas, so gibt es auch ein Christkind

»In den ersten Dezembertagen gehen die Kinder zwischen Tag und Dunkel heraus aus der Stadt, so weit, bis sie über die Felder die Abendwolken leuchten sehen können. Abendrot? Von wegen! St. Nikolaus bäckt! Weckmänner und Spekulatiuskerle. Wenn es im Westen richtig glüht und flammt, dann ist der hl. Niklas fleißig und hält sich dabei – die Kinder kriegen dicke Teller voll Leckereien. Wenn es aber nicht tüchtig leuchtet, so ist das schon himmlische Trauerbotschaft, und die Eltern haben es nicht leicht, ihre Sprößlinge zufrieden zu machen, wenn es nicht viele Leckereien gibt: Der St. Nikolaus hat eben nicht viel gebacken.
Nun erfuhr auch Manni, daß der hl. Nikolaus umsonst die Spielsachen und Leckereien bringe, Manni war verwirrt. Er wußte ja nicht besser, als daß der Vater damals mit ihm jedes Jahr den Niklastisch selbst fertiggemacht hatte. Er wußte, daß die Sache eine Menge Geld kostete. Ihm war nie in den Sinn gekommen, daß die anderen Eltern den St. Nikolaus nur spielen. Da hörte er nun, was für ein gütiger Heiliger der St. Nikolaus war. Er käme zu allen Menschen, bloß nicht zu ganz ekelhaften, rotzfrechen, dreckschlechten Leuten. Da müsse der Vater aber ein furchtbar schlimmer Mann sein, wenn der Niklas nicht einmal zu seinen Kindern ins Haus käme!
So was läßt sich kein Junge gefallen, selbst, wenn er auf Reisen großgeworden ist. Er ging hin und las seinem Vater die Leviten: ›Du verstehst auch gar nichts, von Niklas hast du keine Ahnung – du sollst mir auch ein Vater sein! Schlecht bist du nicht, frech bist du nicht, eklig bist du auch nicht: also, wenn du das Geld noch einmal umsonst ausgibst, dann bist du bloß erbärmlich dumm! Riskieren wir es doch einmal, ohne vorher zu kaufen! Verlaß dich drauf, der Niklas bringt den andern es auch umsonst! Warum sollen wir es nicht umsonst kriegen?‹
Also ging es diesmal nach Mannis Rat. Es wurde nichts eingekauft. Und ob der Vater sich sträubte: die Mutter sang mit den Kindern die Niklaslieder, setzte den Teller mit dem Wunschzettel auf, und der Junge erwartete voll Spannung das Ergebnis. Am nächsten Tag war die Bescherung da: alles nach Wunsch, der Teller war voller Lecker, Baukasten, Eisenbahnzug, alles da! Nach der ersten großen Freude kam der Junge zum Vater und klopfte ihm wohlwollend auf die Schulter: ›Siehste, Vater, du hast immer gesagt, auf Reisen könne man was lernen. Es ist doch komisch, daß die kleinen Jungen auf der Straße mehr wissen als du!‹
Acht Tage vor Weihnachten kam der Vater wieder von einer Reise zurück. ›Vater! Nun mach dir auch keine Mühe wegen Weihnachten! Du brauchst nicht in die Stadt zu gehen, wieder mit viel Geld die Sachen zu kaufen. Hier geht das genau wie an Niklas. Wenn du

das Weihnachtsbäumchen selber machst, dann kommt das Christkindchen in der Nacht vorbeigeflogen, guckt bei uns in die Fenster herein und sagt dann zum Weihnachtsmann: Der Lersch-Vater ist aber dumm. Der hat schon wieder alles selber gemacht, da brauchen wir nicht hereinzugehen und für die Kinder etwas zu bringen! – Lieber Vater, ich sag es dir, riskiere es nur einmal, du wirst sehen, gibt es einen Niklas, dann gibt es auch ein Christkind, auch wenn du nichts davon weißt. Das Geld und die Arbeit kannst du dir sparen! Hab ich bei Niklas rechtgehabt, hab ich's zu Weihnachten auch!‹

Manni hatte die lieben Verwandten von der großen Dummheit seines Vaters in Kenntnis gesetzt. Die Mutter und andre weibliche Verwandte wollten dem Jungen nicht die Freude zerstören und das Christkind nicht beschämen. Sie setzten durch, daß nach alter Sitte beschert wurde. Dem Vater gönnten sie für seine unchristliche Erziehung die Schande.

Es wurde Weihnachten. Der ersehnte Abend kam: Das Christkindchen hatte die kühnsten Erwartungen übertroffen und selbst die Wünsche erfüllt, die nicht auf dem Wunschzettel gestanden.

Nun brauchte Manni nicht einmal beim Vater ›danke!‹ zu sagen. Mit einem unsagbar überlegenen Blick und einer stolzen Handbewegung wies er auf die Bescherung, tippte dem Vater auf die Stirn mit dem Finger und sagte: ›Was kennst du nun eigentlich? Wie kann man bloß so dumm sein, wenn man so klug ist wie du!‹«

Der Weihnachtsmann und das Christkind bringen die Geschenke gemeinsam – das sichert der Postkarte weiteste Verbreitung.

DIE SCHLACHT VON GRAVELOTTE
Von Otto Brües

Zeichnung aus ›König Nußknacker und der arme Reinhold. Ein Kindermärchen in Bildern‹ von Heinrich Hoffmann, 1854.

Der niederrheinische Dichter Otto Brües, 1897 in Krefeld geboren und dort auch 1967 gestorben, lebte als Feuilletonleiter der ›Kölnischen Zeitung‹ gut zwei Jahrzehnte in der Domstadt. 1945, als die Zeitung eingestellt wurde, zog Brües zunächst nach Oberbayern um. Er hatte dann 1953 bis 1963 die Lektorenstelle für Theaterkritik an der Universität Köln inne.

Die folgende Jugenderinnerung hat er während seiner Kölner Zeitungszeit geschrieben und 1934 im Büchlein ›Vor dem Sturm‹, erschienen in V. O. Stomps' legendärer Rabenpresse, publiziert. Nach dem Zweiten Weltkrieg kamen jene ›Jugendtage am Niederrhein‹ unter dem Titel ›An den vier Wällen‹ 1962 neu heraus.

»Zwar ging auch das Weihnachtsfest nach der Ordnung und Regel vor sich, es gab alljährlich zum Weihnachtsabend einen ganz bestimmten Sogh und einen nach uraltem Rezept feierlich zelebrierten Heringssalat; aber die Fülle der Gaben strotzte von den Tischen, und die großen Fensterbänke des festlichen Zimmers im ersten Stock waren von je dem Eingemachten vorbehalten, dem Obst und dem Gemüse, das im Sommer durch lange Wochen hindurch vorsorglich hergestellt wurde. Hinterher muß ich mir sagen, daß diese reichliche Auslage von Geschenken eine sozusagen außenpolitischen Zweck gehabt haben kann, insofern, als eine sehr zahlreiche Besucherschar am Morgen des ersten und zweiten Feiertages nach dem Kirchgang, den der alte Herr nicht versäumte, an diesen reichen Tischen vorübergeführt wurde: man bedenke, es geschah das alles im Hause eines Kaufmanns, und was kann in dem Hause eines Kaufmanns schließlich geschehen,

198

das nicht unmittelbar oder mittelbar auf seinen Kredit Einfluß hätte! Aber lassen wir diese machiavellistische Ausdeutung…

Jedenfalls bestanden Regel und Ordnung an diesem Abend darin, daß die Enkel unten im Erdgeschoß Lieder singen und ihre Gedichtlein aufsagen mußten, bis die Klingel dreimal gerufen hatte und die zahlreiche Familie sich über die Treppe hinauf in Bewegung setzte, wie man bei einem so umfänglichen Trupp und bei dieser so schmalen Treppe wohl schon sagen muß. Mir, als dem ältesten Enkel, fiel freilich die Aufgabe zu, mein Gedicht noch einmal aufzusagen, und zwar unter dem brennenden Christbaum, einer hohen Tanne, die auch in diesem Hause des evangelischen Presbyters unten an ihrem Fuß der Krippe mit Maria und Joseph, den Hirten und der Herde nicht entbehrte. Das Tischlein, auf dem mir und meinem Bruder die Gaben bereitlagen, stand, jener bereits zitierten Ordnung und Regel gemäß, rechts von der Tür, durch die man das große Zimmer betrat. Aber wie die Kinder manchmal, nachdem ihnen ein Schulgespräch im Sommer den Zweifel ans Christkind ins Herz gesenkt hat, gegen den ersten Adventssonntag hin wieder zu glauben beginnen, so dürft' ich mit einem schnellen Blick das Meine erhascht und es doch nicht gesehen haben, bis das Amt, den Festspruch unter der Tanne aufzusagen, getreulich erfüllt war. Dann brach der Jubel der Enkel los, und die Großmutter hielt, nachdem sie den Erwachsenen ihren Anteil gezeigt hatte, nach einiger Zeit eine Art von Examen ab, ob man auch alles, alles gesehen hatte, und es war die fröhlichste Prüfung, die ich mir denken kann. Und doch hab ich an einem dieser Heiligen Abende geweint, und davon eben wollt ich erzählen.

An jenem Weihnachtsabend, ich mochte zehn Jahre zählen, war ich mir durchaus nicht bewußt, minder beschenkt zu sein als mein Bruder oder meine Vettern, und doch, nachdem ich die Großeltern schon umhalst hatte, sollte mir noch eine Überraschung bereitet werden. Der Großvater hieß mich in den langen Flügel gehen, in ein Zimmer, in dem er am Alltag seinen Mittagsschlaf zu halten pflegte in einem breiten Lehnsessel und mit Hilfe einer großen, aus grüner Wolle gestrickten Schlummerrolle, an die ich jahrzehntelang nicht gedacht habe und die mir nun plötzlich greifbar vor Augen ist.

Dort also in jenem Wohnzimmer, so deutete der Großvater geheimnisvoll an, dort werde ich noch etwas für mich finden…, und ich rannte schon zur Tür hinaus, stolperte über die Stufen zu den Flügelräumen, suchte das Licht, aber wie so oft machte gerade der Eifer mich ungeschickt, und ich fand nicht, was mir dort aufgespeichert war. Der Großvater wies auf ein Tischchen, das an der Längsseite des Raumes zwischen den Fenstern stand; er hatte auf grünem Glanzpapier, wie er es in seiner Handlung verkaufte, auf einem grünen Wiesenplan also, einem sommerlichen Blachfeld, die Schlacht von Gravelotte aufgestellt – die Schlacht, in der er selber (am 8. August 1870) mitgekämpft und seinen Mann gestanden hatte. Die dunkelblauen Röcke der preußischen, die hellblauen der bayrischen Soldaten und die roten Hosen der Franzosen leuchteten in großen Farbflecken aus dem Grün herauf, und das war nur der erste große Eindruck, der dann, als er sich in viele kleinere auflöste, noch durchaus vertieft wurde.

Da gab es einen Kampf um eine Fahne, dort ein Ringen um ein Geschütz, da trug man die Verwundeten fort, dort hielten auf ihren Hügeln die Feldherren: man sah, daß diese Szene mit Liebe und Kenntnis aufgebaut war. Dennoch war ich einen Augenblick beklommen, von der festlichen Gesellschaft so weit entfernt zu sein, vielleicht aus verletztem Stolz, da sie nun nicht der Zeuge meines Glücks war, vielleicht auch, weil mich die Größe dieses Geschenks überwältigte, denn bei aller Verwöhnung war ich nicht undankbar. Jedenfalls mißdeutete der Großvater mein Zaudern und begann mir eifrig den Schlachtplan zu erklären.

›Siehst du‹, sagte er, ›dort sind wir von der Höhe heruntergekommen, dort schwenkte das Nachbarkorps ein, dort gewannen die Franzosen zuerst einen Vorsprung, und dort spielte sich die erste große Kavallerieattacke ab. Wir kamen zwar schon müde ins Gefecht, aber das war beim ersten Hornruf vergessen. Es war ein blauer, blitzender Tag, und siehst du, dort habe ich das Geschütz erobert und bin zum Eisernen Kreuz eingereicht worden.‹

Er erzählte nun, was er schon manches Mal erzählt hatte und was sein Kummer fast vierzig Jahre nach dem Feldzug war: daß er, zu jener Auszeichnung eingereicht, sie aus irgendeinem bürokratischen Grund nicht erhielt, obwohl er jenes schädliche Geschütz mit seiner Korporalschaft erobert und dabei eine ganze Anzahl Gefangene gemacht hatte.

›Ich war traurig damals‹, fuhr er fort, ›ich bin es noch heute, denn mir ist unrecht geschehen. Aber siehst du, gerade darin bewährt sich ein Patriot, daß er sein eigenes Geschick oder Mißgeschick nicht achtet.‹

Und nun geschah es: ich war müde und überreizt von dem festlichen Brausen des Abends, ich wollte spielen, mit diesen meinen Soldaten wollte ich spielen, und ich konnte es nicht, weil ein anderer die Truppen hin und her lenkte, und alle die großen Worte: Traurigkeit und Geschick und Mißgeschick und Recht und Unrecht und Vaterland stürzten über mich her, und kurz und gut, der Großvater brachte einen fassungslos schluchzenden, um es gerade heraus zu sagen: einen heulenden Enkel vom Schlachtfeld von Gravelotte unter den Christbaum zurück.«

WEIHNACHTEN IM ALTEN SAUERLAND
Von Hans Cordes

Aus seiner Jugendzeit in der Gegend um Arnsberg hat der 1885 geborene Kaufmann Hans Cordes einen aufschlußreichen Bericht gegeben, der zusammen mit anderen Berichten in die volkskundliche Studie ›Weihnachten in Westfalen um 1900‹ (1976) aufgenommen wurde. Die Grafschaft Arnsberg ist übrigens 1368 an Kurköln – so nannte man den weltlichen Herrschaftsbereich des Kölner Erzbischofs – verkauft worden.

»Am besten ist mir das Weihnachtsfest in meiner Sauerländischen Dorfheimat in Erinnerung geblieben. Dies war so recht ein echtes Familienfest, zu dem sich alle Angehörigen von nah und fern einfanden. Es gab dort viele kinderreiche Familien.
Meine erste Stellung in der Fremde hatte ich in einer rheinischen Großstadt. Obwohl mit

einer Fahrt in die Heimat schon mancherlei Strapazen verbunden waren, zumal im Winter, hätte mich doch nichts abgehalten, das Weihnachtsfest mit Eltern und Geschwistern zusammen zu feiern. Schon die Arbeitsbedingungen waren damals wesentlich andere als heute. Auch mußte ich am Morgen nach dem zweiten Feiertag zurück sein. Schon brannten in der Stadt die ersten Weihnachtsbäume, und in den Familien begann bereits die Feier zum Heiligen Abend, als ich mich auf dem Weg zum Bahnhof befand. Gegen Mitternacht traf ich auf unserem nächsten Bahnhof ein. Im Vergleich zur Stadt war hier

Foto-Postkarte, um 1910.

eine ganz andere Welt. Tiefer Schnee knirschte unter den Füßen. Die mit dickem Rauhreif überzogenen Bäume boten einen herrlichen Anblick. Über der Landschaft lag eine feierliche und geheimnisvolle Stille. Der klare Vollmond machte alles taghell. Was machte es da schon, daß ich bis zur elterlichen Wohnung noch einen Weg von fünf Kilometern vor mir hatte. Ich war ja in der Heimat!
Frohen Mutes kam ich am Ziele an. Auf mein Klopfen wurde gleich geöffnet. Die liebe Mutter hatte mich erwartet. Ich war wieder zu Hause. Gerade schlug vom Turm die erste Stunde der ›Weihnacht‹. Dann ging es zur Ruh. Aber bereits um vier Uhr begannen die Glocken zu läuten. Sie sangen ihr uraltes Lied und riefen die Bewohner zur Christmesse. Augenblicklich war alles munter, und alle Müdigkeit war vergessen. Ich ging mit Eltern und Geschwistern zur Kirche. Von allen Seiten kamen Gruppen, teils mit der Laterne.

Daheim blieb nur, wer krank zu Bette lag. Die mir so vertraute alte Kirche stammte noch aus dem 12. Jahrhundert. Was hatte sie in ihrer Geschichte nicht alles erlebt? Wie viele Geschlechter und Generationen gingen hier ein und aus? Die Kirche war bereits überfüllt. Schon klang uns das ›Ehre sei Gott in der Höhe‹ entgegen. In mächtigem Volksgesang erklangen die schönen alten Weihnachtslieder. Nach der Feier drängten die Kinder zur Krippe, um ihr einen Besuch abzustatten. Vater und Mutter waren bereits mit der älteren Schwester nach Hause gegangen, um die Bescherung vorzubereiten. Im Sauerland kannte man keine Bescherung am Heiligen Abend. Sie findet erst im Anschluß an die Christmesse statt. Die Krippe war schon recht alt, die Figuren waren fast einfältig und ungekünstelt. Auf dem Lande hängt man am Alten und liebt nichts Modernes. Aber gerade deshalb war die Krippe allen so ans Herz gewachsen. Nach dem Gottesdienst begrüßten wir noch einige Bekannte und Schulkameraden.

Dann aber ging es nach Hause. Als wir dort ankamen, brannte bereits der Christbaum. Dicke Buchenkloben verbreiteten im alten Ofen eine angenehme Wärme. Aus dem eigenen Wald hatte der Vater längst eine schöngewachsene Tanne mitgebracht und gut versteckt. Hinter verschlossener Tür hatte er sie mit der schon älteren Schwester geschmückt und hergerichtet. Der Schmuck wurde von Jahr zu Jahr aufbewahrt und durch Neues ergänzt. Flimmerwerk, Zuckerwaren, Weihnachtsgebäck, vergoldete und versilberte Walnüsse, ausgeschnittene Sterne und Äpfel halfen mit, den Tannenbaum recht bunt und hübsch zu dekorieren, bildete er doch ein Schmuckstück, das jedem Besucher gezeigt wurde. Unter dem Baum stand eine alte Krippe, die jedes Jahr neu aufgemacht wurde. In ihr waren einfache Gipsfiguren aufgestellt, die zum Dreikönigstag durch die drei Weisen aus dem Morgenland ergänzt wurden. Hinter der Krippe brannten einige Kerzen, deren Schein durch die bunten Fensterchen schöne Lichtreflexe zauberten. Auf dem großen Tisch waren die bereits am Abend aufgestellten Teller hoch gefüllt mit allerlei Eßbarem, darunter die besten selbstgezogenen Äpfel, im Herbst gesuchte Haselnüsse, Walnüsse vom eigenen Baum, ferner allerlei Weihnachtsgebäck. Als damalige Seltenheit hatte ich für jeden aus der Stadt eine Apfelsine mitgebracht.

Neben dem Teller lagen die zugedeckten Geschenke. In dieser Beziehung dachte man im Sauerland sehr nüchtern und praktisch. Die älteste Schwester erhielt aus Mutters Truhe von ihrem gut behüteten Brautschatz eine Rolle selbstgesponnenes Leinen als Grundstock für die spätere Ausstattung. Gerade dieses galt als ein wertvolles Familienstück. Aus eigenem gegerbten Leder hatte der Dorfschuster bereits Wochen vor dem Fest für jeden in Hausarbeit ein Paar derbe Schuhe gemacht. Die drei kleineren Schwestern erhielten aus einem gleichen Stoff und nach gleichem Schnitt gearbeitete Kleider. Die Brüder erhielten Kerbschnitz- und Laubsägematerial, ferner Holz- und Steinbaukasten. Während ich für Vater und Mutter je ein Paar warme Pantoffeln mitgebracht hatte, hatten ihnen die Schwestern einen warmen Schal gestrickt, und die Brüder hatten schöne Schnitzarbeiten gemacht. So wurde ein jeder auf angenehme Weise überrascht und erfreut.

Inzwischen wurde es Zeit zum Hochamt, und um zwei Uhr wurde am ersten Feiertag in der Kirche die Vesper ›Latein‹ und am zweiten Tag ›Deutsch‹ gesungen. Da der erste Feiertag zudem ganz der Familie gehörte und alle Wirtschaften geschlossen hatten, fanden sich nach der Dämmerung alle zusammen, um unter dem Christbaum die alten Weihnachtslieder zu singen. Alleinstehende ältere Nachbarn wurden stets eingeladen. Zwischendurch wurde ein Teller mit Spekulatius herumgereicht. Am späten Nachmittag des zweiten Feiertages begleiteten mich die Geschwister und einige Freunde zum Bahnhof. So verlief das Weihnachtsfest in meiner Sauerländischen Dorfheimat.«

EIFELER FAMILIENWEIHNACHT
Von Matthias Zender

Christbaum, Krippe, Christkind und Weihnachtsgeschenke – um 1900 gab es von all dem noch nichts oder kaum etwas. Um 1913 war im Niederweiser Schloß von der Pächterfamilie ein großer Christbaum aufgestellt, einige weitere Familien folgten mit einem Christbaum mäßiger Dimension.

In den kinderlosen Haushalten, auch in manchen Familien mit Kindern stand damals kein Weihnachtsbaum, und kein Niederweiser hatte eine Krippe im Haus. Da wegen des frühen Mettenbeginns um 5 oder 6 Uhr alle früh schlafen gingen, war eine abendliche Feier am 24. Dezember nicht üblich. Entweder brannte man die Lichter an, wenn die Kinder in aller Frühe aufstanden, oder sie waren bei Heimkehr aus der Kirche angezündet, und die Familien frühstückten dann im Schein der brennenden Lichter des Christbaums. Eine Ausnahme machte unsere Familie auf der Burg in Niederweis. Die Großmutter, bettlägerig, lag im großen Zimmer. Hier, auf dem runden Tisch, war der Baum aufgestellt, und sobald die Mühlentante eingetroffen war, wurde er mit ihrer lebhaften Unterstützung aufgeputzt, und die Kerzen wurden angezündet. Es war wohl mehr als Fest für die Großmutter gedacht, obwohl wir mit Süßigkeiten reichlich eingedeckt wurden. Spielsachen aber gab es an Weihnachten kaum, eher mal ein Kleidungsstück, vor allem aber Schulsachen, Griffeldose, Schultasche, Wintermütze, wohl auch ein Paar Schlittschuhe. Statt einer Krippe stand bei uns ein Schafstall, mit einer Fülle kleiner holzgeschnitzter Lämmlein, der aber samt Inhalt verschwand, wenn an Mariä Lichtmeß der Weihnachtsbaum abgebaut wurde.

Nicht alle Kinder hatten bei sich einen Baum. So hatte sich die Sitte herausgebildet, daß diese Kinder am zweiten Feiertag, ein ganzer Trupp, von Haus zu Haus zogen, ›Christbaum gucken‹; in den Wohnungen mit Weihnachtsbaum sangen sie dann Lieder und wurden mit Gebäck beschert. Allerdings kam es vor, daß eine Mutter erklärte, sie stelle keinen Weihnachtsbaum mehr auf; denn man müsse doch eine Menge süßer Plätzchen backen, um die Umziehenden zufrieden zu stellen.

Als ich 1914 einen Weihnachtsbaum haben wollte, war die Familie entsetzt. Tanzen sei verboten, Kirmes werde im Krieg nicht gefeiert – wie könne man bloß einen Christbaum verlangen? Man schenkte mir ein blödes Buch, ›Durch‹, städtische Bekannte hatten es mitgebracht, und es schilderte die Heldentaten von ostpreußischen Kindern im Kampf mit den Russen.«

ZWISCHEN KAISERREICH UND REPUBLIK

Dieses Kapitel kölnischer Weihnachtsgeschichte befaßt sich mit ganz unterschiedlichen sozialen Perspektiven, mit der Kriegssentimentalität, die eine tiefe Verunsicherung widerspiegelt, und mit der neuen Armut nach 1918. Vorbei sind die alten, festgefügten, prosperierenden Zeiten. Aber der Christbaum ist für keinen mehr ein Luxusartikel, und ebenso wie die Wochenmärkte gehören die winterlichen Tannenbaummärkte zum Stadtbild. Was sonst noch in diese Zeit gehört, etwa die Krippenkunstbewegung, wird an anderer Stelle beschrieben. Wie unter dem Blick des Künstlers sich die Weihnachtsikone verändern kann, davon gibt Max Ernst ein Beispiel.

QUER DURCH KÖLNER WEIHNACHTSSTUBEN

Blicken wir zunächst in eine Arbeiterwohnung, Unter Krahnenbäumen um 1910. Der Stadtrat Peter Fröhlich – früher einmal Zeitungsjunge, Laufbursche, Fabrikarbeiter und Maurer – erinnert sich genau:
»Dat Woot ›Chreßkindche‹ hatt für die Pänz domols noch ne andere Klang als hück. Dat kom einfach doher, weil et Spillsache för die Arbeiderkinder nur zo Weihnachte jov. Mer kräche och nit esu vill, wie die Putte hück krije. Dat Marieche kräch en Popp un en vum Pap jebastelte Poppeköch oder ne Kauflade. För et Fränzje jov et ne Holzbaukaste oder ne bellije Ieserbahn zum opdrihe. Die Rollschoh, die mer kräch, wore us Iser un ohne Kugellager. Öm die an et Laufe ze brenge, moot mer se eesch met Kareschmeer einschmeere. Wann einer met e paar Rollschoh met Kugellager kom oder esujar met nem Holländer, dann kunnt et sich dobei nur öm riche Lück handele. Dä kleine Pittermann kräch e Schockelpäd. Un wann die Familich noch esu ärm wor, jede Panz kräch jet vum Chreßkindche.
Et jov ävver Familije, bei denne dorfte die Pänz nur bis Neujohr met dä Spillsache spille. Dann kome die Saache fott. Em nächste Johr braat et Chreßkindche se widder.
Dat Chreßkindche dät och schon ens futele. Dann lat et anstatt Spillsaache jet zom Andun unger dä Baum. En Botz oder e paar Schoh. Saache, die mer suwiesu nüdich hat. Durch esu kromm Ture kom dat Chreßkindche en dä Verdaach, met zweierlei Moß ze messe.
Dä Chreßbaum soch och noch anders us als hück. Usser dä Koralle un Engelcher hinge

204

och noch verselverte un verjoldete Nöß an dem Baum. Och en bunt Papeer jeweckelte Äppelcher und Plätzjer woote an dä Baum jehange. Noh Neujohr wood dä Baum jeplündert un alles verkimmelt, wat do dran hing un eßbar wor. Unger dem Baum op dem Teller, dä mer des Ovends vörher opjestalt hatt, loche Saache, die kannte mer söns nur vum Höresage. Uns Jemösfrau wör jarnit op die Idee jekumme, uns medde em Johr Appelziene verkaufe ze welle. Dofür hatten die Lück Unger Krahnebäume normalerwies kei Jeld. Esujet braat nur dr hellije Mann oder et Chreßkindche. Op dem Teller loche och noch su en dreieckige Nöß. Die wore esu hat, dat beim Knacke eher die Dür kapott je-

Aus dem Familienalbum. Fotografie um 1900.

jange wör als die Noß. Do moot mer schon mem Hammer dran jon. Weil mer dat janze Johr kein Spillsaache kräch, däte mer met Unjedold op dat Chreßkindche wade. Wann die eeschte Chreßbäum kome un dr Tietz (Kaufhaus) op dr Huhstroß de Spillsaache em Schaufinster usstalt, dann jingk et drop an. Wann zo Huus dr Kleiderschaaf afjeschlosse un dr Schlössel fott wor, dann stund dat Chreßkindche vör dr Dür.
Op dat Chreßkindche en dem Johr ärm oder rich wor, hingk für mich vun dä Anzahl Appelziene af, die op dem Teller loche. Loch kein Appelzien op dem Teller, dann wor en dem Johr em Chreßkindche dr Wurm dren. Loche ävver zwei Appelziene op dem Teller, dann hatte mer met dem Chreßkindche en dem Johr dr Vugel afjeschosse.
Op Weihnachte hätte mer am leevste dat Vaterunser verkehrt eröm jebät: Vaterunser, unser heutiges Brot gib uns täglich. Ävver et jov och andere. En mänche Familich kom zo Weihnachte statt et Chreßkindche die Nut en et Huus. Wann et Weihnachte freere dät,

205

wood am Bau nix jedon. Dr Pap wor arbeitslos. Arbeitslosenunterstützung jov et domols noch nit. Wann dä Krämer nit mih anschrieve un alles, wat versetzbar wor, zur Tant jewandert wor, blevve als letzte Rettung nur noch dr Pastor, de Bejinge (Beginen), dr Armevatter (Armenpfleger) un dr Wohltätigkeitsverein. Kötte jon, dat kunnt dr Pap nit. Dä wör eher verhungert. Die Mam jingk. Ihr wor kein Möh ze jroß un keine Wäch ze wick. Domet och ihr Puute jet vum Chreßkindche kräche, leef se vum Pontius zum Pilatus. Vill wor et jo nit, wat op die Aat un Wies zesamme kom. Ävver immer noch besser als jarnix. Op Hellije Ovend loche an dr Eijelsteinspooz immer noch e paar Chreßbäum, öm

Weihnachtsbescherung in den zwanziger Jahren dieses Jahrhunderts.

die sich keiner kömmere dät. Dovun jinkg die Mam sich eine holle. Jet Chreßbaumschmuck hatte mer noch. Die Mam hatt et atwidder jeschaff. Dat Chreßkindche kunnt kumme.«

Aus einer kinderreichen Angestelltenfamilie stammt Annemarie Berg. Sie berichtet aus ihrer Kinderzeit von 1909 an. Man hat sie ›deutschbewußt‹ erzogen.
»Mit zunehmender Kälte im Jahr und früher Dunkelheit spürten wir manchmal eine wispernde Heimlichkeit im Hause; bei Abendgesang in der Dämmerung sprang zuweilen die Tür auf und Nüsse oder ein paar Äpfel rollten in die Küche.
Eines Abends hörten wir dann Glöckchen läuten, mal in der Ferne, mal näher. Sicher war es Nikolaus mit seinem Knecht Ruprecht. Schließlich polterte es laut, meine jüngeren Geschwister fürchteten sich, ich aber durchschaute früh, daß die Eltern, besonders Mutter

die Hand im Spiel hatte. Nach der kleinen abendlichen Aufregung mit Ruprecht und dem Sack wußte ich, daß Weihnachten nicht fern war, und darauf freute ich mich.

Was war das schönste an Weihnachten? Tagelang blieb das Wohnzimmer geheizt, es war außerordentlich gemütlich, Wärme und Tannenduft. Vater hatte eine prächtige Krippe gebaut, selbst die Figuren geschnitzt. An den Festtagen bis Neujahr hatten wir auch oft Besuch, Tanten und sonstige Verwandte oder Bekannte aus der Umgebung. Unsere Eltern waren sehr gastfreundlich, immer hatten sie etwas Gutes bereit.

Die Bescherung Weihnachten selbst fiel für mich immer mager aus. Es gab etwas Praktisches, eine Schürze oder Taschentücher. Meist war ich enttäuscht, weil ich nach all dem Geraschele und Geheimtun etwas Besonderes erwartet hatte. Dabei wußte ich doch, daß die Eltern ihre liebe Not hatten, uns fünf großzuziehen. Aber meine Phantasie gaukelte mir trotzdem Luftschlösser vor.

Die kleinen Geschwister waren leichter zu befriedigen, sie erhielten Spielzeug, meist vom Vater gebastelt, schön gemalte Ziehpferdchen oder andere Tiere, hölzerne Puppenwagen, Springseil, Kreisel, ein Spiel, einen Ball. Das beste war der hochgefüllte Weihnachtsteller mit leckeren und seltenen Sachen, Feigen, Äpfel, Printen, Plätzchen, Nüsse, Bonbons oder sogar etwas Schokolade.

Wie friedlich war es, wenn die Kerzen am Baum angezündet waren, die Wunderkerzen sprühten und wir alle von ganzem Herzen Weihnachtslieder sangen. Mutter hatte eine schöne Stimme, und Vater brummte zufrieden mit. Er trug mit dem Duft einer guten Zigarre erst zum vollen Wohlgefühl der Familie bei. Werktags rauchte er die halblange Pfeife oder seine ›Mutz‹, eine kurze, Zigaretten gab es noch nicht bei uns.«

In eine altangesehene Bürgerfamilie wurde Helma Cardauns 1913 hineingeboren. Als 78jährige erinnert sie sich:

»Die Beletage, die nur aus zwei Zimmern bestand, dem Eßzimmer und dem Salon, blieb wochenlang verschlossen. Nur meine Mutter hatte Zutritt. ›Überall Engelputten‹, sagte sie. ›Man kann sich kaum in den Zimmern bewegen, ohne an Flügel zu stoßen.‹ Mein Bruder nahm solche Mitteilungen spöttisch auf, mich entzückten sie. Ich strich ehrfürchtig um den langen Rock meiner Mutter. Ich entmaterialisierte in meiner Phantasie alles, was mir im Haus an Engelputten bekannt war, ließ sie in Marmor, Silber und Holz durch die Luft fliegen, um das Fest zu richten, die Krippe aufzubauen, die Geschenke zu bringen, die Tafel zu decken. Zwei Putten lösten sich aus den Ecken des dunklen Renaissancebuffets, zwei erhoben sich von der Kommode im Empiresalon, nahmen ihr ABC-Buch samt Griffel von den Knien und machten sich an die Arbeit, die lustigsten aber schraubten sich von der Spitze der Silberkandelaber. Kein Wunder, daß Weihnachten alle bei uns feierten, die Bonner und Kölner Großeltern, die Onkel und Tanten. Drei Bäume standen im Raum. Der eine für die Kinder voll Knallbonbons, die beiden anderen gehörten dem wächsernen Jesuskind und dem heiligen Drum und Dran bunter Krippenfiguren aus Gips. Dem kinderfreundlichen Fest entsprach das Geschenk: ein Tunnel und eine Drehscheibe für Herms Eisenbahn, für mich eine Puppenwiege, aus der Kinderzeit meiner Mutter, neu goldbronziert mit rosa Spitzenhimmel und so groß, um Puckchen, den geduldeten Pinscher und Tröster kommender Jahre, darin zu wiegen. –

Das war meine erste und letzte Weihnacht dieser Art, eine Pusteblume bürgerlich geblasen; das Dickicht wächst.

Weihnachten 1917 steht meine Bonner Großmutter rosig lächelnd in der Haustür, bückt sich aus eckigen Hüften über Herm und mich und zeichnet zum Gruß ein festes Daumenkreuz auf unsere Stirnen. Hinter ihr auf den Schachbrettfliesen des Flurs trippelten die Füße unserer Vettern Willi, Paul, Hermann, lustig erregt alle drei, unmöglich zu ahnen, daß sie alle im Zweiten Weltkrieg der ›Heldentod‹ holt. Jetzt wispert über unsere Köpfe hinweg die Geschichte von einer ›schwarz‹ gekauften Gans und die ängstliche Frage, ob der Bonner Großvater davon essen wird, da er sich wochentags eigensinnig vom Schlabbersüppchen der Universitätsküche ernährt…

Im Eßzimmer steht der festlich gedeckte ovale Tisch, riesig im Ausmaß, alle Sessel und Stühle besetzen sich, die Kinderfüße baumeln, die hohen perlenbesetzten Pantöffelchen meiner Mutter wippen, die teppichverschleißenden Schuhe meiner Onkel scharren. ›Sitz still, guck nicht untern Tisch, gleich kommt die Gans, die Weihnachtsgans 1917, im Hungerjahr. Mariechen hat sie organisiert. Was ist dabei?…‹

Wir haben wieder mal Weihnachten, ein Spiel mit Regeln, kein Kinderfest, kein religiöser Zauber mit fliegenden Putten, kein Geruch von Geheimnis in den Rockfalten meiner Mutter… Dafür waren Onkel Josephs Bügelfalten zu glatt. Aber allein die Tatsache, daß sich endlich die gespenstischen Flügeltüren öffneten und eine Lichtflut auf mich zuschoß, war Freude genug. Onkel Joseph liebte das Licht, Sparsamkeit war ihm in jeder Form zuwider. Birnen unter hundert Watt existierten für ihn nicht. Durch alle Zimmer glühten elektrisch oder wachsgespeist Flammen und Flämmchen, den Weihnachtsbaum hinauf und von den Decken herunter aus den Kronleuchtern. Und was war zu beleuchten!

Natürlich die Krippe in einem katholischen Haus. Aber ich entsinne mich ihrer kaum. Vermutlich ging sie unter in all der Pracht und Herrlichkeit der buntgemalten Decken, seidenen und lederbespannten Wände mit den großen Ölbildern davor, mit den messingbeschlagenen Möbeln, in denen man sein Gesicht spiegeln konnte, mein verwirrtes.«

Zwei weise Sterndeuter. Anonymer Holzschnitt.

DAS LICHTERFEST CHANUKKA

Von Arthur Joseph

Der achtarmige Chanukka-Leuchter wird angezündet.
Holzschnitt 1723.

Das Lichterfest Chanukka im Dezember feierten wir bei der Großmutter. Die Kerzen wurden angezündet, in ihren Leuchtern dicht an die Fenster gestellt; die Großmutter erklärte, sie sollten weithin sichtbar sein, um viele zu erfreuen und zumal jene Armen, die das Geld dafür nicht aufbringen konnten. Eher diskret als derart demonstrativ, versuchte der Vater dann sie zu überzeugen, daß die Leuchter auf den Tisch in der Mitte des Raums gehörten, und daß die Passanten nicht unbedingt auf private Vorgänge in einem Geschäftshaus (Schuhhaus Joseph in der Schildergasse) aufmerksam gemacht werden sollten. Natürlich ließ die Großmutter sich in ihrer Überzeugung nicht beirren, und einige Mißstimmung entstand, die uns Kindern nicht verborgen blieb, auch wenn die Gespräche darüber nur geflüstert wurden.
Ebenso war das Kinderfest in Vaters Loge kaum eine reine Freude für uns. Gewiß gab es Kuchen und Kakao in Hülle und Fülle, aber unvermeidlich auch die Rabbiner-Rede mit dem stets gleichen Schluß ›Strebt den Makkabäern nach – bewährt euch als aufrechte Juden und vergeßt es keinen Augenblick!‹ – Ermahnungen also, die ich von zu Hause genügsam kannte, und deretwegen meines Erachtens kein Kinderfest veranstaltet zu werden brauchte. Die nicht minder unvermeidliche Schüleraufführung mit ihren Makkabäer-Szenen fügte der Langeweile womöglich noch jene Beklemmung hinzu, die entsteht, sobald die Darsteller zu ›schwimmen‹ anfangen. Und bei alledem entbehrte mein

kindliches Herz die Bescherung, die es weder hier noch zu Hause gab, und die in den Erzählungen meiner Schulfreunde eine große Rolle spielte. Eine Entbehrung, die nicht ausgeglichen wurde durch des Vaters Erläuterung, der Anblick der Lichter sei genug der Freude für einen Juden – der Lichter, die die wunderbare Errettung und den Fortbestand unseres Glaubens anzeigten, und der Freude darüber, die durch eine Bescherung nur gestört werde.

Man wird mich kaum mißverstehen und mir etwa unterstellen, ich wolle unsere Feste herabsetzen. Ich berichte nur eben, daß man früher in der Diaspora wohl trefflich verstand, den Kindern ihren Ernst vorzuführen, aber alles unterließ, was sie ihnen hätte anziehend machen können. Man hütete ängstlich die ›religiöse Selbständigkeit‹ so sehr, daß man ›die christliche Sitte‹ der Bescherung geradezu ablehnte, weil weder in der Bibel noch im Talmud davon die Rede sei. Daß man damit Religiöses und Kulturelles verwechselte und den Anschluß an eine normale Entwicklung verlor, begriff man offenbar nicht. Ich habe denn vor mir selbst einfach zu gestehen, daß ich meine christlichen Freunde um ihr Weihnachtsfest beneidete, an dem ich nicht teilhatte. Es war gewiß nicht allein das Schenken und Beschenktwerden, es war die Atmosphäre insgesamt, die Ausstellungen der Warenhäuser und aller Geschäfte bis zum kleinsten, der Nikolaus und Knecht Ruprecht, die Adventswochen und die letzten, schon gedrängt eiligen Tage vor dem Fest: Weihnachten als Zeit der Freude, die ich schon früh empfand, wenn ich die Lieder auf meiner Geige spielte oder die Hausmädchen von der Frühmette im Dom erzählen hörte.

So kam es, daß ich als Bub von fünfzehn einige Tage vor Weihnachten der verwunderten Mutter ankündigte, ich werde in der ›Heiligen Nacht‹ in den Dom gehen, um die herrlichen Messen zu hören, von denen ich auch in der Zeitung gelesen hatte. Daraufhin befahl der Vater mich zu einer Aussprache in sein Büro: mit strenger Miene saß er an seinem Schreibtisch – ich stand in entsprechender Haltung vor ihm – und fragte mich allen Ernstes, ob ich etwa die Absicht habe, mich taufen zu lassen. Nein, erklärte ich ihm, ich wolle keineswegs zum Christentum übertreten, und es seien keinerlei religiöse Probleme, deretwegen ich diesen Gang vorhabe, vielmehr sei es die Musik und, zugegeben, vielleicht auch der Wunsch, Unbekanntes und Fremdes kennenzulernen. Während ich reinen Gewissens das wiederholte, versuchte der Vater mir einsichtig zu machen, der Besuch der Heiligen Messe bedeute entscheidend mehr als der einer sonstigen Veranstaltung, und schloß wie gewöhnlich: ›Ich werde es mir überlegen.‹

Dann aber, obgleich er zunächst mein Vorhaben zu mißbilligen schien, gab er mir die Erlaubnis, und ich bin seither, so oft es mir möglich war, zur Weihnachtsmesse gegangen. Und immer wieder ergreift mich die Friedensbotschaft des Weihnachtsfestes, die ich als Geschenk für alle Welt, für Juden wie Christen, betrachte. Mit den alten Liedern wandern meine Gedanken zurück in die Zeit, da sie zum erstenmal erklangen, und kreisen um die Wurzeln unserer Kultur, die man christliche nennt und auf Jüdisches gegründet sieht, und die man, wo immer sie herkommt, erhalten muß. Daß diese Teilnahme am Weihnachtsfest meine Verbundenheit mit dem Glauben meiner Vorväter nie minderte, brauche ich kaum zu betonen, und ebenso, ja noch weniger zu sagen, daß ich meinen Vater dankbar bewunderte für einen Entschluß, der ihm sicher nicht leicht fiel.«

Hier erleben wir ein Kölner Bürgerhaus, in dem das traditionelle jüdische Fest Chanukka (hebräisch ›Einweihung‹) gefeiert wird. Es dauert acht Tage und beginnt am 25. Kislew, was dem 25. Dezember entspricht. Gefeiert wird die Wiederaufnahme des Tempeldienstes nach dem Sieg der aufständischen Makkabäer über die Syrer. An der Menora, dem siebenarmigen Leuchter, wird jeden Tag ein Licht mehr angezündet. Der spezielle Chanukkaleuchter, der aus acht Armen besteht, brennt von Sonnenuntergang bis zur Stunde, da der letzte die Straße verlassen hat.

Arthur Josephs Leben ist exemplarisch. 1897 in Köln geboren, trat er in Nachfolge seines Vaters die Leitung des bedeutenden Schuhgeschäfts Joseph an. 1935 wurde er in den Vorstand der Kölner Synagogengemeinde gewählt. Drei Jahre später mußte das Geschäft verkauft werden, war die Flucht aus Deutschland unumgänglich. Arthur Joseph emigrierte nach Palästina (Israel), kehrte aber 1950 nach Deutschland zurück. Er lebte nun als Journalist in Frankfurt, wo er 1983 starb. Seine Erinnerungen ›Meines Vaters Haus‹ hat er 1959 bei Cotta veröffentlicht.

Verglichen mit den Erinnerungen des gleichaltrigen Gershom Scholem, ›Von Berlin nach Jerusalem‹ (1977), werden Kontraste sichtbar. In der weitgehend assimilierten Familie Scholem wurde schon seit Großvaters Zeiten Weihnachten gefeiert, »mit Hasen- oder Gänsebraten, behangenem Weihnachtsbaum, den meine Mutter am Weihnachtsmarkt an der Petrikirche kaufte, und der großen ›Bescherung‹ für Dienstboten, Verwandte und Freunde«. Nicht als Juden, sondern als Deutsche feiere man Weihnachten, so hieß es; denn dieses sei ein deutsches Volksfest.

Gershoms etwas strenggläubiger Onkel hielt sich mehr an Chanukka, war es doch »das jüdische Lichterfest, aus dem die Kirche das Weihnachtsfest entlehnt hat«. Als Siegesfest der aufständischen Makkabäer gegen den König von Syrien und dessen Hellenisierungsversuche sei es ja auch ursprünglich ein Fanal gegen ›Assimilation‹ gewesen! Aber das hinderte jenen Onkel nicht, später in den Kriegsjahren zur deutschen Schenksitte überzugehen.

Als Gershom seine Kusinen fragte, woher sie denn all die schönen Geschenke bekommen hätten, sagten sie: »Das hat uns der liebe Chanukkamann gebracht.« Und obwohl bei Scholems die Chanukkalichter nicht entzündet, das dabei fällige hebräische Lied nicht gesungen wurde, brachte besagter Onkel allen Familienmitgliedern je ein Paket Pfefferkuchen mit und statt des beliebten Weihnachtsstollens ein geflochtenes, mohnbestreutes Sabbatbrot. So ironisch konnte es bei aufgeklärten jüdischen Familien zugehen.

Über die verschiedenen Formen, wie jüdische Kölnerinnen und Kölner in den ersten Jahrzehnten dieses Jahrhunderts Weihnachten begingen – oder nicht begingen –, erfährt man einiges in dem neuen Sammelband ›Ich habe Köln doch so geliebt‹ (1993). So schreibt Helmut Goldschmidt, Jahrgang 1918: »In unserer Familie wurden fast nur die jüdischen Bräuche berücksichtigt. Weihnachten war das einzige christliche Fest, das gefeiert wurde… Meine Mutter ist nicht zum Judentum konvertiert, das wollte mein Vater nicht. Sie war aber auch keine praktizierende Katholikin. Wenn sie bei ihrer Mutter zu Besuch war, ging sie mit in die Kirche; wenn sich die ganze Familie zum Beispiel Weihnachten dort aufhielt, gingen wir sogar alle in die Kirche. Mehr nicht.«

WEIHNACHTEN IM FELD

Aus der Heimat; von der Front: Postkarten im Ersten Weltkrieg.

Wahrlich gerade zum Weihnachtsfeste ziemt es sich wohl, daran zu erinnern, daß nirgendwo in der Christenheit die Feier dieses Festes einen solchen Grad von Innigkeit gewonnen hat wie in deutschen Landen!« Das war eine Botschaft, eine ›Liebesgabe‹ deutscher Hochschüler unmittelbar vor Ausbruch des Ersten Weltkrieges, und dieses ungute Pathos sollte sich steigern. Kasernenlyrik entstand, wie die des Kölners Paul Pohl:

> »Die deutsche Weihnacht! Wer macht sie uns nach?
> Kein Franzmann, kein Russe, kein Brite!
> Sie braucht den deutschen Herzensschlag,
> Braucht Echtheit und Kraft im Gemüte …«

Folgerichtig mußten dringend, wie schon im Krieg 1870/71, Christbäumchen für deutsche Soldaten an die deutsche Front geschickt werden. Aber diesmal bedurfte es keines Oberbefehls aus Berlin, das besorgte die inzwischen hochtourige Weihnachtsindustrie selbst. Künstliche Bäume, lange Zeit eher ein Ladenhüter, wurden als ›Gruß aus der Heimat‹ zum Schlager. Die Firma Stollwerck, die wieder einmal Morgenluft witterte, warb flugs am 12. Dezember 1914 in der ›Bonner Volkszeitung‹ für ein Feldpostpäckchen, bestehend aus Tannenbäumchen mit Kerzen, Marzipan und Schokolade, für ganze 1,50 Mark.

Das zweite Kriegsweihnachten bedeutete Hochkonjunktur. Diesmal konnte man der ›Kölner Volkszeitung‹ schon am 22. November entnehmen, daß es Zeit war für ›Christbäumchen für unsere Soldaten!‹ Erst sachlich, dann einfühlsam warb der darunterstehende Text:

»Unser prachtvollen, künstlichen Weihnachtsbäume sind ca. 50 cm hoch, mit 19 umlegbaren grünen Zweigen, 9 Kerzenhaltern nebst 9 Kerzen versehen, und werden dieselben unseren Angehörigen im Felde die größte Freude bereiten, wenn sich dieselben am heiligen Abend ein solches Bäumchen im Schützengraben oder hinter der Front anzünden und so ihr Weihnachten, im Geiste mit ihren Lieben in der Heimat vereint, feiern können. Preis in starkem Feldpostkarton das Stück Mk. 1,20.«

Diesmal war eine westfälische Versandfirma der Inserent. Das Porto bei Sendung ins Feld betrug damals übrigens 10 Pfennige.

Bei Kriegsende ist das Pathos verraucht, und bald ließ sich im ›Alt-Köln-Kalender‹ ein wehmütiger Ton vernehmen:

> »Harzig duftend wie im Freien
> Stehn sie da, frisch aus dem Tann,
> Mit dem Händler vor den Reihen
> Feilscht ein bärtger Landwehrmann.
> Eine Weihnachtstanne holen –
> 'S ist ihm selber wie ein Traum.
> Noch vorm Jahr schnitt er in Polen
> Einen kleinen grünen Baum.
>
> Froh fühlt er beim Heimwärtswandern,
> Wie so ferne die Gefahr,
> Still gedenkt er auch des Andern,
> Der ihm Freund und Bruder war.
> Grade solch ein Tännlein pflanzten
> Kameraden ihm aufs Grab,
> Während Flocken es umtanzten,
> Nahmen sie die Helme ab …«

Diese sentimentale Grabsitte griff spätestens bei Kriegsende auch auf die ›Heimat‹ über. In seiner 1919 erschienenen ›Rheinischen Volkskunde‹ erwähnt Adam Wrede, in Köln werde es immer mehr Brauch, ein kleines geziertes Christbäumchen aufs Grab zu setzen. Nach dem Zweiten Weltkrieg wiederholte sich dies. Rolf Dieter Brinkmann schreibt mit Unbehagen: »Es war eine Unsitte damals, daß vor der Bescherung am Abend des 24sten in der Dämmerung zum Friedhof gegangen wurde und dort auf das kleine Totenbeet ein Strauch Tannengrün, behangen mit Lametta und vielleicht einer rot-seidenen Schleife und einer Kerze, hingelegt wurde, die Kerze wurde angezündet, und es wurde gesagt, ›so, jetzt können die Toten auch Weihnachten feiern‹ oder etwas in dem Sinn, und beim Fortgehen von dem Grab mit dem lamettabehangenen Tannengrün und der Kerze wurde mir für einige Augenblicke das ganze Weihnachtsfest gespenstisch.«

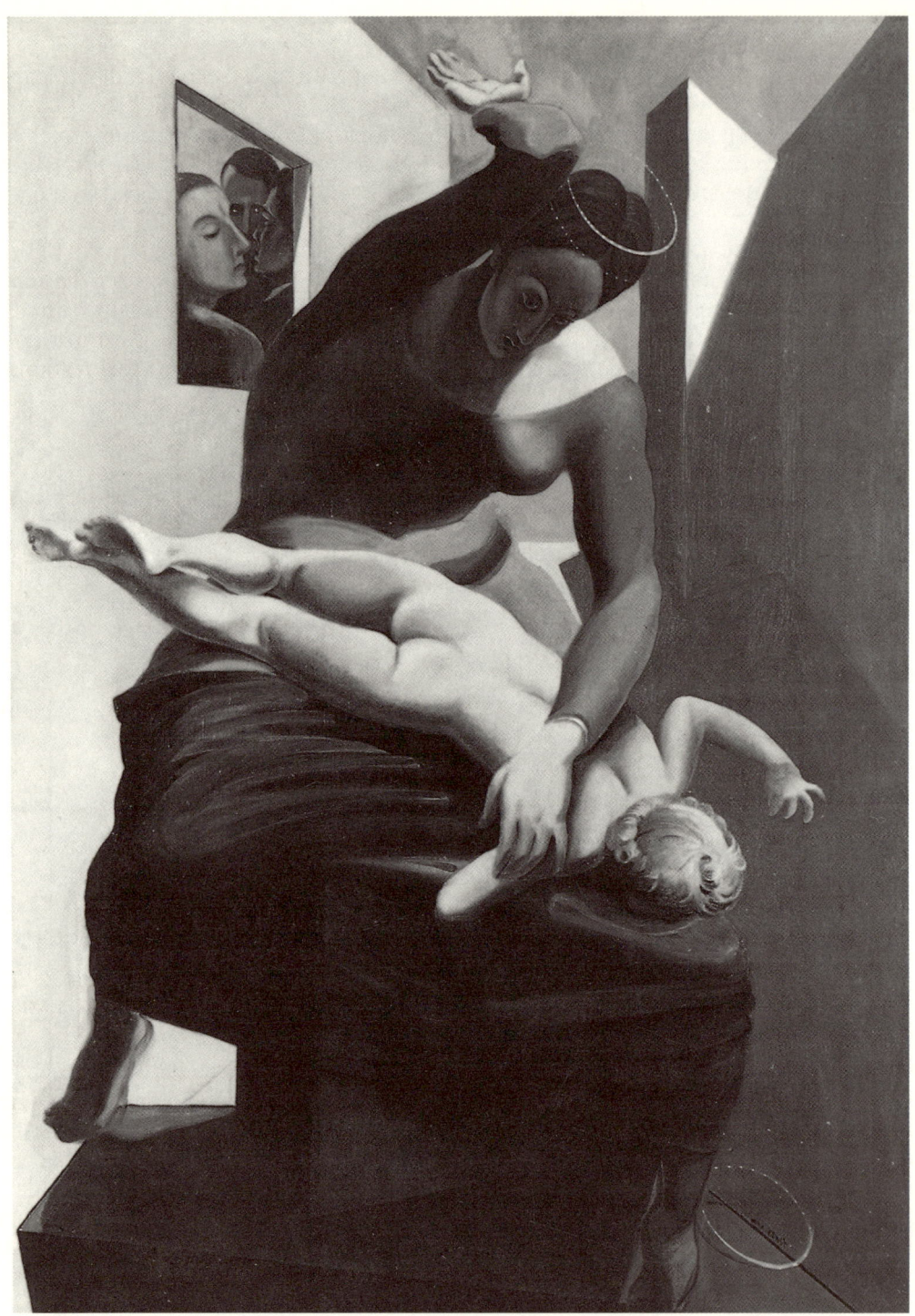

DIE JUNGFRAU HAUT DAS JESUSKIND

A
m 2. April 1891 in der Kleinstadt Brühl, nicht weit vom heiligen Köln, schlägt er
die Augen auf.« So lautet die erste der biographischen Notizen, die Max Ernst
1962 zur Ausstellung seiner Werke im Wallraf-Richartz-Museum verfaßt. Und
eine zweite, überschrieben ›Das Geheimnis der Telegraphendrähte‹:
»Sie bewegen sich wuchtig, wenn man sie durchs Abteilfenster fahrender Züge beobachtet, stehen plötzlich still wenn der Zug hält. Ihr Geheimnis zu ergründen, entschlüpft
er eines Nachmittags dem Elternhaus. Barfuß, roter ›Punjel‹, blondgelockt, blauäugig,
Peitsche in der Hand (ein Besenstiel und dünner Faden). Der Strolch erregt das Wohlge-
fallen der Kevelaer-Pilger, welche gerade des Weges kommen. ›Et Kriskink!‹ flüstern sie
voll Ehrfurcht. Der Knabe glaubt's, spaziert in ihrer Mitte, verläßt sie am Bahndamm, um
dem Geheimnis der Drähte nachzugehen. Geschnappt und heimgebracht. Zornschnau-
bender Papa. ›Ich bin das Christkind.‹ Besänftigung, Versöhnung. Vater Philipp malt so-
dann den Sohn als Jesusknaben auf einem Wölkchen stehend im roten Punjel, mit ele-
gantem Kreuz (anstelle Peitsche) und segnender Handbewegung.«
Ein frischgemaltes Ölbild, das Max Ernst, nach Paris übergesiedelt und inzwischen 35,
im Salon des Indépendants ausstellt, erhitzt die Gemüter. Betitelt ist es mit »Die Jungfrau
haut das Jesuskind vor drei Zeugen, André Breton, Paul Eluard und dem Maler«. Eine
Gruppe katholischer Künstler legt Protest ein. Als es wenig später, 1926, innerhalb der
Kölner Secession gezeigt wird, geschieht ein Skandal. Die Kirche veranlaßt die
Schließung der Ausstellung. Der Erzbischof erteilt dem Künstler eine scharfe Rüge. Eine
Versammlung katholischer Honoratioren ruft ob solcher Gottlosigkeit im Chor »ein Pfui!
tiefster Verachtung«. Die Madonnenverehrung hat hier seit dem 7. Jahrhundert Tradi-
tion. Solch eine geschmacklose ›Menschwerdung‹ läßt man sich nicht gefallen.
Heute hängt das Bild, das viele Betrachter in seinen Bann zieht, in der Sammlung Lud-
wig. Es gehört zum Kanon moderner Malerei.
Die Erzdiözese hat mit Maler und Gemaltem ihren Frieden gemacht. Die Bischofsstadt
Würzburg hat sogar eine Ausstellung ›Mensch Maria‹ geduldet, kaum ein Jahr ist es her.
Aber das Befremden der Frommen hält an: Zwei Angebetete, die aus der Rolle fallen,
zwei sakrale Gestalten, die sich nicht an die Ikonographie halten – das geht doch nicht.
In Kunstkatalogen wird ausgeführt, das Bild von der Jungfrau, die den Jesusjungen
übers Knie legt, weiche stilistisch ab von Max Ernsts Gemälden aus derselben Zeit; dies
rühre daher, daß er hier ein Konzept seines Surrealistenfreundes André Breton umge-
setzt habe. Mir scheint, er hat sich an das Bild seines Vaters – ›Max als Jesusknabe‹ (1896)
– erinnert, und dies Konzept hat ihn vielleicht mit inspiriert.

DIE DUNKLEN JAHRE

Die 14 Jahre zwischen 1933 und 1946 beinhalten vieles: naive Gläubigkeit, Dienst am Nächsten, Rückzug in die Innerlichkeit, lebensbedrohte Flucht in andere Länder, Verschleppung, gewaltsamer Tod.

Am Ende atmen die noch einmal Davongekommenen auf. So wie der Kölner Sozialdemokrat Heinz Kühn, später Ministerpräsident von Nordrhein-Westfalen, der im Dezember 1945 aus dem Exil heimgekehrt war:

»Die Mutter hatte ich 1936 ein letztes Mal gesehen, als ich mit falschem Paß als Kurier im Rheinland war, um die illegalen Fäden zwischen Emigration draußen und Illegalität drinnen zu knüpfen. Nach den Regeln der Konspiration durfte es dabei keine privaten Begegnungen geben. Aber meine Mutter hatte meine Freunde so sehr darum gebeten, und sie hatte meinetwegen das Verhör im KZ Brauweiler der Gestapo ertragen müssen. Übrigens ebenso wie Adenauer hier eingesperrt war, so daß heute ihre beiden Bilder dort im Erinnerungsraum nebeneinander angebracht sind ...

Wir hatten dank der belgischen Freunde ein Weihnachtsessen, wie mir keines je wieder geschmeckt hat. So scheint es mir wenigstens in der Erinnerung. Es gab eine gute Suppe mit spärlicher Einlage, aber doch ein paar Fettaugen. Dann Bratkartoffeln – welche Wonne! – mit zwar wenig Fett, aber einer Scheibe Corned-Beef-Beilage. Und zum Schluß eine Ölsardine auf eine gebutterte Brotscheibe für jeden von uns drei. Und dann noch eine Tasse guten Bohnenkaffee. Welch abenteuerliche Zusammenstellung, aber welch lukullisches Festessen! Dazu hatten wir ein kleines zusammenklappbares papierenes Weihnachtsbäumchen, mit ein paar schmächtigen Miniaturkerzlein, wie man es den Soldaten in den Schnee Rußlands oder in die Bunker des Atlantiks geschickt hatte.«

ADENAUERS WEIHNACHTSFEST
IN MARIA LAACH

Der wohl prominenteste Kölner dieses Jahrhunderts, Konrad Adenauer, Oberbürgermeister der Stadt (1917–33 und 1945) und erster Bundeskanzler der Bundesrepublik Deutschland (1949–63), macht in seinen ›Erinnerungen‹ wenig Aufhebens von den Familienfesten. Gelegentlich blitzt in seinen Briefen etwas auf, so in dem vom 24. Dezember 1946 an den Jugendfreund Wim J. Schmitz: »Ich denke oft und gerne zurück an das Weihnachtsfest in Maria Laach im Jahre 1933. So schwer uns damals alles

216

schien, wieviel schwerer ist es heute. Und wie schön war das Fest, das wir damals zusammen feiern konnten! Der hochwürdigste Abt Herwegen ist, wie Sie wissen werden, auch inzwischen gestorben …«

Damals, 1933, war eine der kritischsten Phasen im Leben Konrad Adenauers. Die Nationalsozialisten hatten ihn im März seines Oberbürgermeisterpostens enthoben; weitere Repressalien waren zu befürchten. Der Politiker beschloß, für einige Zeit Zuflucht im Benediktinerkloster Maria Laach zu suchen. Seit gemeinsamen Schultagen am Apostelgymnasium kannte er den Abt, Ildefons Herwegen, der ihn dann auch bereitwillig aufnahm. Die Familie mußte er in Köln zurücklassen, und es war zu gefährlich, zum Christfest dorthin zu fahren. So beschloß man, die ganze zahlreiche Familie per Bahn anreisen zu lassen, und zwar kurz vor Heiligabend, damit sie im allgemeinen Reisetrubel nicht so auffiele. Nach den Erzählungen und Berichten der Ehefrau Gussie Adenauer hat eine Freundin der Familie folgende Niederschrift angefertigt:

»Am Nachmittag des 24. Dezember standen wir auf dem Kölner Hauptbahnhof und warteten auf den Zug nach Andernach. Wir waren acht: Konrad, Max und Ria und ich mit den vier Kleinen: Paul, Lotte, Libet und Schorsch. Um uns her türmte sich das Gepäck: Koffer, große Pakete und Päckchen. Wir hatten alles mitgenommen: Krippenfiguren, Christbaumschmuck, Kerzen und die Geschenke für die Bescherung. Der holzgeschnittene Kopf des Christkindes schaute aus dem braunen Packpapier heraus.

Ich hatte Schorsch auf dem Arm und war freudig und müde zugleich, müde von all den Besorgungen und Lauf ereien in den letzten Tagen und Stunden und voll froher Erregung beim Gedanken an das Wiedersehen mit Konrad und an die gemeinsame Weihnachtsfeier.

Der Bahnsteig war schwarz von Menschen. Ich sah viele Bekannte, aber die meisten blickten weg, ohne zu grüßen. Wir sind Verfemte, dachte ich, und voller Angst blickte ich auf die Kinder. Sie sollten nichts davon spüren, wie wir gemieden wurden, ihre kindliche Vorfreude auf das Fest sollte nicht zerstört werden. Da fragte Lotte mich auch schon: ›Du, Mutter, warum darf Erna nicht zu uns kommen?‹ Ich hatte die Szene bemerkt: Erna, eine Klassenkameradin Lottes, wollte auf uns zugehen und uns begrüßen, aber ihre Mutter hielt sie zurück.

Der Zug fuhr gleich ein und ersparte mir die peinliche Antwort. Obwohl Konrad, Max und Paul das Gepäck trugen und Ria mir Libet abnahm, war es unmöglich, in dem wilden Gedränge einen Platz zu erkämpfen. Ein Schaffner bemerkte meine Verlegenheit und schloß uns ein leeres Dienstabteil auf. Dort konnten wir alle acht unterkommen, und was noch schöner war, wir blieben die ganze Fahrt über allein.

Die Aufregung der Kinder war kaum zu bändigen, nur Schorsch schlief still auf meinem Schoß. Ria ließ, um die Kleinen zu beschäftigen, Lotte und Libet noch einmal die Weihnachtsgedichte aufsagen. Dann sangen wir gemeinsam alle Weihnachtslieder, die die Kinder kannten. Wir sangen noch, als der Zug in Andernach einfuhr.

Schnell mußten wir die Kinder anziehen, Mäntel, Mützen und Handschuhe, die drei Großen luden das Gepäck aus, und dann standen wir, während der Zug schon wieder abfuhr, auf dem dunklen windigen Bahnsteig. Es hatte angefangen zu schneien, und es war bitterkalt. Schorsch fror und weinte.

Ein Mann nahm sich unser an. Er geleitete uns über die schneeglatte Straße zu der Haltestelle, wo der Autobus nach Maria Laach abfahren sollte. Es warteten schon viele, die in die Abteikirche zur Mitternachtsmesse wollten. Aber hier ›schnitt‹ uns niemand mehr, wir fühlten uns aufgenommen in eine Gemeinschaft.

Als der Autobus kam, sagte der Mann, der uns zur Haltestelle gebracht hatte: ›Wir wollen erst einmal die Mutter mit den vielen Kindern einsteigen lassen.‹ Alle machten Platz, und viele griffen zu und halfen uns, das Gepäck zu verstauen. Die Fahrt in dem überfüllten Wagen durch die Dunkelheit war ermüdend lang. Endlich hielt der Autobus vor dem hellerleuchteten Hotel am Laacher See. Konrad war nicht an der Haltestelle, er erwartete uns in einem der beiden Zimmer, die er für uns im Hotel gemietet hatte. Abt Ildefons hatte ihn gebeten, sich in der Öffentlichkeit nicht mit uns zu zeigen.

Die Kinder hatten den Vater seit Monaten nicht gesehen, sie stürzten auf ihn zu, hingen lachend und weinend an seinem Halse, und die Kleinen fingen gleich an, ihre Gedichte aufzusagen. Ich glaube, am liebsten hätten sie sofort mit der Feier begonnen. Doch der Vater hielt auch bei aller Festfreude auf Ordnung. Wir nahmen gemeinsam das einfache Abendbrot, dann wurden die Kleinen schlafen gelegt, mein Mann ging noch mit Konrad, Max und Paul in seine Zelle hinüber, um dort einen Christbaum zu schmücken. Danach legten wir uns alle zur Ruhe.

Um elf Uhr begann die Mitternachtsmesse. Wir trafen uns schon vorher in der Abteikirche. Die Kirche lag noch im Dunkel, aber sie war schon dichtgefüllt von einer andächtigen Menge. Viele waren stundenweit durch Schnee und Dunkelheit gestapft, um die feierliche Stunde der Menschwerdung Gottes mit den Mönchen gemeinsam zu begehen.

Die Glocken begannen zu läuten, in der Kirche wurden die Kerzen angezündet, Hunderte von Kerzen, die das hohe Gewölbe mit einem warmen honigfarbenen Licht erfüllten. Dann begann die Feierstunde. Der Abt und seine Mönche in der schwarzen Kukulle (Kutte) des heiligen Benedikt zogen in den Chor ein. Ihnen folgten die Priester, die den Altardienst hatten, in prächtigen Gewändern aus weißer Seide. Die Orgel brauste auf, und unter dem Gesang der heiligen Texte nach der uralten Weise des gregorianischen Chorals vollzog sich am Altar das Geheimnis der Menschwerdung Gottes.

Noch nie war mir der Sinn der Heiligen Nacht so nahegebracht worden wie in diesen Stunden. Alle Bitterkeit über die erfahrenen Kränkungen, das traurige Gefühl, ausgestoßen und verfemt zu sein, waren von mir abgefallen, ich fühlte mich eins mit allen, die hier versammelt waren, und zugleich schicksalhaft mit Gott verbunden. Auch Konrad muß ähnlich empfunden haben. Denn als er uns nach der Feierstunde durch die sternenklare Nacht zum Hotel hinüberbegleitete, faßte er meine Hand und sagte ein Wort, das mir immer im Gedächtnis bleiben wird: ›Mit Gott ist der Verfolgte stärker als ohne Gott selbst der mächtigste Verfolger.‹

Am nächsten Morgen nach einem gemeinsamen Frühstück machten Konrad und ich einen langen Spaziergang durch die verschneiten Wälder, während die Kinder ihre kleinen Geschenke vorbereiteten. Nach der Mittagsruhe schmückten wir dann mit den größeren Söhnen gemeinsam einen Christbaum in unserem Hotelzimmer. Die Krippe wurde unter dem Baum aufgebaut, und die Geschenke wurden wohlverpackt auf einen großen Tisch in der Ecke gelegt. Unterdessen führte Ria die Kleinen in die Kirche an den

See, dann kleidete sie alle festlich für die Feier an. Die Kleinen waren kaum mehr im Zaum zu halten, immer wieder versuchten Lotte und Libet, das Christkind durch das Schlüsselloch zu sehen.

Endlich ertönte hell das Glöckchen, die Tür des Weihnachtszimmers öffnete sich. Wie die Orgelpfeifen standen die Kinder: Paul, Lotte, Libet, Schorsch, hinter ihnen die drei Großen und wir Eltern. Schorsch machte als erster vorsichtig einen Schritt auf den glänzenden Lichterbaum zu, Libet an der Hand haltend. Plötzlich stieß er einen lauten Jubelruf aus und lief mit tappigen Schritten auf den Vater zu, der neben dem Baum stand. Konrad nahm ihn auf den Arm und freute sich mit an seiner Freude.

Nun wagten sich langsam auch die anderen Kinder Hand in Hand vor. Schweigend und mit leuchtenden Augen sahen sie auf den Baum, auf die von Lichtern beschienene Krippe. Verstohlene Blicke gingen wohl auch zu dem Tisch in der Ecke, wo unter weißen Tüchern geheimnisvoll die Geschenke verborgen lagen.

Doch zuerst las der Vater das Weihnachtsevangelium vor. Mit gefalteten Händen lauschten die Erwachsenen und Kinder. Dann knieten Lotte und Libet an der Krippe und boten dem Christkind einen Willkommensgruß. Alle sangen ›Ihr Kinderlein, kommet‹, Paul blies auf der Blockflöte eine alte Hirtenweise. Eine gute Weile wechselten Lieder und Gedichtvorträge mit Geigenspiel. Danach knieten wir alle zum gemeinsamen Gebet vor der Krippe nieder.

Erst dann begann die Bescherung. Es waren nur wenige, meist praktische Sachen, die wir in diesem Jahr den Kindern schenken konnten, aber die Freude war um nichts geringer. Sie spürten, daß alles mit Liebe gegeben war. Als wir nachher am festlich gedeckten Tisch zusammensaßen, hörte ich, wie Paul seinen Schwestern Lotte und Libet erklärte, die nicht müde wurden, ihre Geschenke aufzuzählen: ›Das schönste Geschenk war doch, daß wir mit Vater zusammen Weihnachten gefeiert haben.‹«

Bleibt noch eine kleine Episode nachzutragen, die Konrad Adenauers Beziehung zu Weihnachten auf andere Weise beleuchtet; Konrad, der älteste Sohn (1906–1991), hat sie erzählt:

»An jedem Sonntag, wenn es das Wetter irgend erlaubte, machten Vater und ich einen Ausflug ins Siebengebirge. Wir wanderten dann den ganzen Tag durch die Wälder, und in der freien Natur wurde Vater ein ganz anderer Mensch. Gewiß, er blieb der sparsame Hausvater, unser Proviant wurde in Rucksäcken mitgenommen, und wenn wir einkehrten, konnte von unserem Verzehr kein Wirt fett werden. Aber der strenge Ernst, den er zu Hause fast immer zur Schau trug, war von ihm abgefallen. Er lachte viel und plauderte mit mir wie mit einem erwachsenen Freund. Manchmal bereitete er mir auch Überraschungen, die zeigten, daß ihm poetische Regungen nicht fremd waren.

So wanderten wir einmal in der Weihnachtszeit in den Wäldern am Petersberg. Plötzlich blieb mein Vater stehen. ›Dreh dich um und halt die Augen zu!‹ sagte er. ›Ich habe mit dem Christkind zu reden.‹ Als ich mich auf sein Kommando wieder umwandte, war eine kleine Tanne mit Süßigkeiten und glitzernden Silberfäden geschmückt. – Solche Erlebnisse schufen ein Band stiller Zuneigung zwischen uns.«

ZU HAUS UND NICHT ZU HAUSE
Aus Briefen von Irmgard Keun

Irmgard Keun. Foto nach 1945.

Irmgard Keun, 1905 in Berlin geboren, besuchte die Schauspielschule in Köln, stieg am Hamburger Thalia-Theater zur Salondame auf, machte sich aber vor allem einen Namen als Erzählerin. »Ich will schreiben wie Film, denn so ist mein Leben und wird noch mehr so sein«, läßt sie ›Das kunstseidene Mädchen‹ (1932) sagen. Nach Köln zurückgekehrt, schrieb sie unter schwierigen Existenzbedingungen weiter. Ihre Weigerung, in die Reichsschrifttumskammer einzutreten, führte zum Berufsverbot. 1935 ging Irmgard Keun ins Exil; in Ostende lernte sie Joseph Roth kennen, sie begleitete ihn durch halb Europa, bis er 1939 starb. Als ausländische Blätter 1940 meldeten, sie sei in einem südfranzösischen Internierungslager gemeinsam mit Walter Hasenclever aus dem Leben geschieden, rettete ihr diese Falschmeldung das Leben. In Amsterdam hatte sie ein Kölner Polizeioffizier erkannt, sie aber nicht der Gestapo ausgeliefert, sie galt offiziell ja als tot; er besorgte ihr sogar einen falschen Paß und riet ihr, unter anderem Namen in Köln unterzutauchen. So kam es, daß sie bis zum Einmarsch der Amerikaner im März 1945 unter Decknamen in Köln-Braunsfeld lebte. In Köln ist sie auch, am 5. Mai 1982, gestorben. Die folgenden Briefauszüge richten sich alle an einen Adressaten, ihren geliebten Freund Arnold Strauss, einen Arzt, der im August 1935 in die USA emigrierte.

»Köln, 19. 12. 1933. Jetzt geh ich gleich zur Hauptpost – vorher rat' ich noch schnell ›7 Rätsel auf eine Zigarette‹ – das sind so meine bescheidenen Freuden. Dann kauf ich ein paar wollene Söckchen und geh ein Glas Kölsch trinken und schreib' verschiedene läppische Weihnachtsgrüße und etwas neuen Roman. Dann nach Haus und tippen.
Köln, 24. 12. 1934. Mein Geliebtes, ich hab' Dir jeden Tag geschrieben und dann nicht abgeschickt. Und nun ist auf einmal Weihnachten, aber ich empfinde es gar nicht so. Hoffentlich sind wir im nächsten Jahr zusammen. Tausend Dank für das liebe Paketchen – es war so niedlich, und die Lederhülle nehm' ich als Zigarettenetui. Die Puderdose ist

hochinteressant. Ich schicke Dir morgen zwei Bücher und Zeitschriften, hoffentlich kommen sie bald an. Heute ist schreckliche Hetzerei, und Rias (Monatsblutungen) sind auch. Bin todmüde. Und keine Spur Weihnachtsstimmung ...
Ich sitze in dem Lokal neben dem Reichshof (Hofbräu Josef Früh), um Dir zu schreiben. Muß gleich nach Haus. Hoffentlich krieg ich schnell noch ein Briefcouvert und Freimarken, dann kann der Brief gleich fort. Ich wollt' Dir vorhin ein Weihnachtstelegramm schicken, aber da fehlten mir ganze 15 Pfg. Scheiße. Nun hast Du zu Weihnachten noch nicht mal einen Brief von mir, und dabei bist Du doch so ein süßes sentimentales, an christlichen Feiertagen hängendes Pünktchenhaftes. Wir werden später auch immer einen ganz pekinesischen Weihnachtsbaum haben, was? Und viel lachen werden wir und Luiß spielen, und ich werde Dich natürlich immer besiegen, weil Du ja dumm bist und es nie richtig lernst. Mein kleines Liebes, wär' schön, wenn wir heut' zusammen wären, heute, morgen und übermorgen.

Frankfurt, 3. 12. 1935. Weihnachten! Ach, Kleines. Was ich mir wünsche? Ich weiß nicht. Daß es mich liebbehält, auch wenn's noch schwerer kommt und wenn ich so dumm bin und nicht richtig schreiben kann. Und sonst wünsch ich mir viel und garnichts, ich will mal nachdenken. Ein resedagrünes Kleid aus ganz leichter Wolle oder ein dunkelblaues Jackenkleid oder einen dunkelgrünen Mantel aus Leder oder eine nadelartige Brosche oder: am liebsten ganz viele Küsse.

Frankfurt, 19. 12. 1935. Mein Kleines – kein Geld, kein Geld, kein Geld. Und die Schreibmaschine ist ernsthaft kaputt und kostet 17 Mark – ich kann sie nicht abholen ... Zu allem übrigen traf mich noch ein harter Schlag: ich habe den Füllfederhalter verloren ... Ich wünschte, Weihnachten wäre schon vorbei und meine Geschäfte gingen in Ordnung. Ich arbeite fieberhaft, und bald werd ich noch einen ganzen Haufen Sachen schicken ... Ich hätte so gern Deinen Eltern irgend eine ulkige Kleinigkeit zu Weihnachten geschickt und meinen Eltern auch. Jetzt habe ich buchstäblich keinen Pfennig mehr.

Wien, 23. 11. 1936. Ich hatte so gehofft, zu Weihnachten bei Dir sein zu können und Ruhe und ein wenig Erholung zu haben. Obwohl ich jetzt so kaputt und versorgt bin, daß ich für Klettigkeit nur Grauen übrig habe. Ich könnte es gut verstehen, wenn Deine Liebe jetzt erlahmte. Ich bin jetzt ein ganz kranker und matter Mensch, krank und matt an Körper und Gefühl. Zuviel kam zusammen. Ich habe das Bedürfnis, Tage und Wochen nur zu liegen und zu schlafen und nichts mehr zu denken.

Lemberg, 24. 12. 1936. Mein liebes Kleines, nun bin ich also nach Lemberg verschlagen. Mein Gott, wie mag es Dir gehen, ich habe so lange nichts mehr von Dir gehört. Du hast auch wenig geschrieben. Und die letzten Briefe waren böse. Du brauchtest nicht so böse zu schreiben, ich erlebe Schlimmes genug. Manchmal scheint mir alles wie ein Traum. Ostende, Brüssel, Amsterdam, Brüssel, Wien, Lemberg. Die Leute sind sehr lieb zu mir, nur noch sehr fremd. Du kennst doch meine maßlose Scheu vor fremden Menschen. Dies hier ist eine alte bürgerliche jüdische Familie. Roth gehört zu ihnen, ich bin fremd und eine ›Goyte‹. (Ich weiß nicht, wie man das schreibt.) Das Haus ist alt und düster, und alles ist in eine Atmosphäre von Schwermut getaucht.

Amsterdam, 28. 12. 1937. Mein Kleines, mein Liebes – bin vollkommen vereinsamt. Habe *nichts* zu Weihnachten gehört und seit *drei* Wochen nur *einen* Brief bekommen. Keine Antwort auf meinen langen Brief, kein Telegramm, kein Gruß zu Weihnachten – *nichts*. Nun ist es soweit, daß ich kommen kann, und nun läßt Du mich so im Stich und machst mich so mutlos. Ich war sehr krank und bin es noch.

Amsterdam, Weihnachten 1939 / Anfang Januar (1940). Heilig Abend war ich bei Deinen Eltern, obwohl ich wußte, daß mich jede Art von Weihnachtlichkeit in diesem Jahr blödsinnig quälen und meiner Stimmung den Rest geben würde. Es gibt einen Grad von Traurigkeit, in der man auch eine Spur von Festesfreude einfach nicht mehr erträgt. Dann mußte ich auch noch mit zu Fritz gehen, der alles sehr gut meinte und für seinen Geschmack sehr prächtig gemacht hatte. Außer Deinen Eltern und mir waren noch Freunde von Fritz da. Berliner Konfektionspünktchen, wie Du sie in Deinem ganzen Leben nicht gesehen hast. Sie mauschelten auf Berlinisch und standen alle feierlich um den Tannenbaum herum und sangen: ›Oh Tannenbaum, oh Tannenbaum.‹ Im übrigen war die Stimmung etwas gespannt, da sehr viel feindliche Parteien vertreten waren, die nicht recht wußten, wie sie sich zueinander verhalten sollten. Deine Mutter saß dauernd in Angst und Aufmerksamkeit, daß Dein Vater Deinen Onkel nicht unbedacht oder auch bedacht angreifen würde …
Ach Kleines, wenn ich mit Dir zusammen bin, will ich gern fröhliche Weihnachten mit Dir feiern und in Gottes Namen auch einige Sentimentalitäten ertragen – jetzt und hier finde ich das alles grauenhaft und deplaziert.«

DAS NEUJAHRSFEST MEINER JUGEND
Von Edith Stein

Die 1987 seliggesprochene Karmeliterin Edith Stein, Tochter eines jüdischen Kaufmanns in Breslau, ist mit Köln durch ihre Ordenstätigkeit in schwierigen Zeiten – 1933 bis Anfang 1938 – verbunden. Die hochbegabte Philosophin, Assistentin von Edmund Husserl, war 1922 zum Katholizismus übergetreten. Ihres Lehramts an der Universität Münster wurde sie gleich nach der Machtergreifung der Nazis enthoben. Unter dem Ordensnamen Teresia Benedicta a Cruce wirkte sie dann im Kloster des Karmel Köln, seit 1939 im Karmel zu Echt in den Niederlanden. Nach dem Einmarsch der Deutschen wurde sie verhaftet und vermutlich nach Auschwitz verbracht. Am 9. August 1942 ist sie ermordet worden.
In ihren Kölner Briefen spricht sich ein inniges Verhältnis zu Weihnachten aus. So schreibt

Kurz vor dem Ausbruch des Zweiten Weltkrieges.

›Schwester Benedicta‹ am 15. Dezember 1934 an Hedwig Conrad-Martius: »Wir haben einen schönen Advent und freuen uns auf eine noch schönere Weihnacht. Ich denke natürlich alle Tage an Sie, aber in der Heiligen Nacht besonders.« Und an die Ursulinin Petra Brüning in Dorsten, Sonntag Gaudete 1937: »Liebe Würdige Mutter, an keinem besseren Tag könnte ich Ihnen meine Weihnachtsgrüße zuschicken: die heilige Freude des heutigen Officiums wünsche ich Ihnen für den ganzen Advent unseres Lebens… Übermorgen jährt sich mein Treppensturz. Ich glaube, Sie wissen gar nicht, daß ich gerade schnell etwas für Ihr Weihnachtspäckchen herbeiholen wollte, als es geschah. Vielleicht wird diesmal wieder jemand zur Heiligen Nacht aus Hohenlind heimkehren.«

Der folgende Bericht ist Edith Steins Studie ›Aus unserer Familiengeschichte – Die beiden Jüngsten‹ entnommen; sie hat sie in ihrer ersten Zeit als Karmeliterin in Köln niedergeschrieben.

»Zu den großen Ereignissen des häuslichen Lebens gehörten neben den Familienfesten die hohen jüdischen Feiertage: vor allem das Pessach, zeitlich etwa mit Ostern zusammenfallend, sowie das Neujahrsfest und der Versöhnungstag (im September oder Oktober, je nach der Verschiebung des jüdischen zum gregorianischen Kalender).

Höher im Rang als Pessach steht das Neujahrsfest. Es wird zwei Tage lang gefeiert. Am Vorabend – die jüdischen Feste beginnen, wenn der erste Stern am Himmel steht – bildet ein Festmahl den Anfang. Die Hausfrau backt dafür (wie für jeden Sabbat) ›Barches‹, ein feines Weißbrot; aber sonst wird es, auch auf bestimmte vorgeschriebene Weise, zu länglichen Zöpfen geflochten, zu Neujahr dagegen rund geformt. Dieses Brot wird hauptsächlich zum Fleisch genommen. Zum Beginn der Mahlzeit wird es angeschnitten, und jeder Tischgenosse erhält ein Stück; die Verteilung geschieht genau nach dem Alter. Ehe man davon kostet, betet man den Segensspruch: Gepriesen seist du, Gott, Herr der Welt, der Du aus der Erde Speise hervorbringst. An diesem Abend gab es außerdem Honig und die ersten Weintrauben. Meine Mutter nahm nie vor Neujahr welche.

Für die Kaffeemahlzeiten wurden große Vorräte von vorzüglichen Kuchen gebacken. Die Gebetsordnung ist für die Neujahrsabende nicht so ausgedehnt wie für die Sederabende vor Pessach; d. h. für die häusliche Feier. In der Synagoge ist am Vorabend wie an beiden Festtagen großer Gottesdienst. Das Judentum hat eine ausgebildete Liturgie, feste Gebetszeiten für jeden Tag und für die hohen Feste eine Gottesdienstordnung, die einen großen Teil des Tages ausfüllt. (Aus dieser Liturgie, die sich aus Psalmen und Schriftlesungen zusammensetzt, ist die Liturgie der Kirche erwachsen.)

Meine Mutter pflegt am Vorabend nicht den öffentlichen Gottesdienst zu besuchen, sondern betet ihn zu Hause still für sich aus ihrem Gebetbuch mit, nachdem sie andächtig, auch unter den vorgeschriebenen Gebeten und zur vorgeschriebenen Stunde, die Kerzen in den hohen silbernen Leuchtern angezündet hat, die den Beginn des Festes ankünden. Aber am Morgen begibt sie sich in die Synagoge (zu Fuß, weil man an den Festtagen kein Gefährt benützt; denn es ist ja jede Arbeit untersagt, und man darf auch nicht anderer Menschen Arbeit ausnützen) und kommt erst zum Mittagessen zurück.

Wir begleiteten sie als Kinder gewöhnlich nicht, holten sie aber mittags ab. Wir trugen dann unsere besten Kleider und Schuhe und fanden uns in dem Vorhof mit vielen anderen Kindern zusammen, die festlich geschmückt ihre Eltern erwarteten. Die Schule besuchten wir an den hohen Festtagen nicht. Meine größte Festfreude war es, mit unbeschränkter Zeit ein schönes Buch zu lesen; wir versorgten uns schon immer vorher mit Lesestoff.«

NIKOLAUS IM KRIEG

Im folgenden kommen ein Kölner Sanitätsgefreiter, Jahrgang 1911, und ein Euskirchener Schüler, Jahrgang 1931, zu Wort; der eine berichtet von der Krim-Front, der andere aus dem heimatlichen Luftschutzkeller-Milieu – beide in der Retrospektive. Lassen wir als erstes den Älteren, Josef Schmitz, zu Wort kommen.

Stille Nacht, Heilige Nacht

»Weihnachten 1942 auf der Krim. Schon das vierte Fest des Friedens im Kriege. Eine Weihnachtsfeier haben wir gehalten in der Adventszeit mit unseren Schwestern, allen Ärzten und Mannschaften. Wiederum habe ich als Nikolaus – ich kann den amerikanischen ›Weihnachtsmann‹ nicht ausstehen – einiges loswerden können, was mich und andere im Lauf des Jahres bedrückt hat, alles schön verpackt in das Engelshaar sanfter Umschreibungen.

Einen Chor mit Advents- und Weihnachtsliedern habe ich zusammengestellt. ›Wie zu Hause‹, meint unser schnell zu rührender Chef. Nein, nicht wie zu Hause, nur wie bei Freunden, mit denen man zusammenleben muß, an die man angeschmiedet ist. Weihnachten zu Hause? Mich befällt die Sehnsucht nach Stille; ich möchte allein sein, in mich hinabsteigen wie in einen Keller. In der großen Kirche zu Simferopol wird von unserem katholischen Kriegspfarrer Amschler eine Mette gehalten. Die bereite ich ein wenig mit vor, nehme auch meine Geige zur Mette mit. Und zur Kommunion spiele ich mit Orgelbegleitung Händels ›Largo‹. Sicher nicht mit dem konzentrierten Strich, den dieses edle Werk verdient, aber mich selbst ergreift Frömmigkeit, Heimweh und die unstillbare Sehnsucht nach dem wirklichen Frieden. Das ist die Stunde, auf die das verflossene Jahr zugegangen ist – es ist alles versunken, was Angst, Haß, Leid und tiefes Mitleid, was Verzweiflung über diesen mörderischen Unsinnskrieg tief in das Herz geschrieben hat. Selbst die schmerzliche Trennung von den Lieben ist für kurze Zeit vergessen: Das Christkind ist da, bei mir – es ist Friede!

Das abschließende Lied ›Stille Nacht, Heilige Nacht‹ mag jetzt an der großen Ostfront, in Jugoslawien und Griechenland, in Italien und Afrika, auf den Schiffen unserer Kriegsmarine gesungen werden: voller Heimweh und in der Illusion, es könne plötzlich wieder Friede sein. Und jeder weiß, der Weg dahin führt durch ein Meer von Blut und Tränen und durch die Katastrophe! Für wen? Nun, für alle Völker, alle Menschen, die daran teilnehmen, jeder muß körperlich, geistig und seelisch Tribut zahlen. Aus diesem Kriege, aus jedem Kriege kommt ein jeder als ein anderer heraus.

Die Mette ist vorüber, die stille Stunde vorbei. Sie hat Besinnung und neue Zuversicht gegeben. Und was wird nicht alles gebetet in dieser Nacht? Von allen, die an Ihn glauben, um den Sieg, um eine gesunde Heimkehr. Ich habe gebetet, daß ich das zu tragen vermöchte, was mir zugedacht ist. Durch den tiefen Schnee – es ist um 20 Grad unter Null – stapfe ich zurück zum Lazarett, in meine Bude. Stille Nacht, Heilige Nacht!«

Aus der Zeit, als er 13 Jahre alt war, erzählt Heinz Küpper in seinem Buch ›Simplicius 45‹:

Hinter der Stahltür Josefskapelle

»Eines Abends erschien der schwere, humpelnde Opa bei uns im Luftschutzraum und fragte nach Andreas und mir. Wir dachten schon, er wolle nun anfangen zu meckern, aber er kam aus einem ganz anderen Grund. Weihnachten nahte nun, und es handelte sich um seine drei Enkelkinder. Sie lebten damals noch mit ihm, dem Opa, mit Oma und Mutter in der Josefstraße und glaubten noch an das Christkind und an den Heiligen Mann. Ihr Vater lebte mit dem M1 in Stalingrad. Diese Kinder hießen Hermann-Josef, Marietheres und Bruno. Ihr Opa machte uns das Angebot, zum Nikolausabend ihnen den Heiligen Mann und den Hans Muff vorzuspielen. Das war ein Wort! Ich der Heilige Mann, Andreas der Hans Muff. Wir waren zusammen siebenundzwanzigeinhalb Jahre alt, aber nun sollten wir für einen Abend so alt werden wie St. Nikolaus. Der ganze Luftschutzraum teilte unseren Stolz, noch in der gleichen Nacht zog der Vater von Andreas zu seinem Bekannten aus dem Melodien-Schatz, dem Küster von St. Medard, und entlieh tatsächlich einige abgetragene Priestergewänder für mich. Maria stiftete weiße Strümpfe und Handschuhe und fertigte Mitra und Krummstab an, sie wußte genau, wie so etwas aussehen mußte, meine Mutter nähte aus Säcken ein Gewand für den Hans Muff. Die Kinder verdrängten jeden anderen Gesprächsstoff im Luftschutzraum, verdrängten V 2 und Marauders. Wir holten sie eines Abends ab mit unseren Pistolen, reichten sie rum im Luftschutzraum und brachten sie wieder in den ihren zurück, zu den unter der Josefskapelle Hausenden. Andreas nahm Marietheres, ich nahm Bruno Huckepack, und Hermann-Josef durfte sich meine Pistole anschnallen. Die Kinder, bestaunt und betastet, befragt und schon im voraus mit allerlei Zeug beschenkt, hatten einen ausgezeichneten Eindruck hinterlassen.

Wir wollten ihnen einen Nikolaus mit allem Komfort bieten, Andreas und ich, mit dem gleichen Komfort, den wir selbst in unseren gläubigen Kindheitstagen genossen hatten, also nicht bloß allmorgendlich Printen und Nüsse in den Schuhen, auch abendliches Klopfen an Türen und Fenstern so zwei, drei Tage vor dem Fest und schon eine kleine Menge des süßen Segens in das Zimmer geschüttet oder, da es keine richtigen Fenster mehr gab, wenigstens Klopfen an die Tür des Luftschutzraumes Josefskapelle. Wir verständigten uns also mit den erwachsenen Insassen, um diese nicht zu erschrecken, und bumsten dann abends, zwei Tage vor Nikolaus, dreimal gegen die eingebaute Stahltür, öffneten sie einen Spalt und säten unsichtbar ein paar Handvoll Plätzchen, Printen, Nüsse und Äpfel und Zuckerstücke in den Luftschutzraum Josefskapelle. Die Plätzchen und Printen hatte meine Tante gebacken, meines Vaters Schwester, in einem Dorf, wo wir die Sachen nachts abholten. Wir hätten auch immer in diesem Dorf schlafen können, Andreas und ich, aber lieber fuhren wir auf Feldwegen nach Hause, nachts mit unseren unbeleuchteten Fahrrädern, die Pistolentaschen offen.

Nach diesem Vorspiel liefen wir eine halbe Stunde durch das Viertel, schossen in der Kirchenallee auf ein paar Ratten, sie in der Dunkelheit zwar beeindruckend, aber nicht treffend, klopften dann manierlich an die Stahltür Josefskapelle, um uns nach der Wirkung zu erkundigen. Wir ernteten keinen Dank für das, war wir getan hatten. Es wurde uns zugestanden, wir hätten es gut gemeint. Denn die Kinder, Hermann-Josef, Marietheres und Bruno, hockten totenbleich und noch immer zitternd auf den Schößen der Erwachsenen, die ihnen zusprachen und zu erklären versuchten. Die Kinder hatten keine Nerven mehr. Als es dreimal bumste, hatten sie nicht an den Heiligen Mann, aber an die Bomben und an die Iwans geglaubt. Als sich dann die Tür, man hatte sie offengelassen, von unsichtbaren Mächten bewegt einen Spalt öffnete, als auch die Erwachsenen zusammenzuckten und sich nicht regten, war es furchtbar gewesen für Hermann-Josef, Marietheres und Bruno, und dann hatten ja auch die Splitter hereingeregnet.

Ruine der Kirche St. Kolumba. Ihre Emporenbasilika wird nach dem Krieg zur Kapelle der ›Madonna in den Trümmern‹ umgestaltet.

Was sollte man da als Erwachsener tun? Oh und Ah rufen und in die Hände klatschen, sich freudig bewegt anstellen? Sie taten es, aber abgesehen davon, daß sie es in dem Augenblick selbst nicht richtig konnten, selbst mit ihren Nerven fertig waren, mußte das Getue den Kindern wiederum verdächtig vorkommen, weil sich kein Mensch jemals so benommen hatte.

Nein, sie hätten nicht geweint. Sie wollten aber um nichts in der Welt unsere Printen und Plätzchen essen. Und sie würden nun nicht mehr schlafen. Denn der Heilige Mann und der Hans Muff waren noch furchtbarer als Bomben und Iwans. Vor Bomben und Iwans hatten auch die Großen Angst, Mama, Oma und Opa. Aber mit dem Heiligen Mann schienen sie sich verbündet zu haben, den mußten die Kinder allein aushalten. Den hielt die Stahltür nicht draußen. Den verteidigten und priesen noch die Großen. Und der käme ganz bestimmt und bumste wieder und wäre da.

Auf den Schößen saßen die Kinder, starr, einsam wie Sterne, und nun schenkte ihnen ihre Mutter reinen Wein ein. Sie widerrief alles und gestand, daß nicht der Heilige Mann es gewesen war, sondern wir, Andreas und ich. Wir wurden zu Zeugen angerufen und gestanden auch. Wir hätten nur Spaß gemacht, der Heilige Mann sei ganz anders. Was sollten sie nun glauben? Der reine Wein war stark. Wir wurden vom ganzen Luftschutzraum, von vier Familien ausgeschimpft, theatralisch, erweckten Reue und Vorsatz, und der hinkende, dicke Opa nahm die Gelegenheit wahr, nun auch die Querschläger unserer Pistolen zu verdammen, aber noch schwiegen die Kinder. Sie schwiegen noch, als wir heimgingen. Den Sternen wurde die Kälte des Weltraumes klar. Die Mutter trat mit uns vor die Stahltür, sagte, wir hätten es gut gemeint, aber wir sollten am Nikolausabend besser nicht kommen. Wir sagten, wenn wir kämen, würden wir solchen Spaß machen, daß die Kinder hellauf begeistert wären. Wir hätten uns schon soviel ausgedacht. Ein einzelner Moskito, der auf uns zusurrte, trieb die Mutter zurück in den Luftschutzraum. Sie hatte schwarze Augen und schwarze, ungenaue Augenbrauen und braunes Haar mit grauen Fäden darin. Hier draußen war sie ganz dunkel und fror. Sie sagte, na gut, dann kommt, aber schimpft nicht zu sehr! Sie übergab uns noch die Sündenliste ihrer Kinder, und wir sahen zuletzt ihren schwarzen Knoten am Nacken, ihren schwarzen, runden Rücken in der Strickjacke, wir sahen, daß er trotz der Strickjacke fror, als sie sich gekrümmt und vorsichtig durch den Lichtspalt der Tür zwängte, um nicht den Moskito auf sich zu ziehen. Die Sündenliste ihrer Kinder war kurz: Hermann-Josef müsse etwas Lesen und Schreiben üben und dürfe nicht immer Widerworte geben, Marietheres solle nicht soviel am Daumen lutschen, Bruno dürfe nie mehr an den Ofen gehen und auch nicht an die Karbidlampe, und alle drei müßten viel mehr schlafen und essen.

Wir hätten es also leicht gehabt, den Kindern zu vergeben, zumal da sie zwei Gebete oder Gedichte und ein Lied für uns auswendiggelernt hatten, deren Überschriften der Sündenliste beigefügt waren. So faßten wir den Entschluß, ganz vorsichtig zu sein. Vielleicht hätten wir es geschafft, die Kinder von der Gnade zu überzeugen, Andreas als Hans Muff, ich als Heiliger Mann. Zwar, was ist Gnade? Man hätte den Kindern sagen sollen, der Heilige Mann sei so etwas wie der Ami, einer, den man fürchten muß, der einem ja auch Tag für Tag mit Bomben und Granaten zusetzt, auf dessen Kommen aber, dessen endliches Kommen man Tag und Nacht seine Hoffnung setzte. Denn diese vier Familien hausten ja überhaupt noch unter der Josefskapelle und nicht in Thüringen oder Braunschweig, weil sie seit September auf den Ami warteten. Der sollte kommen, mit dem Hitlerkram Schluß machen und Frieden bringen. Schon tauten die Himmel ihn. Er war furchtbar, er sprach nicht das Platt dieser Stadt, sondern sprach mit Sprengstoff und Stahl, aber er konnte nicht so friedlos wie Hitler sein, schon atmeten die Franzosen, die Belgier auf, zu denen er bereits gekommen war, und auch in Deutschland würde er ein paar alte Männer, ein paar Frauen und drei Kinder, die er unter einer Kirche anträfe, nicht verwerfen. Er würde den Flugzeugen gebieten, nicht mehr aufzusteigen, und wenn, dann nur gefüllt mit Postsäcken aus Stalingrad, Apfelsinen aus Amerika. Ja, und der Ami und der Heilige Mann waren furchtbar. Man mußte sie fürchten, aber man mußte auch alle Hoffnung auf sie setzen.

So ungefähr und durchaus ihrem Herzen entsprechend hätten die Leute unter der Josefskapelle ihren drei Kindern den Heiligen Mann erklären sollen. Aber sie schafften es nicht. Zwei Tage später, am Fest des Heiligen Nikolaus, dessen Gebeine in der Kathedrale von Bari verehrt werden, hob so eine breitschultrige, vor der Arbeit in die Hände spuckende Marauderbombe das Zivilnest unter der Josefskapelle aus, und der amtlich getätigte Einbau einer Stahltür stellte sich als überflüssig heraus. Am Leben blieben nur der dicke, humpelnde Opa und seine alte, noch zwei Jahre weitereinschrumpfende Frau, die sich gerade grippekrank in den Keller ihres eigenen Hauses gelegt hatte.«

EINE BOMBENBESCHERUNG
Von Emil Barth

In seinen tagebuchartigen Aufzeichnungen und Meditationen ›Lemuria‹ (1947) beschwört Emil Barth die Schrecken des Krieges herauf, denen er ›Innerlichkeit‹ und ›Stille‹ entgegensetzt. Der Erzähler, 1900 in Haan geboren und in Düsseldorf 1958 gestorben, zählt zu den Autoren der ›Inneren Emigration‹. Er war 1953 der erste Preisträger des neugestifteten Großen Preises für Literatur des Landes Nordrhein-Westfalen.

»Weihnachten 1943. In der Nacht zum 24. wurden wir dreimal alarmiert, unter Einflügen gewaltiger Massen; denn es ist immerhin die Christenheit, die sich in diesem Kriege zerfleischt, und der alte Ruhm ihres allerhöchsten Festes, der Abglanz einer sittlichen Forderung in jenem durch die Jahrtausende klingenden Hoffnungsjubel ›Et in terra pax hominibus…‹ (›Und auf Erden Friede den Menschen‹) ist noch stark genug, die Kriegführenden des westlichen Kulturkreises zu einer Art vierundzwanzigstündigem Gottesfrieden zu nötigen – was sich darin ausdrückt, daß man die Tausende schon einen Tag früher umbringt, als man sie sonst würde umgebracht haben.

26. Dezember 1943. Einen Weihnachtsbaum gab es zwar auch diesmal nicht, aber wir hatten aus Wald und Heide wintergrüne Zweige geholt und in Erikas Zimmer Wände und

Gabentisch damit geschmückt, sogar auch Kerzen beschaffen können, deren Flammen sich in einigen aus den Zerstörungen herübergeretteten Silberkugeln spiegelnd vermehrten. Bücher lagen auf dem Tisch, herrliche Bücher: vor allem die ersten beiden Bände der großen Stuttgarter Hölderlin-Ausgabe ...

Weihnachten 1944. Am gestrigen Heiligabend – nicht einmal mehr eine Geste der Achtung vor dem Gedanken dieses Festes hält man für nötig – langer und beklemmender Aufenthalt im Keller bei Einflügen in breiter Front und fortwährendem Beben der Erde von massierten Einschlägen. Was für entsetzliche Belehrungen! In aller Trauer muß ich mir doch sagen, daß ich vorm Jahre kaum zu hoffen gewagt, das diesjährige Fest noch hier und im heilen Heim verleben zu dürfen. Wir haben die Zimmer mit ernsten Zweigen geschmückt, auch vom Lebensbaum, der wie vom Grab unsrer Jüngstverstorbenen grüßt, und vom dornigen Grün des Ilex, des wilden Lorbeers, den wir im Walde geholt und an den mich so viele, so teure und fruchtbare Erinnerungen knüpfen.
Später versammelte sich die Familie im alten Hause droben an festlich-schöner Tafel; auch war für die Fehlenden gleichsam Vertretung geladen, ein junger verwundeter und heimatloser Soldat hatte noch in letzter Stunde eine Tanne zu beschaffen gewußt. Die Kerzen, die da brannten, waren lauter Seelenflammen. Nach altem Brauch sangen wir das kindheitstraute ›Stille Nacht!‹ – wie manche Stimme, der Gefallenen, der Verschollenen und Fernen gedenkend, fast versagend vor Tränen.

31. Dezember 1944, nachts. Heute nachmittag unternahmen mehrere hundert Bombenflugzeuge einen Angriff auf den ausgedehnten Verschiebebahnhof unsrer nordöstlichen Nachbarstadt, verfehlten ihn aber völlig, da die überm Zielgelände abgeworfenen Rauchzeichen von starkem Nordostwind abgetrieben wurden – ich stand noch oben am Fenster und beobachtete es mit Entsetzen. So ging das Bombardement in kilometerbreitem Streifen über den Ostrand unseres Städtchens nieder, die winterlich beschneite

Die Hohe Straße nach einem Luftangriff am Ende des Zweiten Weltkriegs.

Landschaft wie unter einem Regen von Meteoren in eine Kraterwüste verwandelnd, Straßen und Felder zerpflügend, Häuser und Gehöfte vernichtend und ganze Familien ausrottend. Da aber das eigentliche Ziel unberührt geblieben ist, müssen wir mit einer Wiederholung des Angriffs rechnen. Mein Gott, mit was für Aussichten gehen wir in das neue Jahr!«

AUS DEM TAGEBUCH EINES STADTPFARRERS
Von Robert Grosche

Im ›Kölner Tagebuch 1944–46‹ des katholischen Theologen Robert Grosche – in jenen Jahren Stadtdechant, dann Domkapitular, dann Pfarrer an St. Gereon – finden sich folgende Aufzeichnungen:

»Sonntag, 24. Dezember 1944. 7 Uhr. Ich predige in der Messe über das ›Heut sollt ihr wissen, daß der Herr kommt, und morgen sollt ihr seine Herrlichkeit sehen‹. Zunächst scheint das Heute der 24. Dezember zu sein und das Morgen der 25. Dann wird das Heute zu dem ganzen Weltentag, an dem wir wissen, daß der Herr kommt, um uns zu erlösen; diesem Weltentag voller Angst und Sorge, Bedrängnis und Not …
Tagsüber war mehrfach Fliegeralarm. Die Mette konnten wir, zwar etwas unruhig und eilig, doch zu Ende bringen. Aber nachher gab es dann Alarm und einen heftigen Angriff, der anscheinend vor allem wieder die Vororte traf. Wir hörten eine Menge Bomben fallen.

Montag, 25. Dezember 1944. Einige Minuten vor 6 stehe ich in der Sakristei von Andreas, da krachen gleichzeitig mehrere Bomben und darauf heftiger Bordwaffenbeschuß, der in unsere unmittelbare Nähe am Bahnhof ging. Wir gingen hinüber in die DAF (Deutsche Arbeitsfront), aber der Angriff war eigentlich schon vorüber. Das beeinträchtigte natürlich den Besuch der Bischofsmesse um 8 Uhr in Kapitol. Trotzdem war der Besuch gut. Der Erzbischof war selbst auch sichtlich erfreut, unter seinen Kölnern zu sein. Müller und ich assistierten …

Dienstag, 25. Dezember 1945. Weihnachtsmesse in St. Andreas. Die Kirche ist bis zum letzten Platz gefüllt. Predigt über das Offertorium ›Laetentur coeli‹. Unsere alte Schola von Mariä Himmelfahrt sang das Choralhochamt. Vorher war eine kleine Weihnachts- bzw. Krippenfeier mit deutschen Liedern. In Gereon hielt Kaplan Pesch die Weihnachtsmesse für die Jugend. Es waren 640 Leute dort, die aber zum Teil sich entrüsteten, weil lauter fremde Lieder gesungen worden seien. Um 5 Uhr hielt Kaplan Dr. Wittebruck die Christmette, bei der ich predige. Thema: Hebr. 10, 3–5. Es war das erste Mal, daß ich mit meiner Pfarrei die Christmette hielt, von der Furcht des Feindes befreit, aber doch die ganze Gemeinde noch blutend aus tausend Wunden. Leider waren nur 300 Leute anwesend, fast nicht mehr als an gewöhnlichen Sonntagen. Die Masse war doch in die Mitternachtsmesse gegangen und dort doch nicht auf ihre Kosten gekommen. Das ist sehr schade.«

Aus dem Abstand von dreieinhalb Jahrzehnten erinnert sich der damalige ›Landgeistliche‹ Joseph Kardinal Höffner:

»Von Trier nach Klüsserath an der Mosel ist es nicht weit. Aber am 24. Dezember 1945 war es ein Problem, diese Strecke zu bewältigen. Ich löste es als Anhalter. Ein klappriger Lastwagen nahm mich mit und brachte mich auf Umwegen an mein Ziel. Dort war die Pfarrstelle unbesetzt. Auf Bitten der Gemeinde sollte ich in der Weihnachtszeit die Seelsorge übernehmen. Das Pfarrhaus war gleich vielen anderen Wohnungen zerstört. Ich durfte in der Klüsserather Mühle Aufnahme finden. Die notdürftig wiederhergestellte Ortskirche war bei den Feiertags- und Werktagsgottesdiensten überfüllt. Viele kamen zur Beichte und zum Tisch des Herrn. Als Priester empfand ich tiefe Freude über diese Zeichen eines neuen Glaubensaufbruchs.«

WOHER ES KAM, DASS DIE KÖLNER ›FRINGSEN‹ GINGEN

Josef Kardinal Frings, Erzbischof von Köln.

In seiner Silvesterpredigt 1946, die Josef Kardinal Frings in der Kirche St. Engelbert in Köln-Riehl hielt, sagte er einen folgenschweren Satz: »Wir leben in Zeiten, wo in der Not auch der einzelne das wird nehmen dürfen, was er zur Erhaltung seines Lebens und seiner Gesundheit notwendig hat, wenn er es auf andere Weise, durch seine Arbeit oder durch Bitten, nicht erlangen kann.«

1978 wurde eine Kölnerin interviewt: »Frau Knour, haben Sie die Silvesterpredigt von Kardinal Frings damals selber gehört oder…« – »Nein, habe ich nicht gehört, aber auf

einmal war das wie ein Lauffeuer. Überall hörte man: fringsen, fringsen, fringsen, und die Leute sagten: Der Frings hat erzählt, daß das Klauen, daß das keine Sünde ist, wenn man es aus Not tut, und wir haben es ja auch wirklich aus Not gemacht; ich meine, da haben wir das auch weiter gemacht.« – »Wo sind Sie denn die Briketts fringsen gegangen?« – »Am Akazienweg. Ich wohnte auf dem Simarplatz in Ehrenfeld an der Peterskirche. Das war ein ordentliches Stück, das war immerhin eine halbe Stunde bis dreiviertel Stunde zu gehen. Und was das im Winter, Nacht für Nacht ein Wetter war, das können Sie sich ja denken… Am Akazienweg war ein Bahndamm, der ist heute noch. Wenn ich heute daran vorbeikomme, muß ich unwillkürlich an dat Trippchen denken. Da standen immer so 15 bis 20 Waggon und die wurden beigefüllt und wurden am anderen Morgen abtransportiert; die kamen ja ins Ausland. Wir hatten genug, kriegten sie aber nicht, sie kamen ins Ausland. Und wir brauchten Kohlen; ich hatte Kinder und meine Mutter zu versorgen, die war 85 und schon sehr krank und die fror immer. Ja, und mein Schwager, der Franz, der war ja bei der Polizei und der sagte: Ich habe morgen Dienst, da kannst du Briketts holen gehen.
Nun, da war ich in einen Wagen geklettert, war ein amerikanischer Waggon und der war sehr hoch und da hatte ich mich noch am Bein gestoßen, aber ich denke: och, ist egal, Hauptsache wenn du Brikett kriegst. Und da bin ich am Einsacken und am Einsacken – viele Leute waren ja da, war schwer Betrieb –, und auf jeden Fall kam eine Kontrolle und ich hörte die Schupos schimpfen; aber ich war ja der Meinung, du kannst, da ist der Franz bei, dann brauchst du keine Angst zu haben. Die anderen gingen alle laufen… Auf einmal kam einer zu mir an den Waggon; ich sah ihn nicht, ich hörte nur die Stimme: Hören Sie mal, Sie, das geht Sie auch an, möchten Sie nicht runterkommen. Ich war im Glauben, jetzt wär das der Franz gewesen – hab ich gesagt: Du Jäck, dat bin ich doch, jank doch wigger. Und da merkte ich, daß das ein fremder Schutzmann war. Da bin ich den Waggon heruntergeklettert und da habe ich denn so getan, als wenn ich mich verletzt hätte. Dann sagte ich zu ihm: Mein Gott, Herr Wachtmeister, sind Sie doch nicht so kleinlich, ich holle dat doch… ich hann en ale Oma und drei, vier Kinder, die sich wärme müsse. Ich dunn die Klütte doch nicht kläue für zu verkaufen.
Da sagte er noch: Kommen Se her, da drüben ist ein Loch im Draht. Hat der mir noch der Weg gezeigt, damit die anderen Leute mich nicht sahen. Und da konnte ich mit meinem Sack Brikett durch das Loch gehen…«

Auch Heinrich Böll, in Bayenthal damals ein unmittelbarer Nachbar von Kardinal Frings, konnte sich gut an das Glatteis erinnern, das in diesem Winter 45/46 fast ständig den Boden der Küche bedeckte: »Es war ein harter Winter, und wir schliefen – meistens zu fünfen, darunter mein fünfundsiebzigjähriger Vater, der des Landlebens überdrüssig war, gelegentlich auch zu Sieben im späteren Schlafzimmer auf Pritschen, die aus geklauten Türen und Balken zurechtgezimmert waren. Mit dem morgendlichen Waschen kanns nicht viel gewesen sein…«
Der Kölner Oberhirte blickte Anfang der siebziger Jahre gelassen zurück: »Es war ein sehr kalter Winter«, schreibt Kardinal Frings, »und die Leute hatten nichts zu stochen. In Köln waren damals das beliebteste Heizmittel die Briketts, die man ›Klütten‹ nannte. So-

viel ich mich erinnere – dafür kann ich aber nicht garantieren –, wurde pro Familie monatlich ein Zentner von diesen Klütten geliefert. Mehr durfte man nicht haben. Davon konnte nun wirklich niemand heizen und kochen. Das war unmöglich. Jeder versuchte auf seine Art, sich durch den Winter zu retten. An jenem Silvesterabend habe ich gewissermaßen eine Gewissenserforschung mit den Leuten gehalten …

Dann haben die Zeitungen nur den einen Satz, man dürfe in der Not, um Leben und Gesundheit zu erhalten, sich etwas nehmen, veröffentlicht, alles andere nicht. Davon ist dann der Ausdruck ›fringsen‹ geprägt worden, und auf diese Art bin ich in den Duden geraten.«

Nun, in den Duden zwar nicht, wohl aber in den ersten Band des ›Wörterbuchs der deutschen Umgangssprache‹, den der Euskirchener Heinz Küpper 1955 herausbrachte.

›Weihnachts-Verkauf‹ nach dem Ende des ›Tausendjährigen Reichs‹ im Jahre 1948 in der Hohe Straße.

IM ZEICHEN DES WANDELS

Mit diesen Texten schließt sich der Kreis, der mit dem Eingangskapitel »Köln, Bahnhofsvorplatz« begann. Bölls Erzählung vom permanenten Weihnachtsfest (»nicht nur zur weihnachtszeit«, 1952) war einst die erste satirische Parabel auf die restaurativen ›Wirtschaftswunderjahre‹. Ende der sechziger Jahre kam auch die Wissenschaft in puncto Weihnachten zu neuen Ansätzen. Die wohl produktivste Historikerin deutscher Familienweihnacht, Ingeborg Weber-Kellermann, wies bereits 1968 der Volkskunde die Aufgabe zu, »die Beziehungssysteme von sozialem und kulturellem Leben zu untersuchen und zwar in ihrem Wechselspiel in Geschichte und Gegenwart« – was ergiebig bleibt bis heute.

GESPRÄCH ÜBER WEIHNACHTEN

Heinrich Böll und Johannes Poethen führten am 23. Dezember 1969 im Westdeutschen Rundfunk ein Gespräch über Weihnachten. Es war eine Zeit gesellschaftlichen Umbruchs. Hier einige wesentliche Passagen.
Johannes Poethen: »Vielleicht hat das Elend mit dem Tannenbaum begonnen, obwohl der ja auf eine alte Lichtmythe zurückweist – aber das wollte man doch auch nicht haben. Und wer stand eigentlich als erster am Anfang dieser schrecklichen Geschenkeflut, die alles – doch auch für die meisten Kinder – zudeckt. Weihnachten ein Synonym für Beschenktwerden und Schenken, aber im ganz materiellen Sinn … Weshalb macht dieses Fest traurig? Weshalb fliehen so viele möglichst dorthin, wo Weihnachten nicht gefeiert wird, nicht deutsch gefeiert wird? Weshalb diese Flucht?«
Heinrich Böll: »Ich glaube, es hängt zusammen mit dem, was man die ›deutsche Innerlichkeit‹ nennt, die eigentlich nicht alles, aber sehr viel zerstört hat, eigentlich alle Feste zu zerstören droht. Vielleicht ist es auch nicht nur die deutsche Innerlichkeit, vielleicht ist es die Automatik eines vorgeschriebenen Zeremoniells, das einem vorgeschrieben wird von einer Instanz, die man gar nicht kennt. Ich glaube, die ›Automatik gesellschaftlicher Abläufe‹ – ich muß mich da eines scheinbaren Modewortes bedienen, das ich für sehr zutreffend halte – ist einfach eine Drucksituation. Jeder ist Weihnachten im Druck. Warum eigentlich? Feiern ist eine schöne Sache – nichts dagegen zu haben, im Gegenteil.

Der Weihnachtsmarkt auf dem Altermarkt festlich illuminiert.

Schenken ist auch schön. Und trotzdem sind alle Menschen, soweit wir sie überhaupt überblicken in unserer Umwelt und Umgebung, unter einem fürchterlichen Druck. Ich denke, der Druck hat angefangen nicht nur mit dem obligatorischen Tannenbaum, der ja – wie Sie mit Recht andeuten – eine Vermischung germanischer Mythologie mit christlichen Elementen ist, also ein Pseudosymbol im Grunde. Auch das wäre nicht schlimm; warum soll man nicht im Winter einen schönen grünen Baum im Zimmer haben? Nur wird das alles zu sehr gefühls- und symbolbeladen. Aber der Druck entsteht durch die Geschenke ... Dieser gesellschaftliche Druck, das Vorzeigen von Geschenken – ›Sieh mal, ich hab das gekriegt; was hast du gekriegt?‹ – hat notwendigerweise immer praktisch ein soziales Gefälle gezeigt – auch im extremen Falle, sagen wir, des etwa puritanischen Reichen, der prinzipiell wenig schenkte, wo also ein Kind reicher Eltern, arm beschenkt, möglicherweise einem reichbeschenkten armen Kind gegenüberstand, wo also das Nichtschenken wieder zur Ideologie wurde. Ich weiß nicht, ob es überhaupt Kinder gibt oder gegeben hat, die diesen Schrecken nicht empfunden haben über die Differenz des Beschenktwerdens, wo das Schenken angeblich – und bis auf den heutigen Tag teilweise aufrechterhalten – vom Christkind kommt. Ich vermute, daß das der Hauptdruck ist. Und die kommerzielle Welt hat mit einer geradezu atomisierenden Wucht die Freude zerstört ...«

Johannes Poethen: »Wir wollen Weihnachten doch wohl gewiß nicht abschaffen, selbst wenn wir die Macht dazu hätten. Aber wenn es weiter so läuft, so ausläuft, schaffen sich die Feste nicht selbst ab? Irgendwann ist die absolute Sinnentleerung erreicht. Was kann man tun?«

Heinrich Böll: »Ja, das ist eine sehr schwierige Frage ... Ich könnte mir denken, daß wir neue Feierlichkeiten empfinden oder auch unser Leben als feierlich empfinden, überhaupt die Tatsache, daß wir leben, daß wir essen dürfen oder zu essen haben angesichts einer Welt, für die das keineswegs selbstverständlich ist, für die das gar nicht selbstverständlich ist, daß wir also diese – wenn Sie so wollen – alltäglichen Minima regelrecht feiern, jedes Frühstück, jedes Zusammensein, auch Rauchen und Trinken und Reden, Sprechen auch als Feierlichkeit, miteinander Sprechen als einen feierlichen Vorgang. Ich glaube, daß die Leute, die ich jetzt sehr grob mit ›Happening-Gruppe‹ beschreibe – da gibt's ja viele Stufen –, daß die fast auf einem solchen Weg sind, daß sie auch den Bannkreis der Kunst, die ja wieder in sich geschlossen ihre Feierlichkeiten hat und ihre gesellschaftlichen Gebärden hat, durchbrechen –, daß da eine neue Feierlichkeit entsteht, die möglicherweise auch demokratisch ist. Ich weiß nicht, wie das ausläuft, dieses Spiel der Leute, die alle Institutionen auflösen und abschaffen wollen, ob da nicht wieder ein Terror der Auflöser entstehen mag. Aber daß wir neue Formen der Feierlichkeiten finden müssen und auch ein neues Bewußtsein dessen, was wirklich feierlich, also zu feiern ist, ist klar. Und das ist ganz sicher nicht die Form, in der wir heute Weihnachten feiern. Ganz sicher nicht.«

IN DIESER STADT WERDEN VIELE
WEIHNACHTEN GEFEIERT

Seit dem ›Gespräch über Weihnachten‹, das über 20 Jahre her ist, hat sich manches getan. Die von Heinrich Böll vorausgeahnten ›neuen Formen der Feierlichkeit‹ haben hier und da Gestalt angenommen. So die Christmessen des Paters Mennekes in neuer liturgischer und musikalischer Form. So die Krippe der Obdachlosen vor dem Johanneshaus in der Stolzestraße. So die für jedermann offene Teestube in der Antoniterkirche. Oder die Pop- und Rockkonzerte am Heiligabend, die auch etwas Neues ausprobieren. Köln hat sich kulturell geöffnet. Längst wird hier auch italienisch, spanisch, griechisch, serbisch, russisch, ansatzweise auch türkisch gefeiert. Die ehedem verinnerlichte und versteinerte deutsche Familienweihnacht scheint aufgebrochen. Das Schenken hat nicht mehr den übergroßen Stellenwert. Geschenkzwang und Konsumterror haben – nicht überall, aber immer häufiger – einem entspannteren Verhalten Platz gemacht. Den Tannenbaum mögen noch viele, aber das ›fast liturgisch anmutende, festliche Programm‹, das sich um ›diesen zeremoniellen Mittelpunkt rankte‹ (so beschrieb es 1978 Ingeborg Weber-Kellermann), scheint abgestürzt. Neue Unübersichtlichkeiten tun sich auf.

Ein Beispiel. Griechen feiern, wie man weiß, Weihnachten anders. Für sie bleibt die traditionelle adventliche Fastenzeit wesentlich. Vierzig Tage ohne Fleisch, dann das Schlachten der Lämmer am Morgen des Heiligen Abends und 24 Stunden später, nach dem Besuch der nächtlichen Messe, das festliche Weihnachtsmahl am Christtagsmorgen. Die Mutter ist an diesem Tag fest ans Haus gebunden, erst am 26. Dezember hat sie ihren Kirchgang. Chöre singen die alten Lieder vom Christuskind und vom Weihnachtsstern. Nirgendwo in der Kirche ist eine Krippe zu sehen oder sonst eine bildliche Darstellung des Geschehens. Geschenke spielen in diesen Tagen keine Rolle. Aber was besagt das schon? Lassen sich solche Bräuche in anderer Umgebung halten? Und weitergeben?

Vassilis Nikitakis kam am Ende der fünfziger Jahre als Fünfjähriger nach Köln. Seine Familie gehörte zu den ersten griechischen ›Gastarbeitern‹, die dem Arbeitsangebot aus Deutschland folgten. Vassilis hat in seinem Leben ganz verschiedene Weihnachten erlebt.

»Damals, als meine Eltern nach Köln zogen, brachten wir selbstverständlich unsere Traditionen und Bräuche aus Griechenland mit. Das galt auch für Weihnachten. Wir besuchten den griechisch-orthodoxen Gottesdienst. Auf den Tisch kam gefüllte Pute, es wurde in einem größeren Kreis gefeiert, und Geschenke gab es keine. Die bekamen wir erst am 1. Januar, so wie wir es von unserer Heimat her kannten.

Vor allem mit der Bescherung gab es aber bald Probleme. Wir Kinder wollten natürlich gemeinsam mit den deutschen Kindern unsere Geschenke haben. Unter den griechischen Familien wurde es üblich, sich an Weihnachten zu beschenken. Ähnliches galt für die Adventszeit. Sie wurde in Griechenland streng und konsequent als Fastenzeit begangen. Gerade uns Kindern gegenüber ließ sich das nicht durchhalten. In Köln kamen ja St. Barbara und St. Nikolaus und brachten schon eine Menge Süßigkeiten vor Weihnachten.

Aufgewachsen bin ich am Eigelsteintor. Ich spreche – bis auf meinen rheinisch-kölschen Einschlag – akzentfrei Deutsch und hatte fast ausschließlich deutsche Freunde. Was Tradition oder Religion angeht, bin ich genau wie viele andere Jugendliche durch die 68er stark beeinflußt worden – da machte es keinen Unterschied, ob man Deutscher war oder Grieche. Religion und Tradition sagten uns nichts mehr. Wir machten uns frei von den Ritualen, die für uns überholt und ziemlich tot waren. Dazu kam dann noch die ganz normale Protesthaltung unseren Eltern gegenüber. Irgendwann in den Siebzigern fingen wir als Teenies an, uns auch am Heiligabend von zu Hause abzuseilen. Wir trafen uns bei irgendeinem Freund auf der Bude, hörten Musik, feierten private Feten und waren froh, dem ganzen Feiertagsgetue entflohen zu sein.

Heute sieht das bei mir mit dem Weihnachtenfeiern wieder etwas anders aus. Religion und Weihnachten sagen mir zwar auch jetzt nicht viel mehr als damals – damit unterscheide ich mich wohl kaum von den meisten meiner Generation, egal ob Ausländer oder Deutscher –, aber als Familienfest oder Kinderfest hat es wieder an Bedeutung gewonnen. Allerdings achten wir darauf, daß das Fest nichts Verkrampftes bekommt, nichts übertrieben Materielles. Denn an der griechischen Weihnacht hat mir immer die lockere und fröhliche und die wenig besinnliche Art gefallen. Bis heute fasziniert mich die Musik in der griechisch-orthodoxen Liturgie.«

Man sollte vielleicht hinzufügen, daß Vassilis Nikitakis selbst Musiker ist. In der Kölner Musikszene machte er sich in den siebziger und achtziger Jahren als Gitarrist einen Namen. Er schrieb die Musik zum Titelsong des ›Arsch huh, Zäng ussenander‹-Konzerts, auf dem die Kölner Pop- und Rockgrößen 1992 gegen Ausländerhaß ansangen.

Ein paar Jahre jünger ist der gebürtige Kölner Gerd Köster, auch er Musiker. Mit der Rockband ›Schroeder Roadshow‹ wurde er Ende der siebziger Jahre über Köln hinaus bekannt. 1988 hat er dann die Gruppe ›The Piano Has Been Drinking‹ mitgegründet. ›Piano‹ hat zum einen die Texte des amerikanischen Musikers Tom Waits auf Köln übertragen, zum anderen eigene Texte hinzugefügt. Sie sind einfühlsame Milieuschilderungen aus dem Großstadtleben und beschäftigen sich zumeist mit der Schattenseite des Großstadt-Glamours, mit den ›kleinen Leuten‹ und ihren kleinen und großen Sorgen. Köster ist Sänger und Texter von ›Piano‹. Auch diese Gruppe gehört der ›Arsch huh‹-AG an. Gerd Köster sagt über ›sein‹ Weihnachten:

»Weihnachten ist für mich zu allererst einmal ein Gefühl, das in jedem Menschen verwurzelt ist, schwer zu definieren, auf jeden Fall etwas zutiefst Menschliches und Existentielles. Es hat mit Besinnlichkeit zu tun, Harmonie, Wunsch nach Glück, aber auch mit Melancholie. Von den religiösen Ursprüngen hat sich dieses Gefühl längst gelöst und verselbständigt. Deswegen können auch nichtreligiöse Menschen ›richtig‹ Weihnachten feiern.

Weihnachten vermittelt eine Stimmung, der man sich meiner Meinung nach noch schwerer entziehen kann als dem Karneval – und das sagt ein waschechter Kölner. Wenn man eine einigermaßen ruhige Wohnung hat, kann man den Karnevalstrubel draußen lassen. Weihnachten kommt aber auch durch die geschlossene Tür in die vier Wände. Die Stimmung holt einen ein. Jeder Mensch ist dafür anfällig.

Seit 1990 spielen wir mit ›Piano‹ in der Nacht vom 24. auf den 25. Dezember. Wir beginnen so gegen Mitternacht. Ich halte das nicht für eine Flucht vor Weihnachten oder für eine Protesthaltung, sondern eben für eine andere Art, Weihnachten zu begehen. Ich meine sogar, daß wir eine ganz bestimmte, vielleicht neuartige Form von Weihnachtsatmosphäre schaffen. Mit der Musik erreichen wir eine ›neue‹ Besinnlichkeit, sie ermöglicht wieder ein Weihnachtsgefühl bei Menschen, die nichts mit dem traditionellen, ritualisierten und degenerierten Weihnachten zu schaffen haben.

Die Zuhörer unserer Weihnachtskonzerte sind die gleichen, die man auch sonst auf unseren Konzerten sieht. Viele kommen von ihren Familienfeiern zu Hause, um zum krönenden Abschluß von Heiligabend noch etwas anderes zu erleben. Die Zeit, als hauptsächlich ›schräge Vögel‹ oder ›einsame Herzen‹ unterwegs waren, scheint vorbei. Heute ist es etwas ganz Normales, auf Heiligabend auszugehen.

Angefangen hatte es mit den 68ern, die länger als nur ein Jahr dauerten. Sie hatten eine Menge neuer Möglichkeiten eröffnet. Es gab Kneipen, in die man am Heiligabend gehen konnte, und vor allem Leute, die es ebenfalls dahin zog. Am Anfang war das noch etwas Besonderes, irgendwann dann auch einfach ›in‹, auf Heiligabend nicht zu Hause zu feiern. Seitdem ich selber Vater bin, hat Weihnachten als Familienfest wieder eine Bedeutung. Geschenke, Tannenbaum und anderes Drum und Dran gehören selbstverständlich dazu.

Das Lied ›Hillije Naach‹ beschreibt das Weihnachten der ›einsamen Herzen‹. Auf Weihnachten kommt der Frust heraus: Weihnachten ist der Anlaß für sentimentale und melancholische Gefühle und der Anstoß, über die eigene Situation nachzudenken. Es ist eine ganz spezielle Szene, nicht selten die sozial unteren Schichten, aber nicht nur. Alles spielt sich in der typischen Kneipe an der Ecke ab. Es sind übrigens nicht die Leute, die zu unseren Konzerten kommen. Gemeinsam ist ihnen nur, daß sie Weihnachten nicht (oder nicht nur) in den eigenen vier Wänden feiern.«

Hillije Naach

»He pack de Jeschenk us
Et litt en Zitron drop
Un e Döppe met Salz steht dobei
He Weet maach et Leech us
De Jeseechter kann ich föhle
Un noch e Bier wör jetzt einwandfrei

E paar Socke vum ühm
Rasierwasser vun d'r Tant
Mer kütte sich nit jross en de Quer
Un die Musik es op Halvmast
Jenau wie die Flachs
Un dä Underberg Jödel es leer

Un wie jedes Johr tröstet
Dat Katrin dä Rolf
Vielleich nemmp se en dis Johr jo met
Un dä Bään rööf sing Ex an
Op di hä jrad noch jeschannt
Ävver die litt schon em Bett

He pack de Jeschenk us…

Nur dä Eddi dä fählt
Dä es doheim bei singer Frau
Un jeputz wäje däm Perlecollier
Un sing Frau wör vill leever
En ner Disco om Ring
Hä es nächs Johr bestimmp widder he
Un dä Will födert de Joldfisch
Met singer Frikadell
Wat Wasser un Bruut sinn bei Joldfisch schwer in
Nä et jitt keine Kreech
E Pfündche dojäje
Nä dä Genscher dä kritt dat schon hin

He pack de Jeschenk us …«

*Weihnachten in Köln, das ist eine unendliche Geschichte, und jede Zeit, jede Generation schreibt
daran weiter.*

LITERATUR

PAULUS CASSEL, Weihnachten. Ursprünge, Bräuche, Aberglauben. Berlin 1862.

CATHOLISCHE KIRCHENGESÄNG / auff die fürnembste Fest des gantzen Jahrs / wie man dieselbe zu Cölln / und anderswo bey allen Christlichen Cathol. Lehren pflegt zu singen. Cölln 1623.

TON DEKKER, Die Entwicklung der niederländischen Weihnachtsfeier. In: Rheinisches Jahrbuch für Volkskunde. 25. Bd. 1983/84. Seite 117–140.

ROLF DETTMANN UND MATHIAS WEBER. Eifeler Bräuche im Jahreskreis und Lebenslauf. Köln 1981.

JOHANN MATTHIAS FIRMENICH-RICHARTZ, Germaniens Völkerstimmen. 3 Bde. Berlin 1843–66.

HELMUT FISCHER, Das Christkindchenwiegen. Ein untergegangener Weihnachtsbrauch. In: Rheinische Heimatpflege. Neue Folge Bd. 6, 1969, Seite 312–315.

GOSWIN PETER GATH, Kölner Sagen, Legenden und Geschichten. Köln 1939.

GERHARD GRIESEWELLE, Weihnachtliches Brauchtum in Westfalen. Bräuche, Geschichten, Ausflüge und neue Anregungen. Paderborn 1990.

WILHELM HARTKE, Über Jahrespunkte und Feste, insbesondere das Weihnachtsfest. Berlin 1956 (Schriften der Sektion für Altertumswissenschaft, Dt. Akademie der Wissenschaften zu Berlin, Bd. 6).

GOTTFRIED HENSSEN (Hrsg.), Sagen, Märchen und Schwänke des Jülicher Landes. Bonn 1955.

WOLFGANG HERBORN, Fest-, Fast- und Feiertage im Köln des 16. Jahrhunderts, Kap.: Feste im Weihnachtszyklus. In: Rheinisches Jahrbuch für Volkskunde, 25. Bd. 1983/84. Bonn 1985. Seite 32–37.

DIE HYSTORI oder Legend von den Heiligen Dryen Koeningen. Faksimileausgabe eines Pilgerbuches von 1520 mit einem Verzeichnis der Drucke des Servatius Kruffter in Köln. Ins Neuhochdeutsche übertragen und eingeleitet von Elisabeth Christern. Köln 1964.

JOHANNES VON HILDESHEIM, Die Legende der Heiligen Drei Könige. Straßburg 1480.

ALFRED KARASEK-LANGER, Stand und Aufgaben historischer Krippenforschung am Niederrhein. In: Rheinisch-westfälische Zeitschrift für Volkskunde. Bd. XIV. Bonn und Münster 1967, Seite 8–41.

OTTO KAUFMANN, Alte oberbergische Weihnachtsbräuche. In: Romerike Berge. Zeitschrift für Heimatpflege 10. Jg. 1960/61, Seite 49–60.

PAUL KAUFMANN, Mein rheinisches Bilderbuch. Jugenderinnerungen. Berlin 1936.

HUGO KEHRER, Die Heiligen Drei Könige in Literatur und Kunst. Bd. 1: Literarischer Teil. Bd. 2: Kunstgeschichtlicher Teil. Leipzig 1908/09.

JOSEPH KLERSCH, Das festliche Jahr \ Von Advent bis Lichtmeß. In: J. K., Volkstum und Volksleben in Köln. Ein Beitrag zur historischen Soziologie der Stadt. Erster Band. Köln 1965. Seite 55–93, Anmerkungen Seite 261–265. – Ein Vorabdruck der Seiten 68–78 erschien u. d. Titel »Weihnachten im alten Köln« zu Weihnachten 1964.

– Weihnachten im alten Köln. In: Die Weihnachtskrippe. 27. Jahrbuch. Köln 1960.

– (Hrsg.), Volkstumsfege und Volkskunde. Festschrift zum 50jährigen Bestehen des Heimatvereins Alt-Köln. Köln 1952.

JOHAN KOELHOFF, Die Cronica van der hilliger stat Coellen. Coellen 1499. – Reprint Köln 1972.

FRANZ ANTON KREUTER, Kölns Legenden, Sagen und Geschichten. Zweite vermehrte Auflage. Köln 1852. (EA Köln 1844.)

– Wanderung durch das mittelalterliche Köln. 7 Hefte. Köln um 1855.

– (Hrsg.), Der kölsche Gabbeck. Wochenschrift. Köln 1850.

WILLY KROGMANN, Die Wurzeln des Weihnachtsbaumes. In: Rheinisches Jahrbuch für Volkskunde. Bd. 13/14. 1962/63. Bonn 1963. Seite 60–80.

FRANZ PETER KÜRTEN, Volksleben und Lande am Rhein. 12 Bände. Köln-Dünnwald 1951 ff. – Der 12. Bd. ›Christmond‹ (Dezember) erschien 1951 als erster. Herangezogen wurden auch die Bände ›Windmond‹ (November), ›Hartmond‹ (Januar) und ›Spürkel‹ (Februar), letzterer ›aus dem Nachlaß herausgegeben von Dankwart und Gerold Kürten‹.

– Von Sitte und Brauchtum zwischen dem ›eeschte Adventstag un dem Drückzehnte‹. In: Jung-Köln. Jg. 1949. Heft 1. Seite 3–5.

OTTO LAUFFER, Der Weihnachtsbaum in Glauben und Brauch. Berlin u. Leipzig 1934.

KURT MANTEL, Geschichte des Weihnachtsbaumes und ähnlicher weihnachtlicher Formen. Eine kultur- und waldgeschichtliche Untersuchung. Hannover 1975.

KARL MEISEN, Die heiligen drei Könige und ihr Festtag im volkstümlichen Glauben und Brauch. Köln 1949.

– Nikolauskult und Nikolausbrauch im Abendlande. Düsseldorf 1931.

ARNOLD MEYER, Das Weihnachtsfest, seine Entstehung und Entwicklung, Tübingen 1913.

EDITH MEYER-WURMBACH, Kölner ›Zeichen‹ und ›Pfennige‹ zu Ehren der Heiligen Drei Könige. In: Achthundert Jahre Verehrung der Heiligen Drei Könige in Köln. Kölner Domblatt 1964. Seite 205–215.

MONTANUS (d. i. Vincenz von Zuccalmaglio), Die deutschen Volksfeste. Jahres- und Familienfeste. Ein Beitrag zur vaterländischen Sittengeschichte. Iserlohn und Elberfeld 1854.

– Die Vorzeit der Länder Cleve–Mark, Jülich–Berg und Westphalen. In wissenschaftlicher Umarbeitung neu herausgegeben von Wilhelm von Waldbröhl. Erster Band. Elberfeld 1870.

MARKUS ADAM NICKEL, Die heiligen Zeiten und Feste nach ihrer Geschichte und Feier in der katholischen Kirche. 1. Der Weihnachts-Festkreis. Mainz 1836.

MARTIN P. NILSSON, Die volkstümlichen Feste des Jahres. Tübingen 1914.

JOHANNES PRAETORIUS (d. i. Hans Schultze), Saturnalia: Das ist / Eine Compagnie Weihnachts-Fratzen / Oder Centner-Lügen / und possierliche Positiones. Leipzig 1663.

GEORG RIETSCHEL, Weihnachten in Kirche, Kunst und Volksleben. Bielefeld und Leipzig 1902.

GÜNTER RISTOW, Römischer Götterhimmel und frühes Christentum. Bilder zur Frühzeit der Kölner Religions- und Kirchengeschichte. Köln 1980.

DIETMAR SAUERMANN, Zur Diffusion des Weihnachtsbaumes in Westfalen. In: Rheinisch-westfälische Zeitschrift für Volkskunde. Bd. XX. Bonn und Münster 1973. Seite 105–112.

– (Hrsg.), Weihnachten in Westfalen um 1900. Berichte aus dem Archiv für westfälische Volkskunde. Münster 1976 (Beiträge zur Volkskultur in Nordwestdeutschland, Heft 6.)

OTTO SCHELL, Beiträge zum Volksglauben im Bergischen. Elberfeld 1929.

OTTO SCHELL UND ERNST LORENZEN (Hrsg.), Bergisch-Märkische Volkskunde. Bielefeld und Leipzig 1929.

J. H. SCHMITZ (Hrsg.), Sitten und Bräuche, Lieder, Sprüchwörter und Räthsel des Eifler Volkes. Trier 1856.

ALBERT SCHRAMM, Der Bilderschmuck der Frühdrucke. Band XIX. Die Straßburger Drucke I. Teil. Leipzig 1936.

MAX-LEO SCHWERING, Hohe Feste im alten Köln. In: Kölner Stadt-Anzeiger vom 6. 12. 1958.

– Krippenkunst in Köln. Herausgegeben vom Katholischen Bildungswerk. Köln 1980.

– und Markus Walz, Kölner Weihnachtskrippen. Köln 1984.

– Wir sind die Könige. In: Kölner Weihnachtsbuch. Abtei Brauweiler 1989.

ERNST HELMUT SEGSCHNEIDER, Weihnachtsgebäck in Nordwestdeutschland. In: Rheinisch-westfälische Zeitschrift für Volkskunde. Bd. XXV. Bonn und Münster 1979/80. Seite 104–146.

KARL SIMROCK, Deutsche Weihnachtslieder. Eine Festgabe. Leipzig 1859.

– Die Legende von den heiligen drei Königen. Frankfurt a. M. 1847.

ADOLF SPAMER, Weihnachten in alter und neuer Zeit. Jena 1937.

ARNOLD STEFFENS, Die Übertragung der Hl. Drei Könige nach Köln. In: Beiträge zur Kölnischen Geschichte, Sprache, Eigenart. 1. Jg. Köln 1914/15. Seite 51–58.

100 Jahre STOLLWERCK-Geschichte 1839–1939. Bearbeitet und geschrieben von Bruno Kuske. Köln 1939.

MAX TAUCH, Caspar, Melchior, Balthasar. Ein Kölner Weihnachtsbuch. Frankfurt a. M. 1979.

ALEXANDER TILLE, Die Geschichte der deutschen Weihnacht. Leipzig 1893.

MARKUS WALZ, Innovation des Weihnachtsbaumes im Kölner Raum seit 1800. In: Rheinisches Jahrbuch für Volkskunde. 25. Bd. 1983/84. Bonn 1985. Seite 85–116.

– Weihnachtskrippen. Funktionszuweisungen, Gestaltung. Köln 1988.

INGEBORG WEBER-KELLERMANN, Die deutsche Familie. Versuch einer Sozialgeschichte. Frankfurt a. M. 1974 (suhrkamp taschenbuch 185).

– Die Familie. Frankfurt a. M. 1976 – Exkurs: Die deutsche Bürgerfamilie und ihre weihnachtlichen Verhaltensmuster. Seite 300–317.

– Das Weihnachtsfest. Eine Kultur- und Sozialgeschichte der Weihnachtszeit. Luzern und Frankfurt a. M. 1978.

– Das Buch der Weihnachtslieder. Mainz 1982.

– Saure Wochen, Frohe Feste. Fest und Alltag in der Sprache der Bräuche. Luzern und Frankfurt a. M. 1985.

WEIHNACHTEN 1945. Ein Buch der Erinnerungen. Herausgegeben von Claus Hinrich Casdorff. Königstein Ts. 1981.

DAS BUCH WEINSBERG. Kölner Denkwürdigkeiten aus dem 16. Jahrhundert. Bd. 1 und 2 bearb. von Konstantin Höhlbaum. Leipzig 1886/87; Bd. 3 und 4 bearb. von Friedrich Lau. Bonn 1897/98; Bd. 5: Kulturhistorische Ergänzungen, bearb. von Josef Stein. Bonn 1926 (Publikationen der Ges. für Rhein. Geschichtskunde, Bd. XV (1–5).

– Aus dem Leben eines Kölner Ratsherrn. Im Auftrag der Stadt Köln herausgegeben von Johann Jakob Häßlin. München.

LILY WEISER, Jul. Weihnachtsgeschenke und Weihnachtsbaum. Eine volkskundliche Untersuchung ihrer Geschichte. Stuttgart und Gotha 1923.

ERNST WEYDEN, Köln am Rhein vor fünfzig Jahren. Sitten-Bilder nebst historischen Andeutungen und sprachlichen Erklärungen. Cöln 1862.

– (Hrsg.), Cöln's Vorzeit. Geschichten, Legenden und Sagen Cöln's nebst einer Auswahl cölnischer Volkslieder. Cöln 1826.

– (Hrsg.), Kölns Legenden, Sagen, Geschichten nebst Volksliedern, Schwänken, Anekdoten, Sprichwörtern etc. Unter Mitwirkung Mehrerer. Köln 1840. – Reprint Hildesheim 1984.

ADAM WIENAND (Hrsg.), Die Heiligen Drei Könige. Heilsgeschichtlich. Kunsthistorisch. Das religiöse Brauchtum. Köln 1974.

ADAM WREDE, St. Nikolaus im alten Köln. In: Bergischer Kalender für das Jahr 1921. Seite 58–62.

– Rheinische Volkskunde. Zweite verbesserte und vermehrte Auflage. Heidelberg 1922. (EA 1919). – Reprint Frankfurt a. M. 1979.

– Eifeler Volkskunde. Zweite vermehrte Auflage. Bonn und Leipzig 1924.

– Rheinischer Volksbrauch im Kreislauf des Jahres. Düsseldorf 1934 (Rheinisches Volkstum. 4. Heft).

– Weihnachten im altkölnischen Volksleben. Beilage Alt Köln zur Kölnischen Rundschau vom 24. 12. 1949.

PAUL ZAUNERT (Hrsg.), Rheinland Sagen. Erster Band: Niederrhein bis Köln, Bergisches Land, Eifel. Zweiter Band: Das Rheintal von Bonn bis Mainz. Volksglaube der Gegenwart. Jena 1924.

MATTHIAS ZENDER, Räume und Schichten mittelalterlicher Heiligenverehrung in ihrer Bedeutung für die Volkskunde. Düsseldorf 1979.

GEORG ZILLIKEN, Der Kölner Festkalender. Seine Entwicklung und seine Verwendung zu Urkundendatierungen. Bonn 1910 (Bonner Jahrbücher, Heft 119).

QUELLEN

9   Ernst Weyden: Weyden 1826, Seite VIII.

9   Rheinland-Sagen: Herausgegeben von Paul Zaunert. Neue, redigierte Ausgabe in einem Band. Düsseldorf/Köln 1969.

12 Erste Weihnachtspredigt: gehalten von Johannes Chrysostomos in Antiochia, zitiert nach Hartke 1956, Seite 96.

12 Der letzte Heidentempel: Vgl. Frühchristliches Köln. Herausgegeben vom Römisch-Germanischen Museum. Köln 1965, Seite 16.

13 Geburtshöhle: Vgl. Gert von der Osten, Der Blick in die Geburtshöhle. In: Kölner Domblatt XXIII/XXIV, 1964, Seite 341–358.

13 Nikolauskult: Vgl. Meisen 1931; Adam Wrede, St. Nikolaus im alten Köln. In: Bergischer Kalender für das Jahr 1921. Bergisch Gladbach 1920. Seite 58–62; ders., St. Nikolaus. Kult und Brauchtum im alten Köln. Beilage der Kölnischen Rundschau vom 25. 11. 1949; Wrede 1922, Seite 227–231; Wrede 1934, Seite 6–8; Klersch 1965, Seite 59–66; Sigrid Metken, Sankt Nikolaus in Kunst und Volksbrauch, Duisburg 1966. ›Sittenbilder‹: Weyden 1826.

14 ›Als ich den Ort …‹: Rolf Dieter Brinkmann, Rom. Blicke, Reinbek 1979, Seite 397. Mit freundlicher Genehmigung von Maleen Brinkmann.

14 ›Zwar fiel dieses graue Licht …‹: Peter Faecke, Köln: Bahnhofsplatz. In: Straßen und Plätze. Herausgegeben von Manfred Franke. Gütersloh 1967, Seite 87.

14 ›Ich verbrachte die Heilige Nacht …‹: Heinz Held, Warum ich in Köln lebe. Notizen zwischen Karneval und Heiligem Abend. WDR III – Sendung vom 24. 12. 1975. Mit freundlicher Genehmigung von Agfa Foto-Historama im Museum Ludwig, Köln.

15 ›Barfuß auf Asphalt‹: Vilma Sturm, Köln 1981, Seite 320–321.
© by Verlag Kiepenheuer & Witsch.

15 ›Krippenfeier‹: In: Heinrich Böll, Romane und Erzählungen. Band 1: 1947–52. Köln 1977, Seite 839–840. © by Verlag Kiepenheuer & Witsch Köln.

16 ›Ein kurz poetisch Christgesang‹ ins Hochdeutsche übertragen nach Friedrich Spee, Trutznachtigall. Herausgegeben von Gustave Otto Arlt. Halle 1936, Seite 211.

16 ›Die Kunde von Bethlehem‹: In: Heinrich Böll, Romane und Erzählungen. Band 2: 195f. Köln 1977, Seite 518–520. © by Verlag Kiepenheuer & Witsch Köln.

18 ›Der Engel schwieg‹; Roman. Aus dem Nachlaß herausgegeben. Köln 1992, Seite 187. © by Verlag Kiepenheuer & Witsch Köln.

20 Kölsche Kalendarien: Vgl. Wrede 1922, Seite 337; Klersch 1965, Seite 69–70, Tauch 1979, Seite 31–32.

22 Adventszeit: Vgl. Tauch 1979, Seite 16–17 (Adventus Augusti).

22 ›Zint Vring …‹: Aus ›St. Martins Tod‹, in: Kürten, Windmond, Seite 62.

23 ›Mertensovend …‹: Zitiert nach Adam Wrede, Arbeiten und Leben am Rhein. Essen 1935, Seite 364. Vgl. Karl Meisen, Sankt Martin im volkstümlichen Glauben und Brauch. In: Rheinisches Jahrbuch 19. Jg. 1968, Sete 42–91.

24 ›Sint Märten …‹: Zitiert nach J. Spee, Volksthümliches vom Niederrhein. 1. Heft. Aus Leuth im Kreise Geldern. Köln 1875, Seite 6.

24 Jacobus de Voragine: Legenda aurea. Deutsch von Richard Benz. Volksausgabe. Jena 1925, Seite 3.

24 Sebastian Franck, Weltbuch oder Cosmographey. Frankfurt 1534. Blatt CXXX.

25 Adventsfeiern im ›Rauhen Haus‹: Vgl. Klersch 1965, Seite 67; Sauermann 1976, Seite 37–38; Hermann Bausinger, Der Adventskranz. Ein methodisches Beispiel. In: Württembergisches Jahrbuch für Volksbrauch. Stuttgart 1970. Seite 9–31.

25 Ältester Kölner Festkalender: Zilliken 1910.

26 ›Helliger, goder Andreß‹: aus ›Am Abend vor dem Andreastag‹, in: Kürten, Windmond, Seite 145.

26 ›Kringelche, Möndcher …‹: Aus ›Leev hellige Barbara!‹ von Lis Böhle, in: Jeck op Kölle. Köln 1955, Seite 34.

27 ›Barbara, wat beß do …‹: Aus ›Unjeräächte Barbara‹, in: Heribert Klar, Mer hät nit Auge jenoch. Köln 1984. Seite 32/33. Mit freundlicher Genehmigung des Greven Verlages, Köln.

27 ›De heilige Barbara …‹: Aus »Noh der Barbara-Naach«, in: Kürten, Christmond, Seite 14.

28 Heiligenlegende: Vgl. Alte deutsche Legenden, gesammelt von Richard Benz. Jena 1922, Seite 62–65.

28 Barbara als Patronin: Vgl. Klersch 1965, Seite 58–59; Franz Krins, Die Neuere Barbaraverehrung in Nordrhein-Westfalen. In: Jahrbuch für ostdeutsche Volkskunde. Marburg 1956, Seite 154–166.

28 Nikolaustag: Vgl. Anmerkung zu Seite 13.

28 Seine vielen Namen: Vgl. Wrede 1934, Seite 6.

28 Niclaslied: In: J. Spee, Volksthümliches vom Niederrhein. 1. Heft: Aus Leuth im Kreise Geldern. Köln 1875, Seite 7.

29 ›Hellige Mann‹: Zitiert nach Klersch 1965, Seite 63.

29 ›Hellige Zinter Klos‹: Zitiert nach Montanus 1870, Seite 255.

30 ›Hellige Mann, komm eran‹: Aus ›Am Ovvedürche‹, in: Kürten, Christmond, Seite 36.

30 Schifferkult: Vgl. Wrede 1921, Seite 59; Klersch 1965, Seite 61.

31 Abraham a Santa Clara: Abrahamismus gehab dich wohl. Nürnberg 1729. Zitiert nach Spamer 1937, Seite 63.

31 Nikolausfigur im alten Dom: Vgl. Weyden 1862, Seite 66.

32 St. Nikolaus unsere Neffchen beschert: Buch Weinsberg V, Seite 39.

32 ›Der eeschte Schnei …‹: Wilhelm Hoßdorf, Hellige Mann schrapp de Pann. In: W. H., Kölsche Kinder. Köln 1950.

32 Nikolaus-von-Myra-Archiv: Vgl. Erhard Schlieter, Nikolaus komm in unser Haus. In: Zs. Köln, Heft 4/1985. Auch Sonderdruck.

34 Unser Nikläschen: Aus den – noch ungedruckten – Jugenderinnerungen von Matthias Zender. Mit freundlicher Genehmigung des Verfassers.

35 ›Wast uns Ale …‹: Carola, De Hötte sin widder do! In: Kölsch Levve. 4. Jg. 1923. Heft 4 vom 25. 12. 1923.

37 ›Der ganze Heumarkt …‹: Laurenz Kiesgen, Was der Schmitzen Hein vom alten Köln erzählt. Essen 1939, Seite 143–144. Mit freundlicher Genehmigung von Ria Mencke, Stuttgart.

38 ›De Hötte‹: In: Kölsch Levve. 2. Jg. 1921, Nr. 12 vom 15. 12. 1921.

39 ›Chreßmaat en Kölle‹: Im Veranstaltungsprogramm Stiftung City Treff / Akademie för uns Kölsche Sproch. Dezember 1992, Seite 23. Mit freundlicher Genehmigung von Gaby Amm.

40 ›Lecker, lecker …‹: Peter Kintgen, Kreßmaat em ahle Kölle. In: P. K., Uns Levvensleed en Dur un Moll. Köln 1935.

40 ›Das alte Herkommen …‹: Paul Kaufmann 1936, Seite 80.

40 ›Wenn einige »Zockerplätzchen« …‹: Otto Kaufmann 1961, Seite 56.

40 Niederheinische Legende: Vgl. Montanus 1870, Seite 259 ›Die Pfeffernüsse‹.

40 Spikulazius‹: Vgl. Segschneider 1980, Seite 118.

42 Das flämische Wort: Vgl. Segschneider 1980, Seite 122.

42 ›Hiezebock‹: Vgl. Otto Kaufmann 1961, Seite 56, 58.

43 Lucientag: Vgl. Klersch 1965, Seite 66–67; Wrede 1922, Seite 231.

43 ›Teufel und Gespenster …‹: Johannes Praetorius, Blockes Berges Verrichtung. Leipzig 1668, Seite 513.

44 ›Weizenwunder‹: Vgl. Leopold Schmidt, Die Volkserzählung. Berlin 1963, Seite 260–261.

44 De fuule Thommes: Vgl. Wrede 1922, Seite 231; Montanus 1870, Seite 239; Kürten, Christmond, Seite 59.

45 ›Nicht weniger ist …‹: Zitiert nach Marianne Mehling, Die schönsten Weihnachtsbräuche. München 1980. Seite 66.

46 ›Ganz am Engk …‹: Peter Kintgen, Kreßmaat em ahle Kölle. In: ders., Uns Levvensleed in Dur und Moll, Köln 1935.

46 ›Moselweihnacht‹: Erzählung von Stefan Andres. © Verlag R. Piper & Co., München 1953.

48 ›Ich machte einen hohen Fichtenbaum …‹: Vgl. Wrede 1934, Seite 10.

48 Baumpioniere: Vgl. Sauermann 1976, Seite 31; Weber Kellermann 1978, Seite 108–112; Walz 1985, Seite 88.

48 ›Perchamiden‹: Vgl. Weber-Kellermann 1978. Seite 113.

48 Weihnachtliche Tanztees: Vgl. Walz 1985, Seite 95–97.

49 ›Fechte‹: Vgl. Otto Kaufmann 1961, Seite 49.

49 ›Brennende Bäume‹: Vgl. Seite 52–53.

51 ›Das Schweineschlachten‹: Ferdinand Franz Wallraf, Das Schweineschlachten. Eine reichsstädtische Idylle. Erstmals vollständig abgedruckt in: Alt-Köln Kalender Bd. 1, 1913. Seite 38–45. Hier zitiert nach Seite 39.

51 ›Kore‹: Vgl. Weyden 1862, Seite 128; Schwering 1958; Klersch 1960.

51 ›Med-er-schmeerijen Mul …‹: Otto Kaufmann 1961, Seite 60.

53 Das Kindlein wiegen: Vgl. Wrede 1922, Seite 233–234; Wrede 1934, Seite 10; Klersch 1965, Seite 71–72; Fischer 1969.

53 ›Zu Weihnachten …‹: Nach Sebastian Franck, Chronica, Zeytbuoch und Geschycht Bibel. Straßburg 1531.

53 ›Joseph, lieber Neffe mein‹: Vgl. Rietschel 1902, Seite 74.

53 ›Susaninne‹: Vgl. ders., Seite 73–74.
54 ›Den 26. Dezember sind wir …‹: Buch Weinsberg V, Seite 32–33.
54 ›Anno 1581 den 25. Dezember …‹: Buch Weinsberg V, Seite 185.
54 ›Zu Ende der Vesper …‹: Zitiert nach Fischer 1969, Seite 313.
54 Zwei Ausdrücke: Vgl. Klersch 1965, Seite 72; Fischer 1969, Seite 313–314.
56 Krippe, Kreppche: Vgl. Wrede 1922, Seite 231–232; Schwering 1980, Seite 5–22; Schwering/Walz 1984, Seite 9–33; Tauch 1979, Seite 83–102.
56 ›Das Ganze sei so geschickt arrangiert …‹: Zitiert nach Karasek-Langer 1967, Seite 19, 37.
56 ›Es sind die Krippchen …‹: Goethe, Italienische Reise (1829), Eintragung unter ›Neapel, den 27. Mai 1787‹.
58 ›Zewielen moß mer …‹: Matthias Joseph DeNoël, Jocosa descriptio, das ist: Beschreibung gar lustig und froh, von dem was sich Neues in unseren Tagen in der bisherigen Stadt Colonia (Cöllen) ereignet hat. Köln 1808, Seite 15.
60 Der Christbaum wird angezündet: Vgl. Weber-Kellermann 1978, Seite 122–125.
60 ›Kristnacht‹: Vgl. Klersch 1965, Seite 71; Wrede 1922, Seite 232–233.
60 ›In aller Frühe …‹: Anna Caspary, Maria Zanders. Das Leben einer bergischen Frau. Jena 1923, Seite 7.
62 ›Es ragte …‹: Simrock 1859, Seite III.
62 Praxis des Baumanzündens: Vgl. Spamer 1937, Seite 87; Walz 1985, Seite 103.
63 ›Warum wird nicht …‹: Zitiert nach Walz 1985, Seite 107.
63 ›Wie streng haben wir …‹: Alfons Paquet, Weihnachtsbäume. In: Frankfurter Zeitung vom 22. 12. 1939 (etwas gekürzt). Mit freundlicher Genehmigung von Sebastian Paquet.
66 Zeitlebens dem Niederrhein verbunden: Vgl. Alfons Paquet, Skizze zu einem Selbstbildnis. In: Bibliographie Alfons Paquet. Frankfurt a. M. 1958, Seite 11.
67 ›Kirchenzeitung für das Erzbistum Köln‹: 8. Jg. 1953, Weihnachtsnummer, Seite 841.
69 An anderer Stelle: Vgl. Walz 1985, Seite 89.
69 Das Christkind im Rheinland: Vgl. Wrede 1922, Seite 235; Klersch 1965, Seite 77; Sauermann 1976, Seite 25; Weber-Kellermann 1978, Seite 98.
70 ›Es blicket hernieder …‹: Aus: Guido Görres, Weihnachtslied. In: Festkalender in Bildern und Liedern, 5. Heft. München 1835.
72 ›Chreßovend‹: zitiert nach Wilhelm Schneider-Clauß, Grielächeree. 4. Bd. Köln 1977.
72 Ein Wunschzettel: Vgl. Goswin Peter Gath, Das Christkind bekam ein Briefchen. In: Kölnische Rundschau vom 24. 12. 1958.
73 ›Herr Winter‹: Vgl. Spamer 1937, Seite 70; Weber-Kellermann 1978, Seite 100–101.
73 ›Wer bringt am Heiligen Abend …‹: Vgl. Atlas der deutschen Volkskunde, Fragebogen III – ausgewertet 1937/40 in Verbreitungskarten.
73 ›Et Chreßkenk!: Letzte Strophe aus Franz Peter Kürten, E Glöck. In: Kürten, Christmond, Seite 63.
73 En d'r Chreßmett: Zitiert nach Dieter Glave (Hrsg.), Kölsche Weihnacht. Liederbuch. Köln 1992, Seite 82–83 (Anfang gekürzt).
75 Die drei heiligen Messen: Vgl. Wrede 1922, Seite 232; Klersch 1965, Seite 77–78; Tauch 1979, Seite 22.
76 Sage vom fremden Domherrn: Der fremde Domherr im Dom zu Köln. In: Kürten, Christmond, Seite 97.

76 ›Die Landstraße von Cöln nach Zülpich‹: Weyden 1826, Seite 195–196.
77 Goswin P. Gath deutet den Hirschlauf: Gath 1939, Seite 310–311.
77 Eichelmast bis zur ›Bruna‹: Vgl. Jacob Grimm, Deutsche Rechts-Alterthümer (1828), Seite 523, referiert in: Gustav Bilfinger, Das germanische Julfest. Stuttgart 1901, Seite 33.
78 Protokoll des Neusser Stadtschreibers: Vgl. Tauch 1979, Seite 33–39.
78 ›No kielt üch …‹: Kürten, Christmond, Seite 68.
78 ›Alsu, wer glöv …‹: ebda.
78 Weihnachtsstollen: Vgl. Paul Kaufmann 1936, Seite 81.
78 ›Kuchen nach alter Sitte‹: Vgl. Tauch 1979, Seite 32.
79 Putenbraten bei Berndorffs: Vgl. Joachim Römer und Gérard Schmidt, Kölsch Kaviar un Ähzezupp. Vom Essen, Trinken und Feiern in Köln. Köln 1990. Seite 132.
79 Oberbergischer Essensbrauch: Vgl. Otto Kaufmann 1961, Seite 60.
79 Herkenrather Brauch: Vgl. Montanus 1854, Seite 17.
80 Die Heinzelmännchen des August Kopisch: Vgl. Paul Bornefeld, August Kopisch. Sein Leben und seine Werke mit einer Quellenuntersuchung zu seiner Sagendichtung. Sterkrade 1912, Seite 96; H. A. Hilgers, Der Schlesier A. Kopisch und seine Heinzelmännchen von Köln. In: Für Köln und Schlesien. Festschrift zum 60. Geburtstag von Gerhard Wilczek. Köln 1984, Seite 125–128.
81 Weydens Prosatext. Die Heinzelmännchen. In: Weyden 1826, Seite 200–202.
82 Der arme Bäcker: Zitiert nach Gath 1939, Seite 278–279.
83 ›Mythen und Bräuche des Volkes Österreich‹: Wien 1859, Nr. 48, Seite 236–238 ›Lohn verscheucht die Hausgeister‹.
85 Die Zwölften: Vgl. Montanus 1854, Seite 10–12, 18; Rietschel 1902, Seite 101–110 und 138; Wrede 1922, Seite 236; Kürten 1949; Klersch 1965, Seite 68–69.
85 Christwoche müßig und frei von Geschäften: Buch Weinsberg V, Seite 185 (Eintragung vom 25. 12. 1581).
86 ›Zweschen Chreßdag …‹: Kürten, Christmond, Seite 143.
86 ›Ein Jäger ging zu Weihnachten …‹: Vgl. Henßen 1955, Nr. 63, Seite 63–64.
86 In der Eifel, erzählte man sich's ähnlich: Vgl. Zaunert 1924, Bd. 2, Seite 233–234.
87 ›In Köln lebte einst …‹: Weyden 1826, Seite 202–203 ›Der Wehrwolf‹.
87 Hubbäd Huhhot: Weyden 1826, Seite 203–204.
88 ›Über die geheimnisvollen Zwölften …‹: Paul Kaufmann 1936, Seite 82.
89 Laustertage, Lostage: Vgl. Atlas der deutschen Volkskunde, Blatt 45 Die Zwölfnächte – aufgenommen 1931, publiziert 1938. Vgl. auch Schmitz 1856, Seite 4; Montanus 1854, Seite 18; Wrede 1924, Seite 203; Wrede 1934, Seite 12; Klersch 1965, Seite 78.
89 Weitere Sprichwörter: Vgl. Kürten, Christmond, Seite 119 (›Alter Wetterglaube in neuen Reimen‹).
89 ›Om Wäg …‹: Aus Kürten, Christmond, Seite 81 ›Auf dem Weg zur Mette‹.
90 ›Em Eenkall …‹: Vgl. Kürten, Christmond, Seite 92.
90 ›Weä en de Weihnachtsnaht …‹: Henßen 1955, Nr. 74 ›Der Teufel gibt Geld‹, Seite 68.
90 ›Wie ein Schwarzgeld‹: Vgl. Karl Markus Michel, Der Spuk zwischen den Jahren. In: FAZ-Magazin vom 27. 12. 1991.
91 Die drei Tage: Vgl. Montanus 1854, Seite 16.
91 Gesindewechsel… Vgl. Wrede 1934, Seite 12.
92 ›Zink Steffan …‹: Kürten, Christmond, Seite 120 ›Die Stephan-Legende‹.

92   St. Johannestag: Vgl. Wrede 1922, Seite 236; Klersch 1965, Seite 79–80.
93   Kölnische Weiheformel: Vgl. Klersch 1965, Seite 80.
93   Das Fest der Unschuldigen Kinder: Vgl. Klersch 1965, Seite 80–81.
93   Montanus: Vgl. Montanus 1854, Seite 16.
93   Paul Kaufmann: Kaufmann 1936, Seite 81.
94   ›Der Nikolaustag …‹: Vgl. Anmerkung zu Seite 34.
95   Silvester- und Neujahrsbräuche: Vgl. Montanus 1854, Seite 17–18; Wrede 1922, Seite 237–239; Wrede 1924, Seite 203–204; Wrede 1934, Seite 12–13; Kürten 1949, Seite 5; Schwering 1958; Klersch 1965, Seite 81–84.
96   Im Alten Kuhberg: Vgl. Schwering 1958
96   ›Die Eltern wünschten …‹: Paul Kaufmann 1936, Seite 114.
98   ›Jeflöte Brezeln‹: Vgl. Roger Baecker, Neujahrsbräuche im Bergischen. In: Bergische Blätter. 8. Jg. 1985, Heft 24, Seite 7–9.
99   ›Proß Neujohr …‹: Vgl. Klersch 1965, Seite 84.
99   In der Eifel: Vgl. Wrede 1924, Seite 12–13.
99   ›Die Pastores …‹: Buch Weinsberg III, Seite 158.
101 Die Erbauung der Kapelle: Weyden 1826, Seite 166–168.
102 Der selige Hermann Joseph: Weyden 1826, Seite 168–170.
103 ›In der Stadt …‹: Hans Rauschning (Hrsg.), 1945. Ein Jahr in Dichtung und Bericht. Frankfurt a. M. 1965, Seite 186.
106 Rund um den Dreikönigentag: Vgl. Klersch 1965, Seite 84–87; Weber-Kellermann 1978, Seite 192–201; Schwering 1989.
106 Christtagesgebäck: Vgl. Kürten, Hartmond, Seite 70 ›Reck et Chreßzicksgebäckde?‹
107 Lütticher Bischofschronik: Vgl. Schwering 1980, Seite 8.
107 Wahl des Hauskönigs: Vgl. Klersch 1965, Seite 90.
107 ›Zur Königsfeier …‹: Vgl. Paul Kaufmann 1936, Seite 82–83. Mit freundlicher Genehmigung des Stargardt Verlages, Marburg.
108 Das Sternsingen: Vgl. Rietschel 1902, Seite 120; Klersch 1965, Seite 88; Weber-Kellermann 1985, Seite 109–110.
108 Wieder ins Leben gerufen: Vgl. Klersch 1965, Seite 88–89; Tauch 1979, Seite 132–135.
109 Die Kölner Stadtpatrone: Vgl. Kehrer 1908/09; Meisen 1949; Meyer-Wurmbach 1964.
109 Legende vom Einzug: Vgl. L Musée Sentimental de Cologne. Köln 1979, Seite 87.
110 ›Siebenkirchenweg‹: Vgl. Tauch 1979, Seite 24–26.
110 ›Teufelsstein im Dom‹: Weyden 1826, Seite 206.
110 Pilgerbüchlein: ›Die Histori …‹: Faksimileausgabe 1964. Bericht des M. Blainville. Zitiert nach Michael Euler-Schmidt, Die Heiligen Drei Könige. In: Kölner Weihnachtsbuch. Abtei Brauweiler 1989, Seite 164.
112 Aus Köln emigrieren mußten: Vgl. (Ferdinand Franz Wallraf, anonym) Köln und seine Merkwürdigkeiten für den Alterthums-Forscher und Kunstliebenden. Köln 1818, Seite 100–107.
113 ›Des Knaben Wunderhorn‹. Im dritten Band, Heidelberg 1808.
113 ›Die heil'gen drei Kön'ge …‹: In Heines ›Buch der Lieder‹, Zyklus ›Die Heimkehr‹, geschrieben 1823/24.
113 ›Die heilgen drei König' …‹: Goethe, Epiphanias (1781), zitiert nach Weber-Kellermann 1978, Seite 201.
113 ›Ein Stern ging auf …‹: Festkalender in Bildern und Liedern geistlich und weltlich. Heft 1. Zweite Ausgabe. München 1834.
114 ›Durch die Nacht …‹: Zitiert nach Simrock 1859, Seite 18.
114 ›In Morgenlanden …‹: ebda., Seite 277

115 Zu Lichtmeß: Vgl. Sebastian Franck, Weltbuch oder Cosmographey. Frankfurt 1534, Blatt CXXX; Klersch 1965, Seite 92–93.
115 ›Ich well och nit …‹: Aus Kürten, Spürkel, Seite 15 ›Der Käezestomp‹.
115 ›Treck- un Pöngelchesdag‹: Vgl. Kürten, Spürkel, Seite 24.
116 ›Wer e kölsch Johr maht‹: Vgl. Kürten, Spürkel, Seite 26.
116 ›Zint Blasius …‹: Vgl. Kürten, Spürkel, Seite 36.
116 ›Wir schieben das Rad …‹: Vgl. Kürten, Spürkel, Seite 38–39.
118 Verbindlicher Geburts-Tag: Vgl. Hartke 1956, Seite 76–77.
118 ›Riten der Isis‹: ebda., Seite 40, 50, 72.
119 ›Depositio martirum‹: ebda., Seite 76–77.
119 Der Franke Silvanus: Vgl. Ammianus Marcellinus, Römische Geschichte – beschrieben in: Ristow 1980, Seite 20–21.
119 Bischof Maternus: Vgl. Ristow 1980, Seite 20.
119 Bischof Euphrates: Vgl. Frühchristliches Köln. Hrsg. vom Römisch-Germanischen Museum. Köln 1985, Seite 17–18.
119 ›Mein Vaterhaus …‹: Max Wallraf, aus einem rheinischen Leben. Hamburg und Berlin 1926, Seite 18–19.
120 ›Sie waren kleine …‹: Ristow 1980, Seite 52.
121 Sol Invictus: Vgl. Hermann Usener, Das Weihnachtsfest. Bonn 1889. Dritte Auflage. Bonn 1969, Seite 348–378; Ristow 1980, Seite 50–52.
121 ›Umschlossen von der Epiphanie …‹: Ristow 1980, Seite 51.
121 Cybele: Vgl. Ristow 1980, Seite 45–46.
121 Sabazios: Vgl. Ristow 1980, Seite 49.
121 Isiskult: Vgl. Ristow 1980, Seie 46–47.
121 ›Denn am 25. Dezember …‹: Vgl. Hartke 1956, Seite 40.
122 ›Cronica van der hilliger stat‹: Koelhoff 1499, Blatt CLXXII b bis CLXXIV b; Die Chroniken der niederrheinischen Städte: Cöln. 2. Bd. Leipzig 1876, Seite 512–514.
124 ›Wenden wir uns den Tatsachen zu‹: Vgl. Steffens 1915, Seite 54–57.
125 Johannes von Hildesheim: Vgl. Kindlers Neues Literatur Lexikon. Hrsg. Walter Jens. Bd. 8. München 1990, Seite 797.
125 Straßburger Druck: Die nachfolgenden Bilder sind der sog. Knoblochtzer-Ausgabe entnommen, dokumentiert in Schramm, Tafel 27–36.
130 ›Als im Jahre 1164 …‹: Kreuter 1855, Seite 59, Seite 70–72.
132 Die Wundergeschichten: Vgl. Alexander Kaufmann (Hrsg.), Wunderbare und denkwürdige Geschichten aus den Werken des Cäsarius von Heisterbach. Zwei Theile. Köln 1888–91.
132 Geschichte von einem Rheinkasseler: Vgl. ebda., 1. Theil, Seite 66.
132 Neujahrssitte am Niederrhein: Vgl. Montanus 1854, Seite 18.
132 Visionen während der Weihnachtsmesse: Vgl. Alfons Hilka (Hrsg.), Die Wunder-Geschichten des Caesarius von Heisterbach. 1. Bd. Bonn 1933, Nr. 123.
132 Jungfrau Richmudis: Vgl. Alexander Kaufmann a.a.O., 1. Theil, Seite 128.
132 Ein Mönch wiederum: Vgl. Alexander Kaufmann a.a.O., 2. Theil, Seite 47–48.
132 Das Burtscheider Porträt: Vgl. Alexander Kaufmann a.a.O., 2. Theil, Seite 33–34.
133 Zahn des hl. Nikolaus: In Alexander Kaufmann a.a.O., 1. Theil, Seite 64–65.
133 Paul Therstappen: Vgl. Legenden und Mären zwischen Rhein und Maas. Aachen 1946, Seite 59–61.
133 Die alten Wundergeschichten: Weyden 1826, Seite 174–178.
136 Von der dreifachen Geburt: Ins Neuhochdeutsche übertragen nach der Textausgabe Ferdinand Vetter (Hrsg.), Die Predigten Taulers. Berlin 1910. Nr. 1 (gekürzt).
138 Vom Schweigen: Predigt Nr. 57 (Duum medium silentium …) in der Ausgabe Josef Quint, München 1979, Seite

415 ff. – Hier wiedergegeben in der Übertragung Gustav Landauers, in: Meister Eckhardts Mystische Schriften. Berlin 1920, Seite 13–18 (gekürzt).

140 Das Jahrhundert des Hermann Weinsberg: Vgl. Herborn 1985; Tauch 1979, Seite 36–39.

140 ›Am 6. Dezember …‹: Buch Weinsberg II, Seite 157.

141 ›Anno 1584 den 24. Dezember …‹: Buch Weinsberg V, Seite 245.

141 Märchenspiele: Ebda., Seite 158–159.

142 Aachener Schöffen: Vgl. Rietschel 1902, Seite 63.

144 ›Wor ne Jung …‹: Zitiert nach: Das Schweineschlachten. Eine reichsstädtische Idylle (1813). In: Alt-Köln-Kalender 1913 (Bd. 1), Seite 143.

144 ›Am Fest der Geburt Christi …‹: Sebastian Franck, Weltbuch oder Cosmographey. Frankfurt 1534, Blatt CXXX.

145 ›Im Bistum Köln …‹: Ins Neuhochdeutsche übertragen nach Jörg Wickram, Werke Bd. III. Tübingen 1903, Seite 135–136.

145 ›Obwohl ein strenges Verbot …‹: Josef Schröteler, Die Erziehung in den Jesuiteninternaten des 16. Jahrhunderts. Freiburg 1940, Seite 192 (aus der ›Historia Collegii Coloniensis SJ‹).

145 Küchenzettel: Ebda., Seite 247.

145 Schultheater; Vgl. Schwering 1980, Seite 16–18.

146 Josef Meinertzhagen: Vgl. Schwering 1980, Seite 6–7.

147 Johann Jacob Schuell: Vgl. Zvi Asaria (Hrsg.), Die Juden in Köln. Von den ältesten Zeiten bis zur Gegenwart. Köln 1959, Seite 65.

147 ›So kam das Weihnachtsfest …‹: Anonym erschienener Artikel ›Weihnachtsstimmung in Köln vor hundert Jahren‹, in: Stadt-Anzeiger vom 24. 12. 1913.

149 Kölner Festtags-Reigen: Weyden 1862, Seite 66–68, 69, 128, 113–115.

153 ›Im elterlichen Hause …‹: Anton Wilhelm von Zuccalmaglio, Erinnerungen. Bd. 1: Kindheit und Jugend. Nach der Studenzeit. Hrsg. von Else Yeo. Bonn 1988, Seite 22. Mit freundlicher Genehmigung des Digitalverlaes Media Oliver Schwartz, Bonn.

154 Familie von Groote: Vgl. Adam Wrede, Deutsche Weihnachtssitten. In: Rheinische Heimatblätter, Jg. 1925, Seite 354; Klersch 1965, Seite 77.

158 Wie ich zur Elfuhrmesse: Johannes Laicus (Pseudonym für Johann Wilhelm Wolf), Aus der Kindheit. Erinnerungen. Mainz 1852, Seite 177–187.

163 Der Weihnachtsmarkt anno 1837: Nach Arnold Hauptmann, Köln im Jahre 1840. In: Beiträge zur Kölnischen Geschichte, Sprache, Eigenart. 1. Bd. Köln 1914/15, Seite 89.

164 Früher am St. Nikolaustag: Hermann Becker, Der St. Nikolaustag in Köln vor 50 Jahren. In: Localanzeiger des Kölner Stadt-Anzeigers Nr. 333 vom 4. 12. 1913. – Hermann Becker (1852–1920) war Mitbegründer der Zeitschrift ›Kölsch Levve‹, gab die ›Altkölnischen Wiegen- und Kinderlieder‹ Köln 1820 heraus.

166 Das Haushaltsbuch der Emma Pfeifer: Vgl. ›gab ich an Maria auf Lohn‹, Das Haushaltsbuch von Emma Pfeifer. Hrsg. von Beatrix Alexander. Köln 1989. Besonders die Seiten 51, 84, 162, 172.

167 ›Am Vorabend zum Christfest …‹: Annalen des Historischen Vereins für den Niederrhein. 54. Heft. Köln 1852, Seite 21.

167 Luthers Haushaltsführung: Vgl. Rietschel 1902, Seite 114.

167 ›Weihnachtslied‹: Im Festkalender Heft 5 (1835).

168 ›Die Polizei …‹: Guido Görres, Zur Weihnachtsfeier. In: Deutsches Hausbuch. 2. Jg. 1847, Seite 163–164.

168 ›Chreßkingche muß termineere gon!‹: Von A. N., in: Kölsch Levve. 3. Jg. 1922. Heft 12, Seite 102.

169 ›Rom, 29. Dezember 1838‹: Sulpiz Boisserée. Erster Band. Stuttgart 1862, Seite 767–768.

171 ›Liebe Mutter!‹: Georg Weerth, Sämtliche Werke. Hrsg. von Bruno Kaiser. 5. Bd.: Briefe. Berlin 1957, Seite 243–246 (gekürzt).

172 Sohn Hans in seinen Lebenserinnerungen: Erster Band. 1841 bis 1870, Berlin 1907, Seite 4.

172 ›Damit Sie Weib und Kind …‹: Zitiert nach Robert Blum, Briefe und Dokumente. Leipzig 1981, Nr. 15, Seite 29.

172 ›Weihnachten!‹: Zitiert nach Robert Blum, Weihnachten. München 1911, Seite 5–9 (gekürzt). Vgl. Robert Blum, Die Fortschrittsmänner der Gegenwart. Eine Weihnachtsgabe für Deutschlands freisinnige Männer und Frauen. Leipzig 1847.

175 ›Ein paar Wochen vorher …‹: Ludwig Pastor, August Reichensperger 1808–1855. Sein Leben und sein Wirken auf dem Gebiet der Politik, der Kunst und der Wissenschaft. 1. Bd. Freiburg 1899, Seite 11–13.

178 ›Wenn also nun vor Weihnachten …‹: Adolf Kolping im 8. Jg. 1861 der ›Rheinischen Volksblätter‹, Nr. 51.

178 ›Der Gedanken, der …‹: Im 21. Jg. 1874 der ›Rheinischen Volksblätter‹, Nr. 51 vom 19. 12., Seite 804–805.

181 ›Ich habe meine Vaterstadt …‹: Hermann Cardauns, Aus dem alten Köln. Vor 60 und 120 Jahren. Köln 1920, Seite 3, 28–31.

181 Franz Stollwerck: Vgl. Festschrift 100 Jahre Stollwerck (1939) und ungedruckte Aufzeichnungen aus dem Firmenarchiv, dazu diverse Jahrespreislisten ›Neuheiten für Weihnachten‹. Vgl. auch Walz 1985, Seite 99–100, 102–103.

186 Der Spielzeug-Feldhaus: Vgl. Josef Hartmann-Virnich, Aus der Geschichte der Kölner Spielzeughandels: Die Firma Feldhaus – und Helmut Hane, Heile Spielzeugwelt? In: Kindheit in Köln. Die Bestände des Kölnischen Stadtmuseums. Köln 1989, Seite 73–77 und Seite 61–72. Vgl. auch Walz 1985, Seite 103, 105.

187 ›Es war ein hoher …‹: Paul Kaufmann 1936, Seite 81.

189 ›Die Beantwortung der Frage …‹: Stadt-Anzeiger der Kölnischen Zeitung vom 8. 12. 1876.

189 ›Vieles haben wir zu denken …‹: Artikel ›Vor dem Feste‹, in: Stadt-Anzeiger vom 23. 12. 1895.

190 Das himmlische Fest: Jakob Kneip, Hunsrückweihnacht. Erzählungen. Köln 1934, Seite 16–20. Erschienen im Staufen-Verlag, Köln, mit freundlicher Genehmigung des Verlages Butzon & Bercker, Kevelaer.

193 St. Nikolaus: Josef Winckler, Fest der Feste. Weihnachtsfeiern auf Haus Nyland. Stuttgart 1948, Seite 19–23. © Nyland-Stiftung, Köln.

196 Gibt es einen Niklas …: Heinrich Lersch, Skizzen und Erzählungen aus dem Nachlaß. Hrsg. von Christian Jenssen. Hamburg 1940, Seite 167–169. Mit freundlicher Genehmigung von Edgar Lersch, Mönchengladbach.

198 ›Zwar ging auch das Weihnachtsfest …‹: Zitiert nach Otto Brües, An den vier Wällen. Jugendtraum vom Niederrhein. Duisburg 1962, Seite 23–26 (leicht gekürzt). Mit freundlicher Genehmigung von Gert Wohlfahrt GmbH, Verlag Fachtechnik + Mercator Verlag, Duisburg.

200 ›Am besten ist mir das Weihnachtsfest …‹: Hans Cordes, Weihnachtsfeier im alten Sauerland. In: Sauermann 1976, Seite 234–235.

203 Eifeler Familienweihnacht: Vgl. Anmerkung zu Seite 34.

204 ›Dat Woot »Chreßkindche« …‹: Aus dem Kapitel ›Et Chreßkindche kütt‹, in: Peter Fröhlich, Kölle vör fuffzich Johre. Geschichten aus dem ahle Kölle. Köln 1970, Seite 56–58. Mit freundlicher Genehmigung des Greven Verlages, Köln.

206 ›Mit zunehmender Kälte…‹: Kindheit in Köln. Die Bestände des Kölnischen Stadtmuseums, bearbeitet von Helmut Hane. Köln 1989. Seite 126–127.

207 ›Die Beletage…‹: Helma Cardauns, Eine Kölner Kindheit. Unkel und Bad Honnef 1991, Seite 18–19, 46–47, 61–62. Mit freundlicher Genehmigung des Horlemann Verlages, Unkel/Bad Honnef.

209 ›Das Lichterfest Chanukka…‹: Zitiert nach Arthur Joseph, Meines Vaters Haus. Köln und Berlin 1970, Seite 68–70. © by Verlag Kiepenheuer & Witsch Köln.

211 ›Von Berlin nach Jerusalem‹: Bibliothek Suhrkamp, Frankfurt a. M. 1977. Dort besonders die Seiten 41–43.

211 ›In unserer Familie…‹: Zitiert nach Barbara Becker-Jákli (Hrsg.), Ich habe Köln doch so geliebt. Lebensgeschichten jüdischer Kölnerinnen und Kölner. Köln 1993, Seite 127.

212 ›Die deutsche Weihnacht!‹: Aus ›Weihnachten in der Kaserne‹, in: Alt-Köln-Kalender. 5. Jg. 1917, Seite 43.

213 ›Harzig duftend wie im Freien…‹: Alt-Köln-Kalender 7. Jg. 1919.

213 ›Es war eine Unsitte damals…‹: Rolf Dieter Brinkmann, Rom, Blicke. Reinbek 1979, Seite 395. Mit freundlicher Genehmigung von Maleen Brinkmann.

215 ›Am 2. April 1891…‹: Katalog ›Max Ernst‹ zur Ausstellung im Wallraf-Richartz-Museum vom 28. Dez. 1962 bis 3. März 1963, Seite 19.

216 ›Die Mutter hatte ich 1936…‹: Heinz Kühn, Heimkehr aus dem Exil. In: Weihnachten 1945, Seite 122, 123. Mit freundlicher Genehmigung von Marianne Kühn.

216 ›Ich denke oft und gerne zurück…‹: Konrad Adenauer, Briefe 1945–1947. Berlin 1983, Seite 401.

217 ›Am Nachmittag des 24. Dezember…‹: Zitiert nach Paul Weymar, Konrad Adenauer. Die autorisierte Biographie. München 1955, Seite 164–168. Mit freundlicher Genehmigung der Familie Adenauer.

219 ›An jedem Sonntag…‹: Zitiert nach Paul Weymar, Konrad Adenauer. München 1955, Seite 57. Mit freundlicher Genehmigung der Familie Adenauer.

220 Aus Briefen von Irmgard Keun: Die folgenden Briefe sind größerenteils veröffentlicht, in: Irmgard Keun, Ich lebe in einem wilden Wirbel. Briefe an Arnold Strauss 1933 bis 1947. Hrsg. von Gabriele Kreis und Marjory Strauss. Düsseldorf 1988, Seite 97, 141, 200, 204, 237, 289. Bisher unveröffentlicht sind die Briefe vom 19. 12. 1933 und 19. 12. 1935; die Briefe vom 24. 12. 1934, 24. 12. 1936 und Weihnachten 1939 wurden nach den Handschriten, die in der ›Arbeitsstelle Kölner Autoren‹ in der Zentralbibliothek Köln aufbewahrt werden, ergänzt. Mit freundlicher Genehmigung des Claassen Verlages, Hildesheim.

224 ›In ihren Kölner Briefen…‹: Vgl. Edith Stein, Selbstbildnis in Briefen. Zweiter Teil: 1934–1942. (Edith Steins Werke, Bd. IX.) Druten 1977, Seite 26, 97.

224 Der folgende Bericht: Edith Stein, Aus dem Leben einer jüdischen Familie. (Edith Steins Werke, Bd. VII.) Louvain und Freiburg 1965, Seite 38, 40. Mit freundlicher Genehmigung von Archivum Carmelitanum Edith Stein, Brüssel.

225 Stille Nacht, Heilige Nacht: Josef Schmitz, Es bleibt nicht immer dunkel. Ein Kölner als Zeitzeuge. Köln 1990, Seite 107–108. Mit freundlicher Genehmigung des Greven Verlages, Köln.

226 ›Hinter der Stahltür Josefskapelle: Heinz Küpper, Simplicius 45. Roman. Köln 1963, Seite 122–126. Mit freundlicher Genehmigung des Gertraud Middelhauve Verlages, München.

229 Eine Bombenbescherung: Emil Barth, Lemuria. Aufzeichnungen und Meditationen. Hamburg 1947, Seite 102–103,

221–222. Mit freundlicher Genehmigung des Claassen Verlages, Hildesheim.

231 Aus dem Tagebuch: Robert Grosche, Kölner Tagebuch 1944–46. 2. Auflage. Köln 1992, Seite 80–81, 157. Mit freundlicher Genehmigung des Verlages J. P. Bachem, Köln.

232 ›Von Trier nach Klüsserath…‹: Zitiert nach Weihnachten 1945, Seite 104–105.

232 1978 wurde eine Kölnerin interviewt: Zitiert nach Le Musée Sentimental de Cologne. Köln 1979, Seite 77–78.

233 ›Es war ein harter Winter…‹: Zitiert nach Weihnachten 1945, Seite 39.

233 ›Es war ein sehr kalter Winter…‹: Josef Kardinal Frings, Für die Menschen bestellt. Erinnerungen. Köln 1973, Seite 56–57. Mit freundlicher Genehmigung des Verlages J. P. Bachem, Köln.

236 Gespräch über Weihnachten: Heinrich Böll, Interviews 1961–78. Werke, Band 10. Köln 1978, Seite 103–113 (in Auszügen). © by Verlag Kiepenheuer & Witsch Köln.

238 Die Interviews mit Vassilis Nikitakis und Gerd Köster wurden im Mai/Juni 1993 von Stefan Pohl geführt.

240 ›Hillige Naach‹. ›The Piano Has Been Drinking‹, … Nachtgedanken. 1991. Liedtext mit freundlicher Genehmigung von Gerd Köster.

BILDNACHWEIS

Brüder Grimm Museum: 66 / Diözesanmuseum, Köln: 34 / Theo Heiermann: St. Remigius im Krippenteil / Gernot Huber: 188 / Ines Kaiser: 23, 41, 47, 57, 59, 68, 87, 88, 159, 187, 197, 201, 205, 206 / Mülhens, Firmenarchiv: 180 / Georg Müller: Krippenteil (außer St. Kunibert, St. Remigius) / Puppenspiele der Stadt Köln: 54 / Rheinisches Bildarchiv: 36, 37, 39, 50, 81, 109, 135, 223 / Rheinisches Bildarchiv / Wallraf-Richartz-Museum: Titel, 214 / Stollwerck, Firmenarchiv: 182, 183 / Sammlung Faßbender (Stadtmuseum): 33, 71, 72, 97, 153 / Sammlung Schlieter: 91, 99 / Schnütgen-Museum: 53, 54 / Klaus Tiedge: 236 / Verkehrsamt Köln, v. d. Ropp: 52; Koch: St. Kunibert im Krippenteil

Abbildungen aus Publikationen:
Alt-Köln Kalender 1914, 1952 / Anton Birlinger, Nimm mich mit. Freiburg 1862 / Peter Fuchs. Köln. Wesen. Werden. Wirken. Köln 1968 / Guido Görres, Weihnachtslied. In: Festkalender in Bildern und Liedern. München 1835 / Ulf Diederichs, Schöne wilde Weihnacht. München 1991 / Hiltrud Kier. Die großen Romanischen Kirchen. Köln 1983 / Josef Klersch. Das festliche Jahr. Köln 1965 / Albertus Magnus. Heimlichkeiten des weiblichen Geschlechts. Frankfurt a. M. 1881 / Marianne Mehling. Die schönsten Weihnachtsbräuche. München 1980 / Minhagim-Buch. Amsterdam 1723 / Petrarca. Trostspiegel 1532 / Otto Freiherr von Reinsberg-Düringsfeld. Das festliche Jahr. Leipzig 1863 / A. Reumont, Rheinland Sagen, Geschichten und Legenden. Köln, Aachen 1837 / Robert Reinick's Märchen-, Lieder- und Geschichtenbuch. 2. Aufl., Bielefeld/Leipzig 1873 / Jürgen Serke, Die verbrannten Dichter (Fotos: W. Bauer), Weinheim/Basel 1977 / Pauli, Schimpf und Ernst. Straßburg 1535 / Ludwig Richter, Hymnen für die Kinder. Berlin 1846 / Günter Ristow, Römischer Götterhimmel und frühes Christentum. Köln 1980 / Sächsischer Volkskalender. 1845 / Annemarie Schimmel, Die orientalische Katze. München 1983 / Alexander Silberstein (Hg.), Wunder der Weihnacht. Gütersloh 1991 / Speculum humanae salvatoris, 14. Jh., Originalhandschrift im Historischen Archiv Köln / Max Tauch: Caspar Melchior Balthasar. Ein Kölner Weihnachtsbuch. Frankfurt a. M. 1979 / Jacobus de Voragine, Legenda aurea, Ausgabe 1488 / Ingeborg Weber-Kellermann, Das Weihnachtsfest. Luzern und Frankfurt a. M. 1979